招标采购析案辩理

毛林繁　编著

中国建筑工业出版社

自 序

我们为什么要招标，招标投标是个什么东西？招标采购是以招标投标为缔约方法，组织投标竞争，择优选择采购结果并实施的一种微观经济行为。这当中，招标投标是一种机制、方法或手段。脱离采购实践单看招标投标，除作为一种采购竞争机制外，招标投标并没有经济学意义，这也正是国内许多人把招标投标看作一种游戏的原因。

说到游戏，记得儿时与小朋友玩“丢手绢”游戏，大家围在一起拍着手唱：

“丢、丢、丢手绢，轻轻地放在小朋友的后面，大家不要告诉他。快点、快点抓住他，快点、快点抓住他。”

求学后才知，这是数学中的对应关系，称为映射，又或是计算机科学中的存储或“匹配”，就看围着大家跑的那位小朋友悄悄地把手绢放在了哪个小朋友的身后，跑一圈后回来抓住他，以进行下一步游戏，大家获取欢愉。

从事招标采购研究后，发现这一游戏中蕴含着极深的道理：一是游戏规则的普适性，即参加游戏的小朋友均认可游戏规则，被抓住后须即兴表演一个节目，否则，今后再没有一个小朋友愿意与他一起玩耍；二是手绢丢给谁不丢给谁由围着大家跑的那位小朋友决定，他人不得干预。这些规则为小朋友做游戏奠定了基础，无需大人看管，更无需法律强制，就是一种规则，一种参与人认可的规则。

有人说，招标投标是一种游戏，是一种大人游戏。我一直不同意这种说法，认为其偏离了这一机制的建立宗旨。招标的“招”是“招呼人来参与或响应”之意，招标的“标”是“目标或目的”。

多年来，我在国内一直从事招标投标法、招标采购实务及案例分析的讲授，听过我课的人应当有十万人以上。但为什么要招标？是为过程规范、应对检查说得清，还是为采购结果“目的”呢？招标投标到底是一种经济规则还是一种法律强制呢？我个人经验表明，招标投标作为一种经济规则，在国内并没有为大多数人所真正接受，而是把它看成一种法律强制义务，且国内不少人还在不断地将这种规则扩展到大量的非强制领域，以为这样对上对下可以说得清楚，一旦出事也与己无关，是以推卸责任为根本组织招标投标活动，这应当是招标投标机制发展的悲哀，正是这个原因导致了大量的招标投标活动“走过场，走形式”，这是最需要深入讨论的问题。否则，招标投标就与儿时小朋友们玩的“丢手绢”游戏无异，就真的成了一种游戏，但这绝对不是构建招标投标机制的初心或本意。

那么，又应怎样解决招标采购“走形式，走过场”式的“规规矩矩”做游戏呢？我同时从事着数学科学、经济学和管理科学与工程等多个学科的研究与实践，国外一些学者甚至把我视为哲学评论家，因为我曾写过不少数学、物理及科学评论。但国内同行一般认为我是采购经济学者，是研究招标投标与政府采购法律、规则或理论的专家。对待同样一件事，我更喜欢站在多个不同视角去分析、研究其“道”或者“规律”，所得结论也常有自己独特的“道”。

我认为，招标采购是一种微观经济行为，招标投标是招标采购中的一种经济择优规则。实际上，从经济学或是管理科学与工程看招标采购，它是一种战略，更是一种智慧。从数学上看招标采购过程，它是一种经济学意义上的择优，是采用市场机制优化资源配置的一种组织方式。为什么这样讲呢？因为招标采购除满足“兵马未动，粮草先行”这一战事准备外，更多是一种战略布局，是对项目履约的完整策划。招标投标的实质，在于在市场供给侧中组织投标人对项目履约竞争，优化履约，并从中择优确定最佳履约或供给人。这从管理学上看，是一种战略的智慧；从经济学上看，则是一种经济择优技巧或者规则，而不论招标项目是工程建设项目中的勘察、设计、监理、施工或货物采购，还是工程建设项目以外的政府采购、企业采购中的货物、服务。

招标投标作为一种市场交易规则，受法律、文化、习俗、道德和纪律等社会普遍认可的具有一般约束力的行为规范约束。这当中，法律是在最后一个层级，即社会其他行为规范都无效时，采用国家权力对相关行为的约束。国际上，招标投标大多作为一种市场约定俗成规则，一经采用便自觉遵守，无需法律背书；在国内，招标投标活动须遵从《招标投标法》的规定，但其实质仍是采用国家权力约束缔约行为以规范招标投标活动，其宗旨仍是提高经济效益、保证项目质量，即履约的择优或是战略策划，规范的是缔约过程。那么，为什么实践中虚假招标多、串通投标多呢？原因在于当事人对招标投标这种战略的智慧不知晓或是不理解，加之强制招标制度，即当事人不愿意招标而法律制度又强迫其必须进行招标。在这种市场管理模式下，当事人“走形式，走过场”搞虚假招标或是串通投标就在一定程度上成为自然，因为“明哲保身，但求无过”是大多数人的处世哲学，而这对国有企业或是政府采购项目中的采购人，尤其如此。

那么，是否可以不用处处强调法律规定而是把招标采购或是招标投标看作一种市场交易规则呢？我认为可以！这也是我在多年教学实践中，面对来自不同岗位、不同角色学员的主要体会，即从经济学视角看待法律对当事人的行为规定，“知其然知其所以然”地教学，而这当中的“所以然”恰是招标采购的经济宗旨。

招标投标虽说是一种舶来品，但其与国内“抛球选婿”有着惊人的相似。多年来，我一直有个心愿，想写一本招标采购理论的“科普”书但又不是纯粹招标采购实务操作类的书，以满足不同读者群的需要。本书由故事或案例总结招标投标规律，进而上升到学理，分析参与人在采购活动中的心理或人性，分析规范有序的招标投标市场应有的社会人文基础，探讨招标投标活动实践中的串通投标、弄虚作假骗取中标事件中的人性，阐释防范技术和规范有序的招标投标市场建设。我认为，这样一种探讨对规范招标投标市场是有意义的。

虽说这是一本关于招标采购经济理论与市场建设的著作，但也可以看作是一本“故事会”，书中不乏一些生活或文学作品中的场景，如《西游记》中唐僧被天竺公主抛出的绣球砸中、《三国演义》中的赤壁之战、《水浒传》中的王伦被林冲杀死、《红楼梦》中的贾宝玉大婚等，其目的，一是通过通俗故事对招标投标竞争规则进行理论分析，二是雅俗共赏，满足不同层次读者的需求。对书中引述的故事情节、案例，书后有专门索引，这些故事和案例均是分析招标采购竞争规则与原理所需，并非针对某一人或某一事件。

以下概要地介绍一下全书各章的布局。

第 1 章和第 2 章的核心，在于从宏观层面阐释招标投标是采购战略的智慧，以人们熟知的“抛绣球的艺术”场景为引子，由浅入深、循序渐进地介绍招标采购战略竞争什么，竞争标准又是什么，怎样择优和怎样进行招标采购的绩效考核，以及招标投标所需的市场环境等事项，分析了格力空调案和西安地铁电缆事件。

第 3 章到第 11 章是招标采购理论分析，包括采购需求确定，履约能力审查，招标文件的智慧与编制，招标投标组织、开标、评标、合同授予和合同履约管理等招标采购主要事项。与一般讲解招标采购实务不同，本书着重于从故事或案例中分析、提炼采购理念，系统阐释这一战略的智慧理念和其中的规律与方法。例如，由数罗汉预测人生引出采购需求的技术标准和要求，以《水浒传》中王伦的德不配位引出履约能力审查，以抛球选婿的规则引发招标文件编制，以奥运奖牌榜上的国家排名引出采购择优的数学排序理论，以宝黛悲剧中掀起新娘红盖头引出开标，以世界杯黑哨引出评标等的规则和重要性等，旨在引导采购人把招标投标机制看作一种科学方法或手段，结合市场供给侧改革研究其“道”，掌握其“规律”并自觉地应用这一机制以在经济建设和市场经营中获得经济收益。

第 12 章重在分析招标投标市场中的违法违规行为，探索构建规范有序的招标投标市场之道。招标投标活动中的串通投标、弄虚作假骗取中标等违法行为屡禁不止，但它们为什么会在中国的市场上出现且还愈演愈烈，原因在哪里？如果原因不清楚，何谈对其治理和规范引导？这当中，固然有招标人主体责任不清或是没认真履行其主体责任的原因，但文化、习俗对人的影响肯定不能排除在外。为此，书中以串通投标的一些判例分析串通投标的原因及表现，引出串通投标防范技术，以合同造假的故事等分析投标文件造假工艺及防范技术，以《水浒传》中宋江私放晁盖的故事分析投标人挂靠的文化基因，指出需要深化市场准入制度改革的意义等，探讨招标投标市场违法行为根源及解决之道，指出单纯的招标投标交易载体或形式的改变，不可能从根本上解决串通投标和弄虚作假骗取中标等违法问题。书中以某市发生的“一条龙”式的串通投标窝案分析构建规范有序的招标投标市场的难点和痛点，指出该市串通投标窝案暴露出的问题不是招标投标机制问题，而是招标投标市场建设问题。这当中，一是要正确处理政府和市场的关系，在中国人性特点的基础上完善招标投标制度；二是坚持一手抓法治、一手抓德治，以法治体现道德理念、强化法律对道德建设的促进作用。

我认为，只有招标投标中的“道”融入中国人的心中，让“德”在每个人心中起作用，按“道”行事，招标投标的“道”才能在中国经济建设和市场经营中发挥作用而不是“走形式，走过场”或是作为推卸责任的托词，进而才有可能构建规范有序的招标投标市场。也只有这样，招标投标机制才无需动用国家权力或是法律为其背书而“潜移默化”地成为市场经济的一种普遍规则或是“道”而自觉遵从。我想，这才应该是构建招标投标机制的初心或目的。反之，招标投标在人们心中就只能是一种“游戏”规则而让人大跌眼镜。

最后，我想对多年来一直鼓励和支持我的朋友和同事表示感谢，没有他们与我对招标采购理论的讨论，本书不可能成稿。本书的初衷是为桃源公社打造“知识工程”板块而创作的一块“瓦片”，得到王彦刚、曾艾琳等人的大力支持，平庆忠、邓晓辉、张永刚、马仲权等人对初稿进行了校对，提出不少建设性修改意见；初步成稿后，女儿毛蓓奇曾逐字逐句研读本书，更正了不少打字错误或含混词句，白如银对书稿逐字校对，为本书润色不少。对他们的辛勤工作在此一并表示感谢！

毛林繁

2021 年 11 月 28 日于北京寓所

目 录

自序

第 1 章　招标采购：战略的智慧

第 1 节　引子：抛绣球的艺术　/002
第 2 节　战略：部署与择优　/005
第 3 节　标准：老婆老妈先救谁　/009
第 4 节　守信：缔约与履约准则　/012
第 5 节　案例：空调关键技术参数的评审与比较　/015

第 2 章　招标采购：履约的竞争

第 1 节　竞争：履约的缔约保证　/020
第 2 节　制约：合同订立的约束　/023
第 3 节　特例：EPC、PPP 项目采购　/026
第 4 节　绩效：采购结果后评估　/030
第 5 节　案例：电缆采购的制造验收责任　/033

第 3 章　招标采购：需求的界定

第 1 节　发起：采购什么　/038
第 2 节　界定：需求的技术标准与条件　/041
第 3 节　核心：实质性要求与条件　/044
第 4 节　竞争：因素、标准和条件　/047
第 5 节　案例：采购需求不准确引发不平衡报价　/051

第 4 章　招标采购：履约能力的审查

第 1 节　宗旨：审查履约能力　/056
第 2 节　资格：审查的因素、标准和条件　/059
第 3 节　审查：确定合格投标人　/063
第 4 节　择优：确定投标人名单　/067
第 5 节　案例：科研项目采购核心在研发能力　/071

第 5 章　招标采购：招标文件的智慧

第 1 节　宗旨：绣球选婿的约定　/077
第 2 节　程序：投标人须知　/081
第 3 节　择优：评标标准和方法　/086
第 4 节　履约：合同条件　/090
第 5 节　案例：择优标准含混引发的缔约失败　/095

第 6 章　招标采购：招标文件的编制

第 1 节　示范：标准招标文件　/101
第 2 节　部署：招标投标活动计划与安排　/106
第 3 节　标准：评审择优方法　/112
第 4 节　约定：中标合同条件　/120
第 5 节　案例：招标文件择优与履约差异　/125

第 7 章　招标采购：招标投标的组织

第 1 节　形式：自行招标或委托代理招标　/132
第 2 节　开始：招标文件对外公开　/136
第 3 节　说明：现场踏勘与投标预备会　/141
第 4 节　投标：投标文件编制与递交　/145
第 5 节　案例：招标投标组织不当招致的失败　/149

第 8 章　招标采购：开标的组织

第 1 节　开标：掀开红盖头的一刹那　/155
第 2 节　准备：开标准备工作　/158
第 3 节　程序：开标过程约束　/162
第 4 节　成果：开标记录　/167
第 5 节　案例：开标违法造成重新招标　/171

第 9 章　招标采购：评标的组织

第 1 节　评标：投标竞争的裁判　/176

第 2 节　程序：评标组织的流程　/180
第 3 节　准则：投标事实的评审和比较　/185
第 4 节　报告：评审和比较的记录　/190
第 5 节　案例：评标违法致招标失败案　/195

第 10 章　招标采购：合同的授予

第 1 节　确认：评标结果的认可　/200
第 2 节　公示：评标结果的公示　/205
第 3 节　授予：发出中标通知书　/208
第 4 节　缔约：书面合同的签订　/213
第 5 节　案例：故意算术错误致合同履约纠纷案　/217

第 11 章　招标采购：合同的履约管理

第 1 节　标的：合同的范围管理　/223
第 2 节　进度：合同的进度管理　/227
第 3 节　质量：合同的质量管理　/231
第 4 节　支付：合同的价款管理　/236
第 5 节　案例：招标人缔约与履约的主体责任　/241

第 12 章　招标采购：优化市场营商环境

第 1 节　责任：串通投标行为治理与防范　/246
第 2 节　证实：投标文件弄虚作假行为治理与防范　/257
第 3 节　守约：挂靠与低于成本竞标行为治理与防范　/261
第 4 节　监督：违法评审与比较行为治理与防范　/269
第 5 节　择优：专家私下许诺中标行为治理与防范　/275
第 6 节　案例：一个串通投标窝案的反思　/282

附录　案例故事索引

参考文献

作者简介

第1章

招标采购：战略的智慧

****

横看成岭侧成峰，远近高低各不同。
不识庐山真面目，只缘身在此山中。

——［北宋］苏轼《题西林壁》

****

第 1 节　引子：抛绣球的艺术

招标投标的宗旨是招标人在众多投标人中择优，与中标人缔约，这与一些文学作品描绘的抛球选婿、喜结连理无二。一些文学作品中，常常有这样的场景描绘：一位美丽的富家小姐站在彩楼上，手中拿着一个绣球，彩楼下站着一群青年才俊，期盼接住抛来的绣球。小姐从左走到右，又从右走到左，犹豫不决，丫鬟在边上不时地鼓励着。终于，小姐把绣球抛给人群中一位俊秀公子，人群欢呼声此起彼伏，共同庆贺小姐和公子喜结连理。这就是常说的抛球选婿（图 1.1）。

图 1.1　抛绣球

绣球抛给谁不抛给谁是一项艺术，据传是来自广西壮族的习俗。

［**绣球抛唐僧的故事**］小说《西游记》第九十三回详细记载了这种抛球选婿的习俗，其程序如下：

第 1 步：公告。国王的公主，年登二十青春，正在十字街头，高结彩楼，抛打绣球，撞天婚招驸马。

第 2 步：绣球。公主拈香焚起，祝告天地，左右有五七十胭娇绣女，手捧绣球，近侍着公主。

第 3 步：时辰。午时三刻。

第 4 步：抛球。公主转睛观看，见唐僧来得至近，将绣球取过来，亲手抛在唐僧头上。唐僧着了一惊，把个毗卢帽子打歪，双手忙扶着那球，那球毂辘的滚在他衣袖之内。

第 5 步：争球。十字街头，那些客商人等，济济哄哄，都来奔抢绣球，被行者喝一声，把牙挫一挫，把腰躬一躬，长了有三丈高，使个神威，弄出丑脸，唬得些人跌跌爬爬，不敢相近。霎时人散，行者还现了本象。

第 6 步：选中。那楼上绣女宫娥并大小太监，都来对唐僧下拜道：贵人，贵人，请入朝堂贺喜。

一部成功的文学作品总给人以遐想的空间。假如唐僧不是僧人，假如唐僧的使命不是去西天取经，那么，按入乡随俗的原则，他定会与天竺公主完婚，定会成就一对美好姻缘。

抛球选婿成就的是姻缘，即男女双方信守承诺，组建家庭并承担家庭里各自的义务。抛球选婿程序见图 1.2。有人说，婚姻的本质是一场合作，是男女两个人在一起共度一生的合作。而抛球选婿的标准，仍是外表，是“一见钟情”，其在现实世界中是否真实存在让人怀疑。这也是大多数人更愿意把其视作一种游戏的原因。类似地，还有文学作品中的比武招亲等场景描绘。

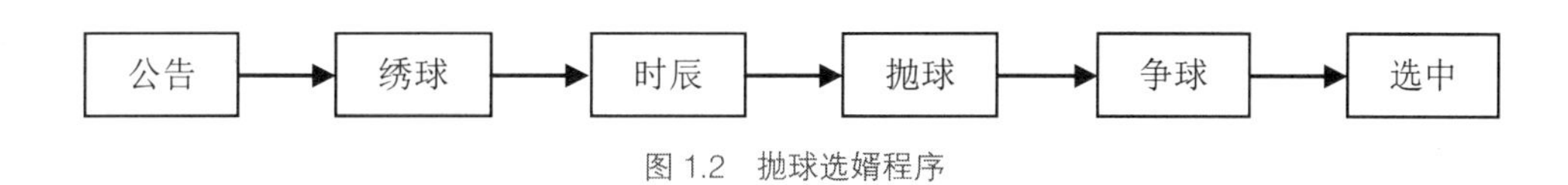

图 1.2 抛球选婿程序

但无论是抛球选婿，还是比武招亲，讲究的都是约定习俗，都是以约定习俗实现男婚女嫁，这与今天讲到的招标采购有异曲同工之效。或者说，今天的招标投标是抛球选婿、比武招亲等习俗的形式化、抽象化而已。

那么，什么是招标投标？招标投标是一种机制、一种程序或是一种采购缔约的组织形式。这里，招标的“招”是广而告之天下人来参与或是响应，投标的“投”是有目标的“掷出”，招标投标中的“标”是“目标”或“目的”，又道“标”是瞄准“靶子”投掷“标枪”。

抛球选婿中，“抛”和“接”是动作，“球”是载体，是传递“择婿”的丝带，抛向“谁”是抛球选婿的“目标”或“宗旨”。一般地，旧时婚配需经由纳采、问名、纳吉、纳徵、请期、亲迎等六部。类似地，招标投标中，“招”和“投”是动作，书面是“载体”，中标结果是“目标”或“宗旨”。

作为采购的一种组织形式，招标投标由图 1.3 所示六个步骤组成：

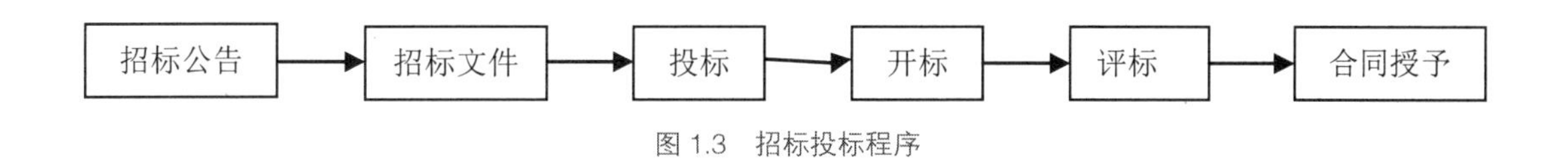

图 1.3 招标投标程序

第 1 步：发出公告。类似于抛球选婿，为择优选择中标人及其履约而发出的要约邀请。为此，需在有关媒介上发出招标公告或向选定的潜在投标人发出投标邀请书，吸引潜在投标人参加招标项目。为吸引潜在投标人参与竞争，招标公告一般包括招标条件、招标范围、实施时间、资格要求、招标文件获取办法、投标文件递交截止时间和地点、联系人及联系方式等内容。

第 2 步：发售招标文件。招标文件是招标人要约邀请的进一步明确与细化。与抛球选婿采用约定俗成的规则不同，招标投标需要按招标项目特点和需要编制招标文件以明确择优规则。招标文件一般包括招标公告或投标邀请书、投标人须知、标的清单、合同主要条款、技术标准和要求、图纸、评标标准和方法以及投标文件格式等内容。

第 3 步：投标。与抛球选婿按约定俗成的规则、众多青年才俊在彩楼下准备接绣球类似，投标是市场潜在供给人响应招标、参与竞争的一种民事行为。不过这种民事行为是在投标截止时间前在招标文件规定的地点递交书面投标文件。投标文件一般包括投标函及投标函附录、已标价采购清单或投标报价、资格审查资料、标的性能指标及履约方案，以及其他资格证明文件等。同时，为实现公平竞争，要求投标采用密封投标文件的方式进行。

第 4 步：开标。开标即按规定程序，当众拆封，公开投标文件主要内容的一个环节。抛球选婿中，丫鬟递给小姐绣球，小姐向众人抛绣球，以及哪个公子接住绣球等，都是在众目睽睽之下进行的，已经向抛球选婿的参与者公开。招标投标中，因投标采用密封的投标文件进行，需要借鉴抛球选婿中的公开原则，接受参与人监督以示公平。这就是招标投标中引入“开标”程序的原因。为此，开标过程需要公布在投标截止时间前收到的投标文件递交人，宣布开标有关工作人员姓名，组织投标文件密封检查。然后，按招标文件规定程序当众拆封，公布投标人名称、投标报价、履约期限，以及招标文件明确公布的投标其他内容，并记录在案。

第5步：评标。评标就是抛球选婿中小姐“*左顾右盼*”，对楼下青年才俊外貌、神情和言谈举止比较、择优的过程。抛球选婿中，选婿直接责任人是那位小姐，丫鬟在耳旁的建议仅是参考，抛给谁不抛给谁由小姐决定。招标投标中，为从专业角度选择并择优确定中标结果，同时也为了这一选择过程公平，防止小姐与楼下某公子私定终身，引入了由有关技术、经济专家和招标人代表组成的评标委员会负责对投标文件进行评审和比较的机制。之所以引入评标委员会评审，一方面，在于发挥评标专家的专业优势使得选择过程更加科学、规范，但另一方面，在于更公平、公正地完成评审、比较和择优，而不能任其随意发挥。为此，要求评标委员会只能按招标文件规定的评标标准和方法，对投标文件进行评审和比较，其实质是评标委员会依据招标人要约邀请的客观事实，即招标文件对投标人投标的客观事实，对投标文件进行评审和比较。体现的是招标人或者抛球选婿中的小姐“白纸黑字”在招标文件中明确的选婿标准，其评审结果是对投标结果，即对各投标人提交的投标文件进行评审、比较的结果。故此，这一评审、比较过程较之抛球选婿中小姐一个人决定绣球抛给谁要科学，是集体智慧的结晶，其结果也将更有利于招标人。

第6步：合同授予。合同又称为契约、协议，有书面形式、口头形式和其他形式。作为一种民事法律行为，合同是当事人协商一致的协议。招标投标中合同授予的实质，是在有限投标结果中按招标文件公布的择优标准选择最符合采购需求的中标人并与之签订书面合同。例如，抛球选婿中的小姐，是按约定俗成原则确定接住绣球的公子为婚姻缔结人，与其缔结婚姻。招标投标中，评标委员会按招标文件规定的评标标准和方法对投标文件进行的评审和比较，是按招标人的选择标准进行的评审和比较。故此，除非评标结论违背了这一准则，评标委员会完成的评标报告和推荐的中标候选人体现的恰是招标人意图，也应当作为招标人择优确定中标人，并与之签订合同的依据或重要参考。这里，招标人与中标人签订合同的目的，在于在招标文件和中标人递交的投标文件基础上，采用书面形式进一步明确当事人双方的权利和义务，一般包括合同当事人、标的、数量、质量、价款或者报酬、履行期限、地点和方式、违约责任、争议解决的方法等实质性内容。

抛球选婿中，小姐一旦抛出绣球，绣球一旦为某公子接住，小姐须按习俗与这位公子缔结婚姻。类似地，招标人发出招标要约邀请，投标人响应招标参与竞争，符合招标文件规定的择优标准胜出，招标人应当通知其中标，并与之签订书面合同且不得反悔，这是民事交易“诚实守信”原则的体现。反之，当事人中一方反悔则需承担相应的民事责任。读过《西游记》的人都知道，唐僧没与天竺公主缔结婚姻，即其不遵从抛球选婿习俗的原因，在于抛绣球的那个公主是个妖怪，后在孙悟空与之打斗中显出妖怪原形。按习俗不允许一个常人与妖怪成亲，因“妖怪”相对于人为“异类”，不与异类通婚在历史上是大多数民族习俗中的一项准则，更何况是妖怪。

> **［知识窗］** 采购，指单位或个人在一定的预算约束条件下，在供应市场获取商品资源，以满足生产、经营活动开展或是个人需要的一项微观活动，包括缔约和履约两个环节，其宗旨是实现商品采购。一般地，采购商品的评价因素，包括商品的品质、价格、履约计划和期限、履约能力、质量和配合服务等事项。此外，采购还需要考虑商品包装、物流等条件。招标采购，是招标投标机制与采购的有机结合，即在缔约环节引入招标投标机制，组织投标人竞争，招标人从竞争结果中进行择优选择，从而实现提高经济效益、保证项目质量的采购宗旨。

第 2 节　战略：部署与择优

招标采购是采用招标投标方式从资源市场获取标的物，以满足生产、经营和管理的一种经济活动，包括招标投标缔约和履约两个环节。其中，招标投标是实现招标采购战略的智慧。那么，什么是战略？什么又是智慧？战略，是一种为实现全局目标的布局与规划；智慧，则是生命具有的一种基于生理和心理器官的创造性思维能力，一般表现为解决问题的能力。在军事上，“战略”一词中的“战”指战术或打仗，“略”指“谋略”，是军事将领指挥军队作战的谋略。

下面，我们看一看三国时期著名的赤壁之战中的战略战术（图 1.4）。

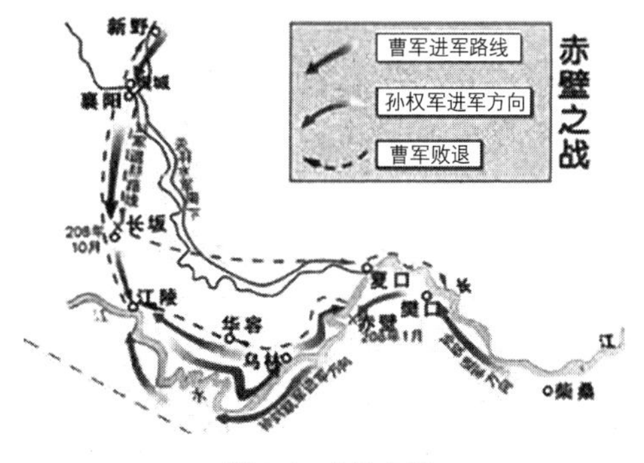

图 1.4　赤壁之战

［赤壁之战］ 赤壁之战是中国军事史上一次以少胜多、以弱胜强的著名战役，小说《三国演义》对这次战役有着详尽的描述。公元 208 年 7 月，曹操平定乌桓、统一北方后，挥师南下，直取荆州，迫降刘表次子刘琮，追击刘备，迫使刘备沿汉水改向夏口方向退却，乘胜占领江陵，取得荆州后，想沿汉水和长江东下攻打孙权，席卷江东，进而统一全国。曹操的战略部署为亲率荆州水陆军主力从江陵出发，沿长江向夏口进击；安排一支水陆军，由襄阳出发，沿汉水向夏口前进，要求后军都督征南将军曹仁、军粮督运使夏侯渊驻守江陵，厉锋将军曹洪驻守襄阳，安排汉侍中尚书令荀彧、汉前将军夏侯惇留守许昌等。

面对曹军东下的威胁，孙权和刘备结成联盟，抗击曹操，其战略部署为孙权亲自统率后方诸军以为策应，命令周瑜、程普为左右军都督，率军与刘备会师，命令鲁肃为赞军校尉，协助筹谋策划。安排周瑜率三万精兵沿长江西上，迎击曹军。孙刘联盟的军事部署是，安排丹阳都尉黄盖为前锋，当口令甘宁、横野中郎吕蒙、中郎将韩当、宜春长周泰、征虏将军孙贲、竟威校尉陆逊、武猛校尉潘璋等组成本队，水陆军左都督周瑜、右都督程普、赞军校尉鲁肃，给事朱桓防守柴桑以备援各方；刘备军中，刘备本人驻扎在樊口，刘琦率军万余人驻守樊口，关羽率万人水军驻在夏口，张飞、赵云各率四千陆军驻在鲁山。

周瑜率军到樊口与刘备会合，沿江西上，与顺流东下的曹军在赤壁交战，曹军初战失利，退据乌林，与孙刘联军隔江对峙。曹军大部分军士是北方人，不习惯水上风浪颠簸，便用铁环将战船首尾连接起来，周瑜命黄盖诈降，采用黄盖火攻的建议，用艨艟斗舰十艘，载燃烧器材驶向北军水寨纵火。曹军营随即大乱，人马被烧死、溺死的无数。随后，曹军分水、陆两路向江陵方向撤退，刘备、周瑜率兵水陆并进，追击到南郡，迫使曹操率余部退回北方。这一战役，促使形成了魏、蜀、吴的三国鼎立格局。

采购是一种微观经济行为，其过程可以划分为缔约和履约两个顺次相连的环节，见图1.5，其宗旨是实现采购结果。

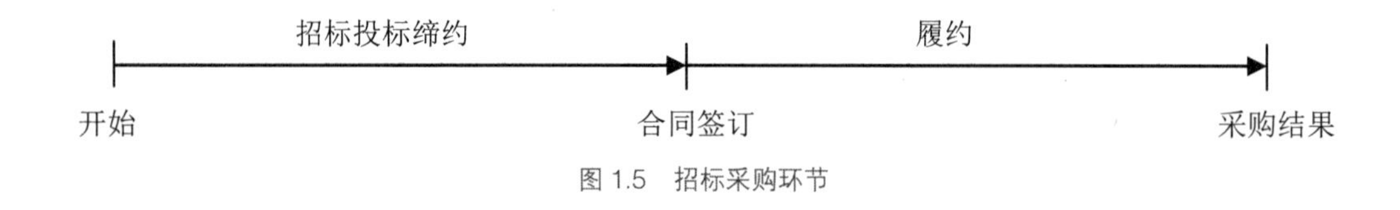

图 1.5　招标采购环节

那么，为什么说招标投标是招标采购战略的智慧？这当中，招标采购的战略是什么，智慧又是什么？实际上，招标采购的战略，与战争中排兵布阵的战略思想相同，即对实现招标项目全局目标进行策划与布局，以实现采购结果；而在智慧上，则是采用招标投标机制组织潜在市场供给者即投标人竞争，“鹬蚌相争，渔人得利”而实现采购结果的优化。

1. **招标采购战略**。招标采购战略，并非是项目履约结果的一个简单策划，而是为实现项目采购结果，包括其如何缔约和怎样履约的一个全过程策划，特别是履约策划，因为招标采购缔约采用招标投标的实质，是一种战略的智慧。

招标采购战略中的项目履约策划，是招标人依据自身条件对项目履约的策划，包括其提供的履约条件与管理。其实质，是招标人依据项目特点和需要对招标项目的履约管理，包括项目范围、进度、质量、资源、费用、风险等管理思路和方法，一般包括以下事项：

1）项目范围管理。招标项目范围即标的，是组织潜在投标人缔约竞争、进行合同授予、履约验收与考核，以及其他相关管理事项的基础。这当中，一是招标项目竞争范围的管理，二是项目范围变更的管理。

招标项目竞争范围管理的核心，在于采用通行术语、惯例及行规，明确招标项目技术条件和边界，即哪些事项纳入招标项目范围，其技术标准和条件是什么，是否准确无误，与其他项目的边界，特别是招标人或招标人委托第三人履约而项目功能又涵盖的部分事项，其接口划分是否清晰，是否有死角需要处理等，此外，市场上是一个供给者可以供给还是需要多个供给者同时供给等。

招标项目范围变更管理的核心，在于依据该类项目特点和可能的市场供给侧波动，提出项目范围变更管理的方法或原则，包括范围变更触发条件与机制、项目范围最终确认等事项。

2）项目进度管理。项目进度管理，是招标人按项目特点和使用需求而计划的，要求投标人中标履约遵从的开始、完成，包括其阶段性或里程碑节点的时间计划、管理方法，以及调整原则或方法，对应的奖励与处罚办法等事项。

3）项目质量管理。项目质量管理，是从招标人角度制定的招标项目质量目标管理及控制计划，包括项目质量目标、安排的自身及外聘质量监督与管理人员，采用的国家标准、规范、规程，以及特殊情形采用的国际标准、规范、规程或是某一特定的标准、规范、规程，质量验收、不满足质量目标的处理原则或方法，以及项目范围变更时，对应的质量目标调整原则或方法等事项。

4）项目资源管理。项目资源管理，是招标人依据项目特点和自身实际状况，为项目履约准备的人员、材料与设备、建筑物或构筑物、配套设施、资金等资源配置与管理计划。一般包括两部分内容：一是招标人自身为完成项目缔约、履约的人、财、物等资源配置计划与管理；二是招标人为投标人中标后提供的免费或有偿使用的人、财、物等资源配置计划与资源使用办法，包括资源清单、资源使用要求、程序及费用管理等事项。

5）项目费用管理。项目费用管理的实质，在于依据招标项目资源计划安排，对项目各项工作费用进行估算，以对项目实施提供有效的资金保障。其中，招标人自身为完成项目采购所需的人、材、物费用，需按照相关标准及采购全过程组织有关专业人员测算或估算；而招标人支付中标人的项目费用，需按相关费用标准、市场价格水平及批复预算进行费用控制与管理。必要时，委托造价、审计等有关专业人员计算费用或管理。

6）项目风险管理。项目风险管理是为降低招标采购风险的损害而对招标采购过程进行的分析与应对策略。注意，招标采购由招标投标缔约与履约两个环节构成。对应的，招标采购项目有三类风险：一是招标投标缔约违反法律法规或习俗、道德、纪律等社会行为规范风险；二是招标采购条件，特别是标的物不准确或择优标准不择优而导致的投标人中标后履约有机可乘风险；三是项目履约过程中出现的行为风险、政治风险、经济风险、技术风险等自然或人为因素导致的风险。招标采购项目风险管理的核心，在于依据不同地区、不同人文环境和招标项目特点，对以上三类风险中可能出现的行为或情形进行有效识别和分析，提出有针对性的项目风险管控方案，以使风险造成的损失最小化。

2. **招标投标智慧**。招标采购的实质，在于发挥市场在资源配置中的决定性作用，优化资源配置。而组织研究、制定招标采购缔约、履约全过程策划的宗旨，在于采用招标投标竞争机制优化履约过程和采购结果。一般地，只要采购需求目标明确、技术条件准确且市场供给人数多，招标投标机制就可在合同策划基础上，发挥其竞争作用，招标人在市场供给者中择优选择并获得收益。这也正是招标投标理论，即组织投标人对招标项目及其履约竞争，招标人从中择优选择，确定中标人并与之签订书面合同，因为这样一来，履约结果在理论上一定是所有参与投标的供给者中的最优结果。

为此，招标采购战略规划时需要进一步明确缔约、履约过程中，哪些事项、条件投标人必须满足或遵从，哪些事项、条件可以在一定范围内偏离或偏差，但超出范围则影响招标项目功能，以及哪些事项、条件在保证招标项目功能前提下投标人可以依其自身实力投标响应，以发挥招标投标机制的竞争作用。这三类因素或条件，需针对缔约过程和招标人期望的履约管理事项、条件、办法，结合招标采购战略布局与理念确定，对应的专业术语分别为招标项目实质性要求和条件、有限偏差偏离因素或指标和竞争因素或指标。

1）实质性要求和条件。实质性要求和条件是依据招标采购战略布局，不允许讨价还价，不准备签订合同时与中标人谈判但要求其必须遵从的要求与条件，需要事先明确告知投标人，是投标竞争的基础。对应的，投标人参与招标必须响应招标项目的实质性要求与条件。其中，“响应”一词是指投标人的投标满足或者不劣于招标人的实质性要求和条件。否则，其投标将被否决。这当中，依据招标项目特点和需要合理确定其实质性要求和条件，是组织招标投标活动的前提，因为实质性要求和条件范围如果过宽、因素过多，必然限制投标竞争，减少采购收益；反之，如果范围过窄、因素过少，虽从理论上看似会增加采购收益，但有可能使既定项目功能无法实现或是最终有折扣地实现，更是得不偿失。

2）有限偏差偏离因素或指标。有限偏差、偏离因素或指标是指缔约、履约过程中许可在一定范围内偏差、偏离的因素或指标，或是许可的最高偏差、偏离项数，且一旦投标因素、指标的偏差或偏离超出了许可范围，或是偏差、偏离因素或指标超出了许可的最高项数，将直接影响招标项目功能。为此，依据招标项目特点、需求和战略布局，在确保招标项目功能前提下准确界定许可偏差、偏离的因素、指标，分析其偏差、偏离引发的采购收益或损失，进而为招标采购择优创造条件。有限偏差、偏离因素或指标是招标人研究招标项目特点和需求提出、投标人响应并竞争、招标人择优的基础，需予以认真对待。

3）竞争因素或指标。竞争因素或指标是指投标满足招标项目实质性要求和条件基础上，按最有利于优化采购结果而确定的竞争因素或指标。一般仅针对履约过程和履约结果而设置，包括在招标人提供的履约条件基础上，投标履约方案、方法和措施的优化，以及招标项目许可的有限偏差、偏离因素或指标的优化，价格优化等。需引以注意的是，不同的方法或工艺导致履约结果的质量、价格以及完成期限有一定差异，这实际上是在有限供给中确定最终优化的结果，并没有统一的方法或择优规则，需依据招标采购战略和招标人期望实现的采购目标而确定。在数学上，对应的情形称之为有限多目标决策或择优选择。

从宏观层面看待招标采购，其与军事上的作战部署类似，是一种战略，更是一种智慧。之所以招标采购是一种战略的智慧，是因为招标采购从本质上是项目缔约、履约的全过程规划，而其中的招标投标缔约是一种智慧，是一种实现采购结果优化的智慧。这种战略的智慧，是以市场经济体制为基础，以优化项目采购结果为宗旨，以投标竞争为手段，是一种基于采购全过程的智慧。故此，招标人需要按项目特点和需要研究其规律，进行战略部署。同时，只有投标人响应招标采购战略并参与投标竞争，招标采购战略才能实现。这在招标人与投标人间，是一种对立统一关系，是既有竞争又有合作的博弈。对应的，投标人之间是竞争关系，是一种纯粹的竞争博弈。这才是招标采购的经济实质，也才是招标投标机制的初心与根本。

［知识窗］招标分为公开招标和邀请招标。公开招标，是指招标人以招标公告的方式邀请不特定的法人或者其他组织投标；邀请招标，是指招标人以投标邀请书的方式邀请特定的法人或者其他组织投标。

第3节　标准：老婆老妈先救谁

择优标准，是招标人为在有限投标响应范围内获取最佳采购结果而公开发布的，旨在引导投标，对评标和合同授予过程规定的共同遵从的规则。试问，《西游记》抛球选婿时那位天竺公主心中有没有选婿“标准”？当然有！否则，这位公主就不会在唐僧走近彩楼时将手中的绣球抛到其头上，因为这位天竺公主是妖怪假扮的，其目的是吃唐僧肉，是假借抛绣球缔结婚姻吃唐僧肉。

那么，招标采购为什么不能模仿自由市场的买菜行为“临时起意”或是“看物下单”呢？有一副对子说得好，上联是“说你行你就行你不行也行”，下联为“说你不行就不行行也不行”，横批是“不服不行”，因为问题的关键在于行与不行的标准是什么。招标采购如若采用自由市场买菜的做法，很可能想买的“菜”买不到，因为招标与投标是招标采购战略中对立统一的一对矛盾关系，投标人无从知晓招标人想买什么菜或是什么样的菜才符合招标人胃口。

仅认识到招标与投标是对立统一关系还不足以阐释招标采购战略中“择优标准”事先存在的必要，因为婚姻也是对立统一关系，但存在“一见钟情”等临时起意的情形，我们通过分析为什么男人普遍不愿意回答女人提出的“我和你妈同时掉河里，你先救谁”这个问题可以得到些启迪（图 1.6）。

图 1.6 老婆老妈先救谁的问题

［**老婆老妈先救谁**］如果老婆和老妈同时掉进了河里，应先救谁呢？几年前，一本娱乐期刊上刊载了一则与这个难题有关的故事，说的是一位大学毕业生小明的三次恋爱失败的故事。

第一次，是在小明大学毕业五年且其在事业上小有所成的时候。经过一位热心大姐介绍，小明与一位厨艺极佳的女生小青确立了恋爱关系。

两个月后的一天，小青问小明："假如我和你妈同时掉进河里，你先救谁？"这是小明平生最怕被问及的一个问题。结果世间就是这样，怕什么来什么。于是，小明一再恳求小青放过他，能不能不回答这个问题。

"没关系，闹着玩的，你就说说，没什么关系的。"小青安慰他说。

于是，小明大着胆子回答："如果你和我妈同时掉进水里，我当然先救我妈。因为你如果死了，我还可以再找一个。但我只有一个妈，如果我妈淹死了，我今生今世就再也没有妈了。"

小青一听，大怒："再找一个，原来你心中根本就没有我。要知道，与你一生一世的是我而不是你妈。"打这以后，两人再无往来，小明的第一次恋爱也告终。

大约半年左右，经人介绍，又有一位女生小芳来到了他的身旁并与其建立了恋爱关系。三周后的一天，小芳又要小明回答同样的问题"假如我和你妈同时掉进河里，你先救我还是先救你妈？"

有了上次教训，小明心想："反正我妈不在，也听不到我说什么，不妨就捡她满意的说吧！"于是回答道："如果你和我妈同时掉进了河里，我当然是先救你了。"

"为什么？"小芳大吃一惊，瞪着大眼睛看着小明，期待小明解释。

"噢，我妈从小生活在长江边上，会游泳。年轻时她一口气可以在长江里游 10 多公里呢！"

小芳听着这样的回答，原本灿烂的脸一下子就由晴转阴了："你连你自己的妈都不救，你还算人吗！今天对你老妈这样冷酷无情，明天你就可以这样对我。那谁还敢嫁给你！"两人随后分手，小明的第二次恋爱告吹。

两次恋爱失败的经历在小明心理上形成了阴影，有半年多时间躲着女生走，更不敢与女生谈恋爱。直到一年多以后，其心中的恐惧逐渐平复，经人介绍，小明又认识了女生小红。两次恋爱失败的教训让他发愁，私下里寻思着，一旦她问我"她和我妈同时掉进河里，先救谁"这个问题，我应该怎么回答才能让她满意呢？苦思了一夜不得其法。于是，小明在两人第一次接触时就约法三章，要求小红不准向他问“你和我妈同时掉进水里，我先救谁”这个问题，说“你问了也白问，我打死也不会回答的！”

小红一听，回答道：“你放心吧，我永远不会问你这个问题。我现在不会问，将来也不会问，打死我也不会问你这个问题的！”

小明一听大喜，以为终于遇到了一位没有精神病的人。结果第二天，介绍人一早就过来问他：“实话告诉我，你们家没有精神病史吧？”

小明一听就急了：“你家才有精神病呢！怎么回事？”

介绍人告诉他，小红认为他有精神病。否则，不会在第一次与其见面就要求她不得提问这个问题，并要介绍人转告小明两人恋爱关系终止。

为什么这样一个看似简单的问题，小明的回答没有让小青、小芳或小红中的任何一位满意呢？究其原因，在于这个问题的答案有三种可能，即“先救老妈”“先救老婆”和“谁也不救”。当然，一般不会选择“谁也不救”这个答案，因为那样做人就太不厚道了。但不管怎样选择，对小明选择结果的判断权在小青、小芳或小红，即只有当小明的回答符合这些女生的择偶标准时，才能得到对方认同。这也是为什么台湾师范大学曾仕强先生讲解《易经的智慧》解释这个问题时，要求小明回答“你说呢？”即“你觉得先救谁我就先救谁”的原因。但小明不知道三位女生心中所想，只能按自己所想回答“先救我妈”，猜对方所想“先救你”，或是在两次失败情形下选择“逃避”。

这个故事给人的启迪，在于解题密钥在女生手中。如果把故事主人公换换位置，例如，让小红找来三位男生小华、小明和小东，同样，提问这个问题，让三人的答案依次为：“先救我妈”“先救你”或“谁也不救”。那么，小红一定可以从中选择一位回答正确的男生为伴侣，因为选择标准在小红手中且只有这三种情形，这也是抛球选婿中面对多位应征者可以成功选婿的原因。

在招标与投标这对矛盾关系中，招标人是需求人、决策人，投标人是供给人、参与人。选择谁或不选择谁的决定权在招标人，不在投标人。单从招标人确定中标人并与之签订合同这一角度分析，招标人作为需求人，公布或不公布其择优标准均可按市场供给采购。但如果不公布择优标准，其采购结果，特别是当市场上既有供给均不满足需求时，无法实现采购。同时，如不公布采购择优标准，将极大地依赖采购人自身对市场的了解程度，也仅可能在其熟识的市场供给侧采购，结果只能是在其熟识的供给范围内择优。

为什么采购人需要公布择优标准，原因就在于招标采购战略中，招标投标这一缔约智慧的内涵，以及发挥招标与投标对立统一关系的作用实现采购宗旨，以免重蹈上面那个悲剧爱情故事的覆辙。

首先，公布择优标准有利于实现采购宗旨。招标项目的择优标准是招标人依据招标项目特点和需求，即招标项目战略部署确定的选择标准，其向社会公布有利于吸引那些满足择优标准的供给者响应，参与竞争，也有利于那些不满足采购需求的供给者主动回避。“与人方便，于己方便”。招标人按公布择优标准要求投标人响应、参与竞争，投标人按采购需求、择优标准和其自身实力投标响应，“有的放矢”，形成招标与投标这一对立统一关系，进而招标人可从中择优选择，实现采购宗旨。

其次，公布择优标准有利于评审、比较和择优选择。抛球选婿的决定权在抛绣球那位小姐，其依据往往赖于“眼缘”或是“一见钟情”的外表，选婿习俗中的青年才俊对此均予以默认。但招标采购如采用这种“临时起意”或是“看物下单”的方法，可能无法实现采购宗旨，因为招标采购项目包括工程、货物和服务三类。其中，工程、服务的采购结果必须等待履约或是履约结束才会出现，缔约时根本没有“样品”或“实物”；即便是招标采购中的货物，除非是市场上既有材料、设备满足采购需求，需要加工、制造的，同样没有“样品”和“实物”，不能采用“看物下单”的方法采购，需要公布择优标准，进而促使招标人择优确定采购结果。

再次，公布择优标准有利于推动社会技术进步。招标需求代表先进社会生产力。市场经济中，需求是供给的前提。这当中，“需求”指人们的“物质和文化需求”，并非是一成不变的，而是随时代发展“日益增长”的需求，代表着社会价值取向。招标投标，作为市场经济中一种竞争方式，其宗旨在于发挥市场在资源配置中的决定性作用，方法在于组织市场供给者竞争，由竞争实现资源效用的最佳配置，由竞争推动社会技术进步。

故此，招标采购战略的智慧中需要招标人明确并公布择优标准，因为只有明确了择优标准，招标采购才有可能实现采购结果的优化，只有招标人公布了择优标准，投标响应才能有的放矢，招标投标这一战略的智慧也才能推动社会技术进步，向前发展。

第 4 节　守信：缔约与履约准则

招标采购作为一种在市场供给侧的择优选择，其结果受交易双方行为的制约。市场秩序，是交易得以成功实现的保障，包括法律、文化、习俗、道德和纪律等，其宗旨在于维护一定时期的市场秩序，约束当事人遵从自愿、平等、公平和诚实守信的交易准则。

宇宙万物的自然法则是“物竞天择，适者生存，优胜劣汰”。动物中，为什么有的群居而有的又独来独往？其实质是自然生存，“大鱼吃小鱼，小鱼吃虾米”，万物存在即有其道理。

［**蜜蜂社会的启迪**］ 蜜蜂是一种会飞的过着母系氏族生活的群居昆虫（图 1.7）。一个蜂群有一个蜂王、数千个雄蜂、2 万 ~5 万个工蜂。其中，蜂王和工蜂由

图 1.7　蜜蜂采蜜

受精卵发育而来，雄蜂由未受精的卵细胞发育而来，工蜂是生殖器发育不全的雌蜂。

蜂王的任务是产卵，同时统治、管理蜂群。蜂王可根据群体需要，产下受精卵工蜂或是未受精卵雄蜂。其分泌的一种蜂王物质激素可以抑制工蜂卵巢发育，以影响工蜂行为。雄蜂的职责是和蜂王交配，交配后，其生殖器脱落在蜂王体内，完成一生使命而死亡。工蜂个体较小，其职责是筑巢、采集食料、哺育幼虫、清理巢室和调节巢湿。此外，还担负着守卫蜂巢不受外敌入侵的职责。

蜂群成员太多、拥挤或是采集的花粉不足以维持整个蜂群生存时，蜂群会自动进行资源再分配，进行分群。此时，工蜂负责建造一个特殊的蜂房，称为王台，蜂王在王台产下受精卵。幼蜂孵出后，工蜂给其特殊照顾、饲喂，以使其发育成具有生殖能力的新蜂王。随后，老蜂王即率领一部分工蜂飞去另一处组建一个新蜂群。

蜜蜂靠着气味辨识自己所在蜂群。不同蜂群的蜜蜂在野外采蜜时没有群界，相互间能够和平共处。蜜蜂争斗主要源于到别的蜂巢盗蜜，或是群种的“优胜劣汰”，进而发生的相互间撕咬、围攻等。

蜜蜂对人类的启迪在于，种族延续需要社会分工，需要合作，更需要和平共处，“各归其位、各司其职”是种群得以生存和繁衍的基石。反之，自私和贪婪引发的是战争和掠夺，以及社会的无序发展。对此，《论语·颜渊篇》中有这样一段记载孔子言行的文字，即“齐景公问政于孔子，孔子对曰：‘君君、臣臣、父父、子子。’公曰：‘善哉！信如君不君、臣不臣、父不父、子不子，虽有粟，吾得而食诸？’”

这是阐释孔子看待社会秩序的一段经典话语，用今天的话说，就是治理一个国家的核心在社会秩序，即君要像个君，做君王该做的事；臣子要像个臣子，尽到一个臣子的本分；父亲要像个父亲，做一个父亲该做的事；儿子要像个儿子，尽到一个儿子的本分。齐景公对孔子观点的认可则更形象，说如果缺乏这种社会秩序，即便天下粮食再多又怎样，我能吃得到吗?

同样，市场交易应有其交易秩序，这种秩序即当事人普遍认同的交易行为，或称之为行为规范。招标采购作为一种微观经济行为，其战略的智慧得以实施，离不开招标投标市场交易秩序的保障。

守信是人的立身之本，更是事业成就之本。招标投标市场秩序的核心，在于招标人和投标人之间的交易诚实守“信”，评标委员会及其成员客观、公正地履行职责，遵守职业道德。这当中的“信”，按《说文解字》的解释是“人言为信”，即说真话、诚实为“信”，这是招标投标市场交易的基础。

这里，对招标投标市场交易的基础分析如下：

1. 招标人守信。招标人守信，在于其招标采购是真招标而不是虚假招标，是依其招标采购战略需要而在市场上进行择优选择。这样，招标人就会根据招标项目特点、技术条件和缔约、履约需要进行战略布局，结合自身管理经验和水平提出招标项目范围、进度控制、质量管理、资源使用、费用控制和风险管理思路、方法和措施。同时，进行市场供给调查，结合预期的市场竞争程度提出招标项目实质性要求和条件、有限偏差偏离因素和指标，以及竞争因素和指标，研究并提出哪些因素和指标可以竞争，竞争结果预期是什么，以及评判竞争结果优劣的方法和标准，就会授予投标结果最优的投标人中标，与之签订书面合同，诚信履约而不会优亲厚友。

应当说，招标采购战略缺乏择优标准，是招标投标走形式、走过场，搞虚假招标的直接原因。那么，为什么招标采购实践中存在大量的虚假招标呢？原因在于，一是招标人对招标采购战略的不理解；二是招标人对招标投标智慧的不清楚；三是中国文化讲人情，招标人处在一个处处讲人情的社会圈子里，不愿意组织真正的竞争，进而招标采购走形式、走过场，或是优亲厚友、私下与投标人串通以确保利益人中标，其实质是虚假招标。

故此，招标人依招标项目特点和需要，研究招标项目履约，提出竞争因素、标准和条件组织“真”招标，是实现招标采购战略的前提。

2. 投标人守信。投标人守信，在于依其自身实力真投标而不是虚假投标。这样，其中标后就会依其投标文件及与招标人签订的书面合同诚信履约。招标投标是对立的统一，没有招标就没有投标。同样地，没有投标，招标就犹如抛出的“绣球”无人应接，更无人争抢，只能宣告失败。细究起来，有三种情形会导致抛球选婿的失败：一是彩楼上抛绣球的小姐长得太丑，没人愿意应征；二是楼下有位长相丑陋但“技压群雄”的应征青年，接住了绣球，小姐嫌弃其长相丑陋，不愿意嫁而毁约；三是楼下应征的青年才俊被当地一位“恶霸”或“恶少”掌控，迫使应征者都不伸手接绣球。最后，恶霸或恶少抢到绣球，小姐不愿意嫁而毁约。

招标采购中，这三种情形都会出现。在此分析如下：

第一种情形，即无投标人响应。其直接原因仍在于招标人进行招标采购战略部署时，对市场供给侧的调查不充分，或是招标采购战略部署所要求供给的条件太苛刻，市场上没有供给或是供给人均不愿意响应、参与竞争所致。对此，招标人需在市场供给调查的基础上，依项目特点和需要进行招标采购战略部署。必要时，特别是当市场供给数量不足以满足竞争需要时，可以组织订单采购而解决。

第二种情形，即投标人看似响应招标且参与了投标竞争，但履约时才发现其履约能力实际上不满足要求，无法实现预期的采购结果。究其原因，在于其参与投标时的弄虚作假骗取中标。这种情形，源于采用书面形式组织投标竞争，即其有效扩展投标竞争区域，但同时增加了投标文件造假的可能性。实践中，投标人弄虚作假骗取中标有三种表现形式：一是其资格能力不满足市场准入规定而造假，例如，投标人的挂靠行为，或是擅自将其低资质证书改为符合资格要求的资质证书等；二是其真实情况不足以得到最佳的评审结果，投标人擅自修改其相关证书、证明材料或资料而造假，例如，擅自修改其合同协议书或是修改相关人员履历、资格证书等；三是恶意低于成本参与投标竞争，履约时再“坐地起价”，以项目履约要挟招标人“加价”，否则，不履约或是延迟履约等。

第三种情形，即投标人串通投标情形，是招标采购战略部署最需要研究的，因为招标采购战略得以成功实施的前提是投标竞争，招标人由投标竞争获得采购收益，这就是招标采购战略的智慧。而投标人串通行为，对抗的恰是投标竞争，是市场交易中对招标最好的一种抗衡，会导致招标采购战略的失败。

故此，招标采购战略得以实施，离不开投标人真实的投标响应与竞争，因为只有投标人真实地响应招标，参与投标竞争，招标采购战略才有可能实现，招标投标也才能真正发挥择优配置资源的决定性作用。

3. 评标委员会及其成员守信。评标委员会制度是专家咨询制度的扩展与补充，其实质是要求其从专业的角度，按招标人择优标准，即招标文件规定的评标标准和方法对投标文件进行评审和比较，提出评审意见，以帮助招标人择优确定中标结果。注意，评标委员会中的技术、经济专家与招标人、投标人没有利害关系，可排除来自招标人或投标人的不正当干扰，客观、公正地对投标文件进行评审和比较，这在人情社会中尤其需要。这里，“客观”是指以投标事实，即投标文件载明的内容进行评审和比较，“公正”是指采用招标人公布的择优标准，即招标文件规定的评标标准和方法，对投标文件进行评审和比较。从而，评标委员会及其成员发挥专业优势，客观、公正地按招标人公布的择优标准对投标文件进行评审、比较并择优推荐合格的中标候选人，是确保招标采购战略得以实施的一种专业技术保障。

综上所述，招标采购战略得以实施的社会基础是诚实守信。为此，招标人、投标人和评标委员会及其成员，须以“诚实守信”为参与招标投标活动的前提，因为这是发挥市场在资源配置中的决定性作用，即市场竞争的基础。

第5节　案例：空调关键技术参数的评审与比较

评标委员会是招标人依据项目评标特点和需要组建的，授权其对投标文件进行评审、比较并向招标人提交评标结论，即评标报告和推荐合格中标候选人的一个专门委员会。在性质上，评标委员会与专家咨询委员会类似但又不同，即评标委员会只能按招标人公布的招标事实对投标事实进行评审和比较，完成评标报告。这种规则约束了评标委员会，其无权修改择优标准，也无权在投标截止时间后接受投标人递交的投标文件，包括其对投标的调整与修改。

在此，分析下面这个案例以阐释评标委员会的评审、比较职责。

［**案情回放**］2009年9月，某市政府采购中心采用公开招标方式，为该市某公立医院改造中的病房楼工程采购空调设备。经过评审和比较，评标委员会完成了评标报告，并推荐投标人A、B、C分别为第一、第二和第三中标候选人。

确定中标人前，采购中心组织有关专业人员对投标文件是否响应招标文件的实质性要求和条件进行审查，发现投标人A对招标文件技术规格书中两个带星号参数没有提交证明材料证明其满足要求，而其他投标人的投标均满足要求。于是，采购中心召回评标委员会所有成员对评标报告结论进行再次确认。

评标委员会成员到场后，有专家提出，既然这两个带星号的参数有的厂商检测，有的厂商不测，就不应该将这两个参数作为关键参数，建议维持原评标结论；采购人代表认为，既然招标文件中将这两个参数标上了星号，投标人的投标就应当在满足要求的基础上才能参与竞争。至少应当确认投标人A满足这两个星号参数的要求才能推荐其为第一中标候选人。为此，评标委员会一致同意，就投标人A是否满足招标文件技术规格书中这两个星号参数要求，向投标人A发出书面澄清、说明要求。

投标人A的代表在规定时间内，携带招标文件及其投标文件、相关材料到达评标委员会指定会议室。评标委员会负责人拿起投标人A的投标文件，向其提问“招标文件技术规格书中一共有15个带星号的参数。其中，第68页上第3、第4这两个星号参数，你们的投标文件中为什么没有材料证明你们投标的空调满足这两个星号参数要求？那么，你们投标的空调到底满足还是不满足这两个星号参数要求？”

投标人A的代表翻开招标文件第68页，看后答道：“噢，这两个参数啊，我们从来不检测。不过你们大可放心，我们的空调肯定满足这两个星号参数的要求。我今天回到厂里就安排实验员测这两个指标的值，然后报给采购中心。”

评标委员会成员走后，采购中心领导、处室主管和项目负责人讨论，认为投标人A在投标前并不知晓其投标的空调是否满足这两个星号参数要求，还要去再次检测，不满足中标条件，不能确定其为本项目中标人。于是，第二天向投标人B发出中标通知书，要求其在10日内与招标人签订书面合同。与此同时，第二天下午4点，投标人A的代表送来其所投标空调的这两个星号参数测试值，证明其投标的空调满足招标文件技术规格书中对两个星号参数的要求。

听闻采购中心已宣布投标人B中标，投标人A向采购中心提出了质疑。同时，其在各网络媒体、报纸等媒介上发出消息，直指采购中心与投标人B串通，声称其在本项目投标中受到了不公平待遇。其质疑事项及在有关媒体上的申诉理由有两个：一是其已被评标委员会推荐为第一中标候选人；二是其投标报价比投标人B低42.30万。质疑采购中心，为什么评标委员会经评审推荐的第一中标候选人没中标，而是排名第二的中标候选人中标？政府采购原则是“低价优先”，本次招标为什么价格低的没中标而是价格高的中标？

本案在媒体上发酵，其讨论与争议一直持续到2010年6月底，其争议焦点集中在投标人A是否应当在本招标项目中标。支持投标人A中标的人认为，投标人A是评标委员会推荐的第一候选人，其投标的空调经检测满足招标文件技术规格书中的所有要求，不确定投标人A中标不符合采购择优的原则；反对投标人A中标的人认为，投标人A没在投标文件中证明其投标的空调满足招标文件技术规格书中的两个带星号的参数要求，不符合招标文件规定的择优标准和要求，如确定其中标违反公平竞争原则，因为其他投标人均在投标文件中提交了证明材料而只有投标人A没提交。

［问题］针对本招标项目，讨论以下三个问题：

1. 评标委员会的评标行为是否正确，其推荐的中标候选人是否合格？

2. 采购中心确定投标人 B 中标是否正确？为什么？

3. 采购中心组织本项目招标投标活动有哪些错误，又有哪些教训？

［案例分析］首先，需要分析招标投标活动中，为什么要设置评标环节，又为什么要组建评标委员会对投标文件进行评审和比较，这一机制是不是剥夺了招标人在招标采购中的择优选择权问题。评标是一个评审、比较过程，其核心在于对投标事实，即投标文件进行评审比较，进而择优，与抛球选婿中的择婿过程类似。有比较才会有鉴别。抛球选婿中，择婿比较是由抛绣球那位小姐和丫鬟进行比较，绣球抛给谁由小姐自己决定，边上的丫鬟最多只提建议。同样地，招标投标活动中的评标，是对投标结果的评审和比较，因为只有经由评审和相互比较，才能得出投标结果的优劣，招标人才能从中择优选择，确定中标结果和中标人。其与抛球选婿的差异，主要表现在评标是依书面投标事实进行评审和比较，留存书面评审记录，而抛球选婿中小姐和丫鬟的评审和比较，更多的是依据楼下应征青年的外表，难免有“拉郎配”选错的情形；那么，为什么要组建评标委员会对投标文件进行评审和比较，这是否剥夺了招标人的择优权呢？答案是否定的！因为，评标委员会是招标人组建的，其评审、比较是依据招标文件中规定的评标标准和方法，是按招标人在招标文件中公开的择优标准进行的评审和比较，其完成的评标结果应当是招标人择优意愿的专业体现。同时，评标委员会与投标人没有利害关系，评标结果较其他方式客观公正，其推荐的第一中标候选人的投标也较排名在其次的其他投标更“优”，是招标人择优意愿的专业体现，必然有利于招标人实现其招标采购战略。这就是为什么招标投标机制中，要求评标由招标人组建评标委员会负责的原因，因为这样的机制更科学。

注意，这种评标机制有利于招标人实现招标采购战略的前提，是评标委员会按招标人公布的择优标准，即招标文件规定的评标标准和方法，对投标事实，即投标文件进行评审和比较，其推荐的中标候选人合格；反之，其评标结果则不能帮助招标人择优确定中标结果，更不能有效促使招标采购战略的实现，这是招标投标活动应当遵循的一个基本准则。

弄清评标委员会及评标的制度根本，就可以回答上面三个问题了。

1. 该项目评标委员会行为不正确。因为评标制度设计中，评标委员会是按招标人的择优标准，即招标文件中规定的评标标准和方法，对投标文件进行评审和比较，而本案投标人 A 的投标文件，对招标文件技术规格书中载明的带星号参数，有两项没有在投标文件中提供证明材料。此时，评标委员会判定投标人 A 投标的空调满足这两项星号参数要求，并推荐其为第一中标候选人没有事实依据，违背了按招标事实即招标文件中规定的评标标准和方法，对投标事实即投标文件进行评审、比较的基本规则。注意，投标人 A 的投标由于对招标文件技术规格书中的星号参数没有提供证明材料，不能视为其响应了招标。这里，“响应”的含义是明确答应，并用事实材料作证明。投标人 A 的代表在评标委员会要求其澄清、说明时，明确回答“这两个参数啊，我们从来不检测”，印证了投标人 A 自己并不清楚其投标的空调是否满足这两个带星号参数的要求。虽然，投标人A随后在其测试中证明了所投标的空调满足这两个带星号参数的要求，但此时投标已经截止，其递交的测试报告不能作为其投标事实参与评审和比较。故此，投标人A的投标没有响应招标文件的实质性要求和条件，不合格，应当对其投标予以否决。

2. 采购中心确定投标人B中标的依据是评标委员会推荐了投标人A、B、C为第一、第二和第三中标候选人。然而，投标人A的投标没有响应招标文件的实质性要求和条件表明评标委员会完成的评标报告和推荐的中标候选人不合格。此时，采购中心确定投标人B中标，实际上是依据一个不正确的评标结论确定的，同样不正确，不符合招标采购择优的基本规则。

3. 组织本项目招标投标活动，采购中心存在三个主要问题：一是对评标委员会制度及其作用理解的含混；二是缺乏对评标过程的指导和监督；三是逾越招标人权限，擅自确定中标人。本案中，采购中心发现第一中标候选人投标人A的投标不符合招标文件实质性要求的前提下，应当要求评标委员会重新提交正确的评标报告并推荐合格的中标候选人。必要时，如本项目评标委员会坚持己见，不按采购中心要求对其错误的评标结论进行更正，在征得监督部门同意的前提下，采购中心可以重新组建评标委员会进行评审和比较，要求其给出正确的评标结果并推荐合格的中标候选人。在此基础上，采购中心才能依据评标委员会完成的书面评标报告和推荐的中标候选人择优确定中标结果。

第2章

招标采购：履约的竞争

****

古人学问无遗力，少壮工夫老始成。
纸上得来终觉浅，绝知此事要躬行。

——［南宋］陆游《冬夜读书示子聿》

****

第 1 节　竞争：履约的缔约保证

缔约竞争的目的是履约优化，以实现采购结果优化。那么，让潜在投标人竞争什么，其竞争的因素或指标是什么，评判的标准又是什么等无疑就是组织招标投标活动的核心。在这一过程中，招标人确定中标结果，与中标人签订合同是投标竞争成果的书面体现。需要注意的是，招标投标竞争的载体是书面，即招标文件和投标文件，并非市场上一般所见所得的，如螺丝、蔬菜等实物采购，其好处在于“白纸黑字”地载明采购需求和响应条件、承诺事项，有据可查，但也存在缺点与先天不足。特别是，履约时市场供给条件发生变化，中标人无法承受其履约损失且协议书中又没给出处理办法或原则，招标人不能或是不愿承担相应损失费用时，极易造成中标人撕毁合同，不再履约。此时，招标人虽可以按照合同约定进行索赔，但影响的是招标采购结果无法实现，致使招标采购失败。

下面这个锅炉采购事件，即是中标人因损失无法承受而不履约的例子。

［**锅炉采购协议终止事件**］2000 年 5 月，为响应国家大气环境治理要求，某事业单位采购 5 台 6t 的燃气锅炉，以替换其锅炉房中的 5 台燃煤锅炉。该项目委托某招标公司代理组织招标投标活动，某设计单位针对锅炉房供热面积和相关需求，提出技术规格书。

该项目招标公告在国家指定媒介发布后，共有 6 个投标人购买招标文件，参与了投标。其中，投标人 A 是法国某锅炉制造商的国内代理商，其投标报价为 20 万元 / 台，总价为 100 万元。经评标委员会评审和比较，推荐投标人 A 为第一中标候选人。随后，招标人确定投标人 A 中标，向其发出中标通知书，并与其签订了锅炉采购协议书。

随后，代理商代表拿着签订好的合同协议书飞往法国，到锅炉厂下订单。结果就在其飞往法国的当天，锅炉厂通知了其全球所有代理商，其中标型号的锅炉出厂价由 16 万元 / 台调整为 20 万元 / 台。得知这一消息，代理商代表在法国没敢多做停留，立刻订机票飞回国内，并于回国的第二天赶到该事业单位，将法国制造商调整其锅炉全球出厂价一事告知后勤服务处长，与其商议，要求双方再签订一个补充协议，把其中标锅炉的价格由 20 万元 / 台调整为 24 万元 / 台，中标总价调整为 120 万元。

该后勤服务处长在档案柜中找到双方签订的《锅炉采购协议书》，仔细研究协议书各项条款后告知该代理商代表，他个人很同情代理商的遭遇，但根据合同约定，这种情形不能签订补充协议调整合同价格，因为当事人双方签订的《锅炉采购协议书》载明是固定总价合同。同时，合同变更条款明确约定，合同执行期间的市场价格波动由乙方，即中标人自行承担。为此，依据合同约定，代理商须将这 5 台 6t 燃气锅炉在 9 月 30 日前送达安装现场，以保证冬期供暖。见协商无果，代理商代表称要回单位向有关负责人汇报、研究该合同后再告知其决定。

第二天，中标人向该事业单位送达一份书面函件，明确表示终止履行该采购合同。同时，承诺其已向招标人缴纳的 2 万元履约保证金无需退还，以作为招标人损失的弥补。

应当说，这类事件是采购中经常发生的事件。市场竞争中，投标人投标的宗旨是盈利，获取其经营收益。一般来说，对于市场价格的少许波动，中标人不会要求招标人调整合同价格。但一旦市场价格上涨到中标人难以承受时，会要求招标人相应涨价以确保其收益而不是“赔本赚吆喝”，这是中国人文环境下，投标人参与市场竞争的普遍心理状态与规律，因为履约的核心在于中标人。

有人认为，锅炉采购协议终止这个事件的原因在于代理商不讲诚信。这种观点是片面的，不利于招标投标机制的发展。招标人永远不能认为组织投标人竞争的目的是让中标人赔本而单是招标人从中获取收益，因为这样行事的结果有违市场交易的公平原则，不可能产生一个好的履约结果。

那么，招标人和投标人是什么关系？招标采购又应怎样进行战略部署呢？

1. **招标与投标**。招标与投标看似对立，实则相互依存。在经济学上，招标与中标是“需求”与“供给”的关系。其中，招标人是需求者，中标人是供给者，二者依据招标文件和中标人的投标文件签订书面合同，中标人按双方签订的合同诚实守信地履约，完成招标项目。注意，这当中的中标人，是经过投标竞争后胜出的投标人。故此，招标人和中标人的关系是“合作共赢”或“合作博弈”。那么，招标人与投标人的关系又是什么？投标人参与投标竞争的目的是为中标，即完成招标项目，均可能是招标人选择的合同履行者。

招标人根据招标项目特点和履约需要发出招标公告、发放招标文件，这决定了招标投标缔约时，招标人是主导而投标人是响应、从属和参与的关系。如不能正确看待招标与投标的辩证关系，这种主导地位极易使招标人单从自身角度提出有违市场规律的要求或条件让投标人响应。严重的，是在招标文件或签订的合同协议书中出现“霸王条款”或“不平等条约”；不严重的，是出现投标人中标后不能或是不愿意履约而致使招标采购失败。

那么，为什么在投标过程中，投标人即便发现招标公告或招标文件中存在霸王条款、不平等条约，甚至违法条款也大多不会抗议或投诉、举报呢？因为投标的核心在于竞争。这样，投标人想要在竞争中胜出，首先是不能得罪招标人，需要讨好招标人，而少有人能够接受别人指出其缺点或是错误。投标人深知此中的玄机，当然不会在投标过程中对招标人发出的招标公告或招标文件“挑三拣四”。如招标条件太苛刻，投标人可以不投标，这样就不会有损失。此外，更重要的，在于履约是中标人履约，在于中标人是履约主导而招标人是从属。如果招标文件或签订的合同协议书中存在“霸王条款”或“不平等条约”，相关条款均无效，不具有法律效力。给中标人造成损失的，中标人还可以向招标人索赔。特别是，致使中标人履约不能或是对其履约造成重大损失的，与上面锅炉采购协议终止事件类似，中标人还可以按其“损失最小原则”停止履约，最终受到损害的，仍是招标人自己。

所以，正确认识招标与投标的辩证关系，是招标人进行招标采购战略部署，运用招标投标智慧优化招标项目的基础。这当中，招标人是主导，是核心，需要结合市场供给实际和中国的人文环境，科学规划，统筹安排。

2. **竞争与合作**。招标人和中标人签订合同后是什么关系？国外一般将合同双方的关系界定为“伙伴关系”（Partnership），即双方在相互信任的基础上，为实现共同目标而采取风险共担、利益共享的一种合作关系。国内一般将合同双方关系界定为法律地位平等，并结合民事活动“自愿、公平、等价有偿、诚实信用”的原则进行理解。实际上，无论理解成伙伴关系还是理解成法律地位平等关系，其核心在于如何促使当事人在履约过程中认识双方在“风险共担、利益共享”目标下的合作关系。这一点，用儒家文化“仁、义、礼、智、信”中“仁”的思想界定最清晰。一方面，需“讲仁义”，即在与另一人相处时，能做到融洽和谐；另一方面，需“讲易”，即换位思考，做事不能光想自己，要设身处地为对方着想，“为人则为己”。这种“仁”的思想，恰是按中国人的思维方式理解招标人与中标人，或是广义的，招标人与投标人之间的合作关系，实现招标采购战略的重要举措。

按合同价格形态分类，合同有固定价、可调价和成本加酬金等三种类型，招标采购过程中，招标人与中标人按招标文件和中标人的投标文件签订的合同具体是哪一种，要看招标文件规定，因为此时的合同价格载于中标人的投标文件中，是固定价，包括固定单价和固定总价，是可调价还是成本加酬金，招标文件中的合同条件中会明确界定。

这里需要讨论的问题是，即便招标文件选择的是固定价合同，是否合同执行中价格就是一成不变的？答案是不一定！问题的关键在于招标文件载明的或是双方签订的协议书中载明的“合同变更条件”中的情形是否发生。合同履行时如果出现了合同变更条件中约定的情形且影响合同价格的，依照合同约定，就需要调整合同价格；反之，则无需调整合同价格。其中，法律法规变化影响合同价格的，一般均需调整合同价格；物价水平波动是否调整合同价格，则需看合同中是否将其纳入了合同变更条件。故此，绝对的固定价合同在国内极少，而实践中，大多是可调价合同或是成本加酬金合同。

那么，上面锅炉采购协议终止事件中招标人的采购战略错在什么地方？错在招标人错误地理解固定价合同，以为只要选择了固定价合同，合同履行中的各种价格上涨责任归中标人承担。应当说，这种思想在招标采购战略上是错误的，因为其没能按儒家文化“仁”的思想去理解招标人与中标人的关系。从而，在市场物价大幅上涨、中标人无法承受时，引发的只能是市场经济的惩罚，即招标采购失败。正确的做法是，招标人应在招标文件合同条件中将市场物价波动明确为合同变更条件中的一种情形。例如，招标文件中明确“主要材料、设备价格波动在投标报价 ±5% 内的不予调整；超出 ±5% 的，超出部分的价格计入合同价”，就既能促使投标人竞争，又不至于在市场价格波动超出中标人承受能力时停止履约。

这一事件给人们的启迪在于，招标采购战略除按项目特点和需要进行部署外，还需结合市场供给状况、中标人履约实践和可能诱发停止履约的情形进行部署。为此，要正确把握竞争与合作的关系，竞争要有度，要以“风险共担、利益共享”为先导，因为招标采购的宗旨在于实现招标项目。

［知识窗］博弈是二人或多人之间平等的对局，利用对方策略变换自己的对抗策略，做出有利于自己决策的一种理性行为，分合作博弈和竞争博弈。合作博弈，指参与者从自身利益出发与其他参与者谈判达成协议，所得结果对联盟方均有利；竞争博弈是指参与者在行动选择时无法达成约束性协议，只能通过竞争进行博弈。招标采购是一种博弈。一般地，招标人与中标人之间是合作博弈，投标人之间是竞争博弈。

第2节　制约：合同订立的约束

合同是当事人协商一致的意思表示，有书面形式、口头形式或者其他形式。其中，书面形式包括合同书、信件、电报、电传、传真等可以有形地表现所载内容的形式。以电子数据交换、电子邮件等方式能够有形地表现所载内容，并可以随时调取查用的数据电文，视为书面形式。招标采购中的合同依法采用书面形式，按招标事实，即招标人的招标文件和中标人的投标事实即其投标文件，签订书面合同，以约束当事人履约行为。招标投标活动中，招标人发出招标公告，是希望他人向自己发出订立合同的意思表示，招标文件是招标公告有关事项的进一步细化与说明；投标人递交的投标文件，是希望和招标人订立合同的意思表示，该意思表示内容具体确定，且一旦招标人接受，中标人即受该意思表示的约束。

招标采购合同订立时，招标人与中标人是否可以就合同中一些事项进一步商议、补充、修改或者完善，是否可以变更招标项目范围或是修改中标价格？下面，我们先看一个实际的招标采购缔约事件，再进行分析。

［**科研业务楼缔约的故事**］2003年8月，某国有服装加工企业采用公开招标方式，确定其科研业务楼工程的施工总承包单位。该项目有8家施工企业响应招标，参与投标竞争。经评标委员会按招标文件规定的标准和方法，对投标文件进行系统地评审和比较，评标委员会推荐投标人A为第一中标候选人。

招标人与中标人A进行合同谈判过程中，要求将其中标范围所含的土方开挖、彩板钢窗和屋面防水等三项工程移出合同范围，改由招标人另行发包，以便于选择更专业的企业承揽，保证项目质量。中标人A不同意，认为其投标报价2130万元，在8家投标企业中最低，如果再把土方开挖、彩板钢窗和屋面防水工程移出合同范围，其合同履行结果一定是亏损。为此，招标人同意弥补中标人A的亏损费用，但前提是中标人A同意这三项专业工程移出合同范围，同时，要求中标人A在3日内提出需要弥补的费用。

按照时间要求，中标人A向招标人出具了一份书面文件，同意在中标范围中，将土方开挖、彩板钢窗和屋面防水等三项工程改由招标人另行发包，在其中标价中核减相应费用。

同时，要求招标人弥补其由此造成的损失费200万元。招标人组织有关业务人员对投标文件中的报价文件进行研究，认为其投标文件载明的土方工程报价为36万元，屋面防水工程34万元，彩板钢窗及安装工程80万元，合计为150万元。投标人A索要的损失费用200万元，相当于其在中标价基础上多要了50万元，招标人需在合同履行后向其支付2180万元，比其中标价还高。

为此，招标人与中标人A就三项专业工程移出其合同范围后的弥补费用进行多轮谈判。最后，双方一致同意，中标范围中的土方开挖、彩板钢窗和屋面防水工程移出合同范围，由招标人另行发包。同时，招标人弥补中标人A由此造成的损失费用100万元，并按其协商一致的意见签订了书面合同。

这一事件中，招标人与中标人签订的书面合同，既改变了中标范围，又改变了中标价格，与通常人们的合同订立行为相符。那么，招标采购合同订立时，是否与市场买菜一样可以讨价还价，只要当事人协商一致就可以？

合同，是当事人协商一致的意思表示，其内容一般包括当事人名称和住所、合同范围、质量标准、价款、履行期限、地点和方式、合同变更条件、违约、索赔与争议等事项。《中华人民共和国民法典》（以下简称《民法典》）“合同编”第四百七十一条规定，当事人订立合同的，可以采取要约、承诺方式或者其他方式；“合同编”第四百七十二条规定，要约是希望与他人订立合同的意思表示，明确该意思表示应当符合下列规定：一是内容具体确定；二是表明经受要约人承诺，要约人即受该意思表示约束；《民法典》“合同编”第四百七十三条规定，要约邀请是希望他人向自己发出要约的表示，其中，特别规定了招标公告、招股说明书等为要约邀请；“合同编”第四百七十九条规定，承诺是受要约人同意要约的意思表示。

那么，招标投标活动中，什么是要约，什么又是承诺呢？按《民法典》“合同编”对要约、承诺的界定，投标人递交的投标文件满足内容具体确定，且招标人接受其投标，投标人即受其投标文件意思表示的约束。故此，投标人的投标符合《民法典》“合同编”对要约的界定，是要约。同时，招标人发出的中标通知书，是招标人接受投标即要约的意思表示，为承诺。故此，按照《民法典》“合同编”的规定，招标投标活动形成的合同，是中标人的投标和招标人发出的中标通知书，一为要约、一为承诺构成的合同。

注意，《民法典》“合同编”中的“要约”可以要约、新要约、再要约地进行多次，但承诺，即同意要约的意思表示只有一次。同时，要约人、被要约人的角色、地位也可以转换。例如，菜农在市场大白菜堆边上立了一个牌子，上面写着“1.2元/斤”是要约，要约人是菜农，被要约人是买主。买主问菜农“每斤8毛卖不卖”是新要约。此时，要约人是买主，被要约人是菜农。菜农回答“您要真心想买，每斤1元卖给您”是再要约。买主说“好，给我称两棵”是承诺，即按每斤1元的价格买两棵大白菜。

这里，需要讨论的问题是，招标投标是否与自由市场上卖白菜一样，可以多次要约呢？答案是否定的！其原因在于投标是“密封”投标，有一个明确的“投标截止时间”，即投标需要遵从统一的截止时间，或称为最迟送达时间，其含义是在投标截止时间后，招标人可以打开投标人密封递交的投标文件，即投标要约到达被要约人，开始生效，且不再允许接收此后送达的投标文件。否则，对如期送达投标文件的投标人不公平，违反公平交易的基本准则。故此，招标投标活动中，要约只有一次，即投标人在投标截止时间前递交的且未撤回的投标文件，且要约人始终是投标人，被要约人始终是招标人。招标人、投标人这种要约、被要约关系，决定了招标投标机制形成的合同，是中标通知书与中标人的投标文件构成的合同，即招标人与中标人的合同关系成立。

那么，是否可以要求招标人与中标人按中标通知书和中标人提交的投标文件签订书面合同呢？当然不能这样简单地套用《民法典》“合同编”的规定，而需要结合招标投标缔约特点，从如何更利于保护当事人的合法权益，以及国家利益和社会公共利益的角度进行分析。

招标采购战略部署中，招标人公布的招标项目条件，分为实质性要求和条件、有限偏差偏离因素或指标和竞争因素或指标等3类。按招标投标规则，中标人的投标应当是响应招标项目实质性要求和条件的投标，是按其自身实力和招标项目要求择优确定的投标，其履约结果应当符合招标采购战略部署。但合同订立的根本在于合同双方风险共担、利益共享，依约各尽其责。如简单套用《民法典》“合同编”对合同的规定，要求招标人与中标人按中标通知书和中标人提交的投标文件签订书面合同，对于履约过程单一，招标人仅需“一手交钱、一手拿货”的交易项目可行；但对于相对复杂的项目，特别是需要中标人与招标人各尽其责的招标项目则不可行，因为中标人的投标不一定完全符合招标人在招标文件中公布的要求或指标。例如，中标人的投标文件对招标文件中规定的有限偏差偏离因素、指标和竞争因素、指标的响应，就不一定是按对合同双方有利的原则制定的，不一定有利于保护招标人的合法权益。

故此，为保护招标人和中标人双方权益，需要在招标人与中标人合同关系成立的基础上，把招标人要约邀请事项和中标人的投标同时纳入招标投标合同的订立依据，要求招标人与中标人按招标事实即招标文件，和中标人的投标事实即投标文件，订立书面合同。注意，这种合同订立规则是在《民法典》“合同编”规定的要约、承诺构成合同原则基础上的细化，因为中标人的投标实质，是对招标项目实质性要求和条件的竞争响应。

那么，这样一来是否允许招标人与中标人进行合同谈判，调整或修改合同标的、价款、质量、履行期限等实质性内容，如上面科研业务楼缔约事件那样订立合同呢？当然不允许！因为招标文件的实质性要求和条件是投标竞争的基础，无论是按中标通知书与中标人的投标构成合同，还是按招标文件和中标人的投标文件订立的书面合同进行分析，事例中招标人与中标人签订的合同都违反了招标投标缔约规则，因为其修改了招标范围，即招标文件载明的或是中标人的投标文件响应的招标项目范围，以及中标价格即中标人的投标文件载明的投标报价。双方行为，属于在投标截止时间后招标人调整标的即招标项目，投标人二次提交投标文件的行为，违反了招标投标一次要约、一次承诺的基本规则。同时，也违反了公平交易的市场规则，因为对其他投标人不公平。

为此，最高人民法院为依法保护当事人合法权益，于2019年1月3日公布《关于审理建设工程施工合同纠纷案件适用法律问题的解释（二）》（法释〔2018〕20号）第一条明确规定，招标人和中标人另行签订的建设工程施工合同约定的工程范围、建设工期、工程质量、工程价款等实质性内容，与中标合同不一致，一方当事人请求按照中标合同确定权利义务的，人民法院应当予以支持。同时，该司法解释第十条针对合同订立时，当事人违背招标投标的缔约规则，擅自改变实质性内容的情形在审判时进一步规定，当事人签订的建设工程施工合同与招标文件、投标文件、中标通知书载明的工程范围、建设工期、工程质量、工程价款不一致，一方当事人请求将招标文件、投标文件、中标通知书作为结算工程价款的依据的，人民法院应当予以支持。

注意，虽然上面最高人民法院的司法解释（二）是针对建设工程施工合同纠纷的，但其规定依据是源于招标投标一次要约、一次承诺这一基本规则，适用于所有招标投标合同订立情形，包括工程、货物或者服务的招标采购。

第3节　特例：EPC、PPP项目采购

工程建设项目，包括投融资、建设和运营三个阶段。其中，建设阶段包括工程勘察、设计、施工、设备和材料采购等专业活动。传统的工程建设模式，是各专业平行发包，业主组织、协调各专业接口。EPC模式，是设计采购建造模式（Engineering Procurement Construction）的英文缩写，即将设计、采购、施工三个专业交由一个承包商实施的建设模式，可极大地调动承包商积极性，减少设计与施工界面、优化设计，进而提高建设质量，缩短工期，降低工程成本。PPP模式，是在公共服务领域，政府与社会资本合作模式或公共资本与私营资本合作模式（Public-Private Partnership）的英文缩写，一般是政府采用竞争方式选择具有投资、建设、运营能力的社会资本方订立合同，由社会资本方提供资金，组织工程建设，向社会提供公共服务，政府依据绩效考核结果向其支付相应费用的一种全生命周期建设模式，有助于增加基础设施投资资金，提高公共产品质量和服务效率的供给能力。从采购视角看EPC、PPP模式，与单纯的合同管理或项目管理不同，是从市场竞争视角择优选择EPC或PPP的供给，是EPC或PPP采购战略的择优选择。是否可以采用招标投标进行择优选择？当然可以！其战略虽然复杂，核心仍在于结合市场供给能力进行战略部署，不打无准备之仗。

首先，我们来看EPC和PPP模式中两个失败的例子。

［**电厂冷却塔坍塌事件**］某市发电厂扩建工程是国家“九五”重点工程，由省投资公司、某电力集团按55%、45%股份比例组建项目公司，项目地址位于该市西面石上村铜

鼓山。项目总投资额为76.7亿元，拟建设2台100万千瓦超临界燃煤机组。两台机组分别计划于2017年底、2018年初投产发电。工程建设采用EPC总承包模式，其总承包中标单位为某电力集团下属的电力工程设计院有限公司，施工单位为某省烟塔工程公司。其中，冷却塔筒壁工程施工采用悬挂式脚手架翻模施工工艺，以三层模架为单元循环向上翻模施工。

2016年11月24日早上7点左右，该项目发生冷却塔施工平桥吊倒塌，造成横板混凝土通道倒塌的严重事故。截至2016年11月24日22时，事故已造成73人死亡、2人受伤，直接经济损失10197.20万元。该起事故经国务院调查组认定为一起安全生产责任事故，对相关责任单位31人采取了刑事强制措施。

调查组查明，该项目冷却塔施工单位某省烟塔工程公司现场管理混乱，安全技术措施存在严重漏洞，未将筒壁工程作为危险性较大的分部分项工程进行管理，拆模等关键工序管理失控。事故发生当日，该施工单位组织拆模作业，在7号冷却塔第50节筒壁混凝土强度未达到拆模强度的情况下，违规指挥拆除其模板，致使筒壁混凝土强度不足以承受上部荷载，造成筒壁第50节及以上混凝土和模板支撑体系连续倾塌坠落。

调查组认定，该项目工程总承包单位某电力集团下属的电力工程设计院有限公司对其分包单位缺乏有效管理措施；未履行总承包管理职责，对筒壁工程施工方案审查不严格，未发现该专项施工方案中存在重大缺陷；总承包现场管理制度流于形式，未发现和及时制止该分包单位违规拆模等行为。

调查组对该项目EPC总承包单位的处理意见是，对某电力集团下属的电力工程设计院有限公司责令工程总承包停业整顿一年，吊销其安全生产许可证，并给予EPC总承包单位罚款2000万元。该项目EPC总承包单位相关责任人中，3人被追究刑事责任，2人被追究行政责任，11人受到处分。

［**特许经营终止事件**］某体育场位于某省会城市北四环外，占地面积21hm^2，建筑面积25.8万m^2。其中，场内观众坐席约为91000个，临时坐席11000个。项目采用PPP模式，于2003年12月24日开工建设，2008年6月28日竣工，其社会资本方的确定采用招标方式，4家成员A、B、C、D组成的联合体中标，与市政府及其实施机构分别签署了《特许权协议》《体育场协议》和《合作经营合同》三个协议。政府实施机构与中标人共同组建了项目公司，负责该体育场的融资和建设工作，由中标联合体负责该体育场30年特许经营期内的运营、维护工作。

项目总投资为313900万元，实施机构代表政府出资58%，即投资182062万元，联合体A出资42%。其中，联合体A投资的42%中，成员B占比例65%、成员C占比例30%、成员D占比例5%。市政府作为该体育场项目的发起者和特许经营结束后的产权拥有者，为实施项目建设提供支持性措施，包括为项目公司提供低价项目土地，其一级开发费为1040元/m^2（相邻地段为10000元/m^2）；提供18.154亿元的补贴，不要回报；提供与体育场建设、使用相连的配套市政基础设施，以及测试赛期间，向项目公司支付体育场使用费用和特殊装置费等。该项目建设工期紧张且争议声不断。为节省项目投资，建设过程中作了较大设计变更：一是取消了屋顶可闭合顶盖，二是减少了1000个停车位，三是减少了体育场中部分商业设施，直接影响项目商业运营，影响中标联合体在其投标时对30年特许经营的预计收入无法实现。

该项目虽然如期交付使用，但运营严重亏损。为此，2009年8月29日，市政府与联合体中标人签署《关于进一步加强体育场运营维护管理协议》，对该体育场经营者进行股份改造，联合体中标人放弃了体育场的30年特许经营权，转而获得项目永久股东身份；项目公司代表市政府，负责体育场运营，其公司高层人员由市国资委派任，即政府与社会资本合作PPP改成了政府负责体育场运营，其盈亏由政府承担，宣告PPP模式在该体育场建设、运营中的应用失败。

电厂冷却塔坍塌事件和体育场特许经营终止事件中的合同，都是采用招标方式组织投标竞争，确定中标人并与之签订合同。前者造成73人死亡、2人受伤，直接经济损失10197.20万元，后者不单是造成政府与社会资本合作的初心没有实现，最后是由政府承担项目运营的盈亏。有人认为，EPC项目、PPP项目不适合采用招标方式采购，因为其中有大量的履约事项需要进行合同谈判。这种观点是错误的，是把招标投标机制看作一种形式而不是一种采购的战略智慧。正确做法应当是，对需与中标人进行合同谈判的事项不纳入招标项目的实质性要求，而是作为有限偏差偏离因素或指标，或是竞争因素或指标，这实际上仍是招标采购的战略部署问题。

在此，我们分析一下EPC项目和PPP项目采购难点。

实际上，EPC项目总承包招标和PPP项目社会资本投资人的采购难点主要在于，一是管理部门介入微观经济活动太深，管的太细，招标人和投标人很难对总承包项目、PPP项目的履约进行科学策划与安排。例如，政府及其相关部门、机构对建设项目的投资审批、施工图审查、施工许可等环节的管理，招标人与投标人在履约时就无法把控；二是EPC总承包招标、PPP项目社会资本投资人采购时，仅有项目前期策划资料，如项目建议书和可行性研究报告、项目申请报告等功能需求，尚没有为实现项目功能的详尽设计，如方案设计、初步设计或施工图设计等；三是对EPC总承包招标、PPP项目社会资本投资人采购竞争什么不清楚而大多采用综合评分法，对EPC项目投标人提交的设计方案、施工方案、投标报价和其他资料，或是PPP项目投标人提交的投融资方案、设计方案、建设方案和运营方案等进行评分，加权求和，最后，确定得分最高的投标人为中标人。实际上，这是在"走形式、走过场"，不是一个真正意义上的竞争性采购。为什么这样说呢？原因就在于，对投标人提交的投融资方案、设计方案、建设方案、施工方案和运营方案等的评判没有一个客观、公正的评价标准，只能凭借评判人的专业素质和职业道德、外观、感觉等进行主观评判，给出一个分数。最后，加权求和计算投标人得分，但无人知晓得分最高的投标是否最优。

那么，EPC总承包招标、PPP项目社会资本投资人采购应竞争什么，又应当怎样组织评判呢？在此，我们讨论如下：

1. **EPC 项目总承包单位采购**。EPC 总承包招标竞争的核心，在于投入与产出比。这里，投入指招标人需投入的资金，包括其履约需求费用，产出指招标人获得的回报。这对于工业建设项目是明确的，但对于民用建设项目则不明确。这也是为什么 EPC 总承包项目主要用于工业领域的原因。为此，需要在确认投标人履约能力，包括其对实质性要求和条件的响应、设计方案、产出分析、建设组织及人财物配置等履约能力指标满足需求的前提下，确定项目的投入产出比，进行择优。其中，确定投标人的履约能力，可以采用合格制或分阶段采用综合评分法进行择优，最后，计算投入产出比 max（I/C），这里 I 为预期收益，C 为投标人的报价。对于民用 EPC 总承包项目，因没有产出值，只能参照这一择优思想。例如，在项目满足功能需求、建设标准和履约能力前提下，假设其产出为一个固定值 $\geqslant C$，如取 $I=$ 批复的项目概算值等，实际上仍是低价优先的采购思想。

2. **PPP 项目社会投资人采购**。PPP 项目竞争的核心，在于降低全生命周期成本和提高公共服务质量效率，极大地提供公共产品与服务的供给能力和公共服务效率。其中，提高公共服务质量、效率通过对投标人提交的投融资方案、建设方案和运营方案的评审比较，可以评判其可实现性，投标竞争的核心在运营费用。为此，在对投标人履约能力，包括对实施方案中实质性要求和条件的响应、投融资能力、技术方案、建设组织能力满足要求的前提下，计算 PPP 项目全生命周期成本 C 并以此作为择优指标。其中，确定投标人的投融资能力、技术方案、建设组织能力，可以采用合格制或分阶段综合评分法进行择优，逐步剔除不满足要求的投标人，再从剩余人中确定 PPP 项目全生命周期成本最低的投标人为中标人。

再从招标采购视角分析一下上面两个事件。其中，电厂冷却塔建设过程中发生坍塌事件的原因，一是在于组织 EPC 总承包招标时，缺乏对总承包安全生产管理能力，特别是其对施工分包单位择优选择的管控及质量、安全管理能力的审查；二是履约中缺乏对总承包单位及其分包单位质量、安全管控的有效监督，放任自流。体育场特许经营终止事件的原因，在于前期缺乏对体育场运营模式和盈利的策划与分析，在于建设过程中大幅度调整工程设计即标的物，影响项目运营收益。其实质，均在于招标采购战略部署不认真或是脱离市场供给实际。

［知识窗］ 建设项目生命周期，即一个建设项目“从出生到坟墓”的全过程，包括投资策划、项目建造、项目运营和报废四个环节。其中，PPP 是指政府与社会资本在投资、建设、运营上的合作。对应的，EPC 则是建设项目的一种建造模式，即建造中的设计、施工＋采购由一家具备相应能力的企业或是联合体承揽的模式。

第4节 绩效：采购结果后评估

招标采购绩效，是完成项目履约后一定时间内对招标采购战略既定目标的衡量与检验。这里，“绩”是业绩，“效”是效果。其评估基准有两种，一是招标采购战略对招标项目的目标值；二是中标人对招标项目的投标响应值，分别作为招标项目是否实现招标人的既定目标，以及中标人的响应是否实现的检验。其作用在于促进项目功能不断完善与持续改进。必要时，还可作为对中标人履约奖惩的参照。应当说，绩效与个人成长、组织发展及市场竞争密切相关。实践中常见的年终总结、评比、考核达标等，是企业或机构对员工一年绩效的考核。下面这则故事虽带有一定的幽默，却蕴含着量化业绩的考核原则。

［**绩效考核的故事**］每年一到年终绩效考核，行政处处长吴刚就变得烦躁不安：干事不少但从不落好。年年绩效考核，成绩永远是别人的，谁让行政处在公司是配角呢！看着其他处室当先进、拿奖金，自己的处室连边都没沾过，自己脸上无光，手下人也一肚子意见，可又有什么办法呢？吴刚想，这回一定要突出绩效，把一年来伺候公司机关吃喝拉撒的总结写好，让公司领导和其他处室认可。

处里新来了一位大学生小张，据说材料写得不错。吴刚找来小张，把任务布置给她，告诉她这次总结写得好坏，关系到行政处一年的绩效、行政处能否当先进、处室人员能否拿上奖金，以及她能否提前转正的大事，一定要写好。

吴刚问：“你准备怎么写呢？”

小张想了想说：“处长，我个人认为写好总结最重要的是数据，用数据说话，用数据展现绩效才有说服力，公司领导和其他处室才会认同。”

吴刚问：“有的事，我们干了没有记录，有的没有具体工作量，怎么办？”

小张说：“我们可以参照往年的工作量，用统计估算。比如我们给办公室换灯管，上个星期换了3只吧。一年一共52个星期，按更换156只统计，这样就可以把处室一年的绩效用数字反映出来了。”

吴刚一听认为有道理，让她花三天时间把处室总结写好。三天后，小张如期把总结交给吴刚。总结洋洋洒洒五千多字，把处室一年所做的工作，事无巨细地全用数据反映出来了。吴刚一看很满意，额头也舒展了，一字没动就交给了公司办公室。其中，关于行政处工作绩效的一段是这样写的：

一年来，我处为公司机关的后勤保障做了大量繁杂琐碎的工作。据处室不完全统计，我们为机关职工、下级来访客人制作工作餐286餐，生产馒头22880个、米饭17260公斤、菜肴120余种12180余份；完成公司办公楼室内照明系统修理工作68项，更换灯管156只、开关52个、电线1462米、熔断器66只；完成公司办公楼自来水管道修理工作145项，更换水龙头28个、内丝管接31个、弯头18个、三通12个；完成门窗修理96项，更换玻璃26平方米、拉手38个、挂钩34个；为机关职工采购办公用品，发放笔记本380本、活页纸 850 本、圆珠笔 1220 支、签字笔 636 支、订书机 15 个、订书钉 460 盒、曲别针 250 盒、大头针 220 盒、档案袋 1220 个、信封 1200 个、打印纸 356 盒……

在年终总结大会上，吴刚应公司总裁要求，上主席台介绍行政处一年的绩效。当他读出上面这些反映成绩的数据时，赢来了全场热烈的掌声。总裁在大会上对行政处一年的工作予以充分肯定，认为行政处的绩效最好，成绩最突出，宣布行政处获得机关处室绩效评比先进集体荣誉称号，获得奖金 30000 元。

那么，什么是绩效考核呢？绩效考核是对被考核人在考核期内的实施结果，按既定目标进行科学分析与评价，提出改进建议，以引导其不断完善实施绩效的行为。上面这则故事虽然是一则部门绩效考核的幽默故事，且其中还有统计推算、不实事求是之处，但仍对如何进行招标采购项目的绩效考核有所启迪。招标采购绩效考核的核心，在于对招标项目的投入与产出是否实现了招标采购战略中的预期经济效益、社会效益和生态效益，是否提高了用户满意度或者公民的幸福指数等。同时，绩效考核也是发现招标项目缔约过程中是否存在违法违规行为，是否违反经济规律，以及不断提高采购效益最有效的方法。

1. **考核指标**。对招标采购结果实施绩效考核，核心在于对招标采购结果是否实现招标采购战略部署的考核与评估。其指标一般包括以下两部分：

第 1 部分： 采购需求目标考核，包括实质性要求和条件、有限偏差偏离因素或指标、竞争因素或指标的考核。其中，实质性要求和条件、有限偏差偏离因素或指标又分为定量指标 a_1、a_2、⋯、a_m 和定性指标为 a^1、a^2、⋯、a^n。用数学向量表示，可表示为定量向量 $\boldsymbol{C}_0$=（a_1，a_2，⋯，a_m），定性向量 $\boldsymbol{C}^0$=（a^1，a^2，⋯，a^n）和有限偏差偏离因素或指标 $\boldsymbol{D}_{01}$、竞争因素或指标向量 $\boldsymbol{D}_{02}$。

第 2 部分： 中标人在其投标文件中的承诺值，即其对需求目标的响应。一般分为三部分：①对招标文件实质性要求和条件、有限偏差偏离因素或指标中的向量 $\boldsymbol{C}_0$ 的响应向量 $\boldsymbol{C}_1$；②对招标文件实质性要求和条件、有限偏差偏离因素或指标中向量 $\boldsymbol{C}^0$ 的响应向量 $\boldsymbol{C}^1$；③对招标文件有限偏差偏离因素或指标、竞争因素或指标向量中的向量 $\boldsymbol{D}_{01}$、$\boldsymbol{D}_{02}$ 的响应向量 $\boldsymbol{D}_{11}$、$\boldsymbol{D}_{12}$。

第 3 部分： 实施绩效值，即中标人的实施绩效，分为三部分：①对招标文件实质性要求和条件、有限偏差偏离因素或指标中响应向量 $\boldsymbol{C}_0$ 的实施绩效向量 $\boldsymbol{C}_2$；②对应招标文件实质性要求和条件、有限偏差偏离因素或指标中响应向量 $\boldsymbol{C}^0$ 的实施绩效向量 $\boldsymbol{C}^2$；③对招标文件有限偏差偏离因素或指标 $\boldsymbol{D}_{01}$、竞争因素或指标向量 $\boldsymbol{D}_{02}$ 实施绩效向量 $\boldsymbol{D}_{21}$、$\boldsymbol{D}_{22}$。

2. **考核步骤**。招标采购绩效考核的宗旨，在于分析绩效向量 $\boldsymbol{C}_2$、$\boldsymbol{C}^2$、$\boldsymbol{D}_{21}$ 和 $\boldsymbol{D}_{22}$ 与计划目标向量 $\boldsymbol{C}_0$、$\boldsymbol{C}^0$、$\boldsymbol{D}_{01}$、$\boldsymbol{D}_{02}$ 和成交供应商承诺值 $\boldsymbol{C}_1$、$\boldsymbol{C}^1$、$\boldsymbol{D}_{11}$、$\boldsymbol{D}_{12}$ 之间的差异，评价招标采购战略是否实现计划目标，是否需调整或重新进行招标采购等事项。

招标采购绩效考核步骤如下：

第 1 步 确定向量 $\boldsymbol{C}_0$、$\boldsymbol{C}^0$、$\boldsymbol{D}_{01}$、$\boldsymbol{D}_{02}$ 和 $\boldsymbol{C}_1$、$\boldsymbol{C}^1$、$\boldsymbol{D}_{11}$、$\boldsymbol{D}_{12}$。

向量 $\boldsymbol{C}_0$、$\boldsymbol{C}^0$、$\boldsymbol{D}_{01}$、$\boldsymbol{D}_{02}$ 和向量 $\boldsymbol{C}_1$、$\boldsymbol{C}^1$、$\boldsymbol{D}_{11}$、$\boldsymbol{D}_{12}$ 可以分别在招标文件、中标人的投标

文件上得到。注意，这里，$\boldsymbol{D}_{01} \subset \boldsymbol{D}_{12}$，即中标人的投标文件载明的有限偏差偏离因素或指标均在其许可范围内。同时，$|\boldsymbol{D}_{12}| \geqslant |\boldsymbol{D}_{02}|$，这里的向量 $\boldsymbol{D}_{12}$ 是在向量 $\boldsymbol{D}_{02}$ 基础上，将中标人提出的所有响应值提取出来构成向量 $\boldsymbol{D}_{12}$。其中，$|\boldsymbol{A}|$ 表示集合 $\boldsymbol{A}$ 中元素个数。注意，如发现 $\boldsymbol{C}_1 < \boldsymbol{C}_0$ 或是 $\boldsymbol{C}^1 < \boldsymbol{C}^0$，即表明招标投标活动确定中标人过程中存在违反公平竞争原则。必要时，须要报请有关行政监督部门查处。其中，涉及公务人员违法违规的，须依法提请监察机关处分。

第 2 步 确定向量 $\boldsymbol{C}_2$、$\boldsymbol{C}^2$、$\boldsymbol{D}_{21}$ 和 $\boldsymbol{D}_{22}$。

中标人实施绩效向量，分为定量值与定性值两种。

（1）**定量值**。对考核期 T 内绩效向量 $\boldsymbol{C}_2$、$\boldsymbol{C}^2$、$\boldsymbol{D}_{21}$ 和 $\boldsymbol{D}_{22}$ 中每个定量元 u，进行数值模拟，确定其依时间 t 的变化函数 $u(t)$，计算考核期 T 内 u 的平均值和峰值：

$$\overline{u} = \frac{1}{T}\int_0^T u(t)\mathrm{d}t$$

$$\max\{u(t), t \in [0, T]\}, \min\{u(t), t \in [0, T]\}$$

其中，绩效向量 $\boldsymbol{C}_2$、$\boldsymbol{C}^2$、$\boldsymbol{D}_{21}$ 和 $\boldsymbol{D}_{22}$ 中每个定量元 u 由上面平均值作为其向量元。

（2）**定性值**。定性向量中每个元 v 通过向用户选点发放调查问卷，进行分类统计。对公共产品或公共服务项目，可向人大、政协代表，以及选定用户定向收集评价意见采样。按采样数值最大、最小值的 3%~5% 确定置信区间，对剩余采样结果 $\{v_1, v_2, \cdots, v_n\}$ 进行数值模拟，确定其依时间 t 的变化函数 $v(t)$。类似地，计算考核期 T 内 v 的平均值和峰值：

$$\overline{v} = \frac{1}{T}\int_0^T v(t)\mathrm{d}t$$

$$\max\{v(t), t \in [0, T]\}, \min\{v(t), t \in [0, T]\}$$

并采用该平均值作为定性向量中元 v 的值。

第 3 步 确定实施绩效差异。

分别计算绩效向量与计划目标向量差 $\boldsymbol{C}_2-\boldsymbol{C}_0$，$\boldsymbol{C}^2-\boldsymbol{C}^0$ 和 $|\boldsymbol{D}_{21}|-|\boldsymbol{D}_{01}|$，分析招标采购战略目标的实施绩效。如果 $\boldsymbol{C}_2-\boldsymbol{C}_0<0$，$\boldsymbol{C}^2-\boldsymbol{C}^0<0$ 或 $|\boldsymbol{D}_{21}|-|\boldsymbol{D}_{01}|<0$，表明招标采购战略目标未实现，需督促中标人对其完成的招标项目整改以实现 $\boldsymbol{C}_2-\boldsymbol{C}_0 \geqslant 0$，$\boldsymbol{C}^2-\boldsymbol{C}^0 \geqslant 0$ 和 $|\boldsymbol{D}_{21}|-|\boldsymbol{D}_{01}| \geqslant 0$。必要时，调整目标值或与中标人解除合同。在 $\boldsymbol{C}_2-\boldsymbol{C}_0 \geqslant 0$，$\boldsymbol{C}^2-\boldsymbol{C}^0 \geqslant 0$ 和 $|\boldsymbol{D}_{21}|-|\boldsymbol{D}_{01}| \geqslant 0$ 且 $|\boldsymbol{D}_{22}|-|\boldsymbol{D}_{02}| \geqslant 0$ 情形下，中标人实施绩效符合其投标承诺，按下式计算绩效考核指标：

$$\omega = \frac{1}{m+n+\varsigma s}\left(\sum_{i=1}^{m}\frac{u_2^i}{u_1^i}\sum_{j=1}^{n}\frac{v_j^2}{v_j^1}+\varsigma\sum_{k=1}^{s}\frac{d_2^k}{d_1^k}\right)$$

其中，ω 为绩效综合指标，ς 为非实质承诺值权重，一般取值在 0~100%，$\boldsymbol{C}_2$=（$u^1{}_2$，

$u^2{}_2$，⋯，$u^m{}_2$），$\boldsymbol{C}_1$=（$u^1{}_1$，$u^2{}_1$，⋯，$u^n{}_1$），$\boldsymbol{C}^2$=（$v^2{}_1$，$v^2{}_2$，⋯，$v^2{}_n$），$\boldsymbol{C}^1$=（$v^1{}_1$，$v^1{}_2$，⋯，$v^1{}_n$），$\boldsymbol{D}_1$=（$d_1{}^1$，$d_1{}^2$，⋯，$d_1{}^s$），$\boldsymbol{D}_2$=（$d_2{}^1$，$d_2{}^2$，⋯，$d_2{}^s$）。绩效综合指标反映竞买人绩效：如果 $\omega \geqslant 1$，表明竞买人绩效考核符合其承诺值；反之，如果 $\omega<1$，表明竞买人绩效考核未实现其承诺值，需要改进。

3. **绩效考核应用**。绩效考核指标 ω 反映招标项目实施绩效。如果 $\omega \geqslant 1$，按合同约定对其实施绩效奖励。反之，如果 $\omega<1$，则表明中标人的实施绩效未实现其投标承诺，需要进一步查实其未实现的原因：一是其投标过程中存在虚假承诺、履约能力不足或行政监督失职；二是中标人未按其投标履约但经整改可以实现其投标承诺，需按合同约定对其实施绩效处罚；三是客观原因导致其无法实现招标采购计划目标值，需分析影响程度及持续时间，以采取措施保证目标值的实现。必要时，招标人需调整目标值并按调整后目标对中标人重新考核。如果中标人无能力实现计划目标值，招标人须与中标人解除合同，清算双方债权与债务，并对招标项目现状予以评估，按实际情况重新制定采购战略。

第5节　案例：电缆采购的制造验收责任

招标采购宗旨是实现采购结果优化。其中，招标投标是采用书面竞争方式择优缔约，履约是招标采购结果由书面到实物的实现过程。故此，没有缔约就没有履约，没有履约或是履约半途而废的缔约则是一纸空文。招标采购缔约的核心在于组织投标竞争，履约的核心则在依据双方按招标文件和中标人的投标文件签订的书面合同诚信履约，实现采购结果。这当中，中标人是履约主导，其核心在于按双方签订的合同，特别是投标文件中的履约方案履行合同，招标人则在于依约履行其应尽义务，依合同督促中标人履约。双方各行其是，各尽其责。只有这样，才能实现招标采购战略，实现预期的招标采购结果。

［**案情回放**］2017 年 3 月 13 日，互联网上出现一个自称是电缆供应商员工发布的帖子，举报某市地铁三号线存在安全隐患，称其所用电缆各项指标均不符合地铁建设标准，是不合格产品。同时，在电缆安装过程中，市质量监督部门曾多次对所用电缆进行抽检，抽检结果均为不合格。但该供应商负责人利用人脉向市质量监督部门有关人员行贿，将质量抽检结果改为合格，继续在地铁三号线使用，严重危害乘客生命安全。为此，3 月 16 日，该市市委、市政府责成监察、质监、安监、公安等有关部门组成联合调查组，对举报进行调查、核查、复测、检验并上报国务院。3 月 20 日，市政府就地铁三号线举报问题召开新闻发布会，公布国家电线电缆监督检验中心对三个站点随机取样的低压电缆 5 个抽检样品均不符合国家标准，均为不合格产品。

2017 年 6 月 21 日，国务院办公厅在事件通报中指出，该电缆事件暴露的问题有以下几个方面：一是生产环节恶意制假售假、偷工减料、以次充好。生产过程中故意只将线缆的两端各约15米按国家标准生产，中间部分拉细“瘦身”；二是招标采购环节内外串通，中标人向建设单位、施工单位人员行贿；三是线缆进场验收形同虚设，违规默许其自行抽取样品、送检样品、领取检验报告；四是行政执法不规范，监管履职不到位，认定该起事件是一起地铁工程建设中采购和使用伪劣产品的违法案件。

为此，国务院责成该省人民政府向国务院作出书面检查，通报批评。依法对涉案电缆生产企业的法定代表人等8名犯罪嫌疑人执行逮捕，依法移送司法机关，依法依纪问责处理相关地方职能部门122名责任人，其中包括厅级16人、处级58人。按照有关规定，撤销该生产企业全部强制性产品认证证书和质量管理体系认证证书，撤销其著名商标认定，依法吊销其营业执照和生产许可证。对施工单位相关责任人分别处以罚款、吊销执业资格证书、5年内不予重新注册等处罚；降低监理公司A、监理公司B的资质等级，处以罚款，没收违法所得，依法追究其赔偿责任，停止两名总监理工程师执业，吊销两人的执业证书，5年内不予重新注册。同时，要求该市监察机关对相关中央企业驻省单位的19人立案侦查。据此，建设行政主管部门也对该市地铁电缆事件的相关单位、责任人进行行政处罚。其中，监理公司A由工程监理综合资质降为房屋建筑工程、市政公用工程、公路工程、铁路工程监理甲级和机电安装工程监理乙级的行政处罚；监理公司B由机电安装工程监理资质甲级降为乙级。同时，吊销了该项目总监理工程师孙某、肖某注册监理工程师的证书，要求5年内不得注册；对该地铁三号线施工企业的项目经理吴某、和某、赵某、庞某、黄某和沈某，给予吊销一级建造师注册证书，5年内不予注册的行政处罚。

事件到了这里，可以画上一个圆满的句号。事件中的行贿、受贿人员和违法违纪人员得到了应有的处理，问题电缆在该市地铁中进行了排查与更换。没想到2017年5月11日，某报纸的“最低价中标不改，谈什么工匠精神、中国制造”，以及2017年6月26日的“最低价中标，该改改了”再掀波澜，为事件线缆企业叫屈，“中标价已经严重低于成本，可它中标肯定是为了赚钱，那就只能偷工减料了”，认为电缆质量低劣的原因是电缆招标采用经评审的最低投标价法所致。文章写道，在全国人大常委会产品质量法执法检查中，一些企业抱怨一些地方招标投标中存在的“低价中标”现象，部分招标人在招标环节忽视质量要求，唯价格论。造成实际中标价低于甚至远低于成本价，企业为获取利润，只能在原材料采购、生产制造等方面压缩成本，以牺牲产品质量来弥补亏损，从而出现“劣币驱逐良币”现象。文章引用一家曾获得“政府质量奖”的线缆企业负责人的话直言“生产企业没有利润空间，被逼得偷工减料，突破底线”，称多家企业负责人表示，这种“重价格、轻质量”的指挥棒，影响企业创新研发的积极性，阻碍了中国经济转型升级，断言“只要最低价中标原则不变，就很难有什么工匠精神、百年老店”，引发了业内对最低价中标的大讨论。

[**问题**] 针对媒体上述报道和国务院对事件的处理，讨论以下三个问题：

1. 招标项目质量如何在招标投标中保证，又如何在招标采购中落实？

2. 什么是经评审的最低投标价或是规范的最低价中标？电缆招标采用最低价中标的原

则是否是重价格、轻质量，是否会导致生产企业偷工减料，为什么？

3. 该地铁电缆事件暴露出对招标投标认识上的哪些问题，报纸报道中又存在哪些对社会公众的误导？

［**案例分析**］对上述三个问题，依次分析如下：

1. 招标采购包括招标投标缔约和履约两个过程。对应的，招标项目的质量保证也经由两个过程：一是投标竞争的履约能力择优，是招标项目质量的缔约保证；二是履约过程中的合同质量管理，是招标项目质量的实施保证。对招标采购而言，二者缺一不可。其中，说投标竞争择优是招标项目质量的缔约保证，是因为投标人参与投标竞争的前提是其具备国家规定的或是招标文件规定的资格条件，即具备履约能力，有能力保证招标项目质量的前提下才能参与投标竞争。与此同时，招标人对投标人计划履约中的人员、机械设备、材料的配备计划、财务能力、履约工艺和措施等进行择优选择，优中选优，可以保证选定的中标人具有充分的履约能力和质量保证；说合同质量管理是招标项目质量的实施保证，在于合同质量保证，一般经由材料、设备进场检验、检测，材料、设备和工程的试验与检验，中间抽检或验收，项目完工验收和竣工验收，质量保修等环节，从而保证招标项目质量达到国家规定标准，符合合同质量要求。

2. 采用经评审的最低投标价法的，需先确定投标人具备招标项目的履约能力，其投标满足招标文件规定的实质性要求和条件、有限偏差偏离因素或指标在招标文件规定许可范围内的前提下，再将投标价作为择优因素。国际惯例中，采用“经评审的最低投标价法”时，合同并不一定授予给报价最低即招标人在开标会议上公布的投标报价最低的投标，因为合同需履约才能实现采购结果，而不同的履约方法加赋在招标人身上的责任并不相同。故此，一般会测算其投标技术、商务差异对履约影响的价格表现或折算标准，按有利于减少还是加重招标人责任，按折算标准在投标人的投标报价基础上减价或者加价，确定投标人的最终价格，并以最终价格作为择优指标。这种方法，实际上是按招标项目实施后的预测价格进行择优。

那么，什么情形下可以采用投标报价最低的原则择优呢？其前提一定是潜在投标人的履约能力、质量均满足要求，且无差异。在此情形下，招标人只需组织投标价格竞争。一般地，按投标报价最低择优的方法，仅适用于具有通用技术、性能标准或者招标人对其技术、性能没有特殊要求的货物采购。

无论是采用经评审的最低投标价法，还是按低价优先的择优方法，都不会导致“重价格、轻质量”的采购结果，更不会导致生产企业偷工减料，因为满足招标项目质量要求是投标竞争的前提，不存在孰重孰轻。同时，投标人中标后按招标文件和其投标文件与招标人签订合同，组织加工生产、制造或者建设，“重合同、守信誉”是企业的立企之本，何谈生产企业会因此偷工减料呢，除非该投标人在以欺诈的手段谋求市场生存。但市场的生存法则直接排斥这类企业，例如，本案中那家电缆生产企业因偷工减料致使其生产的电缆质量低劣被依法吊销了营业执照和生产许可证，又何谈其在市场上的生存与发展呢。

3. 该起地铁电缆事件，再次暴露出招标投标规则没有得到社会上的充分认可与理解，特别是，没能领会在招标采购缔约和履约的不同过程中，保证招标项目质量的手段与方法。把招标投标竞争等同于游戏，将履约质量管控等同于利益交换。这在该起事件中表现在：一是电缆制造环节制假售假、偷工减料、以次充好；二是招标投标过程中行贿、受贿、串通；三是进场检验形同虚设，违规默许供应商自行抽样、自行送检、领取检验报告等，均没有将招标采购作为一种战略而是作为游戏，更没有将招标投标作为一种保证项目质量的有效手段。为此，需加强社会将其作为一种经济规则的认知，加强其作为一种战略智慧的认知，以发挥其对经济建设的贡献。

该报道是在误导社会公众对招标采购如何保证项目质量的理解。首先，产品质量谁负责？《中华人民共和国产品质量法》第四条、第五条明确规定，生产者、销售者依法承担产品质量责任，是产品质量的责任主体。同时，法律明确禁止其在生产、销售的产品中掺杂、掺假，以假充真、以次充好，不得以不合格产品冒充合格产品。其次，该报道是在错误地阐释招标投标规则，是在假借生产企业负责人之口，把供给该地铁电缆质量低劣、不合格原因归咎于招标投标的择优方法，认为是低价中标原则影响了产品质量，是在引导市场把招标投标视为一种游戏而不是一种市场竞争规则，因为方法没有对错，永远是中立的。再次，竞争是市场经济的本质，企业技术创新、工匠精神、打造百年老店，是遵从自然法则“适者生存”以适应市场的立足之本，是企业的生存之道。该报道认为最低价中标原则影响企业的技术创新、工匠精神和打造百年老店，是在错误地阐释企业与市场的关系，是在错误地引导企业适应市场经济的发展，有百害而无一利。

第3章

招标采购：需求的界定

****

田家少闲月，五月人倍忙，

夜来南风起，小麦覆陇黄。

妇姑荷箪食，童稚携壶浆，

相随饷田去，丁壮在南冈。

足蒸暑土气，背灼炎天光，

力尽不知热，但惜夏日长。

——［唐］白居易《观刈麦》

****

第 1 节　发起：采购什么

采购因需求而采购。需求什么，在一定预算约束下采购什么？其首要工作在于准确识别采购标的，即采购标的特征描述，包括标的范围、数量、功能、质量、工艺与方法、时间等需求因素或指标。必要时，可以组织专家结合单位或社会发展战略与布局、市场供给状况进行论证，或是与供应商沟通、研讨，以做到采购需求完整、明确、准确，无歧义。一般地，采购在一定的预算约束条件下进行，须要遵从自愿、平等、公平、诚实信用等市场交易原则。按需求目标采购，是采购的一项本质特征，也是与生活中私人日用品采购的最大区别。

［**女人逛商场的故事**］女人爱逛商场，据说是享受逛商场的过程与讨价还价的乐趣，享受导购的赞誉，这即便是在网购如此便捷的今天依然如此。有一对夫妻，结婚前，女人喜欢让男人陪着逛商场。那时，一条裙子穿在女人身上，女人只要说喜欢，男人会毫不犹豫地拿钱买下，“为知己者容”。三年后，两人喜结良缘，结婚生子。几年后的一个周末，女人从衣柜里找出一条很喜欢的裙子，穿上后怎么也拉不上背后拉链，才发现这几年自己的身体发胖了。这时，两人的孩子还不到 3 岁。于是，与男人商量，一家人去商场给自己买条新裙子。

商场坐落在市中心最繁华的地段，三层是青春装，四层是淑女装，五层是职业女装。一家人到商场后直接走上三楼，男人抱着孩子，女人挑选着模特或衣架上展示的各种裙子，一个个品牌地逛着、选着。看一个模特的装束处处散发着青春气息，女人让导购找出模特身上的裙子换上，导购在边上夸着“真显年轻！穿在您身上显着还不到十八呢”。女人心想，夸我不到十八，不是说我“老黄瓜刷绿漆，扮嫩么”，真不会说话。于是，女人白了导购一眼，决定上四层逛逛淑女装。

四层是成熟女性的天地，女人发现几个模特展示的裙子都很漂亮，让导购找出一条换上，发现领边几条装饰带显人臃肿。又换一条，感觉裙子腰部收得太紧，箍在身上走路不舒服。再换一条，感觉裙子前胸花式设计太碍眼，穿不出去。

终于，女人在一个品牌摊位找到一条心仪已久、用料讲究的裙子。换上后照镜子，怎么看怎么满意。导购也在边上直夸“您好有气质，好有品位哟，穿这条裙子，怎么看都是女强人，真正的成功人士”。导购的夸奖让女人陶醉，决定买下这条裙子。可一问价格吓了一跳，一条裙子 12000 元，还不打折。于是，不情愿地把裙子换下来还给导购。男人在边上，感觉女人是喜欢这条裙子的，问她怎么不买。女人说太贵了，总不能一家人几个月不吃不喝买条裙子吧，上五层看看职业装。一家人在五层围着各个品牌转了一圈，认为这层的裙子太职业化，没有入眼的。

这时，男人抱着孩子有点累了，跟女人商量想回家。女人不干，说还没逛够呢，还想再逛逛，让男人带着孩子找个地方休息，自己从五层下到四层、四层下到三层，又从三层上到四层，四层上到五层，一层一层、一个品牌一个品牌地逛着、选着。

两个多小时后，女人找到男人和孩子说要回家。男人问怎么没买上一条。女人答道，就看上那条 12000 元的，太贵，舍不得买，感慨到，现如今，买条裙子咋这么难呢！

这是生活中常见的看样订货事例。这里需讨论的是，为什么故事中的女人在商场三楼、四楼、五楼走了三个来回也没有买到裙子？原因就在于女人仅是在预算约束下想买一条裙子，但裙子的布料、花色、式样等需求并未落实，仅是看样采购，凭穿上后的感觉决定，这与抛绣球“一见钟情”式选婿类似。

招标采购与看样采购的不同，在于是采用书面竞争缔约，其项目类别包括工程、货物与服务，大多情形看不到标的实物，不可能学女人逛商场或是抛球选婿描述的那样，凭感觉组织“一见钟情”式的采购。为此，需要公布准确的招标采购标的，特别是招标范围与数量要求，以使所有参与竞争的投标人对标的理解一致，实现投标竞争的公平与公正。实践中，一种比较认可的方法是招标人公布采购清单，以减少投标人理解上的含混。

这里，按项目类别的不同，对采购清单分别讨论如下。

1. **工程招标**。工程施工标的界定方法有两种：一是扩大初步设计或施工图纸，其实质是工程标的与图纸确定的工程范围一致。这种方法相对简单，优点是履约时，双方不会对标的范围产生争议；缺点是不同投标人对图纸确定的工程范围，例如，图纸错误、未标注尺寸或是仅有示意没有详细技术要求的部位，其工程量的大小计算常不一致，引发投标竞争的标的不一致，违反公平竞争原则；二是采用工程量清单，源于国际工程招标惯例。这种方法需要招标人提供投标人工程量清单，投标人在工程量清单空格处填写相应的单价、合价，进行报价。优点是统一了投标范围，此时，每一清单子目都是标的；缺点是工程量计算不准或遗漏时，投标人可以采用不平衡报价等技巧成功中标，至履约时才发现投标人钻了空子，但为时已晚，只能“亡羊补牢”。实际上，工程量清单计算的不准或遗漏，常常来源于工程图纸的错误、失误、遗漏或者含混不清，仍然是工程范围界定不准所致。

采用工程量清单招标的，工程量清单一般包括序号、编码、项目名称、项目特征描述、计量单位、工程量、综合单价、合价等内容。其中，招标项目，即标的由清单中的项目名称、项目特征描述、计量单位、工程量等四项界定，综合单价、合价由投标人在其投标文件中的“标价工程量清单”中填报单价或价格，且每个子目只允许有一个报价。同时，招标人需对投标人的综合单价涵盖事项作统一要求。一般地，要求综合单价包括人工费、施工机械使用费、材料费、其他费用（运杂费、质检费、安装费、缺陷修复费、保险费、合同明示或者暗示的风险、责任和义务等需要的费用），以及管理费、利润等，是施工承包合同价格管理与调整的重要依据。

《建设工程工程量清单计价规范》是一个推荐性国家标准，规定大中型国有投资的工程建设项目采用工程量清单计价，要求工程量清单包括：①封面；②总说明；③分部分项工程量清单与计价表；④措施项目清单与计价表（一）；⑤措施项目清单与计价表（二）；⑥其他项目清单与计价表；⑦暂列金额明细表；⑧材料暂估价表、专业工程暂估价表、计日工表、总承包服务费计价表；⑨规费、税金项目清单与计价表等9个部分内容。

注意，采用《建设工程工程量清单计价规范》中编码或子目的，规范中已经明确了项目特征和工程量计算规则，履约时执行该规范即可。但对那些规范中没有编码的子目，招标人需在工程量清单中参照该规范的做法，明确项目特征、工程量计算规则以给出统一标的范围。其中，工程量清单中的措施项目、其他项目是否单列，其费用是否分摊到相应的分部分项工程的清单子目，以及规费、税金等不可竞争的费用是否包括在综合单价中，不同行业、部门的要求并不统一。为此，招标人须按行业规定在招标文件中明确，宗旨是便于计量、计价与合同管理。

2. **货物招标**。货物采购时，提供“货物采购清单”或是“供货需求一览表”，是货物包括材料和设备招标的通行做法。此时，清单中的每一个品目和数量都是标的，需要组织投标竞争。必要时，可以要求投标人提供样品，类似女人买裙子故事所述，样品参与评标，以作为货物进场验收的参照物。与施工招标不同，货物采购时，投标人一般不会采用不平衡报价策略，而是按清单品目出厂单价为基数计算相应费用，但货物采购合同受市场供给状况、物价波动的风险影响远大于施工承包合同。一旦市场供给稀缺，“奇货可居”或是物价波动，中标人不愿意承受涨价损失时，往往会向招标人提出涨价要求，严重的会导致合同履行终止。

货物招标时，需要招标人提供投标人货物采购清单，包括序号、品目、规格型号、计量单位、数量、交货期和交货地点等事项，要求投标人对货物采购清单中的每一品目填报一个单价与合价，进行报价。同时，按交货地点的不同，如工厂、仓库、离岸、港口或指定地点交货等，分别明确投标报价涵盖的费用事项，包括生产制造费、运输费、管理费和利润，已支付或将支付的进口税、产品税、销售税和其他税费，为证明其设备满足合同要求所需的检验检测费、各类保险费、伴随服务费，以及合同明示或暗示的风险、责任和义务费用等，以要求投标人计入其投标报价。

3. **服务招标**。服务采购项目分为两类：一类是专业咨询能力采购，一类是服务劳力采购。其中，服务劳力的采购，如物业服务、维修厂选点等，可以参照货物采购清单提供投标人服务清单以界定标的范围；但对专业咨询能力采购，如工程建设项目的勘察、设计、监理，或工程之外的金融、法律、咨询等服务项目，没有计量规则，采用服务清单还是不采用服务清单，招标结果实质是一致的，因为即便是采用服务清单，这类项目的计量单位是“项”，其工作量往往是一项。此时，组织投标竞争的核心是专业咨询能力而不是价格竞争。但如何评判一个组织或机构的专业咨询能力并没有一个好办法，这是服务采购中评价专业咨询能力的难点，也是造成专业咨询能力的招标流于形式的主要原因。对应的，国际上一般采用一种基于多元统计分析数据“结构方程”的方法，按数据结构对应的服务能力指标进行评价，感兴趣的，可以参照笔者为招标采购专业本科生写的高校教材《招标采购理论基础》的最后一章。

一般地，对专业咨询能力的采购，需明确服务内容、服务成果和验收标准的方法等，把服务整个看作一个项目，以服务过程、服务结果为宗旨进行招标。必要时，对成果文件的组成、深度、格式、份数、载体等提出要求。

采购需求是采购的基础。注意，这里的“需求”指的是招标人最终的实际需求，而不仅仅是采购需求计划。在中国的人文环境下，给出准确的采购需求“标的”是招标人组织招标采购的一项主要职责。而无论是工程、货物还是服务采购，即便是采用清单采购，标的要做到准确无误也不是一件容易的事情。这一方面，是因为招标项目技术条件或技术要求的不准确，如施工招标图纸存在错误、失误、遗漏、含混等不准确情形；另一方面，是因清单采购量存在预估、预判情形，造成采购量多算或是少算。而这一点，恰是招标人与中标人合作博弈的焦点与核心，因为合同结算以中标人完成的招标项目为准。

第2节 界定：需求的技术标准与条件

采购需求的准确界定是招标采购的基础，不仅是标的范围的准确界定，更在于标的内涵的准确界定。这里，“准确”的含义是精准、明确，与实际或预期完全符合，其判别标准不仅是招标人自己，而需要投标人认可。需要注意的是，语言需在特定的文化、情境等语境下才能准确地表达其含义。这里，文化语境是指某一特定的文化背景下话语表达的意义，如书面语中的上下文、口语中的前言后语等；情景语境是指话语所依赖的情境、环境因素，如时间、地点、场合、话题等客观因素，还有说话人的身份、地位、心理、文化背景等主观因素，以及与话语同时出现的非语言动作、符号，如手势、表情等。离开特定的语境条件，人们很难准确确定一句话的含义，导致语言含混。

［**数罗汉的故事**］《论语》中大多记载孔子的言行，有一段说“不知命，无以为君子也”，翻成白话文就是不懂得天命的人，不能做君子，人不能逆天而为。从这一点看，孔子认同天命可知。但算命先生是否可以算出并告诉你就有争议了，因为《道德经》中的“天地不仁，以万物为刍狗”表明，天地视万物同仁，泄露天机，即是泄露天道，必遭天谴。

2006年3月的一天，笔者在贵阳一个宾馆参加项目评审。会议开得很不愉快，与会专家对评审结论有些争议，加之抽烟的多，我在烟雾中浸泡了一天半，终于结束了。陪我同去的一位朋友说城边有个公园叫“黔灵公园”，依山傍水，空气很好，问我要不要去走走。我正想出宾馆换换心情，于是几个人便驱车前往黔灵公园。

步入公园，朋友说前面山上有一所寺院，叫弘福寺，里面供奉八百罗汉，罗汉千姿百态、神态不一，揭示着人间万象，道出世态乾坤。朋友建议我上去数一数，看自己这一生的命相。

这是我第一次数罗汉，其核心在随缘。几个人进入罗汉堂，按规矩，凭眼缘选中一尊罗汉作为开始，往左还是往右数随缘；到十字交叉口往哪边数，是数上面一排还是下面一排还是随缘，不能往回数。这样，数到自己周岁对应的那尊罗汉，记住罗汉底座上的编号。

出罗汉堂，到边上一座禅房找管事和尚，交上两块钱，取回一张小卡片。我数的最后一尊是第壹佰叁拾叁尊罗汉，卡片正面是罗汉画像，写着“勇宝尊者”字样，背面介绍他生平，称其在深山修炼多年，视佛德、佛性为宝，发心勇猛，脱离世俗的轮回生死。同时，背面配有诗句：山不在高水无深，山水虎啸又龙吟；天生君才必有用，待时而起上青云。

朋友向和尚介绍说我是一位博士，让他帮忙解卡片上诗句含义。和尚一听我是博士，愿免费为我解签。对我说，博士说明你道行已经够高了，要多修德行。接过卡片一解到，是大吉签！前两句大意是说，山无论高低，有虎啸就为高山；水不在深浅，有龙吟则为深渊，因为勇宝尊者在深山修行多年，不在山高山低，不在山边水塘深浅。后两句大意是说，你很有才学，很有能力，只是时机不成熟，需继续潜修。同时，找准时机上行，实现自己的抱负。和尚接着问我，是不是对当下工作环境不满意，想换个环境。我惊讶了！

我属虎，有雄心，有朝气，勇于开拓，一直想有更大作为，让社会认可。中学毕业后，我在一家大型国有施工企业当架子工人，两年后由单位保送至北京城市建设学校委托培养，结业后回单位从事施工技术管理，从一个建筑工人，一步一步走上管理岗位，先后担任过技术队长、科长、项目总工程师等。但始终对企业裙带关系式的管理不满，希望通过不断学习改变工作环境。于是，1995 年通过自学完成本科学习，获得北京大学理学学士学位；1998 年下半年以同等学力身份考取博士研究生，同时到中国法学会担任基建技术顾问，2002 年获得北方交通大学博士学位；2003 年起，一边在招标公司干着招标代理，一边在博士后工作站从事数学研究，2005 年出站，获得中国科学院博士后证书。这些年，我走过的路，怎么与抽出的罗汉卡片上的四句诗描述的如此相似呢。于是，发自内心地感慨到，数罗汉算命理原来这么准！并在随后，不时地向同事、朋友推荐弘福寺的罗汉堂，建议他们到贵阳出差时，一定要去弘福寺的罗汉堂去数一数罗汉。

这些年我也一直在反思，问自己：罗汉卡片上的诗句难道真的可以断定人生么，为什么算命会有市场呢？随着我对《道德经》《易经》，以及《推背图》等传统文化的深入学习，个人对这一点的解释是，算命先生说的话语或是卡片上的诗句或谶语，实际上是引导一幅美丽的画卷，其中不乏好词好句，但不同的人对画意可以给出不同的理解，而去算命的人心中一定有所祈求，会在心中不自觉地拿这些话语或是诗句去对应解签，得到希望祈求的结果。这意味着，算命先生的话语或是罗汉卡片上的诗句描绘情形越广泛，让人们遐想的空间就越大，得到心中祈求结果的可能性就越大。

这样，我们就知道，算命的成功在于巧妙利用语言的含混，招标采购则与算命正相反，需要语言的精准，特别是采购需求的准确界定。值得注意的是，日常用语存在较大的不确定性，一般需结合情境才能准确理解。对应的，专业用语则是同行间针对某一个特定专业领域，约定俗成的书面语言。故此，招标人提供的采购需求，应当是招标项目所在领域的特征专业表述、刻画与界定。这里，按招标项目类别的专业特征分述如下。

1. **工程招标**。工程建设项目的技术要求，一般均应包括：①国家颁布的工程建设法律和法规；②国家颁布的工程建设标准、规范和规程，特别是国家强制执行的工程建设标准、规范和规程；③地方工程建设法规、规范、标准、规程和办法；④相关事项的技术要求或说明等事项。在此基础上，工程建设项目中的勘察、设计、监理、施工和重要设备、材料招标，对应其特点，明确专业技术要求。

1）勘察招标。勘察，是根据建设工程的要求，查明、分析、评价建设场地地质、地理环境特征和岩土工程条件，完成勘察报告的一项专业活动。勘察招标的技术要求，除工程招标一般的技术要求外，还应包括勘察范围、勘察事项及指标要求、勘察人员和设备要求，以及勘察成果，包括勘察说明、图纸、深度、格式、份数及载体等要求事项。

2）设计招标。设计，是在工程功能和效用研究的基础上，按要求完成的工程有形载体，即设计图纸，旨在界定工程建设的范围、标准和方法。设计招标的技术要求，除工程招标一般的技术要求外，还应包括项目规划条件、设计范围、设计内容、功能区划及工艺流程、设计人员和设备要求，以及设计成果，包括设计说明、图纸、深度、格式、份数及载体、展板、模型、动画等要求事项。

3）监理招标。监理，是依据国家相关建设标准、规范、规程和工程设计文件，对工程建设过程进行督察、监控和评价，进行进度、质量、成本控制和合同、信息管理，协调建设。监理招标的技术要求，除工程招标一般的技术要求外，还应包括监理范围、监理内容、过程监理、监理档案、监理人员和试验检测仪器设备要求，以及成果文件等要求事项。

4）施工招标。施工，是依据国家相关建设标准、规范、规程和工程设计文件，组合人力、物力和财力对工程由书面文件变成工程实体的建造过程。施工招标的技术要求，除工程招标一般的技术要求外，还应包括完整准确的设计图纸及技术要求，即提供的设计图纸和技术要求不得存在以下情形：①图纸或技术要求中明确载明另行提供设计或技术要求的专业工程或部位；②图纸或技术要求存在错误、前后矛盾或者不同图纸上对同一部位的技术要求不一；③技术要求含混不清，仅有概念性或原则性，如国内优秀品牌等要求而无具体技术指标、参数要求；④技术要求看似明确但脱离市场供给，无满足技术要求的供给，或者虽存在满足要求的供给，但其性能、质量、花色和使用效果千差万别；⑤图纸或技术要求对某一专业工程或部位的标准、规范、规程要求不明，或是已明令废止的标准、规范、规程；⑥其他需招标人在采购中进一步明确的技术标准和要求。

注意，图纸作为施工招标项目的技术要求，是工程施工招标文件的重要组成部分，其准确无误是招标人向投标人及中标人的法律承诺。虽然是招标人与设计人签订了委托设计合同，一旦设计文件出现错误、遗漏、含混、矛盾、不充分或其他缺陷，是招标人而不是其委托的设计人按合同约定向中标人承担责任。招标人可依据其与设计人签订的委托设计合同的约定向设计人追索损失，但对于施工中标人的损失，则按合同相对性原则，即合同一方当事人的义务是对方当事人的权利，由招标人向中标人承担。

2. 货物招标。货物，包括工程建设中的重要设备、材料，以及工程以外的货物。其技术要求一般称为技术规格书，包括：①供货范围，例如，设备招标时，包括主机、辅机、附件及零配件、专用工具、备品备件，材料招标中的品目、规格型号、数量等；②货物工作环境，包括空间、场所约束等自然条件，供电、供水、供气、供热等配套条件以及服务人群等；③ 货物技术规格、参数与技术要求，包括图纸；④货物验收标准和方法；⑤设备安装调试及技术服务要求；⑥货物生产制造考察及培训要求；⑦货物包装、标识及要求；⑧货物运输方式；⑨售后服务；⑩其他需要说明的事项等。

3. **服务招标**。服务，包括工程勘察、设计、监理以外的服务招标，招标人应当在对服务的市场供给进行调查的基础上，确定服务技术要求，包括：①服务需实现的功能或目标；② 服务执行的国家、行业、地方标准或其他标准、规范；③服务需满足的质量、安全、技术或物理特性；④服务范围或者实施时间和地点；⑤服务标准、期限、效率等要求；⑥服务验收标准；⑦ 服务的其他要求事项。

招标投标语言是书面语言，如何用书面语言准确表述采购需求，使投标人对采购需求的理解一致，是招标采购的一项基础性工作，也是招标人公平、公正地组织招标投标活动的一项基本要求。同时，这也是判断一个采购项目是否适于招标采购的准则。满足这一准则的可以进行招标，不满足的，只能采用其他方式，如谈判、磋商等方式采购，或是招标人确定采购需求后再进行招标。

第 3 节　核心：实质性要求与条件

招标投标的核心在于投标竞争，是在投标满足采购需求的基础上组织投标人竞争，择优确定中标人，与中标人签订合同。于是，让投标人竞争什么、怎么竞争是招标采购战略需要着重研究的问题，其宗旨是实现优化的采购结果。按照一般的合同缔约规则，当事人在合同范围或者数量、质量标准、价款或者报酬、履行期限、履行地点和履行方式，以及当事人的权利和义务等主要事项协商一致的基础上，才能签订协议。我们先分析下面这个结婚彩礼反悔的故事，再进一步讨论。

［**结婚彩礼的故事**］婚姻缔结，大都经由相亲、定亲、结婚三部曲，彩礼作为一种特殊习俗，要求男方在婚姻约定达成时向女方赠送聘金，一些地方习俗称之为纳征，彩礼送到后，婚约正式缔结，不得反悔，按习俗承担责任，即若女方反悔，彩礼要退还男方；若男方反悔，则彩礼一般不退。婚姻缔结的不同阶段，彩礼数额不一。定亲彩礼以现金为主，有的需男方支付女方 11111 元，意为“一生一世一份真情”，有的需支付 16888 元，意为“一生一世发家、发达、发财”。结婚彩礼一般由现金加实物构成。例如，有的省市是 30000 元加一套住房，有的地方是 68000 元加一套住房和一辆小汽车，成为当今婚姻缔结中的一道门槛。

说有一对男女青年小强和小珍，是中学同学，关系很好。两人家在农村，中学毕业后一起进城打工，日久生情。2007 年春节，两人回到农村家里与父母商议结婚，议定当年“五一”

订婚，“十一”国庆节结婚。女方家提出，定亲时，男方应给女方彩金 11111 元；结婚时，给女方彩金 16888 元、县城一套住房首付，约 88000 元左右，以及彩电、冰箱、自行车、洗衣机等四大件。其中，购房贷款每月还款由双方各承担 50%。男方对彩礼认可。双方一致同意待“十一”婚礼办完后，去民政部门登记，申领结婚证。

当年五月一日，小强和小珍回村举办了定亲仪式，邀请村里一些德高望重的老人、亲朋好友参与见证。男方也按当初的商议，给了女方彩金 11111 元。随后，小强父母帮助二人在县城一个住宅小区选定一套住房，预付了首付款。

2007 年 9 月下旬，男方到女方家商议“十一”结婚细节。这时，小珍的父母提出，结婚彩礼要再增加一辆 20 万左右的小汽车，说村里一些亲戚指责女方父母，认为彩礼太少，丢了面子，坏了规矩。男方一听就急了，说为筹集彩礼，自己几年打工的钱和家里养猪的钱不够，向周围亲戚朋友借了 5 万，勉强凑足彩礼，一家人已负债，如果再增加一辆 20 万左右的汽车，男方一家不吃不喝也凑不够数，请求按双方最初商议，在“十一”举办婚礼。小珍父母不同意，称如果不按这一要求办，小珍不能嫁给小强。

后来，小强及其父母多次与小珍父母商议，女方家一直不松口。最后，双方取消婚约。同时，男方要求女方退还 11111 元礼金，女方坚持不退，认为礼金是男方送与女方的礼品，双方为此闹上法庭。

这大概是现如今农村，一方嫌另一方彩礼少或者多而解除婚约中的常见事例。这里需要弄清楚的是，婚姻缔结过程中的彩礼属于什么性质，一方是否可以就双方商定的事项要求修改，否则不嫁或不娶？首先，结婚彩礼是一些地区，特别是农村存在的一种婚嫁风俗，又称财礼、聘礼、聘财等。按这种风俗，男方娶女子为妻，应给女方家一定数额财产作为订婚礼物，否则不嫁。其次，婚姻自主。《民法典》婚姻家庭编第一千零四十六条规定，结婚男女双方须完全自愿，禁止任何一方对他方加以强迫，禁止任何组织或者个人加以干涉。故此，一方嫌另一方彩礼少或者多而不嫁或不娶的，并不违反《民法典》婚姻家庭编对婚姻的规定。那么，故事中男方要求女方退还 11111 元的订婚彩礼是否应得到法律支持呢？《民法典》婚姻家庭编第一千零四十二条明确禁止包办、买卖婚姻和其他干涉婚姻自由的行为，禁止借婚姻索取财物。针对按照习俗给付彩礼的返还，可参照此前最高人民法院颁布的《关于适用〈中华人民共和国婚姻法〉若干问题的解释（二）》中第十条的规定。该条明确规定，如果查明属于以下情形：一是双方未办理结婚登记手续的，二是双方办理结婚登记手续但确未共同生活的，三是婚前给付并导致给付人生活困难的，人民法院应当支持。故此，故事中男方要求女方退还 11111 元礼金的诉求，法院会支持，因为双方尚未办理结婚登记手续。

婚姻是以男女双方感情为基础构成社会单元，并不能用一纸合同代表。故此，《民法典》婚姻家庭编规定，婚姻采取自愿原则，一方在婚姻缔结过程中，无论什么原因不嫁或不娶的，并不追究其法律责任。招标投标活动“一次要约，一次承诺”的特点，决定了缔约中的任何一方，即招标人或中标人不得反悔，因为招标人的招标文件载明了招标，中标人的投标文件响应了招标，已成为事实，缔约时，任何一方的反悔行为一定违反市场交易的公平原则，也侵犯了其他未中标投标人的合法权益。

那么，合同的实质性内容在招标投标过程中是怎样体现的，又应当如何判定招标人与中标人订立的合同是否背离了合同实质性内容呢？一般地，合同实质性内容是招标过程中招标文件载明的，中标人履约必须遵从且招标项目条件不改变情形下，不得调整或修改的合同事项。招标采购过程中，合同实质性内容主要体现在招标文件中的采购需求、评标办法、合同条件等章节中，采用加注星号或明确许可偏差偏离的范围或最高项数，或是其他明确告知投标人实质性要求与条件的方式，其含义是投标竞争的底线，即只要投标人满足实质性要求和条件就具备竞争资格，其胜出后招标人就应当与其签订合同。

采购需求，即采购标的明确为合同实质性内容的事项。工程勘察、设计、施工、监理以及服务招标要求投标人根据招标文件提供履约方案，货物招标要求投标人提供投标货物技术性能指标的详细描述和技术支持资料。其中，技术支持资料要求以制造商公开发布的印刷资料或者检测机构出具的检测报告，或者招标人在投标人须知前附表允许的其他形式为准，以判定投标是否满足招标文件的实质性要求和条件。

例如，某项目电梯采购需求中，实质性要求和条件为：①驱动控制：永磁同步驱动技术，额定载重 1150kg，额定速度 1.5m/s，永磁同步变频门机，8 层 /8 站 /8 门，控制系统为微机一体化控制系统；②功能要求：1）IC 卡功能；2）全集选控制；3）检修运行、起动补偿；4）召唤功能；5）电梯自救运行；6）到站自动开门、按钮开门，自动关门、按钮提前关门，故障重开门；7）对讲机通信、警铃；8）满载直驶；9）闲驶时轿厢内照明、风扇自动断电、停电照明功能；10）井道层楼数据自学习、故障历史记录；11）层楼位置信号自动修正；12）泊梯；13）保护：门区外不能开门、光幕、开关门受阻、超载、超速、运行超时、欠压、欠相、溜车、终端越程、安全接触器触点检测、变频器、逆向运行等；14）电梯运行次数显示；15）防门锁短接；16）故障显示；17）错误指令取消、反向自动清除指令；18）点阵式层楼显示器、楼层滚动显示；19）微动平层功能；20）磁角度自学习功能；21）消防信号反馈、火灾紧急返回运行；22）五方通话；23）消防员操作；③动力电源：拖动电源，交流 380V，50Hz，三相四线，独立地线；照明电源：交流 220V，50Hz，单相；④轿厢装饰：发纹不锈钢、吊顶、PVC 地面，不锈钢门踏板；⑤中分式双开门，尺寸 900mm × 2100mm，发纹不锈钢小门套装饰；⑥井道尺寸：2100mm × 2350mm，底坑深 1700mm，顶层高 4600mm，提升高度 28500mm，井道总高 34800mm，偏差 0~25mm；⑦机房尺寸 3500mm × 4000mm × 2500mm，偏差 ±2mm；⑧厢内尺寸 1600mm × 1580mm，厢外尺寸 1650mm × 1765mm；⑨数量 6 部，供货时间：2006 年 6 月 30 日至 2006 年 8 月 20 日。

为此，投标人投标的电梯的驱动控制、功能、规格尺寸、轿厢内外装饰、门及门套、数量与供货时间等须满足上述要求，才具备参与履约竞争的条件。其中，供货时间为有限偏差偏离指标。那么，合同签订时，招标人能否模仿上面结婚彩礼故事中女方的做法，要求中标人把驱动控制中的额定载重 1150kg、额定速度 1.5 m/s 改为额定载重 1650kg、额定速度 2.0m/s？当然不能，因招标投标遵从“一次要约，一次承诺”原则，对这两个参数的修改，实质上是修改了采购需求，即标的实质性要求和条件，对中标人和其他投标人不公平，因为采购需求中标明其为星号参数。在这种情形下，无论中标人同意与否，也无论招标人是否在中标人同意的基础上调整中标价格，都违反了公平交易的市场原则。

这样一来，招标采购需求中的实质性要求和条件，是投标人响应招标、参与投标竞争的基础。那么，如何界定采购需求中，哪些因素、指标或要求是实质性要求和条件，哪些不是呢？如果实质性要求和条件范围过于宽泛，可能很难得到符合要求的竞争结果，范围过窄又可能会导致竞争结果不满足招标采购战略需求。为此，招标人需要结合招标项目特点、战略部署和市场竞争程度实事求是地确定。其基本原则是，凡是祈求在合同签订时，与中标人进一步谈判、商议的事项，不能列入采购需求的实质性要求和条件。反之，只要纳入采购需求中的实质性要求和条件，中标人的投标就必须满足或更有利于招标人。同时，也不再允许招标人调整或是中标人对其响应的修改。

最后，再比较一下招标投标缔约与婚姻缔结的不同，即招标投标缔约与婚姻缔结的不同在哪里，为什么在婚姻缔结中，对一方先提出了缔结条件，后来又重新提出缔结条件，否则，不嫁或不娶的情形，只要双方没形成婚姻，法律不追究反悔一方的责任，而招标投标规则中不允许呢？因为婚姻缔结遵从自愿原则，任何一方的反悔不承担法律责任，只要双方没有婚姻缔结的事实或书面证明文件。而且，即便把婚姻关系看作合同关系，其正式缔结即在民政部门登记、申领结婚证书的过程中，可以是“多次要约，一次承诺”。而招标投标缔约则与此不同，是“一次要约，一次承诺”，其缔约采用书面文件，即招标人、投标人的缔约条件分别在招标文件、投标文件中，一旦招标人向某一投标人发出中标通知书，就是承诺其投标要约，形成书面合同。此时，招标人和中标人中任何一方反悔，提出调整招标文件载明的实质性要求和条件或者投标文件对招标文件中实质性要求和条件的响应，与《民法典》婚姻家庭编第一千零七十六条中规定的离婚即解除婚姻关系一样，须要承担相应责任，包括经济责任和法律责任。

第 4 节　竞争：因素、标准和条件

采购需求的准确确定是招标人发起采购的基础但不是宗旨。招标投标的核心在于组织投标竞争，以使招标人从中获得优化的采购结果。准确界定采购需求是招标采购的基础或“标”，经由投标竞争优化采购需求是实质或“本”。招标人确定采购需求后，更重要的工作在于确定采购需求中，哪些需求因素、指标不能竞争，哪些可以竞争，又怎样竞争等事项。其中，不能竞争的因素、指标，一方面是遵从统一的规定且市场供给普遍遵从的因素、指标，另一方面是功能或使用需求必须满足的因素或指标，即实质性要求和条件。可以说，只要不是实质性要求和条件，在满足采购需求前提下都可以竞争。这里需要讨论的，是怎

样组织投标竞争，其竞争判别的标准是什么，预期实现结果又是什么，等等。

我们先看一则人事招聘故事，再来探讨这一问题。

［**前台招聘的故事**］某一大型企业总裁在一次办公会上，布置办公室一项招聘工作，招聘一男一女两名前台人员。平时，这两名接待员负责在前台接听电话、客人来访迎送、办公用品管理和发放等，关键时，还要能协助老总公关承接业务。办公室主任暗自思忖，是不是上级又有哪个领导的子女要来公司发展？于是在午饭后，大着胆子私下问总裁，表示要完成好这次招聘，让总裁满意。总裁告诉她，集团总部张副总的儿子是行政专业的专科生，要来这里工作，据说他一次能喝下半斤酒，但仍需走个人事招聘程序，招聘女前台是陪衬，以免别人说闲话。

办公室主任心领神会，向总裁索要集团张副总儿子的简历后，制定了前台招聘标准，要求应聘人员：①全日制高校毕业的专科及以上学历，行政、人事或相关专业毕业；②年龄19~24岁，身高1.60~1.72米；③五官端正、形象佳且身材苗条，要举止大方、有气质，彰显青春；④男应聘人能喝5两，女应聘人能喝3两以上白酒；⑤熟悉Office等常用办公软件；⑥有团队合作精神。

招聘公告在一些著名网站、报纸刊出后，得到社会上的普遍响应，两周就收到51份应聘申请。主任看在眼里，喜在心里，从市行政学院、舞蹈学院和品酒协会聘请了三位老师，与他和公司年会的几位策划人组成评委会，采取初审、面试和推荐，总裁最后选定的招聘步骤。

评委会对申报材料进行严格初审，审查年龄、身高、五官相貌、饮酒和所学专业等指标，有28位男应聘人、15位女应聘人初审被刷下。其中，也不乏有趣的事。有位男应聘人的材料上说他爸是“李刚”，如应聘成功可以给企业减税，但身高只有1.58；还有一位女应聘人自称是潘金莲第26代传人，貌美如仙但自述不能喝酒，说据考证她祖爷爷就埋在潘金莲墓边上，问能不能照顾一下。对这些应聘人，评委会毫不留情，坚决刷下。

面试让应聘人自我介绍3分钟，跳一段舞蹈或是随意走上30步，体现“言谈举止、形体和气质”。市品酒协会请来的专家建议，通过初审的，只有酒量是没实际验证的一项硬指标，要求买上两箱二锅头，准备好一些一两的酒杯，男的能喝5杯，女的能喝3杯就算通过。这项建议得到评委会的一致认同。

面试办法向总裁汇报，总裁一听就乐了，连说了三个“好”，表示要抽时间旁观。面试中，有三位女应聘人喝2杯酒就趴地上了，没能通过面试；集团总部张副总的儿子喝了6杯酒，可开始有点紧张且走路呈倒八字，摔了个跟头，几位外聘评委表示对其不通过。办公室主任见状，介绍了他的长处，说坐在前台看不到脚，小伙子长得英俊阳刚，是个好苗子，可在来公司后重点培养。几位外聘评委见状，主动在评审表上调整了评审结论。这样，男、女应聘人各剩下两位，男的一个硕士、一个专科，女的一个博士、一个硕士。主任想，哪一位都满足选聘标准，还是交总裁定招聘谁吧。

主任将评审推荐结果向总裁汇报后，总裁当场表扬了办公室主任，说她干得不错，用公正的程序把张副总的儿子招聘上了。可那两位女的招谁不招谁呢？办公室主任说选那位博士吧，这样谁也说不出什么。总裁一听，说，你让博士、硕士站前台合适吗，他们会好好干么？还是选一个专科生吧！我看面试上不是有一个看着小巧玲珑且形象极佳的专科生吗，就选她吧！主任解释说她酒量不行，喝一杯就倒下了！那有什么关系？总裁说，可以来公司后培养嘛，就选她吧！主任一听忙说好，并应声去重新写评审报告，按总裁选定的结果重新写推荐建议，把面试上那个小巧玲珑的女应聘人作为推荐人，交给总裁审批。

那么，前台招聘的故事对采购择优有哪些启迪呢？首先，前台人员需要有良好形象、素质和工作热情，有亲和感，与学历无关。故此，前台招聘的核心是与前台岗位相匹配，不能无限拔高择优标准。例如，如果招聘一位博士或硕士站前台，很可能不到两个月这位前台在找到新的工作后就会辞职而宣告招聘失败，因为没有哪位博士或硕士会把个人的职业规划终止在前台这个岗位。在这一点上，总裁的意见是正确的。同时，办公室主任公布的应聘条件不准确，即要求女应聘人能喝 3 两白酒的条件过高。这一点对采购的启迪在于，采购择优是在与标的履约匹配基础上的择优，过于提高标准或要求并不一定有利于择优确定采购结果。其次，择优标准是严肃的，评委会依择优标准评审得出的结论也是严肃的，不能视同儿戏。这个故事中的择优标准、评委会是摆设，并没有在评审中严格执行而起到择优作用，因为无论是在评审中办公室主任力主推荐集团张副总的儿子，还是在总裁确定聘用人时，都没有严格按评审标准和评审结果进行选择，总裁是从通过初审的女应聘人中按小巧玲珑、形象佳作为标准进行选择的，且选择时，酒量要求在 3 两以上也并没认真执行。对此进一步反思可知，如果对女应聘人不限制酒量，前来应聘的可能远不止 15 个人，选择的范围可能更宽。说不定，自述是潘金莲第 26 代传人、貌美如仙的那位才最适合前台岗位，因为除酒量外，其满足择优标准中的所有要求，且自述貌美如仙的心态适合在前台工作。这说明什么？说明故事中择优择什么并不清楚，与抛球选婿类似，主角由那里的小姐换成了现在的总裁，其择优标准、评委会及评审不过是一场游戏，决定权在总裁。

与人事招聘不同，招标投标活动中的采购需求须书面提供给投标人，在招标文件中载明，投标人的响应也是书面的，在投标文件中载明。对应的，评标委员会是按招标文件对投标文件进行评审和比较，招标人择优是根据评标委员会的评审和比较结果，即评标报告进行择优，实质是按招标的事实对投标的事实择优选择，规则的严肃性要远胜于人事招聘，即只能按公布的择优标准和方法评审，不得在过程中调整或改变择优标准和方法，不能像前台招聘的故事中那位总裁那样，擅自取消公布的择优标准中女应聘人酒量在 3 两以上的要求，因在市场交易中，这一做法违反了公平、公正和诚实信用交易的基本原则。

科学确定采购需求中的竞争性因素或指标，是招标投标优化采购需求，发挥其在资源配置中决定性作用的根本。为此，招标人应结合市场供给状况，按招标项目特点和需求，确定采购需求中的竞争性因素或指标，包括因素或指标类别、判定标准和方法等事项。

1. **竞争因素或指标类别**。竞争因素或指标体现在采购需求中的有限偏差偏离因素或指标、竞争因素或指标中市场供给存在个性化差异。实际上，市场竞争的根本在于不同的供给存在个体差异。对应的，招标人的择优选择，恰是在满足采购需求前提下对供给的择优选择，不过不是在整个供给市场，而是在响应招标的投标中因个性化差异的择优选择。例如，工程施工招标中的价格、特殊节点部位的施工细化、施工工艺、工期、缺陷责任期等；货物招标，如建筑供水泵采购需求中的价格、流量（m^3/h）、扬程（m）、轴功率、供货期、保修期；服务招标中的服务标准、服务期限或时间、效率等，均可设置为竞争因素或指标。

2. **因素或指标竞争标准**。确定竞争因素或指标的目的，在于确定其偏差或偏离对采购结果的影响。其中，有的可以量化，有的不能量化。对那些可量化的因素或指标，应测算其单位偏差或偏离对标的功用、价格的量化影响；对那些不可量化的因素或指标，应在市场调查基础上，组织专业人员预估或是预判其偏差或偏离对标的功用、价格的影响。必要时，还可以向一些专业组织或机构发放调查问卷，采用数理统计方法确定其量化影响，以作为择优标准，引导投标人向着有利于招标采购战略优化实现的方向投标。对此，国际上通行的做法是确定每个竞争因素或指标的偏差或偏离在招标项目生命周期内，对招标人支付费用的影响，以进行择优选择。例如，世界银行等国际金融组织择优采用的最低评标价法，即是这一方法的体现。其中，价格是一种经济生活中最直接的量化指标。此外，确定不同因素或指标的重要性，采用分步分阶段对竞争因素或指标进行择优，则是国内综合评估法的择优体现，因为有时根本无法确定竞争因素或指标的偏差或偏离在招标项目生命周期内对招标人支付费用的影响。

3. **市场调查与模拟**。测算竞争因素或指标对招标项目功用和价格的影响，离不开市场供给，即投标人的实际供给与市场价格。为此，招标人需要在市场调查基础上确定采购需求、其中的竞争因素或指标，测算其偏差或偏离对标的功用、价格的影响。同时，在初步确定竞争因素或指标、标准基础上，应进行竞争模拟与结果测算，判断竞争因素或指标是否齐备，是否还有其他竞争的因素或指标需要补充，竞争因素或指标的判定标准是否科学合理，是否符合采购预期目标或方向等，对招标项目竞争因素或指标、择优标准组织持续改进，以实现招标采购宗旨。

实践表明，确定采购需求中的竞争因素或指标、判定标准和方法是招标采购中一项最重要的工作，是采用招标投标智慧择优实现招标采购战略的关键。需要招标人对此予以充分的关注与重视。

> **[知识窗]** 技术标准是对统一的技术事项制定的标准，其对象既可以是产品、材料、工具等物质类，也可以是概念、程序、方法、符号等非物质类，是从事科研、设计、工艺、检验等技术工作以及商品流通中共同遵守的技术依据。技术标准一般分为基础标准、产品标准、方法标准和安全、卫生、环境保护标准等。

第 5 节　案例：采购需求不准确引发不平衡报价

采购需求的准确无误是竞争和履约实施的基础。招标采购的需求不准确，例如，招标采购清单不完整，存在缺漏或冗余项，某一子目采购量不准，招标采购技术要求、图纸存在错误或矛盾，技术要求或标准含混不清，采购实质性要求和条件、竞争因素或指标不准确，择优方向不正确等，易造成投标竞争的择优无法实现、合同履约终止或是履约费用增加。其给招标人造成的损失，有的在履约中会出现，但有的要一直等到履约结束，招标人和中标人结算时才会出现。究其原因，在于采购需求的不准确会引发投标竞争的盲从。进而，有经验的投标人对履约过程进行预判，从招标人提供的采购需求失误处采取不平衡报价等竞争技巧得到中标资格，获取竞争收益。

下面这个案例，是因工程量清单与采购需求不一致而引发的事件。

［**案情回放**］某一个针对城市中 A、B、C 三个商品住宅小区的供水工程，包括土建施工和设备、材料采购与安装项目招标。招标文件上载明的招标范围，是按工程设计图纸由市区自来水厂向 A、B、C 三个商品住宅小区建设一条 *DN*200 主干管，再由干管建设 *DN*100 的三条直达小区的供水管道。招标采用经评审的最低价中标的原则，合同类型为单价合同。工程量清单中，*DN*100、*DN*200 管道敷设量见表 3.1，要求投标人的标价工程量清单所报综合单价包含措施项目费用、规费和税金费用。

DN100、DN200 工程量清单　　　　**表 3.1**

分项工程名称	单位	工程量	备注
*DN*200 球墨铸铁管铺设	m	10000.00	
*DN*100 球墨铸铁管敷设	m	21000.00	

该项目三个投标人均具备招标项目履约能力，无价格调整事项。故此，该项目投标人的竞争核心是价格，投标人标价汇总见表 3.2 所列。按招标文件规定的经评审的最低价中标原则，招标人宣布投标人 1 中标，中标价为 7906000.00 元。

标价工程量清单　　　　**表 3.2**

分项工程名称	单位	工程量	投标人 1	投标人 2	投标人 3
*DN*200 球墨铸铁管铺设	m	10000	280.00	210.00	200.00
*DN*100 球墨铸铁管敷设	m	21000	120.00	180.00	190.00
其他项目报价	元		2586000.00	2578000.00	2591000.00
报价合计	元		7906000.00	8458000.00	8581000.00

履约过程中发现，小区C的实际用户不是招标时预估的4500户而是8500户，其日供水量需相应增加。对应的，DN200管道由10000m增加到20000m，DN100管道由21000m减少到11000m。结算价由中标价7906000.00元变为9506000.00元，二者相差1600000.00元。一些细心的人还发现，如果是投标人2或投标人3中标，对应的结算价格分别为8758000.00元和861000.00元，认为这个项目不应当让投标人1中标，而应当宣布投标人3中标。

[问题] 针对上述描述，分析以下三个问题：

1. 该项目招标投标过程中，确定投标人1中标是否有错，是否应当确定投标人3中标，为什么？

2. 投标不平衡报价的情形有哪些，招标投标过程中应怎样防范，合同履行过程中又应当怎样预防？

3. 案例中，投标人1中标及其结算结果对编制采购需求有哪些启迪？

[案例分析] 上述三个问题是招标采购中最需要研究的事项，依次分析如下。

1. 首先，确定一个投标人的中标价，是按其投标时的报价，还是按项目履行结束后的结算价？从招标采购过程分析，只能按投标人的投标报价决定其中标价，因为缔约时，根本无从知晓合同履约结束后的价格是多少。但这一问题的提出并非没有意义，而是招标采购战略需要深入研究的一个问题。否则，招标投标就没有实际意义，不过是确定中标人的“形式”过程，因为民事活动须遵循公平或是等价有偿事实，即以实际支付费用为原则。其次，实现中标价与合同结算价格一致的核心在招标人公布的采购需求是否准确，与履约结果是否一致。同时，在招标投标时，判断投标人的投标履约是否加重或是减轻了招标人义务，是否造成招标人履约或使用中的费用增加，测算其单位偏差或偏离对履约及使用的价格影响，计入投标人的投标报价，即在招标投标时寻求预计的合同履约价格，并按此价格择优确定中标人。例如，世界银行等国际金融组织的最低评标价法体现的就是这种思想，其实质是按履约结束“一手交钱，一手交货”价格最低原则确定中标结果，与国内的“等价有偿”原则一致。

本案中，因投标人都具备履约能力，且投标中没有价格调整事项。故此，按招标文件规定的择优标准，可以单从价格最低确定中标人，确定投标人1中标符合公布的择优规则。同时，也不能确定投标人3中标，因为其报价8581000元位列三个投标人的报价之首。

2. 什么是投标不平衡报价？不平衡报价是相对正常报价而言，在投标总价确定后，根据招标文件的付款条件和付款方式，合理地调整标价清单中子项目的综合单价，在不提高投标报价的前提下，以使项目履约时能够尽早、更多地结算价款，获取更多利润的一种报价方法。一般地，投标人使用不平衡报价策略主要基于招标人采购需求不准确，其中，一是采购清单，即范围不准，如清单子目采购量不准，或是冗余而无需履约；二是技术标准或要求不准，如技术要求、图纸存在错误或前后矛盾，技术要求不明确，仅有原则性要求而无具体指标、参数，无验收标准或是采用作废验收标准等情形，这些的实质都是招标人公布的采购标准不准确，投标人借招标文件履约策划的不严密而获取竞争收益；三是投标报价时，按采购清单子目履约时间的先后，调高前期子目单价，压低后期子目单价等。

那么，如何防范投标人采用不平衡报价获取收益，进而实现中标价与合同结算价基本一致呢？防范不平衡报价中标的方法在于采购标的准确无误。为此，在招标阶段，招标人需要做到以下几点：

一是采购清单做到以下几点：①清单子目项数与招标文件中载明的招标范围一致；②清单量计算准确，与实际需求量一致；③技术要求或图纸中的关键材料、设备、专业项目，如果仅有示意或是图纸上虽有明确的参数指标，但品牌、档次或售后服务有差异，特别是市场价格差异大的，应在招标采购战略基础上，进一步细化采购需求，明确择优参数或指标后采购。必要时，可先明确暂估价，待其相关要求明确后采购。

二是合理分配合同风险责任。招标采购，只有在当事人双方“风险共担，利益共享”的基础上才能实现。反之，过于加大中标人风险包干范围，加大合同履约风险，一旦履约中出现中标人无能力承担的风险时，极易造成采购结果无法实现。国际上，对工程建设合同风险分配有成熟的理论，其基本原则是，对合同履行中那些可识别的风险，分配时应以降低最终合同支付为目标，将风险承担者指定为有利于控制或减少风险的危害程度的一方，从而减少应对合同风险需要支付的费用。为此，一般要求当事人办理保险，转移合同风险。

三是针对不平衡报价制订择优标准和方法。例如，对标价采购清单中的综合单价和不同合同履行时间的综合单价、汇总价进行评审、比较和择优，以防止投标人利用不平衡报价实现其合同收益最大化。同时，择优因素、指标和标准应与招标项目履约管理相匹配，以防止投标人利用合同履行差异投标。

3. 本案真正的怪异之处在于投标时，投标人 1 的价格最低，投标人 3 的价格最高，故依据招标人公布的择优规则，投标人 1 应当中标，但合同结算时，投标人 1 的结算价格又在三个投标人中最高，是什么原因导致这样的采购结果呢？其直接原因在于投标人 1 在投标中运用了不平衡报价技巧而招标人公布的择优标准对此又无能为力，仅是以报价最低作为择优准则所致。问题的更进一步原因在于招标人工作上的不认真，对采购需求的把控失误，引发对小区 C 需求的用水量预计不足，致使工程建设过程中调整供水方案，调整 *DN*200 和 *DN*100 工程量所致。

有人认为，投标人 1 不应当在投标过程中采用不平衡报价策略，认为这一做法违背了诚实守信的原则。然而，没有外部证据表明投标人 1 的行为违反了诚实信用原则，因其投标技巧所利用的是招标人公布的采购需求或标的不准确，而投标人 1 不过是按自己理解的招标人的采购需求，响应招标，参与竞争，符合招标投标规则。在这一点上，需要进一步研究投标人的投标行为，因为中国的投标人受中国文化和习俗影响。值得注意的是，中国文化倡导的是社会或群体和谐，体现在儒家“五常”中的“仁”或“中庸”思想。在此基础上，国内投标人的普遍投标心理一般表现为：一是响应招标，研究招标人的采购需求，特别是采购需求中那些不准确或失误，进而采取不平衡报价等技巧获取竞争收益；二是研究其他投标人行为，以降低竞争对手对自己中标利益的损害，这在一定程度上会诱发串通投标。

所以，不要去指责投标人 1 在投标中采取不平衡报价，那是投标人投标的普遍技巧，也不是招标人能够左右的。实际上，防范投标不平衡报价的根本方法，在于招标人准确界定招标项目的采购需求或标的，这才是防范投标人在投标时采用不平衡报价的根本，也是本案对招标人组织招标采购的启迪。

第4章

招标采购：履约能力的审查

****

相见时难别亦难，东风无力百花残。
春蚕到死丝方尽，蜡炬成灰泪始干。
晓镜但愁云鬓改，夜吟应觉月光寒。
蓬山此去无多路，青鸟殷勤为探看。

——［唐］李商隐《无题·相见时难别亦难》

****

第 1 节　宗旨：审查履约能力

履约能力，是对应采购需求所需的实施能力。招标采购由招标投标缔约和履约两个环节组成。其中，招标投标的核心在于组织投标人竞争，择优确定中标人履约实现采购结果。为此，组织投标竞争需先行确认投标人是否具备规定的资格条件，对其进行履约能力审查，因为只有那些具备履约能力的人参与竞争，中标后才能实现采购结果。反之，如果允许那些不具备履约能力的人参与投标竞争，看似投标人数多、竞争激烈、可选结果多，但选出的中标人可能不具备履约能力而难以实现采购结果，中标不过是“画饼充饥”，必然违背招标采购的宗旨。这就像抛球选婿一样，绣球抛给谁，得先看看那人是否“玉树临风、貌若潘安”，入小姐眼。也就是说，小姐凭外貌和神态对楼下应征男子做了一遍资格审查。类似地，采用书面方式对投标人履约能力的审查，是招标人对投标人组织参与投标竞争的审查，是招标投标的一种必然过程。

分析《水浒传》中王伦的德与才，对招标采购书面缔约时为什么要先确定投标人的履约能力有启迪。

［**王伦的德与才**］“德才兼备，以德为先”是人的立身之本。常言说：“德不配位，必有灾殃”；类似地，“才不配位，难有善终”。《水浒传》中，林冲为什么要杀王伦，原因在于王伦无德无能且嫉贤妒能。林冲经柴进引荐入伙，《水浒传》第十一回这样描写王伦心思：“我却是个不及第的秀才，因鸟气合着杜迁来这里落草，续后宋万来，聚集这许多人马伴当。我又没十分本事，杜迁、宋万武艺也只平常。如今不争添了这个人，他是京师禁军教头，必然好武艺。倘若被他识破我们手段，他须占强，我们如何迎敌人。不若只是一怪，推却事故，发付他下山去便了，免致后患；只是柴进面上却不好看，忘了日前之恩，如今也顾他不得。”

晁盖在落草水泊梁山当天，把劫富济贫、替天行道的宏图大略告诉王伦和其他头领，王伦听后的表现是这样的：“骇然了半晌，心内踌躇，做声不得。自己沉吟，虚应答筵宴。”于是，在第二天宴席上，王伦起身，端着酒壶给晁盖敬酒说：“感蒙众豪杰到此聚义，只恨敝山小寨是一洼之水，如何安得许多真龙。聊备些小薄礼，万望笑留。烦投大寨歇马，小可使人亲到麾下纳降。”晁盖不收银子，说“闻听水泊梁山招贤纳士，与弟兄们前来投奔山寨入伙。若是不收，我们自行告退，哪还敢收受您所送的银两。也不是在这里自夸，兄弟几个刚劫了生辰纲，还有不少银两，开销不愁。”于是，拒不收王伦所送的银子。王伦说：“何故推却？非是敝山不纳众位豪杰，奈缘只为粮少房稀，恐日后误了足下，众位面皮不好，因此不敢相留。”

这时，王伦的悲剧来了。只见林冲怒视着王伦说：“你前番我上山来时，也推道粮少房稀。今日晁兄与众豪杰到此山寨，你又发也这等言语来。是何道理？”王伦骂道：“你看这畜生！又不醉了，倒把言语来伤触我，却不是反失上下！”

林冲大怒说："量你是个落第腐儒，胸中又没文学，怎做得山寨之主！"只见林冲把桌子踢在一边，拿住王伦，衣襟下抽出一把明晃晃的刀，骂道："你是一个村野穷儒，亏了杜迁得到这里。柴大官人这等资助你，周给盘缠，与你相交，举荐我来，尚且许多推却。今日众豪杰特来相聚，又要发付他下山去。这梁山泊便是你的？你这嫉贤妒能的贼，不杀了要你何用！你也无大量之才，也做不得山寨之主！"骂后，林冲对着王伦心口一刀。可怜王伦一个不及第秀才，带着杜迁、宋万等盘踞水泊梁山，打家劫舍，最终被林冲一刀毙命。

王伦的一生是悲剧。考秀才考不上，带着兄弟打家劫舍，过着小富即安的生活，不想没得善终，在晁盖等人投奔入伙的第二天被林冲一刀毙命。看过《水浒传》的人，几乎没有人去怪罪林冲以下犯上杀死王伦，也没有人猜测林冲想做头把交椅，为什么？因为林冲不是为自己而是为大家，大家跟着王伦只能是打家劫舍，因其无德无能，不可能有大作为，不可能"替天行道"，走上人间正道。

这一故事对招标采购的启迪在于，组织投标人竞争，须选择履约能力满足要求的投标人参与竞争，进而确定的中标人才有能力履约，才不会重蹈王伦能力不足的覆辙，实现招标采购宗旨。

招标项目分为工程、货物和服务三类，其履约情形的复杂程度远超过做一件外衣。为此，投标人参与投标竞争的条件有二：一是国家规定的资格条件；二是招标人根据项目特点和需求在招标文件中公布的资格条件，分述如下：

1. **国家规定的资格条件**。国家规定的投标人资格条件主要有以下三类：

（1）投标人民事主体地位。招标投标活动中，投标人的民事主体须具有独立订立合同的权利。单位履约的，为法人或者其他组织；自然人履约的，为能够独立承担民事责任的完全民事行为能力人。

（2）市场准入条件。市场准入条件是禁止或限制投标人从事《市场准入负面清单》的行业或领域，只有其依法获取准入才能参与或从事该行业、领域的项目。例如：

1）工程建设市场准入条件。工程建设市场准入条件又称为资质管理，依专业的不同，条件分述如下：

①工程勘察。工程勘察资质，分为综合资质、专业资质和劳务资质。综合资质只设甲级；工程勘察专业资质根据工程性质和技术特点设立甲级和乙级；根据工程性质和技术特点，部分专业设丙级资质；劳务资质不分级别。取得综合资质的，承接工程勘察业务范围不受限制；取得专业资质的，可以承接同级别相应专业的工程勘察业务；取得劳务资质的，可以承接岩土工程治理、工程钻探、凿井工程勘察劳务工作。

②工程设计。工程设计资质，分为综合资质、行业资质、专项资质。综合资质只设甲级；行业资质和专项资质根据工程性质和技术特点设立甲级、乙级，个别行业、专业的专项资质设丙级，建筑工程专项资质设丁级。取得综合资质的，承接工程设计业务范围不受限制；取得行业资质的，可以承接同级别相应行业的工程设计业务；取得专项资质的，可以承接

同级别相应的专项工程设计业务；取得行业资质的企业，可以承接本行业范围内同级别的相应专项工程设计业务，不需再单独领取工程设计专项资质。

③工程监理。工程监理企业，分为综合资质、专业资质和事务所资质。综合资质、事务所资质不分级别。专业资质分为甲级、乙级，房屋建筑、水利水电、公路和市政公用专业资质设立丙级。其中，综合资质可以承担所有专业工程类别建设工程的工程监理业务；专业甲级资质可承担相应专业工程类别建设工程监理业务，专业乙级、丙级资质可承担相应专业工程类别二级或三级及以下建设工程的工程监理业务；事务所资质可承担三级建设工程的工程监理业务，但不得承担国家规定必须实行强制监理的工程监理业务。

④工程施工。建筑施工企业资质分为施工总承包资质、专业承包资质、施工劳务资质三个序列。其中，施工总承包分为房屋建筑工程、公路工程等 12 个总承包类别，等级分为特级、一级、二级、三级；专业承包分为地基基础工程、隧道工程等 36 个专业承包类别，等级分为一级、二级、三级；劳务资质不分类别与等级。建筑施工企业按其对应专业和类别承担施工业务。其中，房屋建筑工程施工总承包特级企业限承担施工单项合同额 3000 万元以上的房屋建筑工程。国家对建筑施工企业实行安全生产许可制度。

⑤ EPC 总承包。工程总承包企业应当具有与工程规模相适应的工程设计资质或者施工资质，即具有工程设计或施工总承包资质的企业，可以从事资质证书许可范围内的相应工程总承包。

2）货物生产经营市场准入条件。货物有工程货物、非工程货物之分，包括机械、设备、医疗器械、金属材料、石油及其制品、煤炭及其制品、化工材料及其制品、建筑材料、药品和其他货物等类别，市场准入如下：

①企业工业产品生产许可证。对一些重要的工业产品，如压力锅、燃气热水器、电力铁塔、卫星地面接收设备、无线电发射设备等，列入国家统一监督管理产品目录中的产品实行生产许可证制度。

②产品强制性认证。对涉及人类健康和安全、动植物生命和健康，以及环境保护和公共安全的产品，例如电线电缆、低压电器、电焊机、汽车、摩托车等产品实行强制性认证制度，通称 3C 认证。

③特种设备安全生产监察证。对涉及生命安全、危险性较大的锅炉、压力容器、压力管道、电梯、起重机械、客运索道、大型游乐设施和场（厂）内专用机动车辆等列入特种设备目录的产品实行安全监察，要求特种设备出厂时，附有安全技术规范要求的设计文件、产品质量合格证明、安装及使用维修说明、监督检验证明等文件。其中，锅炉、压力容器、起重机械、客运索道、大型游乐设施的安装、改造、维修，须由取得许可证的单位实施。同时，应当有与特种设备维修相适应的专业技术人员和技术工人以及必要的检测手段。

④产品质量认证。对于不属于上述类别的其他产品，要求其必须符合保障人体健康和人身、财产安全的国家标准、行业标准，推行产品质量认证。

3）服务市场准入条件。服务项目分为工程咨询和非工程咨询两大类。工程咨询中的勘察、设计、监理市场施行准入，全过程工程咨询须有与所承担工程规模相符的工程设计、工程监理、造价咨询两项及以上的甲级资质等。

（3）履约能力及投标资格有效。投标人没有处于被责令停产、停业，或资产被罚没、冻结、接管，或破产状态等无能力履约情形，不存在投标资格被限制或取消等依法不能投标情形。

2. **招标文件规定的资格条件**。确定投标人资格条件更为重要的，是在投标人满足国家规定的资格条件基础上，招标人按项目特点和需求确定其履行合同的能力，在资格预审文件或招标文件中向投标人公布。一般包括专业、技术资格和能力，资金、设备和其他物质设施状况，管理能力，经验、信誉和相应的从业人员等。例如，工程施工招标对投标人履约能力的审查，一般需要对企业财务、业绩、信誉、施工机械、项目经理部人员等进行审查，其宗旨在于确保投标人中标具备履约能力，而不会像《水浒传》中的王伦那样，因无能被林冲一刀杀死，不善而终。

第 2 节　资格：审查的因素、标准和条件

对投标人的资格审查采用书面方式进行，招标人需公布资格审查的因素、标准和条件，以便投标人有针对性地编制资格申请文件，证明其履约能力满足招标项目要求。注意，不同的采购需求需要的履约能力不同。同时，不同时间、地点，不同的履约条件、环境，所需要的履约能力可能也不相同。为此，确定资格审查审查什么、怎样审查，按什么条件、标准审查是确定投标人是否具备履约能力的先决条件。不能想当然，也不能仅依据投标人满足国家规定的资格条件断言其满足招标项目资格条件，因为招标采购在确认履约能力的同时，还需应对中标人履约可能给招标人造成的损害赔偿等事项。

我们先看一个做大褂的故事，再来分析怎样判断投标人的履约能力。

［**做大褂的故事**］这是一个很有名的故事。说在民国时的一年，张三买了一丈三的蓝布想做一件大褂，出门显着体面，因那时上街流行穿大褂。他拿着布往裁缝店走的路上，碰到了一位朋友叫李四，问他走这么急干什么去。张三如实告诉李四，新近买了一丈三的蓝布，想去裁缝店做件大褂。

李四一听，主动说："咱俩是不是朋友？一件大褂你找什么裁缝店啊，我给你做吧。"张三不知道李四会不会做，有些犹豫地问："你会做大褂吗？"李四自信地辩解说："怎么不会呢！这又不是描龙绣凤的，不就是做件大褂嘛。过去的几个月里我给好多朋友做过，你不知道吗？"张三心想，他要能做当然应该交给他做，这叫肥水不流外人田啊，答应说："好啊！给你一个月能做好吧？"李四说："别催我，我认认真真地给你做，三个月差不多。"张三想了想，三个月倒没关系，好在当下也不急着穿，就答应了。

三个月后的一天，张三问李四：“我的大褂做得怎么样啦？”李四一拍脑袋说：“哟！你不说我还给忘了。大褂我倒是给你剪了，可剪坏了！”张三听李四说剪坏了，认定李四不会做大褂，说：“怎么样，我就知道你不会做！这样，把布料还给我，我还是找一家裁缝店吧。”李四一听急了，说：“你先别着急，别急！剪坏了没关系的。我会改，我给你改个小褂怎么样？”张三想马上入夏可以穿小褂，问他：“还得三个月哪？”李四说：“这回用不了，一个月就差不多了。”

张三又苦等了一个多月，想着小褂做出来了，找李问四：“怎么样，这回我的小褂做得了吧？”李四叹着气说：“唉，小褂我用上次的布料给你剪了，可一不留神又让我剪坏了。”张三一听，急了：“又剪坏了！那我什么时候能穿上小褂啊？”李四说：“小褂你怕是穿不上了。这样，我给你改个坎肩吧！夏天到了，穿着凉快。”张三一听，心想这主意不错，穿个蓝坎肩，后背再写上“张记车行”，成拉车的了。算了，他也是好心，也不能怪他，谁知道他不会做呢。于是，张三回答说坎肩也行，问李四：“这坎肩得多少天哪？”李四说：“有半个月就得。”

半个月过去，张三问李四：“我的坎肩做得了吧！”李四又叹气地说：“唉，坎肩我倒是给你剪了，可又剪坏了。不过我还能给你改！”张三心里想，看来李四是大褂、小褂、坎肩都不会做，便问他：“还能再改什么呀？”李四说：“我给你改个布兜兜吧。”张三一听心里那个气呀，说：“布兜兜儿？我都五十多岁的人了，穿个蓝布兜兜？像话吗！”又一想，反正大褂小褂也穿不上了，就看你能给我做出什么。于是，咬着牙问：“这回得多少日子呀？”李四说：“这回简单，用不了太久，一周就得。”

又过了七天，张三问李四：“我的布兜兜做好了吧？”李四说：“你不提我都快给忘了，布兜兜我给你剪了，可缝的时候发现缝不上，剪坏了。”这是张三预想的结果，因为他不会做。张三问李四：“是不是还能改，这回你还能给我改什么呢？”李四说：“我给你改双袜子得了。”结果，一丈三蓝布做双袜子，留下一堆碎布条子。到取袜子那天，张三一看就乐了，一大一小，根本没法穿，可一丈三的蓝布不能浪费了，张三让李四用碎布给他扎了5个墩布，扛着回家了。

故事的结果让人发笑，但笑过后耐人深思。张三最初不知道李四会不会做大褂，可一试便知，李四既不会做大褂，也不会做小褂，连做坎肩、肚兜兜、袜子也不会，可张三碍于朋友情面还一再地委托他做，是张三的委托有问题，是张三在明知李四没有能力做小褂、坎肩、肚兜兜、袜子的条件下还在委托他做，只能以扛着5个墩布回家告终。在这种情形下，需要及时“止损”即终止合同，且越早终止合同损失越小。这则故事对招标采购的启迪在于，为避免确定的中标人某一项履约能力不满足要求，重蹈故事中李四的覆辙，招标人在授予其合同前，须就中标项目履约涉及的各项能力因素、指标对中标候选人进行审查，确认其履约能力满足要求后，才能授予其合同。同时，履行合同过程中发现中标人不具备履约能力的，应当及时与中标人解除合同，且越早解除合同损失越小。

中标人的履约能力是多种因素、指标的综合体现。招标人需按招标项目特点和采购需求，将履约能力审查进一步分解为具体的审查因素，提出审查合格的标准，以及判定的方法和条件，确保通过资格审查的投标人有能力履约。一般地，对投标人的资格审查，包括国家规定的资格条件、财务、业绩、信誉要求，以及项目负责人和其他主要人员、设备、设施要求等事项，按专业的不同，分述如下：

1. **工程招标**。工程招标资格审查主要有三方面内容：一是具有独立订立合同的权利；二是具有履行合同的能力，包括专业、技术资格和能力，资金、设备和其他物质设施状况，管理能力，经验、信誉和相应的从业人员；三是履约能力及投标资格有效，没有处于被责令停产、停业，或资产被罚没、冻结、接管，或破产等无能力履约情形，不存在投标资格被限制或取消等依法不能投标情形。

上述资格审查因素可以进一步分解如下：

（1）具有独立订立合同的权利，可分解为：①国家商事制度确立的民事主体有效证件，如营业执照和组织机构代码证等；②合同签订人资格证明文件，如法定代表人身份证明或是其授权委托书、合同签署人的身份证明等。

（2）具有履行合同的能力，按专业的不同可进一步分解如下：

1）工程勘察：①工程勘察资质证书；②财务能力，如投标人流动资金、资产负债率、固定资产等；③勘察项目组人员配备、勘察负责人及其他专业人员资格、履历等；④勘察设备、劳务人员配备；⑤履约过程控制，如质量管理体系认证等；⑥类似项目业绩；⑦履约信誉，如重合同守信誉证书、勘察项目获奖证书等；⑧其他证明投标人履约能力的资料。

2）工程设计：①工程设计资质证书；②财务能力，如投标人流动资金、资产负债率、固定资产等；③设计项目组人员配备、设计负责人及专业设计人员资格、履历等；④履约过程控制，如质量管理体系认证等；⑤类似项目业绩；⑥履约信誉，如重合同守信誉证书、设计项目获奖证书等；⑦其他证明投标人履约能力的资料。

3）工程监理：①工程监理资质证书；②财务能力，如投标人流动资金、资产负债率、固定资产等；③项目监理部人员配备、总监理工程师及专业监理人员资格、履历等；④试验检测仪器设备要求；⑤履约过程控制，如质量管理体系认证等；⑥类似项目业绩；⑦履约信誉，如重合同守信誉证书、监理项目获奖证书等；⑧其他证明投标人履约能力的资料。

4）工程施工：①资质证书、安全生产许可证书；②财务能力，如投标人流动资金、资产负债率、固定资产；③项目经理部从业人员配备、项目经理及其他从业人员资格、履历等；④主要施工机械、劳动力配备计划；⑤履约过程控制，如施工组织大纲、质量、环境管理体系认证等；⑥类似项目业绩，包括投标人和项目经理类似项目业绩；⑦履约信誉，如重合同守信誉证书、施工项目获奖证书、合同业绩等；⑧其他证明投标人履约能力的资料。

（3）履约能力及投标资格有效，可分解为：①企业经营持续有效。其中，一是没有被责令停产停业、暂扣或者吊销许可证、暂扣或者吊销执照；二是没有进入公司清算程序、被宣告破产或是其他丧失履约能力情形。②投标资格持续有效。其中，一是招标投标违法违纪公示中，投标资格没有被取消或暂停；二是没有在各级信用信息共享平台中被列入失信被执行人名单，以及法律法规明确禁止或限制其参与本招标项目投标的其他情形。

2. 货物招标。货物，包括工程货物和非工程货物招标，其资格审查主要审查三方面内容：一是具有独立订立合同的权利；二是具有履行合同的供货能力，包括货物生产、加工制造、出厂检验、物流、交验和售后服务等；三是履约能力及投标资格有效，没有处于被责令停产、停业，或资产被罚没、冻结、接管，或破产等无能力履约情形，不存在投标资格被限制或取消等依法不能投标情形。对于附带安装与调试的采购项目，还需审查投标人安装、调试与维护能力。其中：

（1）具有独立订立合同的权利，可要求投标人提供国家商事制度确立的民事主体有效证件，如营业执照和组织机构代码证等审查，授权代理人签订合同的，还须提供法定代表人身份证明或是其授权委托书、合同签署人的身份证明等。

（2）具有履行合同的能力，可进一步将审查因素分解为：①矿山开采的，提供矿山开采许可证和安全生产许可证；工业产品的，提供工业产品生产许可证和产品质量认证。其中，涉及强制认证产品的，提供产品强制性认证。涉及特种设备的，提供特种设备安全生产监察证。投标人为代理商的，应要求提供生产制造商的授权委托书，对投标人的资格要求包含对生产制造商的资格要求。②财务能力，如投标人流动资金、资产负债率、固定资产。③履约过程控制计划，如供货大纲、质量管理体系认证、售后服务等。④类似项目销售业绩，如用户评价等。⑤履约信誉等证明投标人履约能力的其他材料、资料等。

（3）履约能力及投标资格有效，可分解为：①企业经营持续有效，没有被责令停产停业、暂扣或者吊销许可证、暂扣或者吊销执照，没有进入清算、破产程序或是其他丧失履约能力情形；②投标资格持续有效，投标资格没有被取消或暂停，在各级信用信息共享平台中没有被列入失信执行人名单，以及没有法律法规明确禁止或限制其参与本项目投标的其他情形。

3. 服务招标。服务招标的资格审查与工程、货物招标类似，主要有三方面内容：一是具有独立订立合同的权利，审查投标人的民事主体身份，如营业执照和组织机构代码证等。二是具有履行服务的能力，包括：①服务资格证书；②财务能力；③服务体系、人员配备及履历；④设备、设施配备；⑤服务过程控制，如服务大纲、质量管理体系认证等；⑥类似项目业绩；⑦服务信誉及证明投标人履约能力的其他材料、资料等。三是履约能力及投标资格有效，没有处于被责令停产、停业，或资产被罚没、冻结、接管，或破产等无能力履约情形，不存在投标资格被限制或取消等依法不能投标情形。对于附带安装与调试的采购项目，还需审查投标人安装、调试与维护能力。

招标人应在上述资格审查因素分解的基础上，进一步明确判定每一个因素符合采购需求的标准、条件和方法，对投标人进行资格审查。这样，最后确定的中标人就不会像做大褂的故事中那个李四的情形，能有效履约实现采购结果。

第 3 节　审查：确定合格投标人

资格审查有两种方式，一种是资格预审，先审查申请人的投标资格，再向通过审查的人发放招标文件准予投标；另一种是资格后审，在评标初步评审时审查投标人的资格。采用资格预审的，招标人需发布资格预审公告，在资格预审文件中公布资格审查的因素、标准和办法，由招标人或其组建的资格审查委员会对申请人资格进行审查；采用资格后审的，招标人需发布招标公告，在招标文件中公布资格审查的因素、标准和方法，由评标委员会对投标人的资格进行审查。必要时，也可由招标人或其委托的招标代理机构对投标人进行资格审查。资格审查标准分为形式评审标准和资格评审标准。理论上，应当是形式为内容服务。但实践中，也不乏形式优于内容的招标事例，下面这则有关投标申请文件表格格式的故事，就是其一。

［**投标文件格式的故事**］某市新建一所医院，位于该市环线西北角，包括门诊楼、医技楼、病房楼和办公楼等项目，建筑面积 46000m^2，计划投资 52000 万元。该工程施工招标组织资格预审，向潜在投标人发放了资格预审文件，要求资格申请人按资格预审文件的要求，提交资格申请文件。在规定的时间内，有 81 个潜在投标人向招标人提交了密封的资格申请文件，文件包厚度 60~120cm。

在规定的时间内，招标人组建了由招标人代表 1 人，以及综合评标专家库随机抽取的技术、经济专家 4 人组成的资格审查委员会，按资格预审文件规定的评审标准和方法，对资格申请文件进行评审和比较，确定 9 位参与投标的投标人。

评审专家在审查会议开始前赶到评审现场。望着地上堆积如山的资格申请文件，有位专家开始抱怨，“这么多申请文件，需要评审到什么时候啊，看来今天晚上 10 点也回不了家了。”另一位专家忙安抚抱怨的那位专家，“没关系，没关系的！这是资格审查，没有评标那么严格。来，我先给大家做个示范。”

只见他胸有成竹地看了看资格预审文件，打开一份资格申请文件，看了几分钟说：“大家过来看一看，这就是一份不合格的申请文件。”其他人忙凑上前，听理由。他说：“资格预审文件中的审查标准有一条规定，叫资格申请文件格式不符合第四章规定格式的，资格审查不合格，这份申请文件的格式就不符合资格预审文件的格式要求。大家看看这张表，资格预审文件中让申请人自己承诺，没有处于停产停业，或资产被罚没、冻结或破产状态，没有被暂扣或者吊销许可证、暂扣或者吊销执照，最近三年内没有发生重大的工程质量问题。同时，承诺其最近三年内没有恶意投诉行为，是在表头下面四行，画在一页纸上。大家再看看，这位申请人提交的资格申请文件对这张表的内容，是表现在两页纸上的。其第一页对应资格预审文件中表格的前三行，第二页对应第四行，明明是一个表体现的，申请文件生生拆分成了两页。可是，资格预审文件没许可申请人可以拆分、修改或是补充表格事项，这就是格式不符合要求。按资格预审文件的规定不能通过审查。”

其他人一听，觉得有道理！于是，审查委员会人员之间进行分工，每人拿16份申请文件，先按这一条规定审查申请文件格式是否符合要求，再确定9位申请人为投标人。经过审查，发现有66份申请文件在这张表格上存在类似问题，被直接判定为资格审查不通过。随后，审查委员会对剩下的15份申请文件，按资格预审文件规定的评分标准进行评分。按评分汇总后的最后得分，确定前9人获得投标资格，完成了资格评审报告。

招标人收到资格评审报告后，发现许多有名的大型施工企业没有通过资格审查，认为结论蹊跷，曾一度怀疑是有人私下操作，要求资格审查委员会复核其评审结论。资格审查委员会复核后，认为审查结论正确，并告知招标人，之所以那66家申请人资格审查不通过，不是其履约能力不满足要求，而是资格预审文件规定的资格审查标准和方法中，载明了“格式符合第四章申请文件格式要求”，而第四章申请文件格式中没有允许申请人补充、修改或是扩展申请文件格式。故此，这66份申请文件不能通过资格审查。

故事的结果是耐人寻味的，有点像做大褂那个故事，费了半天劲，得到的却是5个墩布的结局。这些年在国内讲授招标采购原理，只要讲到资格申请文件或是投标文件格式，我就会举这个例子，因为它太耐人深思了，问题到底出在哪呢？诚然，有资格预审工作量大、专家不愿意细致评审的问题，但专家是按照招标人公布的审查标准进行的评审，那不是问题的实质。问题的实质仍在于招标人，在于招标人是否真的理解了文件格式与内容的关系，是否真的明了招标项目需要什么样的资格条件，包括国家规定的和招标文件规定的资格条件。明确这一点，招标人就会在资格申请文件格式或是投标文件格式那一章，许可资格申请人或是投标人对相应的文件格式进行补充、修改或是扩充，以满足其资格审查、证明其履约能力为宗旨，因为形式是载体，需要为内容的实质服务。

工程、货物或服务招标项目的资格审查因素，分为形式审查标准和资格审查标准，分别分析如下：

1. **形式审查标准**。形式审查，是对资格申请文件的形式进行审查，其宗旨在于确定资格申请文件的形式是否有效。一般地，形式审查因素及要求如下：

1）申请人名称。申请人名称应与营业执照、市场准入证书，如资质 / 资格证书、安全生产证等载明的民事主体名称一致。注意，由此可知，子公司不能用母公司的市场准入进行投标资格申请，母公司也不能用子公司的市场准入进行投标资格申请。

不同申请人组成联合体的，应当签署并提交有效的联合体协议书，明确联合体牵头人和申请人职责分工，由各申请人签字，加盖单位章。其中，非法定代表人本人签字的，应附法定代表人授权委托书。

2）申请文件签字盖章。申请文件由民事主体签字或盖章，以表明其是自愿申请招标项目的资格审查。申请人是法人或其他组织的，申请文件应由法定代表人 / 单位负责人或其委托代理人签字或加盖单位章。注意，为表明是申请人的自愿行为，申请文件应由申请人本人、法定代表人或单位负责人本人签字。委托代理人签字的，应由申请人本人、法定代表人或单位负责人进行民事代理授权，其宗旨仍表明是申请人的自愿行为。其中，申请文件的签字与盖章，是两者并存还是有一即可，看资格预审文件或招标文件对资格申请文件签字、盖章的要求。《民法典》“合同编”第四百九十条规定，当事人采用合同书形式订立合同的，自当事人签名、盖章或者按指印时合同成立，即盖章、签字或者按指印都表明合同成立；该条还规定，在签名、盖章或者按指印前，当事人一方已经履行主要义务，对方接受时，该合同成立，资格审查可以参照。

3）申请文件格式。资格申请文件应当符合资格预审文件或招标文件对资格申请文件的格式要求。那么，是所有的申请文件格式都不允许申请人补充、修改或是扩充，还是所有申请文件格式都允许申请人补充、修改或是扩充呢，都不正确。资格申请文件中有些格式只允许申请人在空格处填写，例如，资格预审申请函的内容，包括其签字、盖章要求等，不允许申请人对其正文内容进行修改，但有些申请文件的格式，例如，申请人基本情况表、主要人员简历表，及主要机械设备、设施和劳动力配备、承诺书等，不宜过于强调格式而应当允许申请人对申请文件格式进行补充、修改或是扩充，以满足资格审查事项为准。

4）申请唯一性。指一个申请人只能递交一次有效申请。联合体申请的，其联合体各成员不得再以自己的名义单独申请或者再加入其他联合体参加资格申请。

5）其他形式审查因素。招标人按项目特点和要求补充的形式审查其他因素和标准，应当以判定资格申请文件有效为准。

2. 资格审查标准。资格审查有三个方面的事项，一是确定资格审查的因素，二是确定资格审查的标准，三是确定资格审查的条件，即按什么条件进行审查。需要按招标项目采购需求确定。本章第 2 节中已系统介绍了工程、货物和服务的资格审查因素分解。在此基础上，进一步介绍资格审查标准和条件。

（1）民事主体资格。投标人民事主体资格审查标准和条件如下：

1）审查标准：民事主体地位有效。

2）审查条件：民事主体有效证件。其中，申请人是法人或者其他组织的，提供有效的营业执照和组织机构代码证（复印件）。同时，提供法定代表人身份证明或是其授权委托书、合同签署人的身份证明等；申请人是自然人的，提供身份证等有效身份证件复印件。

（2）市场准入。投标人市场准入资格审查标准和条件如下：

1）审查标准：符合《市场准入负面清单》规定的准入条件，资质证书或生产许可证符合招标项目等级要求，工程施工、矿山开采等项目具备有效的安全生产许可证等。

2）审查条件：市场准入相关许可证复印件等。

（3）投标资格。投标人投标资格审查标准和条件如下：

1）审查标准：市场准入和投标资格有效，没有被责令停产停业、暂扣或者吊销许可证、暂扣或者吊销执照，没有进入公司清算程序、被宣告破产或是其他丧失履约能力情形，投标资格没有被取消或暂停，没有在各级政府的信用信息共享平台中被列入失信被执行人名单，以及法律法规明确禁止或限制其参与招标项目投标的其他情形。

2）审查条件：申请人提交承诺书，承诺不存在上述情形。否则，发现存在审查标准中任一情形的，其资格审查不予通过。

（4）履约能力。履约能力是申请人拟用于招标项目履约的人、财、物和方法的计划，包括以下事项：

1）财务能力。①审查标准：财务指标符合招标项目要求。例如，招标项目合同估算额为 20000 万元的，要求申请人固定资产不少于 10000 万元、资产负债率在 85% 以下、流动资金在 300 万元以上等。②审查条件：按申请人提交的经会计师事务所或审计机构审计的财务会计报表，包括资产负债表、现金流量表、利润表和财务情况说明书的复印件。

2）项目管理人员配备。①审查标准：项目岗位人员专业资格、数量和履历要求。例如，公路工程施工招标，按公路等级要求项目经理具备公路工程一级建造师执业资格，以及项目技术负责人和其他专业人员的资格、数量等。②审查条件：项目组人员配备表、主要人员简历表、执业资格证书、职称证书复印件等。

3）履约计划。①审查标准：具备有效的质量管理体系认证等过程控制认证，履约组织计划、设备、设施和劳动力配备符合招标项目履约要求；②审查条件：按申请人质量管理体系等过程认证文件是否有效，提交的履约计划、设备、设施和劳动力配备等，测算其履约过程、节点控制是否满足招标项目需求。

（5）类似项目业绩。类似项目指与招标项目功能、规模相同或相近的招标项目，其审查标准和条件如下：

1）审查标准：类似项目业绩规模、合同额度或数量要求。其中，包括投标人、项目主要人员业绩要求等。

2）审查条件：主要人员简历表、中标通知书、合同协议书、验收证书等。

（6）履约信誉。①审查标准：有良好的社会评价；②审查条件：重合同守信誉证书、获奖证书或客户证明材料等。

（7）其他要求。①审查标准：招标人按法律法规和采购需求提出的其他资格审查因素和标准；②审查条件：按资格审查文件规定条件审查。

例如，表 4.1 所示为某建筑工程施工招标资格审查标准和条件。

某建筑工程资格审查标准和条件 **表 4.1**

序号	审查因素	审查标准	审查条件
1	民事主体	民事主体地位	有效的营业执照和组织机构代码证复印件
2	市场准入	房屋建筑工程施工总承包一级、安全生产证	有效的资质证书、安全生产许可证复印件
3	投标资格	没有被责令停产停业、暂扣或者吊销许可证、暂扣或者吊销执照，没有进入公司清算程序、被宣告破产或是其他丧失履约能力情形，投标资格没有被取消或暂停，没有在各级信用信息共享平台中列入失信被执行人名单，以及法律法规明确禁止或限制投标的其他情形	按第四章格式要求提交承诺书

续表

序号	审查因素		审查标准	审查条件
4	履约能力	财务能力	固定资产不少于 10000 万元、资产负债率在 85%以下、流动资金在 200 万元以上	经会计师事务所或审计机构审计的财务会计报表，包括资产负债表、现金流量表、利润表和财务情况说明书等复印件
		人员配备	八大员具备工程师职称或上岗证书，近三年有类似岗位专业业绩	项目组人员配备表、主要人员简历表、职称证书、上岗证等复印件
		履约计划	符合履约要求	质量管理体系等过程认证文件是否有效，履约计划、设备、设施和劳动力配备
5	类似项目业绩	申请人	近三年类似项目业绩数量不少于 6 个，额度不少于 120000 万元	中标通知书、合同协议书、验收证书
		项目经理	近三年有类似项目业绩	主要人员简历表、中标通知书、合同协议书、验收证书
6	履约信誉		有良好的社会评价	重合同守信誉证书、获奖证书或客户证明材料

第 4 节　择优：确定投标人名单

资格审查确定投标人名单有两种办法，一种是合格制，即符合资格审查标准的申请人均通过资格审查，获得投标资格；另一种是有限数量制，即审查委员会对通过审查标准的资格申请人按照公布的量化标准进行评审和综合排序，按照资格预审文件公布的投标人数量，择优确定排序在前的申请人为投标人。从实际操作上看，合格制简单、易行，需要明确资格审查因素、标准和条件，缺点是可能导致投标人数过多，开销大。有限数量制可以有效控制开销，但确定申请人排序实质上是在审查因素基础上，即多因素的一种综合排序，并没有一种严格意义上的好方法，依赖于招标人对投标人某一个方面能力的偏爱。

［**末位淘汰的故事**］末位淘汰制，指单位对岗位设定一定的考核因素和指标来考核员工绩效，对考核结果排在末位的员工予以淘汰的一项激励制度，曾一度被一些单位和学者所推崇，一些评审专家也将其引入投标人的资格审查，引发了申请人对资格审查结果的争议，不得不暂停项目实施。该项目为某市信息中心办公业务楼，建筑面积 8672m^2，地上 6 层，项目投资 3600 万元。

该工程施工招标采用资格预审方式确定投标人名单。招标人组织编制了资格预审文件。其中，资格审查办法采用有限数量制，在申请人资格审查合格的基础上采用综合评议，要求在“对企业实力、技术装备、人员状况、项目经理业绩”和招标人对申请人履约能力实地考察的基础上进行综合评议，择优确定投标人名单，人数不超过 7 人。随后，招标人在指定媒介发布了资格预审公告。

资格预审公告发布后，有12家施工企业按要求购买了资格预审文件。在规定的时间内，有10家施工企业递交了资格申请文件。招标人按规定组建了资格审查委员会。其中，招标人代表1人，市综合评标专家库随机抽取技术专家3人，经济专家1人。审查委员会按照资格预审文件规定的审查方法，对递交的10份资格申请文件进行初审和综合评议。

经过审查，这10份资格申请文件的资格审查结论均为合格。对如何进行综合评议，审查委员会进行了讨论，认为既然资格预审文件没有给出排序标准，那就采用末位淘汰，去掉其中能力或信誉相对差的3位申请人，剩下7家申请人为投标人。

审查过程中，发现申请人A为一家三级建筑施工企业，而其他企业均为二级以上。同时，有一位评委反映，申请人B虽是一级施工企业，能力没问题，但履约过程中总爱找招标人增加费用，说其一位同事正在监理的一个项目就是这家企业承担的，项目还没完工就与招标人打官司，索要高额工程款。现在那个官司法院还没有判决下来，工程也一直处在停工状态，搞得建设单位很被动，应判定申请人B信誉差。审查委员会经讨论，一致同意申请人A、申请人B不能推荐为投标人，决定对其予以淘汰。

对剩下的8个申请人，评审委员会从资格申请文件上找不出拿掉哪个申请人的理由。最后，一致同意，由审查委员会主任委员抓阄，确定了最后一个淘汰的申请人C。据此，审查委员会推荐剩下的7位申请人为投标人，向招标人提交了资格审查报告。招标人收到资格审查报告后，确认了审查委员会的审查结果，并于收到审查报告的第二天，向报告通过的7位申请人发放招标文件。

资格审查结束的第三天，投标人C向市建设行政主管部门投诉，理由是该招标人没有对申请人实地考察就已向他人发放了招标文件，招标人确定投标人名单不符合资格预审文件公布的办法，是在没对申请人履约能力实地考察基础上做出的审查结论，要求招标人重新确定投标人名单。

那么，这个项目招标人确定投标人名单的做法是否正确呢？从表面上看，招标人确定的投标人是资格审查委员会推荐的投标人，没有问题。事件起因是由于招标人没有对资格申请人进行实地考察便确定了投标人，程序上有瑕疵。但是，即便在资格预审文件中取消招标人对申请人履约能力实地考察一项，招标人确定投标人的方式也不正确。原因就在于，审查委员会没有按资格预审文件规定的审查因素、标准和方法，对截止时间前申请人递交的资格申请文件进行审查，其采用的末位淘汰与资格预审文件的规定不一致。表现在：一是对申请人B采用了资格申请文件以外事项，即道听途说来的“爱打官司”，取消其投标资格；二是对申请人C采用抓阄方法确定其不具备投标资格，不是对企业实力、技术装备、人员状况和项目经理业绩的综合评议，而是采用了资格预审文件没有规定的标准和方法，即审查委员会没有遵循按招标人的书面要求对投标人的响应事实进行评审、比较和推荐的原则推荐投标人。

实际上，该案例中问题的起因源于招标人，是由于招标人提供给资格审查委员会的审查依据，即资格预审文件中没有对资格审查的因素和标准进行量化，使审查委员会错误地理解综合评议就是议一议，进而推荐投标人的过程不符合资格预审文件要求。那么，招标人又应当怎样确定投标人名单呢？招标人确定投标人名单与其采用的资格审查方法有关。采用合格制的，所有通过审查的申请人均获得投标资格；采用有限数量制的，招标人应在资格预审文件中量化资格审查的因素和标准，公布对通过资格审查的申请人的综合排序方法，即判定一个申请人是优于还是劣于另外一个申请人的方法。

序关系，是变量间的一种逻辑次序。例如，整数集合上的 $-5<-2<-1<0<1<2<5$ 就是整数集 $\{-5, -2, -1, 0, 1, 2, 5\}$ 上的一种序关系，即大小关系；再比如，$\{a\}\subset\{a, b\}\subset\{a, b, c\}$ 是集合 $\{a, b, c\}$ 上子集的一种序关系，即包含关系。

设 x, y 为两个资格审查因素（隐变量或显变量），称 x 的序优于 y 的序，记为 $x > y$。反之，则称 x 的序劣于 y 的序，记为 $x < y$。如果审查因素 x、y 间既有 $x > y$，又有 $x < y$，则称 x、y 间同序，记为 $x \approx y$。称 x、y 间有一个严格序，是指 $x > y$ 和 $x < y$ 中有且只有一个成立。现在，假设 $x_1, x_2, \cdots, x_n$ 为 n 个给定变量，如果存在序关系 $x_1 < x_2 < \cdots < x_n$ 或 $x_1 > x_2 > \cdots > x_n$，则称集合 $\{x_1, x_2, \cdots, x_n\}$ 上存在全序，对应的集合 $\{x_1, x_2, \cdots, x_n\}$ 称为一个全序集。一个全序集 S，实际上就是对其中任意两个元 $x, y \in S$，有 $x < y$ 或者 $x > y$，即任意两个元之间可以进行序比较。如果一个集合 S 上的元满足以下三个条件：

（1）$x < x$，对任意 $x \in S$ 成立；

（2）$x < y$ 等价于 $y < x$，对任意 $x, y \in S$ 成立；

（3）$x < y$，$y < z$ 一定有 $x < z$，对任意 $x, y, z \in S$ 成立，

则集合 S 称为一个偏序集。

那么，如何确定一个申请人的序是优于还是劣于另一个申请人的序呢？实践中，有以下三种常用方法：

1. **随机抽取法**。从资格审查合格的申请人中，采用随机抽取确定投标人名单的做法源于政府采购对货物与服务邀请招标的规定，类似于彩票抽取或是摇奖过程，让每个合格申请人领取一个号码或是彩球，规定抽出的彩球或是摇出的号码对应的申请人获取投标资格。随机抽取方法的出发点，是从方法上约束招标人公平、公正地对待合格申请人，平等赋予每一位合格申请人投标的机会。但从实质上，随机抽取看似公平，实则是在用“宿命论”处理市场竞争问题，并不符合市场“优胜劣汰”的原则，是中国人情社会下一种制约招标人的方法，与招标采购择优确定中标结果的宗旨并不吻合，因为落实招标人主体责任的前提是赋予其充分的采购规则制定权。

2. **综合评分排序**。综合评分法的实质，是假设资格审查因素间存在一种当量互换关系，进而可体现在评审委员会对申请人的评分上。当然，这种假设理论上是不成立的。故此，综合评分法只能看作一种近似择优，却是一种简单、易行、便于操作的方法。例如，某工程施工项目资格预审文件要求对通过资格审查的申请人按表 4.2 规定的评分标准，按申请人得分的高低排序。

资格审查评分标准 表 4.2

评分因素	评分标准
财务状况 10 分	A. 相对比较近三年平均净资产额，并从高到低排名，第 1~5 名得 5 分，第 6~10 名得 4 分，第 11~15 名得 3 分，第 16~20 名得 2 分，第 20~25 名得 1 分，其余 0 分。B. 资产负债率≤ 85%，得 5 分；85%< 资产负债率 <95%，得 3 分；资产负债率≥ 100%，得 0 分
类似项目业绩 15 分	近 3 年承担过 3 个及以上同等建设规模项目，得 15 分；2 个，得 10 分；其余得 0 分
信誉 20 分	A. 近三年获得过工商行政管理部门“重合同守信用”荣誉称号，得 10 分；其余得 0 分。B. 近三年获得建设行政管理部门颁发的文明工地证书 5 个及以上，得 5 分；3 个以上，得 3 分；其余得 0 分。C. 近三年获得金融机构颁发的 AAA 级证书，得 5 分；AA 证书，得 3 分；其余得 0 分
认证体系 5 分	A. 通过质量管理体系认证且有效，得 2 分；B. 通过环境管理体认证且有效，得 2 分；C. 通过职业健康管理体系认证且有效，得 1 分
履约组织 15 分	履约组织计划、设备、设施和劳动力配备符合招标项目履约要求的，按优秀得 15~13 分、良好得 12~8 分、合格得 8~6 分评审；不满足采购需求的，得 0 分
项目经理部 35 分	A. 项目经理担任过 3 个及以上同等建设规模项目经理，得 10 分；2 个，得 5 分；1 个，得 0 分。项目经理组织施工的项目获得过 2 个以上文明工地荣誉称号，得 5 分；1 个，得 3 分；其余得 0 分。B. 项目技术负责人承担过 3 个及以上同等建设规模技术负责人，得 5 分；2 个，得 3 分；1 个，得 0 分。C. 岗位专业负责人均具备中级以上技术职称，得 15 分；每缺一个扣 2 分，扣完为止

注意，综合评分法对资格申请人的评分结果，有可能出现两个申请人的最后得分一致。故此，资格预审文件中应进一步明确两个申请人得分一致时的排序方法。例如，在表 4.2 的基础上，规定采用以下原则排序：①按照项目经理得分多少确定排名先后；②如仍相同，以技术负责人得分多少确定排名先后；③如仍相同，以近三年承担的合同额多少确定排名先后；④如仍相同，以企业注册资本金大小确定排名先后；⑤如仍相同，由评审委员会投票确定排名先后。

注意，要求审查委员会对通过审查的申请人投票，按得票数的多少排序，实际上也是综合评分法，是把票数作为分数。投票法仍是专家决策，相对上面的综合评分法简单但更宏观，仅适用于那些无法量化的领域或审查因素。

3. 多因素排序法。多因素排序法的实质，是招标人在资格预审文件按审查因素 A_1，A_2，…，A_n 的重要程度，明确因素间的序关系，例如，$A_1 < A_2 < \cdots < A_n$，在此基础上，再明确每一因素不同情形对应的排序方法。例如，假设因素 A_i 有 $m\ (i)$ 种情形 A_{i1}，A_{i2}，…，$A_{im\ (i)}$，$1 \leqslant i \leqslant m\ (i)$，规定其不同情形的序关系和等序情形，则可以在数学上，一般性地证明下面这个字典排序原理。

［字典排序原理］ 设 X、Y 由 n 个因素 A_1，A_2，…，A_n 确定，这 n 个因素的序关系为 $A_1 < A_2 < \cdots < A_n$，则 X 与 Y 间可以定义序关系 $X < Y$。

字典排序原理的证明是简单的。实际上，如果 $A_1 < A_2 < \cdots < A_n$，定义 $A_1 < A_2$ 且 $A_1 \not\approx A_2$ 时 $X < Y$，$A_1 \approx A_2$ 但 $A_2 < A_3$ 时 $X < Y$。一般地，定义 $A_1 \approx A_2 \cdots \approx A_i$ 但 $A_i < A_{i+1}$ 时 $X < Y$，这里，

整数 $1 \leq i \leq n$。则就可以得到 X 和 Y 间的序关系 $X<Y$。

字典排序原理的结论表明，对资格审查因素排序在理论上是可行的，需要招标人按项目特点和采购需求，事先完成定序工作，即审查因素间的定序关系 $A_i<A_j$ 在什么情形下成立。这里，$1 \leq i, j \leq n$。为此，一般地，应在资格审查标准公布前，邀请行业专家对审查因素和因素不同情形进行优劣比较，决定审查因素间及其不同情形间的序关系，然后再进行资格审查。这当中，决定不同审查因素间或是审查因素不同情形间的序关系，可以要求专家直接给出序关系，或是分别给出一个分值再进行统计处理，按专家估算的审查因素分值大小确定其序关系。需要注意的是，不同的人对评分标准的把握是不一样的，招标人需事先给出分值差在多少以内时判定为等序的标准。例如，招标人在招标文件中规定当 $|A_i-A_j| \leq 3$ 时 $A_i \approx A_j$，即 A_i 与 A_j 等序。关于多因素排序，在本书第 6 章第 3 节讲多因素排序法时还会介绍投标的数学模型、多因素排序方法和相关事例。

实际上，在上面末位淘汰的故事中，资格预审文件中要求对企业实力、技术装备、人员状况、项目经理业绩和申请人履约能力实地考察的基础上进行综合评议，采用的就是多因素排序。只不过是没有公布排序方法而是授权资格审查委员会在综合评议的基础上对申请人排序。其中，审查委员会按资格申请人提交的申请文件载明的企业实力、技术装备、人员状况和项目经理业绩等四个因素对申请人履约能力进行优劣比较和排序，招标人在对申请人履约能力实地考察基础上确认资格审查委员会的排序，进而择优确定排在前 7 位的申请人为投标人。事件引发争议或是问题的实质，是审查委员会没有按资格预审文件中规定的审查标准和方法对资格申请文件进行评审和比较，招标人没有遵从其在资格预审文件中公布的，在对申请人履约能力实地考察的基础上确定投标人，违反公平、公正的原则。

第 5 节　案例：科研项目采购核心在研发能力

履约能力是采购需求得以实现的前提，是投标人资格审查的核心。投标人的履约能力，是其专业技能、从业人员、资金、设备、设施状况、经验和信誉等的综合体现。招标采购判断投标人履约能力困难之处在于，履约能力是投标人的一项综合评价指标，其分解为具体的评审因素或指标，一类是定量审查因素或指标，另一类是定性审查因素或指标。不管是哪一类评审因素或指标，都面临着两大问题，一是这些因素或指标是否能完整地刻画投标人的履约能力；二是对定性因素或指标的评审，更多地依赖于审查委员会成员的专业素质和职业道德，依赖于专家的科学决策。对那些以选择投标人履约能力为宗旨的采购项目，这一点表现得尤其重要。否则，极有可能导致履约失败或是无法实现预期采购结果。下面这个化工技术改造升级研发项目，就是因对履约能力误判导致的采购失败。

［**案情回放**］某化工厂为 20 世纪 80 年代建设的一家大型化工原料生产厂，其生产工

艺按当时国际上同类化工厂进行布设和流程优化，生产能力曾一度处于国内领先地位，但到了21世纪，随着国际上一些新兴的化工装置和生产工艺的诞生，该厂生产的产品在国际市场竞争中显露出一些不利。为此，该厂领导在广泛调研的基础上，提出用三年时间，投资1500万元人民币对该厂化学反应装置和生产工艺进行优化与研发，对厂核心区进行技术改造，全面提升生产能力，以适应国际市场的竞争需求。

该项目为化工装置能力升级和工艺优化研发项目，是在原有化学装置和工艺流程基础上进行研发和技术改造，拟采用最小的投入获取最大产出。为此，该厂抽调部分业务骨干组成攻关小组，组织到国内外同类化工厂参观与调研，历时一年明确了改造的功能需求和研发目标。随后，厂技术部组织编写了该技术改造升级研发项目招标文件，于2016年3月在国家依法指定的媒介上发布招标公告，邀请了国内具备研发化工生产能力的机构参与投标。在规定的时间内，4家化工研发机构A、B、C、D购买了招标文件。

该项目招标文件中载明，项目合同履行期限为两年，要求中标人签订合同之日起60日内提交项目研发实施方案、实验装备和模拟计划，一年零六个月内完成化学反应装置布局调整和生产能力提升论证报告，经厂技术部、厂长同意后，中标人作为厂升级项目改造的技术顾问，为厂化工生产核心区技术改造提供专业咨询服务，配合厂技改部门两年内完成生产工艺优化、化工装置更换，提升30%以上的生产能力。其中，对应的合同价款支付条款为合同签订后30日内支付其中标价10%合同款；提交项目研发实施方案后30日内支付其中标价30%合同款；提交化学反应装置布局调整和生产能力提升论证报告后30日内支付其中标价40%；该厂化学反应装置改造升级试运行成功后支付合同剩余款20%，签发合同结清证书。

在招标文件规定的投标截止时间前，有4位国内从事化工生产咨询研究的投标人递交了投标文件，其投标报价分别为：投标人A报价860万元，B报价1318万元，C报价1180万元，D报价1226万元。开标后，由该厂主管生产技术的副厂长1人、建设主管部门组建的综合评标专家库中随机抽取的技术专家3人、经济专家1人依法组成的评标委员会，按招标文件规定的评标标准和方法对投标文件进行评审和比较。评标采用初步审查、投标人研发方案自述和评标委员会质疑、详细评审、完成评标报告和推荐中标人的步骤，进行评审和比较。

这4位投标人的投标文件均通过了初步审查。在投标人研发方案自述环节，5位评委对投标人的研发过程、试验和化工生产模拟及其配合核心区技术改造计划等进行了质疑与沟通。随后，评标委员会对投标文件进行详细审查与比较。3位化工技术专家一致认为，投标人B的报价虽然最高，但其研发方案、人员配备和试验模拟计划最完备，可以相信其研发能力，建议对其进行合同授予，认为这样有可能实现提升该厂30%以上的化工生产能力，适应国际竞争需求。该厂副厂长则认为，从投标人提交的研发计划和其以往的研发业绩，即对其他化工厂改造研发业绩上看，4位投标人都能完成研发任务，分不出高低。其中，有的投标人代表自述时说得好一点，有的不会表达，自述说得差一点，这都不是问题。

该副厂长接着说，该项目资金为企业自筹，临来评标前，厂长一再交代，因项目资金紧张，千万不要超支，能选价低的不要选价高的。现在，既然4个投标人都有能力完成该项目研发，为什么不选投标人A呢？其价格比投标人B少458万元，比预算少了640万元！在研发经费紧张的前提下，该副厂长建议推荐投标人A为第一中标候选人。4位评标专家接受了该副厂长的建议，一致推荐投标人A为第一中标候选人，并完成了评标报告。

评标结果公示后，该厂向投标人A发出了中标通知书，按招标文件和中标人的投标文件与中标人A签订了书面合同。实施过程中，中标人A按照合同要求，提交了项目研发实施方案、实验装备和模拟计划，并于签订合同后一年零五个月向该厂提交了化工装置更新、布局调整和生产能力提升论证报告，该厂也按照合同约定支付了中标人A总计80%的合同价款。经实验模拟，中标人A提交的技改方案能够实现预期目标。随后，该厂开始核心区化工装置更新、升级改造与布局调整，完成核心区技术改造。但在核心区改造完成、组织生产试运行过程中，发现中标人A研发的化工装置更新、布局调整并未实现提升30%生产能力的产出目标，产品的废品率偏高，其产出能力与改造前的生产能力相比，仅提高了14%左右。同时，调整后的有害物处理装置能力严重不足，部分有害气体、废水直接排入环境中，易造成环境污染，未能通过环保部门组织的验收。

此时，按双方签署的合同协议书，该厂已向中标人A支付了80%价款，即688万元。因产出能力仅提升了14%，且有害物处理不达标，该厂要求中标人A提出厂化工装置有害物处理方案，费用由中标人A承担。中标人A不同意，称已按合同约定履行了研发义务，完成了化工装置更新、布局调整和生产能力提升论证报告，如果研发调整后的化工装置有害物处理，需要另行委托并支付620万元的研发费用。双方就研发调整后的化工装置废弃物收集与处理未达成一致意见，该厂一纸诉状将中标人A告上法庭，认为其未履行合同义务，造成工厂停工停产，要求法院判定中标人A返还已支付的合同价款的50%，并赔偿相关经济损失300万元。

就本案诉讼结果而言，法院有可能宣判中标人A返还该厂部分已支付的合同价款，赔偿其部分经济损失，但就采购而言，本案是一次失败的采购，表现在其提升30%生产能力的技术改造落空，造成该厂在时间与经济上的损失，且企业适应国际市场竞争的发展受到一定程度的影响。

［**问题**］针对上述案情回放，分析以下三个问题：

1. 招标采购的条件是什么，是否适用于所有采购项目？科研或创意类项目采购是否适用于招标采购，国内是怎样规定的，为什么？

2. 本案中，该厂副厂长建议并导致最低价中标是否正确，为什么？

3. 本案采购结果对以履约能力为核心的采购项目有哪些启示？又应怎样保证这类项目的采购结果？

［**案例分析**］对上述三个问题，依次分析如下：

1. 招标投标的特点，在于招标投标规则中设置了投标人递交投标文件的截止时间，截止时间后不再允许招标人调整采购需求，也不再允许投标人调整其投标实质性内容。这一点，一般称为招标投标的“一次性”或“一口价”特征。所以，并非所有的采购项目都适合采用招标方式采购。使用招标采购的条件，是招标人能按项目特点、采购需求和招标投标的特点，准确提出招标项目或标的，包括其招标范围、技术标准和要求，以及招标采购的择优标准、合同条件。故此，判断一个科研项目或创意类项目是否可以采用招标采购，前提是其是否符合招标采购的条件。符合时，可以采用招标方式采购；不符合时，应当采用非招标方式采购或是待其条件符合招标采购条件时再采用招标方式采购。

科研或创意性项目一般均具有以下特点：①采购需求看似明确，但实际上很模糊。一般仅有一些约束性指标，但对于项目本身提不出技术标准和要求或是只能提出功能或原则性要求，且还常是主观判断因素或指标。例如，要求与时代发展相匹配，研究成果处于国际领先水平，或是要求标的物美观大方，与周围环境相匹配等，极大地依赖评判人的专业素质。②非一次性响应就能实现采购宗旨，需分别与参与人沟通、讨论，提出研究思路或解决方案。③需参与人具有较强的科学与文化底蕴。例如，对药品、生产装置的研发、更新或流水线的升级改造，及城市规划、城市标志、城市雕塑等。④采购宗旨是对研发、创意结果择优，而在缔约竞争过程中，对科研、创意结果仅能预测，非一次性评审可以选定标的或结果。⑤普遍涉及知识产权等。所以，对科研或创意类项目采购，除一些相对简单的项目外，国内外的主流意见是不主张采用招标方式采购。

国内对科技项目采购符合下列条件之一的，明确规定可以不采用招标方式采购：①目标不确定性较大或项目指标不易量化，难以确定评审标准的；②涉及国家安全和国家秘密的；③符合要求的投标人在两家及以下的；④法律法规规定的可以不招标的其他情形。同时，明确应当采用综合评估法择优，要求招标人考虑技术路线的可行性、先进性和承担单位的开发条件、人员素质、资信等级、管理能力等因素，考虑科研经费使用的合理性、科技项目的创新性和目标的可实现性，设置综合评估因素、指标和标准，规定最低报价不得作为中标的唯一理由。

2. 案例中，4 个投标人的报价都低于投资额，但该厂副厂长建议并导致该项目报价最低的投标人 A 中标并不正确，原因在于科研项目的采购择优，是在预算约束下履约能力的择优而不是价格择优。首先，该项目为复杂科技项目。其中，既有科学研究又有试验模拟，是在原有化学装置和工艺流程基础上，采用国际上先进的生产装置和工艺，对该厂既有生产装置、工艺进行研发和技术改造，相关研发与模拟事项多、协调事项多，且需要统一用于该厂生产能力的提升，是一项复杂的系统工程。其次，即便该项目条件符合采用招标方式采购，其择优也是科研能力择优而非投标报价就低。国内对于科技项目招标要求采用综合性评价比较。除一般项目招标要求外，明确要求投标文件还应包括：①近年的经营发展和科研状况；②技术方案及说明：含方案的可行性、先进性、创新性，技术、经济、质量指标，风险分析等；③科技成果提供方式及规模；④承担项目能力说明，包括与招标项目有关的科技成果或产品开发情况、承担项目主要负责人的资历及业绩情况、相关专业的科技队伍情况及管理水平、所具备的科研设施、仪器情况、为完成项目所筹措的资金情况及证明等事项；⑤项目实施组织形式和管理措施；⑥有关技术秘密的申明等。而在本案例中，因为该厂副厂长在没有对上述研发能力充分比较、论证的条件下，提出建议并得到评标专家附和，以投标人 A 的报价最低授与其中标，违背了复杂的科研项目是履约能力的选择这一基本的择优准则，进而导致了厂核心区化学反应装置更新、工艺调整和生产能力升级改造项目失败，因为其违背了科研项目采购的择优准则。

3. 以履约能力为选择核心的采购项目，是指那些项目实施依赖于中标人团队及成员智力的采购项目。例如，复杂的科研项目、城市规划、雕塑、艺术品采购等。本案中化学反应装置更新、工艺调整和生产能力升级改造项目失败的结果，对以履约能力为核心的采购项目的启示在于不应坚持“一次性”招标采购，而应采取灵活的采购方式，需要强化竞标人履约能力展示、沟通、考察与检验并综合择优。对那些非保密类的公益类项目，增加公众参与、评议和监督等环节，以确保合同授予能力最强的响应人。同时，强化履约过程沟通和过程控制，增加关键环节、主要工艺或工序的中间抽查点数、点位和验收，强化过程管控，以便及时发现问题、及时解决问题，督促采购结果的实现。

第5章

招标采购：招标文件的智慧

****

不登高山，不知天之高也。
不临深溪，不知地之厚也。
不闻先王之遗言，不知学问之大也。

——［战国］荀况《荀子》

****

第 1 节　宗旨：绣球选婿的约定

招标文件是招标采购智慧的书面体现，是招标人在招标公告基础上编制的，旨在向投标人明确投标邀请书、投标人须知、评标标准和方法、技术标准和要求、图纸、合同条件和投标文件格式等规则要求的文件。理论上，招标文件是招标公告即要约邀请的细化，其地位仍属于招标人向潜在投标人发出的要约邀请文件。注意，这一点与抛球选婿规则约定俗成不同，需要招标人按招标项目特点和需要，明确招标投标规则。

抛球选婿在影视作品中，一般仅是体现抛、接绣球和众人欢愉的场景，至于这一习俗约定规则是什么，则缺乏严谨的展现。这里，从社会行为规范出发，对抛球选婿规则辨析如下：

问题 1. *是否要告知众人是哪位小姐要选婿，时间是什么，地点又在哪里？*

抛球选婿是否要公告天下，在影视作品中常被人忽视。从道理上分析，至少需要像比武招亲那样，在城门口或是村口贴一张告示，告知众人，或者是口口相传，私下告知众人是谁家的哪位小姐要抛绣球，是什么时间在什么地点抛绣球，以吸引众人响应。当然，那时由于照相技术缺乏，告示不会附小姐玉照，估计连小姐画像也不会有。那时，大户人家的小姐大门不出、二门不迈的，众人又怎样知晓抛绣球那位小姐是长得娇美还是丑陋，是温柔还是凶悍？估计是都不知晓！估计前来应征的人是冲着这家大户人家的地位，是出于入赘豪门的想法。

问题 2. *是否要告知众人应征的条件，如年岁、身高、相貌，是否允许楼下争抢或弃而不拿绣球，或是存在小姐与应征人串谋可能？*

没见到哪一部影视作品展现抛球的富家小姐公布应聘条件。看来在抛球选婿规则上，不论高矮、年岁，不论贫穷或富有，也不论俊秀或是丑陋，都可以在楼下争抢绣球，加之那时人们出行全凭一双腿，估计也不会出现人山人海的场面。同时，选择权在小姐手中，不公布应聘条件不会出大问题。唯一可能出现的，是楼下应聘人中没有小姐心仪的，但绣球也不会不抛。但的确会出现楼下争抢使最后拿到绣球的不是小姐看上的。此时，按抛球选婿规则小姐不得反悔，小姐须嫁给那位抢到绣球的，抢到绣球的那位也须迎娶小姐，因应聘人如果嫌弃小姐丑陋或是凶悍，大可以躲得远远的，不用往前面凑。反之，既然能抢到绣球，就表明应聘人内心愿意迎娶小姐。那么，富家小姐如何将绣球抛给心仪的那位而不是他人呢？最好的办法，当然是小姐与其心仪的那位私下串谋，走抛球选婿的程序只为了做样子给外人看，因为“*父母之命，媒妁之言*”是那时婚姻缔结的主流。抛球选婿促成了后人传颂不已的薛平贵和王宝钏的故事。

问题 3. *楼下抢到绣球的人毁约或是小姐毁约，缔结婚姻不成怎么办？*

按抛球选婿规则，小姐须嫁给那位抢到绣球的人，抢到绣球的人也须迎娶小姐，而无论对方是高是矮，是富是穷，以及俊秀或者丑陋，这实质上就是诚实守信原则的体现。反之，无论是小姐还是抢到绣球的人反悔，即不守信，不愿意嫁或是不愿意娶，需要与对方协商，得到对方认可才能解除婚约。必要时，给对方一定的财物补偿。其中，是否要退还或要回绣球不清，影视、文学作品中没有这种场景，估计是无需退回，因为那个绣球可能已破烂不堪。但这种毁约行为，在一定的社会群体，如抛绣球小姐所在的氏族或村子里会受到一定的谴责或是惩罚，说不定还要被赶出氏族或村子，因为此时的悔婚行为违背了习俗这一社会行为规范。小说《西游记》中，唐僧悔婚没有受到谴责或是惩罚。这一方面是因为唐僧是大唐高僧，是误被天竺公主抛来的绣球砸中的，天竺国对其无从约束；另一方面，或者更主要的，在于那个天竺公主是广寒宫捣药的玉兔假扮的，孙悟空帮天竺国王找回了真公主，唐僧师徒对天竺国王有功，感谢还来不及呢，又何来谴责或是惩罚呢。

招标投标是为优化实现采购结果，对招标项目缔约组织的市场竞争，以避免抛球选婿中可能出现的没说清楚或是没交代清楚而带来的毁约行为。故此，招标文件是按具体招标项目的特点和需求编制的招标投标规则，其宗旨是在遵从招标投标一般规则的前提下，采用书面方式，明确招标项目具体的采购需求、投标竞争、择优标准、合同授予等规则。与抛球选婿规则不同，招标文件是招标投标过程中一份招标人的书面事实，是载明招标人的采购需求、投标要求、择优标准和合同条件的一份重要文件。

一般地，工程、货物或服务项目的招标文件应明确以下内容：

1. **招标公告或投标邀请书**。招标公告或投标邀请书的目的，与抛球选婿张贴信息的目的一样，在于吸引那些感兴趣的潜在投标人，按招标文件要求编制投标文件并参加投标竞争。一般地，招标公告或投标邀请书应简明扼要，至少应包括：①招标项目条件，包括招标项目的名称，项目审批、核准或备案机关，资金来源；②招标范围、实施地点；③履约期限；④质量要求；⑤资格要求；⑥获取招标文件的时间、地点与办法；⑦递交投标文件的地点和截止时间；⑧联系方式等事项。以使潜在投标人根据自身实力，做出是否参与投标的决定。

2. **投标人须知**。投标人须知是招标投标活动遵循的程序规则。一般地，投标人须知应明确以下事项：①总则，包括招标项目概况、招标人名称、招标项目概况、招标范围、招标项目资金来源和落实情况、履约期限、质量标准、投标人资格条件等；②招标文件构成，包括招标文件组成及其澄清、修改；③投标文件构成，包括投标组成、投标报价要求、投标有效期及投标保证金、资格审查、投标文件编制要求等；④投标，包括投标截止时间、投标文件密封与标记，以及投标文件的递交、修改与撤回要求等；⑤开标，包括开标时间和地点、开标程序以及开标参与的条件等；⑥评标，包括评标委员会组成、评标原则、评标程序、推荐中标候选人数等事项；⑦合同授予，包括评标结果公示、中标通知、履约担保和合同签订要求等事项；⑧其他事项，如对招标人、投标人和评标委员会的纪律约束、电子招标投标平台及文件输出格式要求等。

注意，投标人须知一般不构成合同文件。故此，招标人如果希望投标人须知中的部分内容有合同约束力，例如招标范围、报价范围和报价内容等，应在合同条件或是签订合同时在合同专用条款中明确，以使其具有合同约束力。

3. **采购清单及要求**。采购清单是招标范围的界定，一般应包括采购清单说明，以及工程施工、货物或服务采购清单表，具体包括其清单子目及内容界定、采购规格、型号和数量，以及报价要求等。其中，①工程施工报价，应包括所需人工费、施工机械使用费、材料费、运杂费、质检费、安装费、缺陷修复费、保险费、管理费、利润、税金和规费等，以及合同明示或暗示的风险、责任和义务涉及的费用；②货物报价，应是其按“采购清单”提供货物的所有费用，包括生产制造费、运输费、管理费和利润，已支付或将支付的进口税、产品税、销售税和其他税费，为证明其设备满足合同要求所需的检验检测费，各类保险费、伴随服务费，以及合同明示或暗示的风险、责任和义务涉及的费用等；③服务报价，应是按服务采购清单，提供服务及相关配套的所有费用，包括人工费、设备使用费、材料费、管理费和利润，各种运杂费、检验检测费、保险费，以及合同明示或暗示的风险、责任和义务涉及的费用等。

注意，招标文件是一个整体，应要求投标人对采购清单与招标文件中的投标人须知、通用合同条款、专用合同条款、技术标准和要求等部分一起阅读理解。

4. **技术标准和要求**。技术标准和要求是采购标的的技术界定。其中，①工程建设项目技术标准和要求，应包括国家、行业、地方颁布的工程建设法律和法规，工程建设标准、规范、规程和办法，相关事项的技术要求或说明，有图纸的，提供图纸等；②货物技术标准和要求，一般包括供货范围，设备招标时，应进一步明确供货范围包括的主机、辅机、附件及零配件、专用工具、备品备件，货物技术规格、参数与要求，货物验收标准和方法，货物包装、标识及要求，货物运输方式，安装调试及技术服务要求，货物生产制造考察及培训和售后服务等事项；③服务技术标准和要求，一般包括服务的功能或目标，需执行的国家、行业、地方标准或其他标准、规范，需满足的质量、安全、技术或物理特性，服务范围、实施时间和地点、服务标准、期限、效率等要求，验收标准，以及其他要求等。

5. **合同条件**。招标项目合同条件是中标人履约的条件，体现在合同主要条款中。合同主要条款至少应包括以下内容：①一般性界定。包括词语定义、合同文件优先顺序、合同生效条件等事项。②当事人权利与义务。需明确当事人权利和义务。③质量要求。依据国家标准、规范、规程以及招标项目需求，提出招标项目质量目标和要求等。④履行期限、地点和履行方式。明确标的履行地点、招标人计划的合同履行期限与要求；一般地，合同履行方式由投标人在投标文件中明确，必要时，招标人也可以在招标文件中对履约方式提出要求，以符合招标采购战略。⑤合同价款或报酬。明确预付款、合同价款或报酬支付的周期、付款程序和办法等事项，同时，对预付款、合同价款或报酬提出支付要求和条件。⑥合同变更。这是招标投标过程中须明确告知投标人的重要事项，即合同的实质性内容在什么情形、什么条件下可以调整，需明确合同变更触发条件、变更程序、确认，以及对应的合同价格、履约期限等实质性内容调整办法等。⑦验收与检验。提出招标项目的验收与检验标准、方法、程序和结果处理等事项，以及验收与检验不符合合同要求的处理办法等事项。⑧履约保证。明确一方当事人向另一方当事人提供履约保证的形式、数额、担保内容及责任等。⑨违约、索赔与争议。明确违约情形、违约责任和违约处理、索赔处理的程序和期限，以及合同争议的解决途径和办法等事项。同时，合同条件中还应明确合同履行涉及的不可抗力种类、认定办法，以及出现不可抗力时，当事人各自的义务及责任分担等事项。

6. 投标文件格式。招标文件中的投标文件格式，是招标人对投标人编制投标文件的输出格式要求。一般地，投标文件格式包括：①投标函及投标函附录；②法定代表人身份证明或附有法定代表人身份证明的授权委托书；③投标保证金回款凭证或保函格式；④联合体协议书（联合体投标时提交）；⑤技术、商务偏差偏离表，采购清单报价表；⑥资格审查资料，包括投标人基本情况表、近年财务状况表、近年类似项目情况表、近年发生的诉讼和仲裁情况表、项目管理机构、主要人员简历表，拟投入仪器、设备、设施和劳动力表；⑦履约组织计划或实施方案；⑧分包项目及实施计划表；⑨投标文件的其他格式要求等。

招标文件中规定投标文件的格式有两个目的，一是对一些重要事项，需要经由投标文件格式限制投标行为，如投标函及投标函附录、采购清单等，只允许投标人在规定的空格处填写投标内容而不允许其修改正文内容；二是在投标文件相同地方找到相同投标内容，便于进行横向比较。故此，除为第一种目的规定的投标文件格式外，应允许投标人视其投标需要进行补充、修改或是扩充，不宜过于强调投标文件格式要求。注意，投标文件格式是应评审和比较需要而设置的，应当与评审和比较事项相对应，其制作要求应节俭，不宜作装订奢华要求。

7. 评标标准和方法。招标文件中的评标标准和方法，是招标人择优的书面体现，是评标委员会对投标文件进行评审和比较的主要依据。一般地，评标标准和方法包括评标方法选择、初步评审标准和评审、详细评审标准和评审、评标结果等内容。其中，评标方法分为综合评估法和经评审的最低投标价法两种。初步评审分为形式评审、资格评审、响应性评审，是评标委员会按初步评审标准对投标人是否具备参与竞争资格的评审和比较。必要时，初步评审时，还应当组织对投标人履约组织计划是否满足要求的评审。详细评审是评标委员会对通过初步评审的投标，按详细评审标准进行评审和比较并择优推荐中标候选人的过程。

需要特别引以注意的是，上述事项中的投标人须知、采购清单及要求、技术标准和要求、合同条件，以及投标文件格式要求中，应当以醒目的方式标明需投标人响应的所有要求和条件，包括投标和履约过程中必须响应的要求和条件，以清楚、准确地告知投标人。一份完整的招标文件，还须包含封面和目录。其中，封面也有固定格式和内容，一般需明确招标项目名称及编号、招标人名称和公布时间。同时，加盖招标人单位章。必要时，招标人的单位负责人签字。有招标代理机构的，载明招标代理机构名称，加盖招标代理机构单位章，其宗旨在于采用书面形式准确约定招标投标规则，以防止招标人或投标人一方反悔，便于进行赔偿或责任追究。

第2节　程序：投标人须知

投标人须知，是投标人参与招标项目必须知道的，并按其要求进行投标响应的程序性规则或要求。不同的采购需求，其采购结果有可能不一致，但招标投标的程序性规则基本一致，都是在遵循“招标公告→招标文件→投标→开标→评标→合同授予”这个基本程序的基础上，视不同采购需求局部增加或调整。例如，采用资格预审的，将招标公告调整为资格预审公告，在招标文件发放前，增加“资格预审公告→资格预审文件→资格申请文件→资格审查→招标文件”。一般地，投标人须知是招标人针对招标投标程序而制定的要求投标人遵从的规则，是投标人参与招标项目投标的总纲，其他部分，如采购清单及要求、技术标准和要求、合同条件、投标文件格式等，是投标人须知中某一事项或要求的补充或细化。

招标投标规则是投标人投标必须遵从的规则，类似于抛球选婿习俗中楼下等待接绣球的人需要遵从的习俗约束。一般地，作为投标总纲，投标人须知包括以下内容：

1. **总则**。总则，是招标项目概括和对投标的一般性要求，包括：①招标项目概况。如招标人、招标代理机构的名称、地址和联系方式，招标范围、计划履约期限、质量标准，招标项目资金来源和落实情况。②投标人资格要求。包括其民事主体、市场准入、投标资格有效，不存在法律法规禁止其投标情形，履约能力，如财务能力、项目管理人员配备、履约计划、设备、设施和劳动力配备等符合需求，具备类似项目业绩，有良好的履约信誉等。③是否组织踏勘项目现场与投标预备会，组织的时间、地点等。④是否允许分包。允许的，规定招标项目哪些非主体、非关键性工作允许分包，明确规定分包内容、分包金额和对分包的资质要求等限制性条件。⑤响应和偏差偏离要求。明确规定招标文件中哪一部分、哪些条款要求或条件为实质性要求和条件，或是有限偏差偏离因素或指标，要求投标文件对招标文件的实质性要求和条件作出满足性或更有利于招标人的响应，对有限偏差偏离因素或指标，要求投标文件的偏差偏离符合招标文件规定的偏离范围和幅度。否则，投标人的投标将被招标人否决等。

2. **招标文件**。投标人须知中招标文件条款，在于准确界定哪些文件构成招标文件，以作为投标人投标的依据；同时，作为评标委员会评审和比较、招标人与中标人签订合同的依据。一般地，是重申招标文件各章名称作为招标文件的组成文件，如按招标文件各章名称规定招标文件由：①投标邀请书；②投标人须知；③采购清单及要求；④技术标准和要求；⑤合同条件；⑥投标文件格式；⑦评标标准和方法构成，同时明确，在上述招标文件规定条件下发出的招标文件澄清和修改构成招标文件。例如，规定招标文件的澄清或修改在投标截止时间前15日发给所有购买招标文件的投标人的，构成招标文件等。

3. **投标文件**。投标人须知中的投标文件条款，在于准确界定哪些内容构成投标文件，以作为评标委员会评审和比较、招标人与中标人签订合同的依据。

1）投标文件组成。投标文件组成部分旨在界定哪些内容构成投标文件。一般地，以招标文件中"投标文件格式"一章规定的事项作为投标文件。例如，规定投标文件包括下列内容：① 投标函及投标函附录；②法定代表人身份证明或授权委托书；③联合体协议书；④投标保证金回款凭证或保函格式；⑤技术、商务偏差偏离表、采购清单报价表；⑥资格审查资料；⑦投标实施方案；⑧分包项目及实施计划表；⑨投标人须知前附表要求的其他资料。此外，还需明确投标人在评标过程中作出的符合招标文件规定规则的澄清确认，构成投标文件的组成部分。

2）投标报价。投标报价条款，在于规定投标报价范围、报价方法、价格构成和相关要求。其中，报价范围应当等同于招标范围，计价方法和价格构成按照招标项目行业管理要求和惯例执行。例如，某工程施工招标项目，规定的投标报价条款为：①报价范围。按本招标文件"工程量清单"章的要求填写相应表格。如在投标截止时间前投标人修改投标函中的投标总报价，应同时修改此处"标价工程量清单"中的相应报价，按此处对投标文件签字、盖章和密封要求进行签字、盖章和密封，在投标截止时间前递交。②报价方法。每一子目须填入单价或价格，且只允许有一个报价。如果投标人的某一子目没填入单价或价格，其费用视为已分摊在工程量清单中其他相关子目的单价或价格之中，不得超过投标人须知前附表中载明的最高投标限价。③价格构成。投标人"标价工程量清单"中的单价或金额，应包括完成本子目单位工程量所需人工费、施工机械使用费、材料费、其他（运杂费、质检费、安装费、缺陷修复费、保险费，以及合同明示或暗示的风险、责任和义务等），以及管理费、利润等。④报价条件。投标人应充分了解该项目的总体情况以及影响报价的其他要素进行报价。招标人在踏勘现场中介绍的场地和周边环境情况，供投标人在投标时参考，招标人不对投标人据此作出的判断和决策承担责任。

[招标范围争议事件] 某工程施工招标项目采用工程量清单计价。招标文件中的投标人须知规定的招标范围是"工程施工图外墙轴线外1.5m以内的土方、地基与基础、主体结构、屋面、门窗、楼地面、装修装饰、给水排水、暖通、电气和消防工程，以及该工程规划红线内的院内管网、绿化工程"。招标文件提供的工程量清单中，没提供绿化工程量，投标人按工程量清单填写报价，不含绿化工程的子目报价。该项目招标人和中标人签订合同时，合同范围与招标文件招标范围一致。项目履行结束后，双方在合同结算价款上发生争议。中标人提出，招标文件提供的工程量清单没有绿化工程量，投标没报价。故此，招标人应当额外支付中标人绿化工程，即32万元的费用；招标人认为，招标文件载明的招标范围中包含绿化工程，该笔费用应包含在中标价内，不能再额外增加费用。双方为此在结算时发生争议，一度要闹上法庭，后经第三人调解，双方一致同意，按实际花费的80%，即25.6万元对绿化工程进行结算。这一故事对招标采购的启迪是：投标范围应当与招标范围一致，但投标报价范围是否与招标范围一致则不一定。理论上，这二者也应当一致，但提供采购清单的招标项目，招标范围是合同范围，而采购清单载明的子目是投标报价范围，二者分离。此时，如果二者在范围上存在差异，极易导致中标人的合同范围与报价范围不一致，而在

履约过程中或是双方结算时发生争议。

3）投标有效期与保证金。投标有效期是投标人的投标有效的持续期限，以便于招标人在投标有效期间完成开标、评标和合同授予工作。注意，招标文件规定投标有效期并要求投标响应后，投标人的投标就承诺了期限。这样，按照《民法典》“合同编”第四百七十六条，即确定了承诺期限的要约不得撤销的规定，投标人在投标有效期限内不得撤销其投标，不得调整其投标文件的实质性内容。

一般地，投标有效期越长，投标人的报价会相对市场正常价格偏高；投标有效期越短，投标人的报价越接近于市场正常价格，但招标人有可能在投标有效期内完成不了合同授予工作而要求投标人延长投标有效期的情形。此时，过错责任在招标人，在于招标人规定的投标有效期不足以实现合同授予所致。故此，招标人要求投标人延长投标有效期时，投标人可以同意，也可以不同意。投标人同意延长投标有效期的，应相应延长其投标保证金的有效期，即其投标持续有效，不得要求或被允许修改其投标文件；拒绝延长的，其投标自动失效，因过错方在招标人，投标人有权收回其投标保证金以及以现金或者支票形式递交投标保证金伴随的银行存款利息收入。

那么，招标投标中，靠什么手段约束投标人在投标有效期内保证其投标持续有效，进而招标人组织评标委员会评审和合同授予呢，这就是投标保证金的保证作用，即投标人用投标保证金担保，在投标有效期内不撤回投标，否则，招标人可以不退还其投标保证金，以弥补招标人的损失。投标人的这种担保责任主要有两个方面：①在投标有效期内撤销投标文件；②在收到中标通知书后，无正当理由不与招标人订立合同，在签订合同时向招标人提出不能接受的附加条件，或者不按照招标文件要求提交履约保证金。注意，国际上把投标保证金视为投标的担保，一般采用银行保函随同投标文件递交。国内将投标保证金定性为投标文件的组成部分，其担保金额和形式符合招标文件规定，要求投标人在递交投标文件的同时递交。当然，也允许投标人通过银行转账，但投标文件中应附有投标保证金的转账凭证。

［**投标保证金退还的判例**］某市A公司开发的一个住宅楼施工招标项目，投标保证金为80万元。B公司中标后被其他投标人举报其参加本项目的委托代理人的社保资料作假。为此，A公司查实后取消了B公司的中标资格，不退还其已缴纳的投标保证金，理由是B公司社保资料造假，违背了招标文件载明的“投标人在投标活动中串通投标、弄虚作假的，投标保证金不予退还”的规定。为此，B公司将A公司告上法庭。法庭经审理后，判决A公司返还B公司的投标保证金80万元，并承担诉讼费，理由是上述约定扩大了《中华人民共和国招标投标法实施条例》（以下简称《招标投标法实施条例》）对不予退还投标保证金的情形，认为B公司在投标过程中伪造了其委托代理人的社保证明，中标无效，应依法承担其给招标人造成的损失。但本案中，A公司所举证据，不能证明B公司的委托代理人社保证明造假一事给A公司造成了损失。为此，法院支持B公司的诉讼请求，判决A公司退还B公司缴纳的投标保证金80万元及其产生的存款利息，案件诉讼费用由A公司承担。

4）资格审查资料编制。对投标文件格式中的资格审查资料，如投标人基本情况表、财务能力、近年类似项目情况表、诉讼和仲裁情况表等条件，提出编制方法和提供相关材料或资料，以证明投标人的资格符合要求。

5）投标文件编制。对投标文件编制提出要求，要求投标人的投标文件在满足招标文件实质性要求的基础上，可以提出比招标文件的要求更有利于招标人的承诺，以便于招标人择优选择。同时，对投标文件的签字和盖章、输出格式、打印、装订、份数等提出要求，以便于评标委员会评审和比较。

4. **投标**。投标条款需主要明确三个事项，分别是：①投标文件包装要求。注意，投标文件的外包装不是投标文件，仅是为了载明投标人所投标的招标项目，开标前其投标内容不为他人知晓的目的，最好由投标人自主决定，招标人不宜过于严格其封装和标记格式要求。②递交投标文件的截止时间。这是招标投标规则中一个重要的时间点。为此，招标人需在此明确规定投标截止时间，以及执行何地的时间标准，到分钟或到秒。例如，某招标文件规定的投标截止时间为 2020 年 8 月 26 日上午 10:00 整（北京时间）。③投标文件修改与撤回要求。招标投标规则允许投标人在投标截止时间前可以补充、修改或者撤回其已递交的投标文件，但不允许投标人在投标截止时间后撤换或者修改投标文件。故此处需要明确投标人在投标截止时间前撤换或者修改的投标文件形式要求，特别是其后递交的投标文件签字、盖章要求，应当与对投标文件的签字、盖章要求一致，以表明是投标人真实意思的表示。在投标截止时间前撤回投标文件的，投标人应书面告知招标人，以便招标人组织后续开标事项。

5. **开标**。开标条款需主要明确两个事项，一是开标时间和地点。其中，开标时间应当与投标截止时间一致，即在规则上，投标文件的包装在投标截止时间可以拆封，投标开始生效。开标地点应采用书面形式事先告知投标人，以便其有充足的时间参与开标会议。二是开标程序，即招标人组织开标的流程和公布事项。一般地，开标程序有六个环节，依次为：①宣布开标纪律，公布在投标截止时间前递交投标文件的投标人名称，宣布开标人、唱标人、记录人、监标人等有关人员姓名；②投标人或者投标人代表，或者招标人委托的公证机构检查投标文件的密封情况，确认拟开标的投标文件为投标人的真实意思表示；③招标项目设有标底的，公布标底；④按照此处规定的开标顺序，当众拆封投标文件，公布招标项目名称、投标人名称、投标保证金递交情况、投标报价、质量标准、履约期限、项目负责人及其他明确需要公布的内容，并记录在案；⑤投标人代表、招标人代表、监标人、记录人等有关人员在开标记录上签字确认；⑥宣读有关纪律要求，宣布开标结束。

6. **评标**。评标条款需主要明确两个事项，一是评标委员会及其组建；二是怎样评标，宗旨是告知投标人评标遵循的规则。其中，评标委员会的宗旨是按招标人的择优标准对投标进行评审和比较，完成评标报告。故此，评标委员会由招标人代表和评标涉及的有关技术、经济专业的专家组成。一般地，招标人代表应当熟悉招标项目相关业务，专家为评标专家专业分类标准所列专业专家，人数为5人以上的单数，以便表决时采用投票方式确定评审结论。注意，与投标人存在利害关系，可能影响评标公正性的人不能进入评标委员会。如果把招标投标活动看作一场体育赛事，招标人和投标人是运动员，则评标委员会是裁判员。所以，评标的实质，在于评标委员会如何公平公正地对投标文件进行评审和比较，如何实现评标结果的科学择优。类似于裁判员，评标委员会只能按招标人公布的规则，即招标文件规定的评标方法、评审因素、标准和程序对投标事实和招标人在投标截止时间前接收的投标文件进行评审，向招标人提交书面评标报告并推荐有排序的合格中标候选人，以便招标人择优确定中标结果。这里，排序是评标委员会评审比较后，按招标文件规定的排序因素或指标推荐的中标次序，有利于招标人择优实现采购结果。那么，是否可以要求评标委员会推荐的中标候选人不排序而由招标人另行制订择优规则，在评标委员会推荐的合格投标人基础上择优呢？这单从实现采购结果上看也无不可，问题的实质在于，招标人的择优标准也是评标标准的一部分内容，应当在招标文件中向投标人公布。评标委员会按公布的排序方法对合格投标人排序，体现的仍是招标人择优标准，二者并无差异。实践中，一些人倡导在合格投标人中随机抽取中标人，看似公平，实则把采购活动等同于“宿命”，并非是经济择优，更不可取，因为其违背了市场经济的宗旨。

7. **合同授予**。合同授予条款主要告知投标人确定中标人的过程，如是否需要公示中标候选人，是否要对中标候选人的履约能力进行实际确认，以及合同签订要求等有关事项，包括：①中标候选人公示。公示的目的是为发挥投标人及其利害关系人对招标投标活动的监督作用，提出异议或投诉以主张其权益。②中标候选人履约能力审查。合同授予前对中标候选人的履约能力，特别是其经营、财务发生较大变化或者存在违法行为的审查实质，是再次确认中标候选人的履约能力，以便中标人履约能力符合要求。③中标通知。一是招标人按公布的确定中标候选人方法确定中标人；二是向中标人发出中标通知书，同时将中标结果通知其他投标人。④履约保证金。履约保证金是投标人中标后，按招标文件要求的数额和担保形式向招标人递交的履约保证，即中标人违反合同约定对招标人造成损害时，招标人可以按照约定由履约保证金中获取一定的经济赔偿。⑤合同签订。合同是招标投标缔约竞争成果的体现，招标人和中标人按《民法典》“合同编”关于中标通知书和中标人的投标构成合同的规定，按招标文件和中标人的投标文件订立书面合同，明确双方权利和义务。这当中，招标人反悔改变中标结果或是中标人反悔放弃中标项目，不与对方当事人签订书面合同，正如抛球选婿习俗一样，反悔的一方须征得对方当事人同意，按约定的数额赔偿对方当事人损失。

8. **其他**。按招标项目特点和要求，补充其他事项。例如，对投标人参与投标的行为约束等提出明确要求。采用电子招标投标方式的，对投标文件编制、签字、盖章等输出格式和加密提出进一步要求等。

第3节　择优：评标标准和方法

一般地，标准是衡量事物的准则或尺度，方法是为实现目标采取的途径、步骤和手段。评标标准和方法，类似于足球场上的裁判规则，是评标委员会评判投标结果优劣、约束评标委员会行为的准则、程序和要求，是评标委员会评审和比较投标文件的依据。同时，评标标准和方法还是招标人引导投标人竞争择优，推动社会技术进步的体现。评标标准和方法的核心，在于依据招标项目特点和采购需求，在市场调查基础上确定评标的因素、标准和判定条件，以及排序因素和方法，并在招标文件中载明。一般地，评标标准和方法一章，包括词语定义、评标方法选择、评标标准、初步评审、详细评审和评标结果等，分别辨析如下：

1. **总则**。包括制定原则、一般性要求和词语定义等。其中，词语定义，是对评标标准和方法中的一些专业术语进行定义，以准确界定其含义。一般地，需要对评标方法、评标因素、评标标准、评标条件、报价偏差率、算术错误、修正价、恶意低价、技术偏离、商务偏离、评标价格、评标基准价、综合排序和中标候选人等词语进行定义。例如，某招标文件中的评标标准和方法对恶意低价的定义如下：

恶意低价，指报价明显低于其他投标报价，或者在设有标底时明显低于标底且投标人不能合理说明或提供相关证明材料的报价。

2. **评标方法选择**。评标方法，一般以投标结果排序的方法命名，分为单因素排序和多因素排序两大类，不同的采购需求应当对应不同的评标方法。中国人的智慧在采购择优思想上远胜于其他国家或是国际金融组织。例如，国内的招标投标法规定中标人的投标应当符合下列条件之一：①能够最大限度地满足招标文件中规定的各项综合评价标准；②能够满足招标文件的实质性要求，并且经评审的投标价格最低，但投标价格低于成本的除外。这两种方法，分别被称为综合评估法和经评审的最低投标价法。其中，第二种方法，实际上是世界银行等国际金融组织推崇的最低评标价法，属于单因素排序法；第一种方法，即“能够最大限度地满足招标文件中规定的各项综合评价标准”，实际上是多因素排序法，因为这当中的“各项”和“综合评价标准”表明，其所指为多因素而非单一因素。实践中，那种把综合评估法理解为综合评分法，将其列入单因素排序法，实际上限制了多因素排序法在招标采购中的择优作用。

评标标准和方法中，应明确告知招标项目采用的评标方法，是经评审的最低投标价法还是综合评估法，是单因素还是多因素排序。

3. **评标标准**。评标标准，是判断投标是否响应招标、是否最优的标准，以及判定条件。一般地，评标标准包括：①初步评审标准；②详细评审标准；③综合排序标准三部分内容，分述如下：

（1）初步评审标准。初步评审标准，又分为形式评审标准、资格评审标准和响应性评审标准三项内容。

1）形式评审标准。包括：①投标人名称应与营业执照、市场准入资质 / 资格证书、安全生产证等载明的民事主体名称一致。同时，子公司不能用母公司的市场准入条件进行投标，母公司也不能用子公司的市场准入条件投标。不同投标人组成联合体的，应当签署并提交有效的联合投标协议书，明确联合体牵头人和投标人职责分工，由各投标人签字，加盖单位章。其中，非法定代表人本人签字的，应同时附法定代表人授权委托书。②投标文件由民事主体签字或盖章，以表明投标是其民事行为；法人或其他组织的，投标文件应由法定代表人 / 单位负责人或其委托代理人签字或加盖单位章。注意，为表明投标是投标人的真实行为，投标文件应由投标人本人、法定代表人或单位负责人本人签字。委托代理人签字的，应由投标人本人、法定代表人或单位负责人进行民事代理授权，其宗旨在表明是投标人真实的民事行为。与资格审查类似，投标文件签字与盖章，是两者并存还是有一即可，看招标文件对投标文件签字、盖章的要求。《民法典》“合同编”第四百九十条规定的合同生效条件，当事人采用合同书形式订立合同的，自当事人签名、盖章或者按指印时合同成立。在签名、盖章或者按指印之前，当事人一方已经履行主要义务，对方接受时，该合同成立，即盖章或签字都表明合同成立，招标文件对此需在投标文件格式中明确规定。③投标文件格式应当符合招标文件对投标文件的格式要求。其中，哪些格式只允许投标人在空格处填写，不允许投标人对其正文内容进行修改；哪些格式允许投标人对投标文件格式进行补充、修改或是扩充以满足投标为准等，应当在投标文件格式中明确规定。④投标唯一性，指一个投标人只能递交一次有效投标。联合体投标的，其联合体各成员不得再以自己名义单独提交或者再加入其他联合体投标。⑤其他形式评审标准。招标人按项目特点和要求补充的形式评审的其他因素和标准，以判定投标文件有效为基准。

注意，对投标文件的形式要求宜简洁明了，一般以满足评标委员会评审和比较为原则。

2）资格评审标准。这里，资格评审标准为资格后审标准，是对投标人的资格审查或是复审，分述如下：①投标人民事主体地位有效，审查投标文件中提供的民事主体有效证件。投标人是法人或者其他组织的，提供有效的营业执照和组织机构代码证（复印件）、法定代表人身份证明或是其授权委托书、投标文件签署人的身份证明等；投标人是自然人的，提供身份证等有效身份证明的复印件。②市场准入符合《市场准入负面清单》规定的准入条件，资质证书或生产许可证符合招标项目等级要求，工程施工、矿山开采等项目具备有效的安全生产许可证等，审查投标文件中的市场准入资质 / 资格证书、安全生产许可证（复印件）等。③市场准入和投标资格有效，没有处于被责令停产停业、暂扣或者吊销许可证、暂扣或者吊销执照，没有进入公司清算程序、被宣告破产或是其他丧失履约能力情形，投标资格没有被取消或暂停，没有在各级信用信息共享平台中列入失信被执行人名单，以及法律法规明确禁止或限制其参与招标项目投标的其他情形，审查投标人对市场准入和投标资格持续有效的承诺书。④履约能力，包括招标项目履约的人、财、物和方法的计划等，要求财务能力、项目岗位人员专业资格和数量符合履约需求，具备有效的质量管理体系认证等过程控制认证，履约组织计划、设备、设施和劳动力配备符合招标项目履约要求，审查投标人提供的质量管理体系等过程认证文件是否有效，提交的履约计划、设备、设施和劳动力配备等，测算其履约过程、节点控制是否满足招标项目履约要求。⑤类似项目业绩，包括投标人和项目主要人员业绩规模、合同额度或数量要求，审查投标文件中的主要人员简历表、中标通知书、合同协议书、验收证书等。⑥履约信誉，要求投标人有良好的社会评价，审查投标文件中的重合同守信誉证书、获奖证书或客户证明材料等。⑦其他要求，按此处规定的其他资格审查因素、标准和条件，对投标文件进行资格审查。

3）响应性评审标准。响应性评审，是对投标是否响应招标文件中实质性要求和条件的评审。这里，实质性要求和条件由招标投标缔约和履约过程中，那些招标人采用醒目的方式标明的，要求投标人必须满足且不得与招标人事后“讨价还价”的条件和要求构成。

响应性评审标准一般包括：①投标范围。要求审查投标文件中的投标范围是否小于招标范围，有限偏差偏离因素或指标在许可的范围内。②投标报价范围。要求审查投标文件中的报价范围是否小于招标范围，是否按采购清单报价。③标价采购清单。要求投标文件中的标价采购清单范围和数量符合招标文件中的采购清单要求。④履约期限。要求投标文件中的履约期限符合招标文件履约期限要求，一般不得长于招标文件要求。⑤质量标准和要求。要求投标文件中的质量标准和要求满足招标文件中对招标项目的质量标准和要求。⑥投标有效期及保证金。要求投标文件载明的投标有效期不短于招标文件中对投标有效期的要求，投标保证金的形式、金额和担保符合招标文件对投标保证金要求。⑦技术标准和要求中的关键技术参数或指标。要求投标文件载明的技术参数或指标满足招标文件对招标项目关键技术标准参数或指标的规定，投标文件中有招标文件接受的相应证明资料。⑧合同条件中的实质性要求和条件。要求投标文件对招标文件中合同条件的实质性要求和条件作出响应，不得在投标文件中添加、附加任何条件以作为其响应的前提。⑨其他实质性要求和条件。要求投标文件满足此处明确的其他实质性要求和条件。

（2）详细评审标准。详细评审是对通过初步审查的投标文件，根据详细评审标准规定的因素、标准和方法进行评审，计算投标的排序因素。例如，单因素排序法中的经评审的最低投标价法和综合评分法，以及多因素排序法中的参量计算和评议等。注意，评审因素分为两类，一类是可量化的，一类是不可量化或称为主观评审因素的，需凭借评标委员会成员的主观判断给出排序参量值。对于可量化的评审因素，评标标准需按量化规则和采购择优方向，给出对应排序参量的映射或是函数关系。例如，按详细评审标准公布的折价因素和折价标准，计算投标人的评标价格。对那些不可量化的评审因素或是主观评审因素，当出现“说你行你就行不行也行，说不行就不行行也不行”的可能时，怎样在组织程序上减少评标委员会成员的随意性，是实践中最需要解决的问题。

［**主观评审因素的事例**］某工程施工招标项目对“施工方案”初步确定的评审标准：“施工方案先进，措施对工程质量、工期和施工安全生产有充分保障，11~12 分；施工方案可行，措施对工程质量、工期和施工安全生产有保障，8~10 分；施工方案可行，措施对工程质量、工期和施工安全生产基本有保障，6~7 分；施工方案基本可行，措施对工程质

量、工期和施工安全生产基本有保障，4~5 分；施工方案不可行，或措施对工程质量、工期和施工安全生产无保障，0~3 分”。组织有关专家对上述评标标准研究，认为其实质是把评判权整个地交给了评标委员会，将“施工方案”评审划分五个等级：A. 施工方案先进、措施有充分保障；B. 施工方案可行、措施有保障；C. 施工方案可行、措施基本有保障；D. 施工方案基本可行、措施基本有保障；E. 施工方案不可行或措施无保障。为此，专家组建议该因素评审标准不宜采用评分区间，而应对不同评审等级给出统一的分值标准。建议将“施工方案”的评审标准修改成：A：{11，11.5，12} 分；B：{8，9，10} 分；C：{6，6.5，7} 分；D：{4，4.5，5} 分；E：{1，2，3} 分。同时，对主观评审因素评审分为定级、校核与评审得分三步。其中，定级和校核阶段不对评标委员会公布各等级的得分标准，要求评标委员会成员对同一评审因素的所有投标结果横向比较，确定各投标对应这一评审因素的等级，如 B^+、B 或 B^-，填写等级评审结果；校核由评标委员会按“少数服从多数”原则对评审等级进行校核，集体校正异常等级，确定该评审因素的评审等级。最后，公布评审等级对应的分值，由评标委员会或工作人员对该主观评审因素等级换算成分值。这一做法有效解决了少数成员不公正评审现象，形成评标委员会趋向一致的结论。

（3）综合排序标准。一般地，单因素综合排序标准按投标排序参量值和要求进行排序。例如，采用综合评分法或是经评审的最低投标价法时，按投标人的得分由高到低排序，或是按投标人的评标价由低到高排序等。

多因素排序标准是对采购需求的多个因素进行排序，实现“能够最大限度地满足招标文件中规定的各项综合评价标准”，即多个因素同时择优的标准，需按对应的多因素排序规则排序确定优劣或等序关系。一般地，假设投标 A、B 优劣的判定参量有 X_1、X_2、…、X_n，排序标准需规定出参量 X_1、X_2、…、X_n 间的序关系，以及何时 A（X_1，X_2，…，X_n）与 B（X_1，X_2，…，X_n）为等序，何时 A（X_1，X_2，…，X_n）优于 B（X_1，X_2，…，X_n）等。最简单的，是在综合评分法或是经评审的最低投标价法基础上引入等序和其他排序因素，以纠正纯粹以排序量数值大小择优。

［**综合排序的事例**］在投标满足采购需求的基础上，某工程施工项目招标文件规定的综合排序规则为：

得分优于投标报价，投标报价优先于履约且得分差在 3 分以内的，或投标报价差在 5 万元以内的投标为等序。

这样，该项目的排序就不是单纯的按得分进行排序，而是同时考虑等序条件下的排序，即字典排序规则的应用，详见本书第 6 章第 3 节。

4. **评标程序**。评标程序是对评标委员会按招标文件规定的评标标准和方法，对投标文件进行评审和比较的程序性规定。一般包括初步评审、详细评审和综合排序三个环节。

（1）初步评审。评标委员会按初步评审标准对投标文件进行评审，有一项不符合要求的，应当否决其投标。其中，评标委员会可以要求投标人提交资格审查要求的有关证明和证件的原件，以便核验。同时，发现投标文件未对招标文件的实质性要求和条件作出响应，或对招标文件的偏差偏离超出许可范围的，或者发现投标人有串通投标、弄虚作假等行为，违反市场交易规则的，评标委员会应当否决其投标。

（2）详细评审。评标委员会依据详细评审标准对通过初步评审的投标文件进行评审，确定其排序参量。评标过程中，对那些实质上响应招标文件要求，但在个别地方存在漏项或者提供了不完整的技术信息和数据等情况的投标文件，且补正这些遗漏或者不完整不会对其他投标人造成不公平的，评标委员会应当书面要求存在这些细微偏差的投标人在评标结束前予以补正。澄清、说明或补正不得超出投标文件的范围且不得改变投标文件的实质性内容，并构成投标文件的组成部分。投标人拒不补正的，评标委员会在详细评审时可以按量化标准对细微偏差作不利于该投标人的量化或者否决其投标。

评标过程中，评标委员会发现投标人的报价明显低于其他投标报价，使得其投标报价可能低于其个别成本的，应当要求该投标人作出书面说明并提供相应的证明材料。投标人不能合理说明或者不能提供相应证明材料的，评标委员会应当认定该投标人以低于成本报价竞标，并否决其投标。

（3）综合排序。评标委员会对进入详细评审的投标，按综合排序标准和投标的排序参量进行排序，编写投标排序一览表。

5. **评标结果**。依据投标的综合排序结果和招标文件的要求，评标委员会推荐排序在前的投标人为中标候选人，编写评标报告。

一份完整的评标报告，一般包括：①评标基本情况和数据表、评标委员会成员名单、开标记录；②符合要求的投标一览表、否决投标的情况说明；③评标标准、评标方法或者评标因素一览表；④排序参量汇总表、投标人排序参量计算表；⑤ 经评审的投标人排序；⑥推荐的合格中标候选人名单、签订合同前要处理的事宜；⑦澄清、说明、补正事项纪要；⑧评标报告的其他事项等。

第 4 节　履约：合同条件

招标文件中的合同条件，是招标人依据招标项目特点和需要提出的，旨在明确项目履约，包括合同范围、质量、履行期限、地点和方式、价款或者报酬支付、违约责任、争议解决方式等履约的书面条件，明确当事人双方各自的权利和义务。一般地，合同条件包括总则、当事人权利与义务、质量要求、履行期限、履行地点和方式、合同价款或报酬、合同变更、验收与检验、履约保证、不可抗力、违约、索赔与争议等合同履约事项。同时，招标文件中应采用醒目的方式标明合同条件中，哪些条件或要求是实质性要求和条件，以便投标人响应。

［**合同条件不明的故事**］某单位组织业务培训楼工程施工招标项目。招标人编制的招

标文件中，把合同示范文本中的协议书、合同专用条款和合同通用条款作为合同条件，但协议书和合同专用条款中需要按招标项目明确的地方均为空格，没有明确具体条件和要求。经评标委员会评审，投标人A为第一中标候选人。

招标人确认投标人A为中标人，向其发出了中标通知书，同时，将中标结果告知其他未中标的投标人。随后，双方进行合同谈判，但对一些重要条款迟迟达不成一致意见，特别是价款支付条款。招标人在谈判中按正常的合同支付方法提出，该工程预付款为签约合同价的10%，进度款按月完成额的65%支付，质量保证金为签约合同价的3%；余款扣除质量保证金后在工程竣工之日起30日内一次结清，质量保证金扣减应由中标人承担的缺陷责任费用后，在缺陷责任期终止之日起30日内一次性退还。中标人A不同意，称其已在投标文件中载明，要求招标人给付的预付款是中标价的30%，月度付款为中标价的85%，质量保证金为1%。

双方先后谈了三次都没有达成一致意见。为此，有人建议取消投标人A的中标资格，与排名在其次的投标人B签订合同。招标人咨询当地行政监督机构，得到的答复是，取消投标人A的中标资格，宣布投标人B中标没有法律依据。不得已，招标人只能妥协，与中标人A再次谈判。最后，双方均作出一定让步，同意工程预付款为签约合同价的20%，进度款按月完成额的75%支付，质量保证金为签约合同价的2%，并签订了施工合同。

故事中，招标人为什么不能取消投标人A的中标资格？原因在于招标人对预付款、工程进度款支付、质量保证金扣取比例等没有提出明确要求，投标人A的投标实质性响应了招标文件要求。同时，投标人A承诺履行该项目施工且招标人已向其发出了中标通知书，接受了投标人A的投标。此时，取消投标人A的中标资格，必然违反公平和公正原则。实际上，对于预付款、进度款和质量保证金额度，招标人如果认为必须执行其规定额度，需要在合同条件中明确其为实质性要求和条件而无需再与中标人谈判其额度，这也正是招标采购的智慧。对于那些招标文件中没明确为实质性要求和条件的事项，合同签订时，由于招标人已经接受了中标人的投标，不能再强制要求中标人修改，除非双方在保证不改变招标项目实质性要求和条件基础上，达成一致意见。故此，按招标项目特点和需要在招标文件中提出合同条件，是招标采购智慧的体现。

对于合同条件中的一些主要事项，分述如下：

1. **总则**。总则一般包括词语定义、语言文字、遵从法律、合同文件的优先顺序、合同协议书、文件提供与照管、联络、合同转让、专利与知识产权、保密等条款。其中，词语定义是对合同涉及的专业术语进行定义，以准确界定其内涵与外延，实现合同约定的准确性。例如，某工程设计招标合同条件中，对发包人代表定义为由发包人任命，并在授权范围和期限内代表发包人行使权利和履行义务的全权负责人；合同文件的优先顺序，是不同合同组成文件对同一件事约定不一致时，以哪一份文件为准或是优先权的次序，一般约定是以排序在前的文件为准。例如，某工程施工招标合同条件约定，合同文件的优先顺序如下：①合同协议书；②中标通知书；③投标函及投标函附录；④专用合同条款；⑤通用合同条款；

⑥ 技术标准和要求；⑦施工图纸；⑧标价工程量清单；⑨其他合同文件。

2. **权利义务**。权利是当事人在合同中的价值回报，义务是当事人在合同中的价值付出。按照合同相对性原则，一方的义务是另一方的权利，一方的权利是另一方的义务。权利义务条款，在于准确界定当事人各自的权利义务，以实现合同宗旨。一般地，招标人义务，主要包括遵守法律、发出履约开始通知、办理有关证件和批件、支付合同价款、提供基础性资料、组织合同验收和合同明确约定的发包人其他义务；中标人义务，主要包括遵守法律、依法纳税、实现采购标的和合同明确约定的中标人其他义务。

3. **合同范围**。合同范围是合同标的范围界定。招标人和中标人签订的书面合同，合同范围应当与招标范围一致，符合招标文件中采购需求的规定。例如，某设备招标合同条件中，对合同范围的要求为："中标人应根据设备需求一览表和要求、设备技术规格书和质保期服务计划等合同文件约定，向买方提供中标设备、技术服务和质保期服务。"

4. **质量要求**。质量是产品满足规定需要和潜在需要的特征和特性的总和。招标项目质量要求，是招标人对招标项目履约符合法律、法规、规范和规程的过程和结果提出的要求，包括产品的过程检查、成品验收和双方责任划分。质量要求一般包括两部分，即质量目标和履约质量验收。其中，质量目标以国家标准、规范和规程上规定的质量等级标准和采购需求为准，贯彻"优质优价"原则，一般体现在投标人须知一章，包括质量标准和性能指标要求等；履约质量验收，包括过程检验、履约结果验收和质量保证，以国家法律法规、质量验收标准、规范上的检查、验收办法和缺陷责任、质量保修办法为准。

［**施工质量要求的事例**］某工程施工招标合同条件约定的质量要求为："工程质量验收合格，符合国家现行验收标准。因承包人原因造成工程质量达不到合同约定验收标准的，招标人有权要求承包人返工直至符合合同要求为止，由此造成的费用增加和（或）工期延误由承包人承担；因发包人原因造成工程质量达不到合同约定验收标准的，发包人承担由于承包人返工造成的费用增加和（或）工期延误，支付承包人合理利润，约定的缺陷责任期24个月，要求中标人按合同约定承担责任期缺陷修复责任和国务院条例规定的质量保证责任。"

［**货物质量要求的事例**］某大型设备招标合同条件中，规定设备质量验收分为开箱检验、考核和验收三个环节。其中，开箱检验是对采购设备数量及外观检验；考核是组织设备试运行，对其技术性能考核指标的检验与测试；验收是在设备考核基础上，对交付设备的验收。一般地，达到技术性能考核指标的，应在约定时间内签署合同设备验收证书，以证明设备满足合同要求。同时，要求中标人保证，其设备的销售不会损害任何第三方的合法权益和社会公众利益，设备及其部件是全新、完整、未使用过的，保证在其设计使用寿命期内，如果招标人发现设备由于设计、制造、标识等原因存在足以危及人身、财产安全的缺陷或隐患，中标人应及时采取修正或者补充标识、修理、更换等措施消除缺陷或隐患。

5. **履约期限**。履约期限，是招标人依据采购需求提出的，旨在满足招标人使用的期限与要求。合同条件中，应在投标人须知规定的履约期限要求基础上，明确履约期限考核办法与价款支付条款配套，一般包括：①履约进度计划编制及调整要求，如工程施工合同条件中，要求中标人编制详细的施工进度计划和施工方案说明报送招标人或其委托的监理人批准等。②履约延迟责任，包括招标人引发的履约延迟、中标人引发的履约延迟，以及第三人或异常恶劣的气候条件引发的履约延迟和责任分配等。③履约提前，分为招标人要求和中标人主动履约提前等两种情形。一般地，招标人要求履约提前的，或履约提前能够给发包人带来效益的，招标人应承担中标人由此增加的费用，并向中标人支付约定的相应奖金。④履约暂停，包括招标人原因、中标人原因和第三人原因的履约暂停和责任分配，以及继续履约条件。必要时，责任方承担对方经营损失等。

6. **价款支付**。合同价款支付条款是合同条件中的重要条款之一，也是投标人按其财务能力参与投标，计算履约成本和相关费用支出，进而完成投标报价的重要参考。价款支付主要有三个指标，即：①预付款；②履约过程付款；③最终结清款。其中，预付款主要用于中标人履约准备，包括原材料、设备采购，履约设备、设施的准备等，性质上属于借款，需要在过程付款时按一定比例扣回；履约过程付款是在约定的付款期或履约形象进度，按已履约完成项目的价值的一定比例支付中标人的款项。注意，当一个招标项目的预付款或履约过程付款额度，在投标人现有财务能力不足以满足项目履约时，投标人需要向社会筹款或到银行贷款并支付相关费用。故此，这两个指标是投标人最关注的价款支付指标。

［**价款支付的事例**］某工程施工招标合同条件中，对价款支付的约定为：①预付款额为签约合同价的10%，合同签订后28日内支付，要求中标人在收到预付款3日内向招标人提交等额的预付款保函，在每次支付工程进度应付款中等比例扣回，直至全部扣清；②中标人需提交进度付款申请单，一式五份。进度付款申请单格式见表5.1。

进度付款申请单 **表5.1**

工程名称：______　　请款人：______　　付款编号：______

科目名称	月付款	其中：				累计历次付款	备注
		月完成	变更	索赔	扣款		
金额（元）							

监理工程师：______　　招标人：______　　___年___月___日

填表时，进度付款按月度完成额填报，附监理人签署的分项工程验收合格单和分项工程完成额报表。其中，变更与索赔款项应已经招标人确认，扣款包括等比例的预付款返还额、3%的质量保证金和双方确认的其他扣减款项。招标人按月度付款额的85%，于确认后28日内支付中标人。

竣工结算时，中标人在工程接收证书颁发后14天内向监理人提交竣工付款申请单，一式五份，载明竣工结算合同总价、已支付的工程价款、应扣回的预付款、应扣留的质量保证金、应支付的竣工付款金额等，招标人在确认竣工结算总价后28日内支付余款，扣减质量保证金；最终结清时，中标人应在缺陷责任期终止证书签发后28日内，向监理人提交5份最终结清申请单，附相关证明材料。招标人在对最终结清额确认后28日内支付中标人余款。

7. **合同变更**。合同变更，一般指合同实质性内容变更，包括合同范围、履行期限、质量标准和合同价款的变更等，是合同条件中的重要条款之一。工程施工招标常见的变更情形，如：①取消合同中任何一项工作且被取消的工作不再需要实施；②改变合同中任何一项工作的质量或其他特性；③改变合同工程的基线、标高、位置或尺寸；④改变合同中任何一项工作的施工时间或改变已经监理人批准的施工工艺或顺序；⑤为完成工程需要追加的额外工作等。货物招标常见的变更情形，如：①合同项下提供的货物是专为买方制造时，变更图纸、设计或规格；②改变货物数量或质量特性；③改变运输或包装的方法；④改变交货时间或地点；⑤改变招标人提供的配套服务等。

招标文件中的合同变更条件，核心在于合同价款、履约期限的变更办法，特别是合同范围的变更，需要招标人依据招标项目技术条件和价格构成，给出变更后的合同价款、履约期限计算方法或原则。这当中，一是变更权或变更事项的发起，二是变更计价方法或原则。涉及履约期限调整的，按履约期限变更约定双方义务。这里的核心是给出价格变更条件。一般地，采用采购清单招标的，在合同条件中给出变更事项的估价原则为：①标价采购清单中有适用于变更工作的子目的，采用该子目的单价；②标价采购清单中无适用于变更工作的子目，但有类似子目的，可在合理范围内参照类似子目的单价变更直接费用，确定变更工作的单价；③标价采购清单中无适用或类似子目的单价，按成本加利润原则，由招标人与中标人商定变更工作的单价，其中，管理费率、利润率、税金和规费等不变。

注意，物价波动引起的合同价格变化一般不视为合同变更，而视为按约定进行合同价格调整。这一点在招标采购中尤其需要引以重视，因为其直接影响投标报价与履约实施。实践中，对物价波动引起的价格变化有两种调整方法。一种是按照合同条件约定的方法进行价格调整。例如，按发票据实调整材料、设备差价，或是按采用价格指数、价格信息调整价格差额，计入合同价格。一种是在一定价格波动范围内不调整，超过波动范围的，对超过部分予以调整。例如，约定标价采购清单中的子目单价，在 ±3% 以内的不予调整，超过 ±3% 的，超过部分的价款计入合同价格。这种方法，一般会导致投标价格相对于实际价格偏高，因为投标人报价时，需要考虑可能有3%的风险费用。

8. **履约保证**。履约保证，是中标人向招标人提交一定额度的履约保证金，用于补偿招标人因中标人不能完成其合同义务而蒙受的损失。一般采用由一家在国内注册且信誉好的银行或是担保机构，对招标文件规定的中标人的履约责任进行保证，或是由中标人采用银行汇票、支票等向招标人进行保证。无论是哪一种，中标人完成合同义务后，在合同规定的时间内，招标人把履约保证金退还中标人。实践中，对于合同履行期限长、担保额度大的招标项目，也可以按照未完合同额递减担保的方式，即中标人完成一定合同额或是合同履行一定期限后，中标人按未完合同额重新办理履约保证，替换其已提交的履约保证。

9. **不可抗力**。不可抗力是招标人和中标人在缔约过程中不可预见、在履约过程中不可避免并且不能克服的自然灾害和社会性突发事件，如地震、海啸、瘟疫、水灾、骚乱、暴动、战争，以及合同条件约定的其他情形。合同条件中，一是明确不可抗力的种类与条件，二是发生不可抗力时，合同当事人的责任。双方当事人应采取有效措施，避免和减少损失的扩大。任何一方没有采取有效措施导致损失扩大的，应对扩大部分的损失承担责任。同时，合同一方当事人因不可抗力不能履行合同的，应当及时通知对方，按合同约定的条件解除合同，妥善解决双方的债权和债务责任。

10. **违约、索赔与争议解决**。合同当事人按诚实守信的原则履约是招标采购结果实现的条件。故此，合同履行中任何一方违反合同约定不履行合同义务，都可能会造成履约失败，招标项目既定目标无法实现或是有经济代价的实现。故此，违约、索赔与争议解决，是合同条件中的重要条款之一。同时，还是解决投标人恶意低价投标而招标投标过程中又无法确定，中标人履约时“坐地起价”的有效手段。一般地，合同条件需要明确当事人的违约情形和违约处理办法。其中，违约情形包括：①中标人违约情形，包括中标人未经招标人同意，私自将合同的全部或部分权利转让给其他人，或将合同的全部或部分义务转移给其他人；违反质量要求，使用了不合格材料或履约质量达不到标准要求，又拒绝清除不合格事项；未能按履约进度计划及时完成合同约定的工作，已造成或预计造成工期延误；在缺陷责任期内，未能对接收时所列的缺陷内容或缺陷责任期内发生的缺陷进行修复，而又拒绝按招标人指示再进行修补；无法继续履行或明确表示不履行或实质上已停止履行合同，以及中标人不按约定履行合同条件明示的其他义务；②招标人违约情形，包括不按合同约定支付预付款或合同价款；因招标人原因造成合同履约停止；无法继续履行或明确表示不履行或实质上已停止履行合同义务，以及招标人不按约定履行合同条件明示的其他义务。

发生违约时，守约的一方有权要求违约方在指定的期限内改正，向违约一方追索经济、财产损失。必要时，如出现一方当事人无法继续履行或明确表示不履行或实质上已停止履行合同的情形时，另一方可通知其解除合同，并按有关法律规定解决双方间债权和债务。合同履行中，当事人发生争议且协商不一致的，可以提请仲裁机构仲裁或是向有管辖权的人民法院提起诉讼，进行裁决或判决。其中，仲裁是一裁终局，诉讼是两审终审。

第5节　案例：择优标准含混引发的缔约失败

招标文件是招标投标规则的书面展现，在实践中是一把双刃剑。招标文件内容齐全、规则完备和择优标准明确，符合市场供给实际状况，是招标采购得以成功的关键，更是招标采购战略智慧的体现。反之，招标投标规则不完备，特别是择优标准违反公平、公正原则或是标准含混不清、方向不明，极易导致排名在前的中标候选人的投标可能不是实质上的最优而是形式最优，是评标委员会评标“走形式”推荐的最优，进而引发投标人投诉、告状或是招标人自己内心不愿意将合同授予排名第一的中标候选人，这也是招标采购实践中最让招标人头痛的事。而解决这一问题的根本方法在招标文件，在于招标文件中的择优标准。下面分析的这个案例，即是因为择优标准没完全在招标文件公布，且公布的评标标准中含有倾向而导致的缔约失败。

［**案情回放**］某市一个建设工程土地平整项目，包括规划红线内一些废弃房屋的拆除、树木移栽、水坑回填、场地平整、山坡加固和渣土外运消纳等，概算投资1280万元，资金全部来源于市里国有的某房地产开发公司。招标人采用公开招标方式选择一个施工企业承建。该项目在国家指定媒介上发布招标公告，有8家施工企业在规定时间内购买了招标文件。

招标文件规定，评标程序分为初步评审、详细评审和推荐中标候选人、完成评标报告等环节，采用综合评分法，评审因素和评审标准见表5.2。

该项目8个投标人在投标截止时间前递交了投标文件。随后，招标人组织了开标，并在开标会议上公布了表5.2前两个评审因素的评审标准，见表5.3。

评分标准表 **表5.2**

序号	评审因素	分值	评审标准
1	投标报价	60	0~60分
2	施工组织设计	30	0~30分
3	项目经理	10	具备一级建筑工程类建造师资格且有效注册，近三年有类似项目业绩且户口所在地为市某区的，10分；市其他区的，6分；户口不在市区的，0分

开标公布的评审标准 **表5.3**

评审因素	分值	评审标准
投标报价	60	评标基准价＝通过初步审查的投标报价的算术平均值 报价偏差率＝（投标报价－评标基准价）/评标基准价 投标报价得分＝60−200×报价偏差率
施工组织设计	30	①内容完整性5分。施工组织设计包括招标文件所列项目的4分；有单体建筑面积500m²别墅，50栋以上群体建筑施工方案的6分；②施工组织设计总分20分，按等级评审得分。评审优秀16~20分；良好10~15分；合格5~9分；不合格0~4分

该项目经评标委员会评审，推荐的三名中标候选人依次为投标人1、投标人2和投标人3，投标报价分别为1246.00万元、1181.00万元和1268.00万元。招标人随后在国家指定媒介上公示了评标结果。评标结果公示的第二天，投标人2以该项目评标采用的评标标准没有向投标人公布为由，对招标人提出异议，称其投标报价1181.00万元在8家投标人中最低，应当排名第一，为什么位列第二，要求招标人给出解释。招标人答复称，招标文件载明了评标标准和方法，声明了“投标报价”和“施工组织设计”的评分标准在开标时公开，所

有投标人都没有对此提出异议，包括投标人2。同时，评标委员会是按投标人的得分由高到低的次序推荐的中标候选人，投标人2排名第二是因为得分位列第二的原因。

投标人2对招标人的答复不满意，认为该项目存在私下操作，特别是招标人在开标会议上公布的施工组织设计评审标准中，对有50栋单体建筑面积在500m^{2}别墅施工方案的得6分一项，明显是在照顾某个投标人。于是，向项目所在地行政监督部门投诉，并通过关系，投标人2请求项目主管部门对必须在招标文件中公布的评标标准和方法给出解释。该部门对招标文件必须公布的评标标准和方法给出的解释为："评标标准和方法作为招标文件中的重要组成部分，应当在招标文件中向投标人公布。同时，招标文件中没有公布的评标标准和方法不得作为评标的依据，不得在评标时使用。至于招标文件中的评标标准和方法中哪些事项必须在招标文件中公布，可参照《中华人民共和国标准施工招标文件（2007年版）》的要求编制。"

投标人2将项目主管部门的书面解释及时报给了项目所在地行政监督部门，行政监督部门认定该项目招标文件规定项目经理户口所在地为采用不合理条件限制、排斥潜在投标人或投标人。同时，该项目评标使用了招标文件中没有公布的标准，违反了公平、公正的原则。认定该项目招标、评标无效，要求招标人重新招标。

［**问题**］针对上述案情描述，分析以下三个问题：

1. 本案招标文件中公布的评标标准和方法中存在哪些问题，开标会议上公布的评标标准和方法又存在哪些问题，为什么？

2. 为什么行政监督部门认定招标人在本案中采用了不合理条件限制、排斥潜在投标人或投标人，为什么行政监督部门认定本项目招标投标活动违反了公平、公正的原则？

3. 本案招标文件对项目经理的评审标准中，如取消"户口所在地为市某区的10分，市其他区的6分，户口不在市区的0分"的要求，改成"具备一级建筑工程类建造师资格且有效注册，近三年有类似项目业绩的，10分；没有类似项目业绩的，0分"，开标会议上也不再公布对投标报价、施工组织设计的评审标准而交由评标委员会评审是否有问题，又有哪些启迪？

［**案例分析**］与抛球选婿习俗中由小姐凭眼缘选择夫婿不同，招标人的择优标准是书面的，应当一视同仁且应在招标文件中向投标人公开，以便投标人有针对性地响应和竞争，进而实现采购结果。评标委员会的职责，是用招标人在招标文件中公布的择优标准对投标事实，即投标文件进行评审和比较。

1. 本案中，无论是招标文件中公布的，还是招标人在开标会议上公布评标标准和方法都违反招标投标基本原则。表现在：①招标文件对项目经理公布的评审标准"具备一级建筑工程类建造师资格且有效注册，近三年有类似项目业绩且户口所在地为市某区的10分，市其他区的6分，户口不在市区的0分"中，项目经理在不同地域的得分不一致，是一种地域歧视，是在"以出身论英雄"，必然违反公平、公正的交易原则；②与抛球选婿中，小姐可以要求抢到绣球的应聘人现场回答问题场景不同，开标会议上公布的施工组织设计评审标准中，对“有单体建筑面积500m^{2}别墅，50栋以上群体建筑施工方案的6分”违反按招标项目要求投标人响应和参与竞争的基本规则，因为这是一个土地平整项目的施工招标，虽然土地平整后可能在其上建设50栋别墅，但这50栋别墅的施工不在本次招标范围内，是要求评标委员会采用与招标项目无关的条件，即“50栋别墅”对投标进行评审和比较，违反了招标采购按招标项目要求投标人响应和参与竞争的基本规则。

2. 市场交易的基本原则是自愿、公平、公正和诚实信用。招标投标中的公平原则，要求招标人给予所有投标人平等机会，享有同等的权利和相应义务，不得特意倾向或者特意排斥某一个或某几个潜在投标人或投标人；公正原则，要求招标人站在客观、公允的立场上，对投标人公平、正直，以保障招标投标活动当事人的合法权益。

行政监督部门认定本案招标人采用了不合理条件限制、排斥潜在投标人或投标人，在于依法行政。《招标投标法》第十八条规定，招标人不得以不合理的条件限制或者排斥潜在投标人，不得对潜在投标人实行歧视待遇。这当中的不合理条件，指招标投标活动中违反法理和事理的条件，即违反公开、公平、公正和诚实信用的原则设置的旨在限制投标人竞争的条件。对此，《招标投标法实施条例》进一步明确了不合理条件的七种表现形式：①就同一招标项目向潜在投标人或者投标人提供有差别的项目信息；②设定的资格、技术、商务条件与招标项目的具体特点和实际需要不相适应或者与合同履行无关；③依法必须进行招标的项目以特定行政区域或者特定行业的业绩、奖项作为加分条件或者中标条件；④对潜在投标人或者投标人采取不同的资格审查或者评标标准；⑤限定或者指定特定的专利、商标、品牌、原产地或者供应商；⑥依法必须进行招标的项目非法限定潜在投标人或者投标人的所有制形式或者组织形式；⑦以其他不合理条件限制、排斥潜在投标人或者投标人。本案中，招标文件中公布的以项目经理户口所在地的评分规则和招标人在开标会议上公布的对施工组织设计评审规则，对“有单体建筑面积500m^{2}别墅，50栋以上群体建筑施工方案的6分”，分别属于上述第三、第二种情形，属于采用不合理条件限制排斥潜在投标人或投标人行为。故此，行政监督部门可以依法认定本项目招标投标活动违反了公平、公正的原则，并依据《招标投标法实施条例》第八十一条规定，即依法必须进行招标项目的招标投标活动违反招标投标法及其实施条例的规定，对中标结果造成实质性影响且不能采取补救措施予以纠正的，判定本案招标、投标、中标无效，应当依法重新招标或者评标。

3. 本案招标文件，如果取消“户口所在地为市某区的，10分；市其他区的，6分；户口不在市区的0分”的要求，改成“具备一级建筑工程类建造师资格且有效注册，近三年有类似项目业绩的，10分；没有类似项目业绩的，0分”，开标会议上也不再公布对投标报价、施工组织设计的评审标准，而是要求评标委员会按招标文件规定的评标标准和方法，即表5.2中对投标报价、施工组织设计评分标准进行评审，在形式上并没有问题，即评标委员会成员根据自己的喜好和判断对投标报价和施工组织设计评分，例如，有的评委认为该项目施工技术简单，对投标报价的评审采用低价优先原则，对报价最低的投标人2评分为60分，对其他投标报价按照一定比例扣减分数；有的评委认为应当计算有效报价的平均价，计算投标人的报价与平均价的偏差率，按报价偏差率大小在60分基础上扣减分数；还有的评委将得分划分为60分、55分、50分、45分、40分、35分、30分和25分，抓阄决定投标人的报价得分以示公平，或是评标委员会商议一个评审标准对投标报价和施工组织设计进行评分，均可以，因为招标文件中的评审标准仅给出了分数范围，即0~60分和0~30分，形式上授权了评标委员会这样评审。

但这样一来，无法体现招标人的择优而变成了评标走形式，违背招标采购战略思想即引导投标人按照采购需求竞争并从中获得收益。那么，招标人是否可以在开标会议上或是评标过程中，要求评标委员会按表5.3公布的评审标准对通过初步评审的投标文件评分呢？当然不可以！因为已过了投标截止时间，再公布表5.3的评审标准必然不构成招标文件，类似于抛球选婿习俗中，小姐已经抛出了绣球，突然想起，应要求楼下应聘人年龄在15~20岁，身高不低于1.6m的情形一样，属于招标人抛出绣球以后的反悔情形，楼下应聘人必然不干，会要求楼上小姐赔偿损失。同样，此时公布的评审标准既然不再属于招标文件，又如何要求评标委员会在评标时遵从呢。

本案对招标人编制招标文件的启迪是，评标标准和方法作为招标文件中的组成部分，必须在招标文件中公布。同时，评标标准和方法应当充分体现招标采购的智慧，是按招标项目采购需求和市场供给状况进行的择优，其择优方向和评审标准、条件界定准确，对投标报价等客观性评审因素或指标不能存在允许评标委员会评标时的自由发挥与自由裁量；对主观评审因素应在评标程序上要求评标委员会对同一因素或指标的投标进行横向比较，再进行评分。必要时，参照评审主观因素的事例中的专家建议，要求评标委员会按定级、校核与评分三步确定主观评审因素的得分，以极大地发挥评标委员会集体决策的专业优势。

第6章

招标采购：招标文件的编制

****

君不见黄河之水天上来，奔流到海不复回。

君不见高堂明镜悲白发，朝如青丝暮成雪。

——［唐］李白《将进酒》

****

第1节　示范：标准招标文件

招标文件，作为招标投标规则的书面载体，是招标采购战略智慧的集中体现。那么，依据招标项目特点和需要编制招标文件，就成了组织招标投标中的一件重要事情，其承担的责任主要体现在：一是满足战略布局和生产经营需要；二是满足采购需求；三是符合市场供给实际状况。这当中，招标文件既要体现招标投标规则和采购的择优，又要符合实际，还不能违反公平、公正的基本原则，不能采用霸王条款、歧视性条款或是违背市场交易原则，强制要求投标人或中标人遵从。故此，编制招标文件是招标采购中一件按市场交易规则与投标人博弈、择优，规定评标委员会对投标文件评审和比较规则的系统工作。

实践中，不同行业依据多年的招标采购实践经验总结、提炼，组织业内专业人员编制了各类招标文件示范文本。国家发展改革委会同工业和信息化部、住房和城乡建设部、交通运输部、水利部、商务部、国家新闻出版署、国家铁路局、中国民用航空局等部门联合编制并颁布了带有一定强制性的，针对工程建设项目中的勘察、设计、施工、监理和重要设备、材料采购的标准招标文件，规范工程建设项目招标文件的编制。此外，财政部组织编制了政府采购货物和服务招标文件示范文本等，为招标人编制招标文件提供了便利。

这里需要强调的是，招标文件是按项目特点和需要编制的，具有“一项目一编制”特点，因为招标投标的竞争是个性化差异的竞争，而各类招标文件示范文本，包括国家发展改革委会同其他部门编制的标准招标文件、行业主管部门颁发的标准招标文件或示范文本，都是行业或是某一类招标项目共性的提炼，还不是招标文件。为此，招标人需在准确理解标准招标文件或示范文本内容基础上，按项目特点和需要编制招标文件而不能盲目执行或是照抄照搬习惯性做法。与抛球选婿中的小姐抛出绣球的要约邀请类似，下面这则招标条件的故事，是对正确使用招标文件示范文本的一个很好的诠释，即示范文本给出的只是条件共性，招标条件必须按招标项目特点和需求设置。

［**招标条件的故事**］某大型国有企业厂区内西南角上的厕所是20世纪70年代修建的，相关设施年久失修。市卫生局在最近一次检查中提出一大堆需要整改问题。为此，厂领导开会决定，投资600万元在厂区东南角废弃材料堆场边上重新建一座厕所，配备冲洗、通风和净手等设施，并设专人负责管理，厂后勤科负责依法组织该项目的建设工作。

厂后勤科管着全厂的吃喝拉撒，但没管过工程建设。科长是个为人谨慎小心的人，听闻社会上不少没落实领导旨意被撤职、贪污受贿进监狱的事，感觉厂领导这次给他安排了一个苦差，又推脱不掉。无奈之下，科长带着几位同事到其他国有企业取经，学习工程建设管理经验。外厂一些同行告诉他，关键是建设过程要合法，特别是国有企业投资的建设项目，其勘察、设计、施工、监理以及与工程建设有关的重要设备、材料等的采购达到下列标准之一的，必须招标：一是施工单项合同估算价在400万元人民币以上；二是重要设备、材料等货物的采购，单项合同估算价在200万元人民币以上；三是勘察、设计、监理等服务的采购，单项合同估算价在100万元人民币以上，必须组织招标投标。同时，要选国有的勘察、设计、施工、监理和供货企业，因为企业越大能力越强，可有效保证建设质量，这样后勤部门就没有责任。科长对此深表赞同，问对方不会招标怎么办？对方一笑说："你选一家大一点的招标代理机构，把选择条件告诉他们，让他们帮你编写招标文件，帮你组织招标！"科长一听："这样我是不是得付给招标代理机构一定的服务费用呢？"对方说："当然，天下没有免费的午餐！不过你可以让他们向中标人按规定的标准收取，不用额外支付。"

科长如释重负，回到厂里给领导汇报后，去当地建设管理部门办理相关建设手续后委托了当地一家有名的招标机构代理项目招标，要求招标代理机构依法组织该项目勘察、设计、施工、监理及重要设备和材料采购的招标，强调选择中标人的一个原则：必须是国有企业，有特级的不要一级，有一级的不要二级，有二级的不要三级的择优原则，施工的项目经理应选优秀的一级建造师。招标代理机构心领神会，按招标人的意图趋向于选择国有大型企业，在中国招标公共服务平台上依次发布了勘察、设计、施工和监理的招标公告，但在规定的时间内，勘察没有、设计一家、监理一家潜在投标人购买了招标文件，但均不足三家，施工有六家潜在投标人购买了招标文件。针对勘察、设计和监理，招标代理机构重新发布了招标公告，但招标文件购买人数仍不足三家。为此，后勤科报经厂领导同意，后改为直接发包。

该项目施工招标如期进行，六家购买招标文件的施工企业如期递交了投标文件。评标过程中，科长为避嫌未参与评标，但在向评标委员会介绍情况时，重申了推荐中标候选人的原则，即必须是国有企业，有特级的不要一级，有一级的不要二级，有二级的不要三级。评标委员会经过评审，发现6个投标人中，有两家一级、四家三级施工企业，且两家一级企业中，国有、民营各一家，都是委派的一级建造师。评标委员会按招标文件中载明的评分标准对六份投标文件进行评审，两家一级企业的得分一样，于是推荐这两家一级企业并列为第一中标候选人。

在厂领导办公会上，后勤科长汇报评标结果的同时，介绍了其他国有企业的建设经验，国有一级企业中标，有利于厂里的廉政建设，"如果国有一级企业都干不好咱们的项目，那其他投标人更干不好。"厂领导深以为然，一致同意确定那家排名第一的国有企业中标。

结果，该项目四个月的建设工期一再拖延。后勤科长在建设过程中也是苦不堪言，在厂办公会上一再挨批。项目建设中，中标人派到现场的项目经理在开工仪式上露了一次面就再没来过，平时工地上也就是七八个民工在干活。科长多次驱车前往中标人所在地协调，单程就超过40km，且还不一定能找到人，现场管理出现的问题也得不到解决。不得已，科长只好在现场指挥民工作业，后经过深入了解才得知，中标人的项目经理已被派往了外省一个投资18000万元的大项目任项目经理，因为厂里的这个项目太小但仍让他代管，而且企业没有人愿意到这个小项目上任项目经理。这些民工都属于西南某县一个建筑劳务公司，与中标人有长年的合作关系。

厂员工对厕所不能如期交付使用意见越来越大，纷纷找厂领导要求撤换后勤科长。该项目历经七个半月后竣工，在竣工验收的当日，厂领导宣布了撤销该后勤科长职务的决定。

故事的结尾让人反思，是什么原因导致后勤科长这样一个结局呢？当然是不经思索地学其他国有企业的管理经验，即“要国有，要大，要强企业”，“如果国有一级企业都干不好咱们的项目，那其他投标人更干不好”的错误观点。招标投标活动的核心在于按招标项目特点和要求确定招标条件和投标人资格，而不是他人的经验，因为不同的建设项目间存在时间、地点、项目功能和履约能力的差异，不宜套用已有的或是他人的经验。例如，本项目为一个厂区厕所，且规模不大，中标人应当是与项目规模和复杂程度相匹配的三级施工企业、二级建造师，而不应当是一级施工企业和国有企业、一级建造师，因为国有企业是国家的经济支柱，面向的是那些大中型建设项目，这是该故事对招标人组织招标采购的启迪。

那么，招标文件示范文本，包括国家发展改革委会同其他行业主管部门组织编写的工程勘察、设计、监理、施工和重要设备、材料采购的标准招标文件有哪些，其中又规范了哪些事项，招标人组织编写招标文件又应注意哪些问题呢？是否可以不管采购需求特点而凭借以往经验按“国有大型企业、一级建造师”方向择优呢？笔者作为《中华人民共和国标准施工招标文件（2007 年版）》和《中华人民共和国标准施工招标资格预审文件（2007 年版）》及其配套使用指南的主要编制人之一，对标准招标文件编制及其应用深有体会，在国内讲解标准招标文件时一再强调，标准招标文件是为招标人编制招标文件提供的共性归纳，招标人需要按招标项目特点和要求，在共性基础上编制招标文件，不能照抄照搬既有招标文件。

1. **标准招标文件**。标准招标文件是国家发展改革委会同工业和信息化部、住房和城乡建设部、交通运输部、水利部、商务部、国家新闻出版署、国家铁路局、中国民用航空局等部门，针对《招标投标法》第三条规定的依法必须进行招标的项目类别，即工程建设项目的勘察、设计、监理、施工和重要设备、材料的采购而联合编制的，旨在提炼同一类项目招标文件共性，且在使用上带有一定强制性的招标文件标准文本。截至 2017 年 12 月，国内工程建设项目的标准招标文件体系建设已经初步完成，先后颁布了：

（1）《中华人民共和国标准施工招标资格预审文件（2007 年版）》和《中华人民共和国标准施工招标文件（2007 年版）》；

（2）《中华人民共和国简明标准施工招标文件（2012 年版）》；

（3）《中华人民共和国标准设计施工总承包招标文件（2012 年版）》；

（4）《中华人民共和国标准勘察招标文件（2017 年版）》；

（5）《中华人民共和国标准设计招标文件（2017 年版）》；

（6）《中华人民共和国标准监理招标文件（2017 年版）》；

（7）《中华人民共和国标准设备招标文件（2017 年版）》；

（8）《中华人民共和国标准材料招标文件（2017 年版）》。

其中，第（4）~（8）项标准招标文件，是在《中华人民共和国标准施工招标文件（2007 年版）》

的章节、条目基础上，结合招标投标最新政策法规、标的类别和专业特点编制，增添了《招标投标法实施条例》和电子招标投标的有关要求，对依法规范招标文件编制，发挥招标投标机制在保护国家利益、社会公共利益和招标投标活动当事人的合法权益，提高经济效益、保证项目质量方面有着不可磨灭的作用。

这当中，施工标准招标文件有配套的资格预审文件，勘察、设计、监理和重要设备、材料采购标准招标文件中的资格预审文件暂缺。同时，国家发展改革委于2008年组织编写了《中华人民共和国标准施工招标资格预审文件使用指南（2007年版）》和《中华人民共和国标准施工招标文件使用指南（2007年版）》，其他专业标准招标文件的使用指南暂缺。

2. **标准招标文件解决了哪些问题**。标准招标文件的核心在于提炼同一类项目招标文件共性，针对招标项目专业特征规范招标文件的编制，以满足招标投标法律规定和要求。其中，施工标准招标文件和简明施工标准招标文件8章，设计施工总承包标准招标文件7章，勘察、设计、监理、设备和材料采购标准招标文件6章，分别包含以下内容：

（1）招标公告或投标邀请书。招标公告或投标邀请书依法应载明招标人的名称和地址、招标项目的性质、数量、实施地点和时间，以及获取招标文件的办法等事项。标准招标文件给出招标公告及投标邀请书内容格式要求，包括招标条件、项目概况与招标范围、投标人资格要求、是否接受联合体投标、设计招标未中标补偿、招标文件获取时间、地点、办法、投标文件递交截止时间和地点，以及是否组织电子招标投标、发布公告媒介、邀请招标确认和联系方式等格式条款。

（2）投标人须知。投标人须知是投标人响应招标、参与投标竞争必须知道的招标投标规则和要求。标准招标文件将招标项目概况、招标范围、招标项目资金来源和落实情况、履约期限、质量标准、投标人资格条件、招标文件组成、投标文件组成、投标报价、投标有效期及投标保证金、资格审查、投标文件编制、投标文件密封与递交、开标时间和地点、评标委员会及评标、合同授予过程及要求、各类当事人纪律约束、是否采用电子招标投标等，以及招标人补充的其他事项等格式化，作为投标人须知的格式内容。

（3）评标办法。即评标标准和方法。标准招标文件分别给出了综合评估法和经评审的最低投标价法，以供招标人选择，其中，规定了形式评审、资格评审和响应性评审等初步评审标准、详细评审标准、评标程序、评标结果等事项及格式要求。

（4）技术标准和要求。对于技术标准和要求，工程勘察、设计、施工、监理和设备、材料标准招标文件采用了不同的方法和格式要求：

1）勘察标准招标文件要求明确勘察适用标准、规范、规程，成果文件要求，发包人提供的设备、设施、资料及退还，发包人提供的生活、交通、通信等便利条件，勘察人自备工作条件等事项。

2）设计标准招标文件要求明确设计标准、规范、规程，成果文件要求，发包人提供的设备、设施、资料及退还，发包人提供的生活、交通、通信等便利条件，设计人自备工作条件等事项。

3）监理标准招标文件要求明确监理标准、规范、规程，成果文件要求，委托人提供的设备、设施、资料及退还，委托人提供的生活、交通、通信等便利条件，监理人自备工作条件等事项。

4）施工标准招标文件要求明确图纸目录、图纸，以及招标人依据项目特点和需要，要求遵从的国家标准、规范、规程等事项。

5）设备、材料标准招标文件要求明确设备、材料需求一览表、技术性能指标、检验考核要求、质量标准、验收标准、技术服务和质保期服务要求等事项。

（5）合同条件。标准招标文件采用通用合同条款、专用合同条款、合同协议书及要求明确合同条件。其中，通用合同条款按照勘察、设计、监理、施工、设备和材料履约进行共性提炼，明确履约一般要求，但专用合同条款是空白，需要招标人按招标项目特点和需要明确专用合同条款，与通用合同条款一起构成一份完整的合同条件。标准招标文件合同条件均附有履约保证金（银行保函）格式，其中施工标准招标文件还附有预付款银行保函格式，同时明确了工程量清单（标的）内容及格式要求，包括工程量清单说明、投标报价说明、工程量清单表、计日工表和材料、设备、专业工程暂估价表等。

（6）投标文件格式。标准招标文件给出了以“投标函”为首的投标文件格式及内容要求，包括投标函及投标函附录、法定代表人身份证明或授权委托书、联合体协议书、投标保证金、标价或费用报价清单，资格审查资料（如投标人基本情况表、近年财务状况表、近年完成的类似项目情况表、正在进行和新承接的项目情况表、近年发生的诉讼及仲裁情况等），商务和技术偏差表，履约组织计划（如勘察纲要、设计方案、监理大纲、施工组织设计、项目管理机构），以及投标人须知前附表规定的其他资料的格式要求，以方便投标人编写投标文件。这当中，哪些格式或是哪些部位不允许投标人改动或调整由招标人编制招标文件明确。

3. 怎样使用标准招标文件。标准招标文件在使用上带有一定强制性，《招标投标法实施条例》第十五条规定，依法必须进行招标项目的招标文件和资格预审文件，应当使用国务院发展改革部门会同其他有关行政监督部门制定的标准文本。据此，国家发展改革委颁布的标准招标文件使用通知中，明确要求标准招标文件中的“投标人须知”（投标人须知前附表和其他附表除外）、“评标办法”（评标办法前附表除外）和“通用合同条款”在使用上应当不加修改地引用；标准招标文件其他内容作为规范引导，供招标人编制招标文件参考，不强制使用。

为此，招标人在标准招标文件共性提炼的基础上，需要结合招标项目特点和采购需求，进一步明确投标人须知、评标办法和通用合同条款正文以外的内容，明确招标文件其他章节的内容。其中，标准招标文件中的投标人须知，实际上是招标投标法律在其约束的项目上的招标投标规则展现，评标办法是《招标投标法》对评标规定的规则细化，通用合同条款借鉴国际上一些成熟的合同条件，如英国土木工程师协会的 FIDIC 合同条件等，结合国内法律法规调整和补充完善，且各有其适用范围。例如，《中华人民共和国标准施工招标文件（2007 年版）》适用于大型工程建设项目的施工招标。对于建设工期不超过 12 个月、技术相对简单的小型施工项目招标，应采用《中华人民共和国简明标准施工招标文件（2012

年版）》编制其招标文件。类似地，《中华人民共和国标准设备招标文件（2017 年版）》适用于大型成套设备招标。中小型设备采购，需要对通用合同条款中大量条款适当简化或修改后才适用。正是因为这一原因，国家发展改革委在颁布标准文件使用通知中，明确告知招标人可根据招标项目的具体特点和实际需要，在专用合同条款中对标准招标文件中的通用合同条款进行补充、细化和修改，但不得违反法律、行政法规的强制性规定，以及平等、自愿、公平和诚实信用的交易原则，即市场交易底线。

第 2 节　部署：招标投标活动计划与安排

招标采购是市场经济中的一种微观经济活动，是市场主体间的交易，离不开活动规则的策划与市场主体的参与。标准招标文件中，“投标人须知”已按《招标投标法》及项目专业特征对招标投标活动的共性进行了提炼，对于招标投标活动中的某一环节在什么时间、什么地点和组织哪些人参与，条件是什么等事项是招标投标活动中的个性，需要招标人按招标项目特点和需要进行统筹计划与安排。注意，招标投标是一项有着严格程序过程的活动，这类似于记叙文的“三要素”，即时间、地点、人物描写，以及招标投标活动参与的条件。下面这则汽车导航导入大海的故事，即是由两年没升级导航系统而引发的一个可笑结果。

[**汽车导航入海的故事**] 杭州湾跨海大桥位于杭州湾海域，是沈阳—海口高速公路（G15）的重要组成部分。大桥由海中平台、南北航道孔桥、水中区、滩涂区和陆地引桥组成，总长 36km，于 2008 年 5 月投入运营，缩短了由宁波开车到上海的时间。

2008 年 9 月的一天，笔者为宁波一家造价咨询企业授课，第二天要在上海为一家央企讲解《中华人民共和国标准施工招标文件（2007 年版）》。这家央企安排了一辆专车，在宁波接笔者去上海，说沿途可以在杭州湾跨海大桥上观海景，笔者高兴极了，下课后即坐上专车前往上海。

司机对宁波的路况不熟，一上车就问笔者对宁波的路况熟不熟，笔者说不熟。他就与笔者商量说：“那咱们就按导航走吧！”笔者回答说：“好！由杭州湾跨海大桥去上海。”讲了一天课笔者感觉有点累了，便在车上闭上眼睛休息。迷迷糊糊中，车子震了一下把笔者惊醒，前面路挖断了，司机正在倒车，还没到杭州湾跨海大桥呢。笔者问他：“怎么还没开到跨海大桥？”他实话告诉笔者说他的车载导航系统两年没升级了，按导航指引已走错两条路了，明明“此路不通”可是导航还指引向前，“还得下车问路。”这样，前后折腾了一个小时才走到大桥上。

这时，导航提示音响了：“路线规划错误，请掉头，请掉头！”笔者问他是不是上了杭州湾跨海大桥，他回答说上桥时看清楚了，是杭州湾跨海大桥。笔者说那就不用管导航提示了，向前开。因为导航两年没升级系统，已不能按最新路况导航。就这样，他车上的导航时不时地提示着："请掉头，请掉头！"笔者侧头看了一下他的导航显示屏，我们正在杭州湾海域上前行着呢！这时，导航提示音又来了："危险，危险！你们已经驶入深海区，请掉头，请掉头！"笔者心里这个乐啊，是不是再往前开导航会提示："你们就要与鲨鱼相遇，要与世长辞了！"忙提醒司机把导航关掉，因为过了杭州湾跨海大桥走沈海、杭州湾环线高速奔沪昆高速就可以到上海。

这次由宁波到上海的旅行经历，让笔者得出车载导航能发挥作用的前提是系统需要时时更新的结论，因为我国的建设日新月异，系统中的一些既有数据不一定反映路况的真实状况，导航系统很可能把司机带到"沟里"而不知晓。类似地，虽然招标投标的基本程序相同，即工作准备→编写招标文件→发布招标公告→发售招标文件→投标人编写投标文件→投标人递交投标文件→开标→评标→合同授予，但不同的招标项目有着不同的采购需求和管理，招标人需要按招标项目特点和需求，准确界定招标投标程序工作的个性化条件，如时间、地点和人物等，结合招标文件标准文本共性的基础上编写招标文件，明确告知潜在投标人。

1. **招标范围**。招标范围是招标人对招标项目范围的界定，是招标项目的范围、特征描述、技术标准和要求的书面表述，一般应在招标文件载明的采购清单或采购需求中确定，见本书第3章"招标采购：需求的确定"。注意，招标范围体现在招标文件中，一是投标人须知中的"招标范围"，二是采购需求中的"采购清单表"或采购事项的界定，二者在文字刻画和采购清单量上需要统一，理解和范围界定上要一致。例如，某工程施工项目招标文件载明的招标范围为"同招标文件第五章工程量清单载明的工程范围，与第六章图纸和第七章技术标准和要求配套理解"。

2. **质量标准**。按国家、行业颁布的标准、规范和规程，确定招标项目的质量等级或验收标准；国家、行业颁布的标准、规范和规程上没有招标项目的质量等级或验收标准时，执行地方颁布的标准、规范、规程或办法，确定招标项目的质量等级或验收标准；国家、行业或地方颁布的标准、规范、规程和办法上都没有招标项目的质量等级或验收标准时，招标人在市场调查基础上，按采购需求和市场供给状况确定招标项目质量等级或验收标准。例如，某设备招标文件载明的质量标准为"合格，符合第五章供货要求技术性能考核指标和要求"。

3. **履约期限**。履约期限，是指招标项目开始和完成的期限。招标文件中有两种方法确定履约期限，一是给出招标项目的开始、完成时间；二是给出招标项目开始时间和期限要求。招标文件载明的履约期限应合理，因为不同的招标项目需要不同的履约期限。例如，不同的工程建设项目所需的正常施工期不同，在以往各省颁布的《建设工程工期定额》中或是一些施工组织设计手册上可以查到；不同货物正常的加工制造周期和物流期限，通过市场调查可以获得。这里需要注意的问题是，履约期限和招标项目的质量标准间存在矛盾。履约期限过短，必然导致中标人加班加点完成项目履约，一定程度上会影响采购项目质量，因为项目需要"精雕细琢"而"慢工出细活"。同样，履约期限过长必然影响使用，无法发挥其既定功用。故此，招标人需要按招标项目特点和需求，协调履约期限与质量标准间的关系，以免顾此失彼。服务期限一般按服务需求所需时间长短确定。例如，工程监理的服务期限一般是项目工期加上缺陷责任期，某监理招标文件上载明“监理服务期限：28 个月”等。

4. **投标资格**。投标资格是指招标文件载明的资格条件，一是《市场准入负面清单》中要求的，必须具备市场准入条件才能经营的条件；二是招标人依据项目特点和需要确定的资格条件，包括民事主体地位、市场准入资格、履约能力、类似项目业绩、履约信誉和其他要求等。标准招标文件中，投标人须知正文中已经明确了联合体投标、法律法规规定的投标资格条件。为此，招标人仅需按项目特点和需要，参照第 4 章招标采购履约能力的审查，明确资格审查的因素、标准和条件。必要时，给出资格审查因素、标准和条件一览表，参见表 4.1。

组织资格预审的，招标人应发布资格预审公告，在资格预审公告上载明的开始和结束时间发售资格预审文件，一般不少于 5 日，以使潜在投标人有充分的时间购买或领用资格预审文件，编制并提交资格申请文件。招标人按资格预审文件规定的资格审查标准和方法，对潜在投标人递交的资格申请文件进行审查，择优确定投标人名单，向其发出投标邀请书。必要时，招标人也可以参照评标委员会方式，组建资格审查委员会对潜在投标人递交的资格申请文件进行审查。

5. **招标文件发售**。招标文件需明确招标文件发售的开始、结束时间、发售地点和发售条件，在招标公告或投标邀请书中载明，招标人按招标公告载明的时间、地点和条件发售招标文件。招标文件的发售期一般不少于 5 日，在招标公告载明的开始时间发售招标文件，其发售结束最晚可以在投标截止时间前规定的某一特定时间，例如投标截止时间前 3 日终止，以保证潜在投标人有充分的时间购买或领用招标文件。潜在投标人是法人或者其他组织的，应要求其持单位介绍信以证明其是法人或者其他组织；是自然人的，应持身份证或其他身份证明文件购买。

6. **踏勘现场和投标预备会**。踏勘现场和投标预备会，对招标人和投标人都不是强制规则，招标人可以组织，也可以不组织，即便招标人组织踏勘现场或投标预备会，投标人可以参加，也可以不参加，关键在于招标人判断投标是否需要组织。这里，踏勘现场的目的在于让投标人知悉项目现场履约条件，即项目周边环境、交通、供电、供水、供气、地上和地下障碍物，以及常年气候等，以使其有针对性地制定项目履约计划；投标预备会的目的在于以面对面的方式，就投标人对招标文件某些事项或条款提出的疑问进行解释或说明，以使投标人正确理解招标文件。必要时，招标人对招标文件作出书面澄清或修改。

一般地，如果项目履约与现场条件有关，如施工或供货地点为工程类的，就应当组织投标人踏勘项目现场。投标预备会是否召开，一是看招标文件规定的招标投标规则是否完备、表述是否准确、是否需要进一步说明或调整；二是看投标人对招标文件规定的招标投标规则是否理解、是否提出了疑问，或是对项目现场和招标人提供的其他履约条件有疑问，需要招标人面对面地予以解答或澄清。

组织投标人踏勘项目现场的，招标人应当在招标文件中明确踏勘项目现场的时间。项目所在地位于城市外的，应进一步明确城市内的集合时间和地点，以及前往踏勘现场的交通方式等事项；组织投标预备会的，招标人应当在招标文件中明确投标预备会召开的时间和地点。必要时，告知投标人进入投标预备会地点所需的证件或手续，以便投标人派代表参加。

7. **招标文件的澄清和修改**。招标文件的澄清，是招标人应投标人要求，旨在就投标人对招标文件某些事项或条款的不理解，进一步的解释或说明的文件，是一种被动行为；招标文件的修改，是招标人在发出招标文件后发现招标文件的某些事项或条款需要调整或修改后才能实现采购宗旨而发出的文件，是一种主动行为。一般地，招标文件的澄清或修改是在投标预备会召开后，投标截止时间前的一定时间发出，以不影响投标人编制投标文件为准。例如，国内对依法必须进行招标的项目规定，招标人对已发出的招标文件进行必要的澄清或者修改的，应当在招标文件要求提交投标文件截止时间至少15日前，以书面形式通知所有招标文件收受人，并明确此时澄清或者修改的内容为招标文件的组成部分。

注意，招标人在发出招标文件的澄清和修改前，需要组织有关专业人员对投标人的疑问予以判断，进行澄清、说明或修改，需要一定的准备时间。对此，招标文件中应分别明确投标人对招标文件和履约条件提出问题的截止时间，以及招标人发出招标文件的澄清和修改的时间。一般地，招标人发出招标文件的澄清和修改的时间应当在投标人提出问题的截止时间后的一定时间，如3日，同时满足《招标投标法》等强制性规则，如对依法必须进行招标的项目，最迟在投标截止时间前15日发出的要求。例如，某依法必须招标项目的招标文件规定投标人递交投标文件的截止时间为2020年5月31日，要求投标人提出问题的截止时间为2020年5月12日，载明招标文件的澄清和修改的发出时间为2020年5月15日，即满足这一要求。

8. **分包**。一个招标项目是否允许中标人中标后分包给他人完成取决于招标项目本身，需要招标人在对类似项目履约调查的基础上确定。注意，招标项目主体和关键性工作不允许分包，因为中标人对招标项目主体或关键性工作的分包属于一种事实上的转包行为，在采购或工程建设的法律法规中均对其予以禁止。同时，对招标项目的非主体、非关键性工作，即法律不禁止分包的情形下是允许还是不允许中标人分包，由招标人决定。为此，招标人需结合履约的特点，以实现采购择优为宗旨确定是否允许中标人对非主体、非关键性工作进行分包。同意分包的，招标文件中应进一步明确哪些非主体、非关键性工作允许分包，明确许可分包的金额限制和接受分包的第三人资格及不得再次分包的要求，因为中标人就分包项目向招标人承担责任，分包人就其承担的项目承担连带责任。例如，某装饰工程施工招标规定“除劳务外，不得分包”，某工程施工招标规定的许可分包项目为“土方开挖、防水工程、装饰工程和劳务”，要求在投标文件中载明。

9. **偏离**。偏离是指投标文件对采购需求中的因素或指标的偏差，常见于货物采购和工程施工招标。注意，投标文件对招标文件不允许偏离的因素或指标偏离的，将被视为非响应投标而被否决。同时，投标文件对采购需求因素或指标的偏离，只能在招标文件许可的范围和幅度内才有效。故此，招标文件应基于对招标项目功用和竞争策划的基础上，设置许可偏离的因素或指标范围和幅度。同时，在评标办法中针对单位偏离值对招标项目的影响，确定其价格折算或分数折算值，以实现采购择优。例如，某工程施工招标文件用经评审的最低投标价法评标，对工程进度款许可的进度款偏离范围为75% ≤月完成额≤ 85%，超出界限的不予接受。同时，规定在月进度付款80%基础上，每少要月完成额1%的，在其投标报价基础上调减4万元，每多要月完成额1%的，调增8万元，不足1%的按1%计。类似地，某工程施工招标文件用综合评分法评标，对上述进度款偏离给出的评分标准为"在月进度付款80%基础上，每少要月完成额1%的，得1分，最高5分；每多要月完成额1%的，扣1分，最高扣5分，不足1%的按1%计"。

10. 投标有效期、投标保证金和履约担保。投标有效期是投标截止时间后其投标持续有效的期限，确保招标人在投标有效期内与中标人签订合同。一般地，投标有效期以30日为单位递增，如60日、90日、120日等；投标保证金，是投标人对其递交的投标信守承诺，不在有效期内撤销投标作出的保证；履约担保，是投标人中标后按招标文件要求递交的旨在对其履约作出的保证。

投标保证金需明确投标人提交的投标担保事项、保证形式和金额。国际惯例要求的担保额度一般不低于合同估算价的2%；国内招标，投标保证金在额度上一般不超过招标项目估算价的2%。同时，对工程建设项目中的勘察、设计、施工和重要设备、材料的采购设置了最高上限，即勘察、设计招标投标保证金最高不得超过10万元；施工和货物招标投标保证金最高不得超过80万元。投标担保形式上，国际惯例一般采用银行保函方式提交；国内招标，工程建设项目投标担保形式包括现金、银行保函、保兑支票、银行汇票或现金支票等；政府采购货物与服务招标，投标担保形式为支票、汇票、本票或者金融机构、担保机构出具的保函等非现金形式。

履约担保在形式上一般采用银行保函或担保机构作出担保。在数额上，世界银行贷款项目要求担保额为合同价的10%，国内招标项目，规定履约担保不得超过中标合同金额的10%。

11. 投标文件编制。对投标文件的输出格式、打印、签字或盖章、分册、装订、封装、副本份数以及封套上应写明的内容提出要求。一般地，以满足评审和比较为原则对投标文件提出要求。例如，某招标文件要求"正本、副本采用胶装方式分开装订，封面上加盖正本或副本字样"。同时，要求"在封套的封口处加贴封条，加盖投标人单位章。封套上写明招标人名称、招标项目名称、递交地址和投标文件在投标截止时间前不得开启等字样"等。

12. 投标截止时间和地点。投标截止时间是招标投标规则中相对于招标开始时间的一项最重要的时间，是招标投标规则中的实质性条件和要求不再允许调整或修改在时间上的分水岭。国际上，投标截止时间以项目所在地时间为准；国内招标一般以北京时间为准，明确到某年某月某日某时某分某秒，以准确判断投标人递交投标文件是否在截止时间前递交，决定是否受理投标文件。例如，某招标文件规定的投标截止时间为“2020年8月25日上午10点30分00秒（北京时间）”。

招标文件发出后，确定多长时间可以投标截止的依据在于招标项目投标复杂程度，即投标人编制投标文件所需的合理时间。一般地，投标文件编制工作量小的项目投标时间可以相对缩短，编制工作量大的项目需给投标人足够的时间编制投标文件，其投标也才具有可实现性。值得注意的是，国内对于依法必须进行招标的项目，法律规定的从招标文件开始发售之日起到投标截止之日止，最短不得少于20日的要求，是依法必须进行招标项目所需投标期限的最低限，但绝不是确定投标期限的唯一尺度，因为投标期限需服务于投标质量。这是招标人确定投标期限和投标截止时间应当遵循的一项规则，对那些技术复杂、专业性强或是论证、优化所需时间长的招标项目，应当赋予投标人充足的投标文件编制时间。例如，对特级建筑工程的设计招标，投标期限可以在45日以上；二级及以下工程的投标期限可以在30日以上等。

13. **开标**。在开标方面，招标人有三个事项需要在招标文件中明确：①开标时间和地点；②开标程序；③开标参与人及条件。其中，投标截止的时间同时是开标开始的时间，满足投标要约在投标截止时间以后生效这一合同订立规律，开标地点需在招标文件中载明；有关开标程序，在招标文件示范文本，如国家发展改革委会同国务院有关部门颁发的标准招标文件中均有开标程序规定。招标人需要明确的主要有两个事项，一是明确开标时对投标文件密封情况的检查人，是投标人或者投标人代表，还是招标人委托的公证机构。实践中，常用的是投标人代表检查。二是投标文件开启的先后次序。一般按招标文件递交的先后次序、逆次序或者随机抽取投标文件开启次序均可。

开标参与人，一般包括主持人、唱标人、监标人、记录人和投标人代表。其中，投标人代表参与开标活动，是对开标过程的见证，其承担的主要职责，一是知悉其他投标人的投标，即知情权；二是监督招标人组织开标符合法律规定。投标人代表参与开标，应是投标人的单位负责人或持有单位负责人的有效授权和身份证明，以代表投标人在开标时履行其职责。

14. **评标**。评标涉及两个事项，即评标委员会组建和评标办法。其中，评标过程由评标委员会负责，并不对投标人公开。一般地，评标原则和怎样评标在示范文本的“投标人须知”和“评标办法”等章正文公布。招标文件需进一步按招标项目特点和需求明确并告知投标人的事项，一是评标委员会组建，二是择优标准。其中，择优标准在下一节讨论。关于评标委员会的组建，招标人需根据《评标专家专业分类标准》和招标项目评标所需的专业、工作量确定专家的专业和人数，明确专家来源。例如，某中心办公楼工程施工总承包招标，评标涉及建筑结构、装饰装修、电气、给水排水、通风空调和造价等专业，该项目招标文件载明的评标委员会构成为“评标委员会由7人构成。其中，招标人代表2人，技术、经济专家5人，由土建工程1人、电气工程1人、给水排水1人、通风空调1人和造价1人组成，专家由招标人在市综合评标专家库中采用随机抽取的方式确定”。

15. 评标结果公示。评标结果公示主要用于依法必须进行招标的项目，公示评标委员会推荐的中标候选人投标有关情况，接受监督。一般地，招标人应在发布招标公告的同一媒介公示评标结果，包括中标候选人排序、名称、投标报价、质量、履约期限、市场准入资格、项目负责人及其证书，以及提出异议的方法等事项，公示期限不少于 3 日。

注意，对涉及国家安全、国家秘密而采取邀请招标的项目不得在公众媒介上公示。对依法可以不招标的项目是否公示，以及怎样公示由招标人决定。例如，在招标人网站上公示、逐一告知投标人评标结果等。

16. 其他事项。这是指按招标项目特点和需要补充的其他事项。例如，采用电子招标投标系统的，告知投标人电子招标投标交易平台名称、注册登记，投标文件的编制、输出格式，投标文件的加密、递交、传输、接收的确认，以及开标时在线参加开标，解密投标文件和评标时，在线对投标文件澄清或者说明等事项。

第 3 节　标准：评审择优方法

评标委员会对投标文件的评审和比较，是依据招标文件中规定的评标标准和方法进行的。这当中，评审的宗旨是对投标是否符合采购需求的评审；比较是对符合采购需求的投标进行相互优劣比较和排序。注意，这种评审和比较是按招标人公布的招标事实，即招标文件规定的评标标准和方法进行的，体现的是招标人择优。微观经济学中，把采购视为一种微观经济活动中的消费选择行为，假设采购人是一个理性经济人。对一个理性经济人来说，其消费选择的标准在于商品效用，按商品效用最大化的原则进行商品选择，这是招标人进行招标需要遵从的经济原则。然而，判定商品效用本就是经济学中的难题。为此，经济学中曾先后出现两种效用假设，一是基数效用理论假设，产生于 19 世纪 70 年代左右的英国，认为商品效用可以计量、数值化并可以加总求和。注意，综合评分法采用的经济学假设，正是基数效用理论。二是序数效用理论假设，其提出的原因在于人们发现商品效用作为一种心理现象是无法计量的，因为不可能找到效用的计量单位，认为可以把商品效用对应于一个数值的假设经实践检验是不可能成立的。这样，在 20 世纪 30 年代就产生了序数效用理论，假设：①完备性，即指对每一种商品都能说出偏好顺序；②可传递性，即消费者对不同商品的偏好是有序的、连贯一致的，若 A 大于 B，B 大于 C，则 A 大于 C；③不充分满足性，即消费者认为商品数量总是多一些好。对集合论有研究的人一定知道，序数效用理论假设的实质是假设商品效用构成一个偏序集合，这比较符合人们的心理感觉。

招标投标的核心在于竞争，竞争的宗旨在于择优，即对投标效用排序，择优确定中标结果。那么，如何对符合采购需求的投标进行排序，进而择优，是招标人在招标文件中最需要研究的事。商品效用实际上是一种泛函，即函数上的函数。我们先分析一下奥运奖牌的排名，再回到这一问题的讨论。

［**奥运奖牌榜的排名**］第31届奥运会于2016年8月5~21日在巴西的里约热内卢举行，8月16日，各大新闻公布的截至8月15日24时奥运奖牌榜位列前五名的国家排名，见表6.1。

奥运奖牌榜 **表6.1**

排名	国家及地区	金牌数	银牌数	铜牌数	奖牌总数
1	美国	26	21	23	70
2	英国	15	16	8	39
3	中国	15	14	17	46
4	俄罗斯	9	11	10	30
5	德国	8	5	4	17

这当中，让人产生疑问的是中国与英国的排序，截至8月15日24时金牌数一样，都是15块。但奖牌总数上，中国46块，英国39块，为什么英国排在第二而中国排在第三？从奖牌总数上看，怎么看都应该是中国排第二、英国排第三。

奥运奖牌榜的排名，是一种常见的最简单的排序方法，即本书第4章第4节介绍的“字典排序原理”的应用。使用英文词典的人都知道怎样去查找一个英文单词。例如，economy（经济）这个词，先找第一个字母e所在页码，再找第二个字母c所在页码，然后再看字母o所在页面，由上到下顺次查找子目n，就可以很容易地发现economy这个单词。这是因为，英文词典排序规则是按照26个字母a，b，c，d，…，z的次序，对单词进行排序的。类似地，汉语词典按照读音a，b，c，d，…，z的次序排序。

奥运会奖牌榜的国家排名规则，是按金牌数、银牌数、铜牌数和国家编码排位进行排序的，即金牌数多的排前面，少的排后面；金牌数相等时，按银牌数多少排序；银牌数相等时，再按铜牌数多少排序；如金牌、银牌、铜牌数都一样，按国家编码排序。这就是截至2016年8月15日24时奥运会奖牌榜上英国排在第二而中国排在第三的原因，因为两国的金牌数都是15块，但在银牌数上，英国16块而中国14块。

招标采购择优的实质，是对符合采购需求的投标进行排序。实践中，综合评分法和经评审的最低投标价法，是简单地以投标人的得分或评标价进行排序。但在经济学上，招标采购是采用多个评审因素对投标进行的优劣评判，包括投标报价、履约能力、履约方案、业绩和信誉等进行综合评审，形成了对投标优劣评判的单因素排序和多因素排序两种方法。

1. **单因素排序法**。单因素排序是假设择优因素间存在一种当量换算，可以采用统一尺度定量且加和评判投标优劣，这实际上就是经济学中的基数效用假设。招标采购中的换算办法有两种：①采用某个评审因素的投标值为排序参量；②对各评审因素进行当量换算，换算为统一的排序参量。其中，第一种单因素排序的使用有着严格的限制性条件，只有当排序因素外的其他因素不影响采购结果时才能使用。例如，最低投标价法，即对通过初步评审的投标，按报价最低的原则确定中标人的方法。这种方法看似简单，但一般只适用于具有通用技术、性能标准统一和供给充足，招标人又没有特殊要求的项目；第二种方法就是常见的经评审的最低投标价法和综合评分法。

（1）经评审的最低投标价法。经评审的最低投标价法源于世界银行、亚洲开发银行等国际金融组织的“最低评标价法”，要求将合同授予具有最低评标价但不一定是报价最低的投标。同时，要求招标文件应明确规定在评标中需要考虑的所有价格折算因素，以及怎样运用这些因素来确定投标的评标价，包括商务、技术偏差与偏离。例如，对于设备采购，其商务折价因素包括内陆运费和保险费、付款时间、交货期、运营成本、售后服务、相关培训等，技术折价因素包括设备效率、可配套性、零备件、安全性和环境效益等。表 6.2 中给出了一个水泵采购项目的折价因素和折价标准，评标委员会仅需按表中折算因素和标准，对投标人投标的水泵扬程、预付款和交货时间进行价格折算，编写评标价格一览表并按由低到高的次序推荐中标候选人。

价格折算 表 6.2

序号	折算因素	折算标准
1	扬程	规定的进、出水口径和 30m 基础上，扬程每增加 10m 调减投标价 5 万元，每减少 10m 调增投标价 8 万元，不足 10m 的不计；少于 20m 或超过 50m 的投标将被拒绝
2	预付款	预付款在 10% 基础上，每增加 1% 投标价调增 1 万元，不足 1% 的按 1% 计；每减少 1% 投标价调减 0.5 万元，不足 1% 的不计
3	交货时间	在计划交货期 60 日的基础上，每提前 1 日投标价调减 0.3 万元；每推迟 1 日投标价调增 0.6 万元

经评审的最低投标价法中，投标人的评标价计算公式为：

$$C=K+\sum_{i=1}^{s} m_i$$

其中，C 为投标人的评标价，K 为投标人的投标报价，m_i 为第 i 个折价因素的价格折算值，s 为折价因素个数。

经评审的最低投标价法的实质是“一手交钱一手交货”式的采购，把履约过程和结果对效用的可能影响换算成价格，按成交价最低的原则确定中标，是一种客观评价方法。虽然在经济学家的眼中，任何商品均对应一个价格，但如何确定折价因素，如何确定折价因素的单位偏离对采购效用的影响是个难题。实践中，一般只能采用市场调查、实验模拟或是多年经验，测算或估算折价标准，是一种近似的择优方法。

（2）综合评分法。综合评分法是评标委员会按招标文件中规定的评审因素和标准，对投标评分，按照得分由高到低的次序推荐中标候选人的方法。其中，评标因素分为客观和主观两种因素。故此，综合评分法更多的，是依赖于评标委员会成员的专业素质和职业道德对投标进行评审和比较，是一种主观评标方法，如表 6.3 所示的某工程施工招标项目评分标准。

某工程施工招标项目评分标准 **表 6.3**

评审因素	分值		评审标准
投标报价	60		评标基准价 = 通过初步审查的最低投标报价，投标报价得分 =60 × 评标基准价 / 投标报价
施工组织设计	工程施工部署	2	施工部署科学合理可行的，1~3 分
	主要施工方法	15	方法先进可行的，12~15 分；可行的，6~11 分；基本可行的，2~5 分；不可行的，0~1 分
	质量保证措施	3	措施对质量有充分保障的，3 分；有保障的，1~2 分；无保障的，0 分
	安全消防措施	2	措施对安全、消防有充分保障的，2 分；有保障的，1 分；无保障的，0 分
	资源配备计划	3	施工机械、劳动力配备满足建设要求的，2~3 分；基本满足的，1 分；不满足的，0 分
	进度计划与措施	2	计划可行，措施对进度有保障的，2 分；基本有保障的，1 分；计划不可行或措施对进度无保障的，0 分
项目经理部	项目经理	4	组织实施的项目获得省部级优质工程的，2 分；近三年组织实施过同等规模的类似项目，按合同额度每 5000 万元 1 分，最高 2 分
	技术负责人	3	参与实施的项目获得省部级优质工程的，1 分；近三年组织实施过同等规模的类似项目，按合同额度每 5000 万元 1 分，最高 1 分
	其他主要人员	6	项目经理部人员配备齐全，均持上岗证的 6 分；每缺一个上岗证扣 2 分，扣完为止

一般地，综合评分法中投标人得分的计算公式为：

$$N = L + \sum_{i=1}^{s} K_i$$

其中，N 为投标人的得分，L 为投标报价得分，K_i 为第 i 个评审因素得分，s 为评分因素的个数。类似于价格折算标准，综合评分法中如何确定评分因素，如何确定评分标准以使各因素的评分标准协调一致是个难题。

评分标准间的协调一致虽然可以采用层次分析法，计算矩阵特征值去分析和调整，但一个评审因素何时是 3 分，何时又应当是 5 分并没有量化标准，只能是主观臆断。实际上，那种认为评审因素间存在当量换算、可以定量刻画的假设在理论上就不一定成立。同时，不同评标委员会成员的专业素质不一，对主观评审因素评分标准掌握尺度不一，易造成得分最高的投标不一定是最优投标，即偏离经由投标竞争择优确定中标结果的采购宗旨。

此外，综合评分法极大地依赖于评标委员会成员的主观判断与决定，一定程度上易促成投标人与评标委员会成员私下串通和行贿受贿问题，这在人情味浓厚的社会环境下尤其如此，因为这种主观评分标准等同于招标文件中没有择优标准，投标人的这种私下行为有利于其获得评标委员会的良好评价和中标，不利于规范有序的招标投标市场构建。

那么，单因素排序法是否可以实现近似择优呢？答案是肯定的，这就是在经评审的最低投标价法和综合评分法基础上发展而来的多步排序法。

（3）多步排序法。综合评分法的缺点在于对各种评审因素的得分求和，实际上是在用评审因素的平均得分确定最优投标结果，势必失去了对各评审因素的择优；经评审的最低投标价法仅是预估“一手交钱一手交货”的最低价格，招标项目使用、维修和保养等成本支出并不在列。

招标项目的追求目标有两种，一是招标项目生命周期性价比最优；二是项目履约能力最优。一般地，工程施工、货物和以劳力为核心的采购倾向于按招标项目生命周期性价比最优原则采购；工程勘察、设计、监理和科研、研发等以智力为核心的采购倾向于按履约能力最优原则采购，分步择优如下：

1）生命周期性价比最优法。生命周期性价比最优法的前提是在投标及履约能力满足要求的前提下，计算投标的性价比。择优步骤如下：①确定通过初步审查且报价不超过最高投标限价的投标进入下一步；②采用评分方法、投票方法或是招标文件载明的其他方法，对投标人履约能力和结果排序，择优确定排名在前若干名的投标进入下一步；③计算生命周期单位时间的费用，包括投标报价、投标偏差及价格调整、运营维护和使用成本等单位时间的费用，例如，设备招标时，计算参量

$$\Phi = \frac{B + \sum_1 + \sum_2 + \sum_3 + \sum_4}{T}$$

其中，B 为投标报价，$\sum_1$ 为商务条件偏离调整价格求和，$\sum_2$ 为技术条件偏离调整价格求和，$\sum_3$ 为使用成本求和，$\sum_4$ 为运营维护成本求和，T 为生命周期；材料和工程施工招标时，计算参量

$$\Phi = B + \sum_1 + \sum_2$$

即取 $T=1$；④按生命周期单位费用由低到高的顺序排序，择优推荐中标候选人。

2）履约能力最优法。履约能力最优法的前提是投标符合采购需求，招标人有能力支付，进而按履约能力排序、择优的方法。择优步骤如下：①采用评分方法、投票方法或是招标文件载明的其他方法确定符合采购需求的投标排序，择优确定排名在前若干名，例如，三

名以上的投标进入下一步；②确定投标报价不超过最高投标限价的投标进入下一步；③确定投标人履约能力的排序参量，可以采用评分方法、投票方法或是招标文件载明的其他方法。按履约能力排序参量大小对投标排序，择优推荐排名在前的投标人为中标候选人。

2. 多因素排序法。多因素排序类似于奥运金牌榜的排序方法，是综合评估法的实质要求，但评审因素比奥运金牌榜排序因素多，相对复杂。招标投标活动中投标人的个数有限，对评审因素排序后，按字典排序原理对投标进行相互比较，最终可以实现对投标的综合排序。

1）投标效用模型。投标效用可以采用形式向量（A_1，A_2，…，A_m）刻画。其中的参量 A_i（$1 \leqslant i \leqslant m$）为确定投标 $\boldsymbol{A}$ 的某一属性或特征，由形式向量（A_{i1}，A_{i2}，…，$A_{in(i)}$）刻画，这里，$n(i)$ 为正整数，$A_{ij}[1 \leqslant j \leqslant n(i)]$ 为确定投标 $\boldsymbol{A}$ 的属性，即 A_i 的属性、特征或参数。这样，一个投标 $\boldsymbol{A}$ 的效用实际上是一个 Smarandache 重叠空间，即

$$\boldsymbol{A} = \bigcup_{i=1}^{m} A_i = \bigcup_{i=1}^{m} \{A_{i1} \cup A_{i2} \cup \cdots \cup A_{in(i)}\} = \bigcup_{i=1}^{m} \bigcup_{j=1}^{n(i)} A_{ij}$$

或是表示为效用矩阵

$$\boldsymbol{A} = \begin{bmatrix} A_{11} & A_{12} & \cdots & A_{1n(1)} \\ A_{21} & A_{22} & \cdots & A_{2n(2)} \\ \vdots & \vdots & \vdots & \vdots \\ A_{m1} & A_{m2} & \cdots & A_{mn(m)} \end{bmatrix}$$

招标采购择优，实质上是要求评标委员会按照招标文件中载明的评标标准和方法，对投标结果 R_1，R_2，…，R_k 按效用矩阵进行排序，例如，$R_1 > R_2 > \cdots > R_k$，并确定效用最优的投标结果中标。

2）多因素排序法。多因素排序的实质，是确定各个排序因素 A_1，A_2，…，A_m 和 A_{i1}，A_{i2}，…，$A_{in(i)}$（$1 \leqslant i \leqslant m$）的序关系。这样，根据第 4 章的字典排序原理，就一定可以实现对投标结果 R_1，R_2，…，R_k 的效用排序。

实践中，对多因素排序，常用的一些方法如下：

经验值排序法。经验值排序的前提是有足够多的数据统计。一般地，采购需求不同，需依据其技术、经济因素或指标值，分析标的物使用功能及需要改进事项，进而确定该类评审因素的适用范围。这一排序过程既涉及科学决策，还涉及招标人的经验和心理素质。

优选排序法。优选排序是实践中确定因素 A、B 优劣关系的一种简单方法，是采用最少试验次数选择最优方案的一种方法，有单因素 0.618 法、多因素 0.618 法、二分法、Fibonacci 优选法等。其中，最简单的是单因素 0.618 法。

专家决策排序法。专家决策是实践中最常用的决策方法，可应用于评审因素的排序，可以有效发挥专家的群体决策优势，满足采购需求。专家决策一般有以下过程：①成立决策组。专家人数一般为奇数，以便在有争议时可以采用投票方法，按“少数服从多数”的原则决策。②掌握排序依据。必要时，组织专家学习、讨论，研究评审因素和标准。③专家排序。专家组成员依据个人学识、经验和标准，对评审因素排序。④汇总专家排序结果，

出具专家集体决策意见，供招标人制定择优标准使用。

专家排序结果实际上是一个优选矩阵。假设有 n 个因素 A_1，A_2，…，A_n 需进行排序，则专家需要完成一个 $n\times n$ 的优选矩阵 $[A_{ij}]_{n\times n}$，这里，A_{ij}（$1\leqslant i$，$j\leqslant n$）为 A_i 和 A_j 间关系的决策真值，即 $A_i>A_j$ 时 $A_{ij}=1$；反之，$A_i<A_j$ 时 $A_{ij}=0$。注意，这里定义的矩阵在主对角线上的元均为 0，满足如 $A_{ij}=1$，则 $A_{ji}=0$ 的条件。

当专家组人数 $n\geqslant 2$ 时，不同专家完成的优选矩阵不一定完全一样，此时需要将所有专家的优选图表汇总为一个优选矩阵，进而完成目标因素的排序。汇总方法有两种，一种是矩阵求和汇总；另一种是加权求和汇总，即赋予每个专家一定的权值 p_1，p_2，…，$p_n\geqslant 1$，然后，求矩阵和

$$[b_{ij}]_{n\times n}=p_1[M_1]+p_2[M_2]+\cdots+p_n[M_n]$$

和 $n(A_i)=\sum_{j=1}^{n}b_{ij}$，依据 $n(A_i)$，$1\leqslant i\leqslant n$ 的大小进行因素排序，即 $n(A_i)\geqslant n(A_j)$ 时，$R_i>R_j$。这当中，还需确定评审因素和投标 R_1，R_2，…，R_k 的等序条件，以对投标结果综合排序，择优确定中标结果。

［**综合排序的事例**］ 综合评估法的实质是综合排序。为此，采用什么因素和参量、什么方法排序是最需要研究的问题。最简单的是在综合评分法或是经评审的最低投标价法基础上引入等序，以纠正纯粹以排序量数值大小择优。

事例 1：某货物采购招标采用经评审的最低投标价法。实质性响应招标且报价最低和次低的投标为投标 1 和投标 2，报价依次为 458565.00 元和 458566.00 元，仅差 1 元。但从履约能力上看，投标 2 中标更有利于招标人。此时，如果按经评审的最低投标价法单因素排序，投标 1 仅因 1 元之差排序在投标 2 的前面。这类追求数值大小排序的极端案例是可笑的。为防止类似现象发生，招标人制订综合排序标准时规定，经评审的投标价差在 10000.00 元以内的为等序，按“履约能力强的优先”原则排序。这样，该项目推荐的第一中标候选人就是投标 2，而不是单纯经评审的最低投标价即投标 1。

事例 2：某工程设计招标，择优标准考虑投标报价、设计方案、能力与可实现性三个因素。其中，①报价。规定投标报价须不超过最高投标限价，否则，对投标予以否决。②设计方案 K。对设计方案平面布局、功能划分、环境、节能设计等进行综合比较，按百分制打分。③能力与可实现性参数 L，由拟派人员、设计环境等条件按 $L=L_1L_2L_3$ 计算。其中，L_1 为拟派人员数量，规定项目设计组专业齐全，人数在 15 人以上的 $L_1=1.5$，8~14 人的 $L_1=1.0$，7 人以下的 $L_1=0.5$。L_2 为人员履历参数，规定拟派人员有业绩的 $L_2=1.2$。拟派人员中，每出现 1 个无业绩的，加乘系数 0.9。L_3 为能力可靠参数，规定拟派人员无不良履历的 $L_3=1.0$，每出现 1 个有不良履历的人员，加乘系数 0.8，每有一个获得过行业奖项的人员，加乘系数 1.2。最后，计算投标人综合得分 $T=K\times L$，规定 $|T_1-T_2|\leqslant 20$ 的投标，T_1、T_2 等序，按设计方案得分的高低排序；如投标人设计方案得分仍相同，则按投标报价由低到高的顺序排序。该项目有 A、B、C、D 共计四个投标。经评审，四个投标的报价均在招标文件载明的最高投

标报价限价内，设计方案得分依次为90、92、84、79，能力与可靠性计算结果依次为1.94、1.8、1.8和1.44。最终，投标A、B、C、D综合得分T依次为174.6、165.61、151.2、113.76。其中，投标A与B、B与C的得分差在20以内，为等序，但投标B设计方案优于A，投标A的设计方案优于C，按排序规则得到最终的排序结果为

投标人B的投标>A的投标>C的投标>D的投标

事例3：某机电设备招标采用性价比法进行评审，即采用$N=K\times(B/C)\times100$计算投标人得分。这里，K为可靠性系数，由设备可靠性加乘其供货可靠性系数而得，其中供货可靠性由供货方案、人员及售后服务等，按百分制打分后除以100；B为投标价；C为设备使用月数。排序标准规定，$|N_A-N_B|\leqslant 5$的投标等序，按报价得分由低到高排序。四个投标人参加了投标，其N值计算结果依次为64.8、59.81、61.33、52.31，见表6.4。

排序参量计算结果 **表6.4**

投标	1	2	3	4
可靠性系数（K）	0.9	0.85	0.92	0.8
设备使用月数（C）	50	54	48	52
投标价（万元）（B）	36	38	32	34

注意，投标1和投标3的分值、投标2和投标3的分值差小于5。按排序规则，最终的排序结果为

投标3>投标1>投标2>投标4

故此，投标3在四个投标中最优。

[**知识窗**] 数学优化是指在一定约束条件下，求解目标函数的最大值（或最小值）。一个数学优化问题定义为：给定一个定义于D上的目标函数f: $A\rightarrow R$，寻找一个变量$x^{\star}\in D$，使得对于所有D中的x，$f(x^{\star})\geqslant f(x)$（最大化）[或者$f(x^{\star})\leqslant f(x)$（最小化）]，其中$D$为变量$x$的约束集合，$D$中的变量被称为是可行解。

视约束条件和目标函数的不同，数学优化进一步分为线性规划、整数规划、二次规划、非线性规划、动态规划、离散规划、无限维规划、多层规划等分支。例如，二次规划的目标函数是二次函数。招标采购中的目标函数，常见的是线性函数，但对多目标择优时，一般是非线性函数，涉及非线性规划或多层规划。

第4节　约定：中标合同条件

招标采购的宗旨是实现采购结果的优化，由招标投标缔约和履约两个过程构成。合同条件，是招标人为实现采购需求，按合同履行规律和管理需求要求投标人中标后履约遵从的条件。不设置合同条件，投标竞争就是一场过程游戏。合同条件设置不合理，与投标竞争不匹配，履约不可能按投标竞争的结果实现采购需求，采购宗旨最终可能落空。因此，合同条件是投标竞争的基础。同时，合同条件还是投标竞争结果实施的保障。

注意，合同条件不等同于合同条款，因为合同条件是招标人提出的合同履约条件，还不是与中标人达成一致，写入双方合同中的条款。那么，标准招标文件或招标文件的示范文本中是否提供了完整的合同条件呢？合同条件需按招标项目特点和需要设置，是招标项目的个性体现，而标准招标文件或示范文本是某一领域或专业招标文件共性，仅可能体现合同条件的共性。这就是为什么标准招标文件和示范文本把“通用合同条款”作为其合同文件的一部分，而合同专用条款则是空白的原因。实际上，通用合同条款加合同专用条款等于合同条件。故此，招标人在标准招标文件或示范文本基础上，只要在通用合同条款基础上，按招标项目履约需求，把合同专用条款补充完善即构成招标项目的合同条件。除去一些简单的一般性条款外，合同范围、价款支付、变更条件、违约和索赔等五项与投标关系最为紧密，在此分析如下：

1. **合同范围**。合同范围是对合同标的的范围界定。招标采购中有招标范围、投标范围、报价范围、中标范围和合同范围五个范围，在理论上应当一致。首先，投标响应招标的基础是对招标范围的响应，二者必须一致。否则，投标就是非响应投标而被否决。其次，中标范围应当与投标范围一致。如果不一致，无论是中标范围大于还是小于投标范围，都违反《民法典》“合同编”第四百八十八条的规定，即承诺的内容应当与要约的内容一致，承诺对要约的标的或者数量作出实质性变更的，为新要约的规定，违反公平交易的市场原则。第三，中标通知书承诺的中标范围一定是合同范围，因为中标通知书是承诺与中标人的投标即要约，按照《民法典》“合同编”第四百七十一条的规定构成合同。故此，按《民法典》“合同编”和招标投标规则中的“一次要约一次承诺”的特点，可以推导出招标范围、投标范围、中标范围和合同范围应当一致。其中，唯一需要讨论的是，报价范围是否应当与招标范围一致。要求报价范围与招标范围一致源于民事交易中的“等价有偿”的原则，即合同履约中按中标人的投标价格支付其合同款。这里需要讨论的是，如果报价范围与招标范围不一致，必然造成履约时部分项目因没报价而无法施行“等价有偿”原则，需当事人对那些没报价的项目重新商议价格，这单纯从合同履约上看似乎没有什么问题，但如果结合投标竞争看，对那些遵循了按招标范围报价的投标人必然不公平，违反了公平交易原则。故此，招标采购中涉及的招标范围、投标范围、报价范围、中标范围和合同范围应当一致，如果不一致，必然违反公平交易原则或是《民法典》“合同编”的规定。

值得注意的问题是，招标文件中的招标范围体现在两个地方，一是投标人须知中的“招标范围”；二是采购需求或采购清单中规定的子目或采购项目，二者须在内涵上完全一致。这样，合同范围与招标范围一致也就顺理成章，详见本书第3章“招标采购：需求的界定”。实践中，造成合同范围争议的原因，一般均源于招标文件对招标范围的界定不准确，存在多种理解，投标人按其中一种理解投标所致。对此，招标人在招标采购中应当引以充分重视。

2. **合同价款支付**。合同价款支付，是招标投标中一件重要的事项，既与资格审查中审查资格申请人或投标人的财务能力有关，又与投标人的投标报价和履约有关。一般地，用于合同价款支付的资金来源、资金落实和合同条件中的预付款、进度款或过程付款、质量保证金是投标人最为关注的条件，也是招标人依据战略部署需要重点筹划的事项。因为一方面，合同价款支付是招标人约束中标人履约的重要手段；另一方面，按合同约定支付中标人价款是招标人的一项主要合同义务，不履行将构成招标人违约并承担向中标人的赔偿责任。

合同条件中的价款支付，应主要明确以下事项：

1）资金来源和落实情况。资金来源，需要明确告知用于合同价款支付的资金来源，是国拨资金还是招标人自筹，是全部为国拨资金还是部分国拨，以及国拨资金和招标人自筹资金分别是多少等。资金落实情况，旨在告知投标人资金到位情况，以判断招标人支付其合同价款的可能性。例如，某招标文件填写的资金落实情况为“自筹资金100%银行贷款，已与中国建设银行签署贷款协议”。

2）预付款。预付款用于中标人为合同实施购置材料、设备、设施和组织劳动力等，需专款专用，专用事项或领域在合同条件中约定。预付款额度，一般是签约合同价的10%~30%。例如，某工程施工招标项目的合同条件约定“预付款的额度为签约合同价的10%，专用于承包人为合同工程施工购置材料、工程设备、施工设备和修建临时设施，以及组织施工队伍进场。预付款必须专用于合同工程”。那么，合同条件中是否可以不设预付款或预付额度为0呢？单从合同订立上看，这没什么不可以。但从招标采购看，合同条件中，如果约定预付额度为0，就需要中标人有充分的财务能力，现金流至少要满足合同一个以上付款期所需资金，这对于大中型工程建设项目，或是负债经营类企业，如施工企业和部分来料加工企业几乎不可能。最终导致投标人将融资成本，如贷款利息等第三方费用加到报价中，签约合同价较正常报价偏高。故此，按签约合同价一定比例预付中标人一定款项，对招标人而言，一定程度上可以起到降低合同价的作用。

预付款在性质上是借款，招标人在给付合同款时可以等比例扣回。但预付款一旦预付中标人后，如何约束中标人将预付款专用于合同项目而不挪作他用，是招标人在合同条件中需要着重研究的事项。一般地，要求中标人在收到预付款的同时，向招标人提交预付款保函，其担保金额与预付款金额相同。

3）付款期付款。付款期是合同预定的付款期限，以周、月、季或合同条件约定的形象部位为付款周期，约定付款期。一般以中标人在一个付款期内实施的合同项目的价格扣减合同约定的款项后给付中标人，也可以按应付款项的一定比例给付中标人。例如，某大型设备招标的合同条件约定“中标人按合同约定交付合同首批设备后，招标人在验收合格且收到中标人提交质量证明文件并经审核无误后28日内，招标人按签约合同价的50%扣减预付款10%和质量保证金10%后的余款，即签约合同价40%支付中标人；在收到全部设备且经组装验收、考核合格后28日内，按签约合同价的50%扣减预付款10%和质量保证金10%后的余款，即签约合同价40%支付中标人。质量保证金在12个月缺陷责任期终止后的28日内，招标人将质量保证金余款一次性支付中标人”。

4）质量保证金。质量保证金，是中标人对履约结果的质量保证，额度在10%以下。其中，工程施工一般为2%~5%，设备采购为5%~10%。质量保证金用于缺陷责任期内发现的中标人责任造成的招标项目缺陷的修复、更换或返工重做，招标人原因导致招标项目缺陷的，相关费用由招标人承担，中标人有义务实施缺陷的修复、更换或返工重做。缺陷责任期届满，中标人向招标人申请到期应返还的剩余质量保证金，以及因招标人原因导致缺陷项目的修复、更换或返工重做费用。

3. **合同变更**。合同变更是指履约过程中发生合同约定情形和条件，需对合同的实质性内容，如合同范围、合同价款、履约期限或质量标准等进行变更。其中，投标人最关注的，是合同价款和履约期限的变更条件。

（1）合同变更条件。合同条件中，应明确约定发生何种情形需要对合同实质性内容进行变更。一般地，合同项下变更项目规模、规格或数量、质量要求，改变实施地点或供货地点，改变工艺或运输、包装方法，或是为实施合同而增加额外工作或事项的，可能涉及合同实质性内容的变更，详见本书第5章第4节的内容。

（2）合同价款变更。合同价款变更存在四种情形，一是合同变更条件引起的合同价款变更；二是物价波动引起的合同价款变更；三是法律法规变化引起的合同价款变更；四是不可抗力引发的合同价款变更。

1）合同变更条件引起的合同价款变更。合同履约中，发生了合同条件约定的变更条件，如工程施工中出现的设计变更，改变某一分项工作的特性，如把某一地砖地面改为花岗石地面等，按合同条件约定的变更情形和估价原则或计价方法，将变更项目履约的差价计入合同价款。

2）物价波动引起的合同价款变更。合同履行期内，因人工、材料和设备市场价格波动影响合同价格时，合同条件应约定合同价格的变更条件和方法，计算或估算变更差价，计入合同价款。一般地，货物和服务按价格波动幅度是否超出合同条件约定的范围，超出部分计入变更合同价款。施工有两种方法，一种是按造价管理机构发布的价格调整系数调整；另一种是按中标人依据投标函附录的要求提交的投标函附录上载明的价格指数和权重，计算变更合同价款，公式如下：

$$\triangle P = P_0 \times \left[A + \sum_{i=1}^{m} B_i \times \frac{F_{ti}}{F_{0i}} - 1\right]$$

其中，$\triangle P$ 为需调整的合同价格差额；P_0 为中标人应得到的合同金额，一般不包括价格调整、预付款的支付、扣回和质量保证金的扣留、返还；A 为招标文件中投标函附录格式中载明的定值权重；B_i 为中标人按投标函附录要求投标报出的第 i 个可调因子的变值权重；F_{ti} 为付款周期内约定时段第 i 个可调因子的价格指数，F_{0i} 为合同条件约定的基准日期或时段第 i 个可调因子的价格指数。这里，$1 \leqslant i \leqslant m$，即合同价格 P 在各付款期的值为：

$$P = P + P_0 \times \left[A + \sum_{i=1}^{m} B_i \times \frac{F_{ti}}{F_{0i}} - 1\right]$$

3）法律法规变化引起的价格调整。法律法规变化导致中标人在合同履行中发生的费用变化，招标人应按法律法规的规定对合同价款进行变更。

4）不可抗力引发的合同价款变更。不可抗力导致的人员伤亡、财产损失、费用增加和履约延误的，一般由合同双方按以下原则承担，变更合同价款：①招标人已经接收事项的损害，以及接收事项造成第三人伤亡和财产损失的，由招标人承担；②中标人的设备、设施的损坏由中标人承担；③招标人和中标人各自承担其人员伤亡、其他财产损失和相关费用；④不可抗力导致不能如期履约的，中标人无需支付违约金；导致履约暂停需要照管和清理、修复已履约事项的，费用计入合同价款，由招标人承担；不可抗力致使一方当事人不能履行合同的，应及时通知对方解除合同，按合同条件，妥善处理双方债权债务。

（3）合同履约期限变更。合同变更条件出现，例如，招标人未按合同约定及时支付合同款，或是招标人要求改变合同标的质量特性的，或法律法规变化时，可能需要变更合同履行期限。不可抗力发生时，中标人不能按期履约的，应合理延长履约期限。

4. 违约。违约，即招标人或中标人中的一方违反合同约定，不履行双方签订的合同义务的行为。一般地，违约方违反了诚实守信的市场原则，应当按合同约定和法律规定承担相应的违约责任。招标投标过程中，如何防止中标人违约、不履约呢？有两种解决办法，一是招标文件中的合同条件明确界定合同的违约情形和处理办法；二是要求中标人提交履约担保。

1）违约情形。违约情形应在合同条件中载明，本书第 5 章第 4 节中已对合同履行过程中违约的一般情形进行了举例。合同条件中，还应结合招标项目特点和履约实际，在一般合同违约情形基础上，进一步补充完善违约情形，特别是中标人履约与其投标要约的人、财、物和方法不一致，影响履约结果的情形，明确界定其中哪些情形属于违约，以及违约处理办法。例如，投标时，拟派项目经理、项目技术负责人、项目实施的其他主要人员和机械设备无法就位，改变既定的工艺或方法，改变物流方式算不算违约等，没有统一规定，关键在于其是否影响了履约实施，是否在合同条件中明确约定其为违约情形。

《民法典》“合同编”第四百七十二条规定要约时，明确要约的内容应当具体确定，经受要约人承诺要约人即受该意思表示的约束。对应于招标投标，其规定即投标人的投标经招标人发出中标通知书承诺后，投标人即受其投标的约束。中标人履约时不按其投标文件载明的事项履约，即履约与要约的不一致，一是源于中标人在投标时明知不能实施还要约，带有主观上故意的欺诈行为；二是源于客观上的不一致，中标人出现了特殊状况，不再允许其按投标文件载明的计划履约。例如，拟派的项目经理或技术负责人辞职、加工厂发生爆炸等客观原因，不能实施其投标的履约计划等。一般地，合同条件中可以将上述情形都界定为违约情形。考虑到不同的违约情形是否违反市场交易原则和可能产生的结果，第一种情形定性为严重违约情形，第二种情形定性为一般违约情形，在合同条件中视不同情形约定处理办法。

2）违约责任。市场交易的基础在于诚实守信，违约方按合同约定承担继续履行、采取补救措施修复、更换、重做、赔偿对方因违约而遭受的全部损失等违约责任。为此，合同条件中应预先约定一方违约时应当向对方支付一定数额的赔偿金或约定损害赔偿的计算方法。例如，某招标文件中的合同条件约定，招标人不按合同约定支付预付款、付款期付款、工程竣工结算款的，除应支付中标人工程竣工结算款外，还应按同期银行活期存款利率上浮 20% 给中标人计付拖欠工程价款期间的利息等违约责任。

合同条件中，对中标人履约与其投标文件载明的事项不符且影响或可能影响履约结果的，可以进一步约定违约情形和违约责任。

［**违约责任事例**］某工程施工招标文件中的合同条件约定的中标人违约责任如下：①开工延误。中标人每延迟开工 1 天，按签约合同价款的 0.3% 支付招标人违约金；延迟开工超过 10 天的，招标人有权解除合同。②关键节点工期延误。每延误 1 天，按签约合同价款的 0.3% 支付招标人违约金；延误 10 天以上的，承包人应赶工实现节点工期，费用自理。③质量违约。发现材料、设备与合同条件约定的标准不符合时，中标人应承担退货、返工和（或）工期延误责任；竣工验收达不到合同条件约定的质量标准的，中标人应向招标人交纳审定结算总价 2% 的违约金。④拟派人员违约。中标人在其投标书中承诺的项目经理部主要管理人员，如项目经理、项目副经理、项目技术负责人等，如在履约中与投标文件载明的人员不一致或需要更换，应事先征得发包人同意，按 10 万元 / 人承担违约责任，并保证替换人员在其学历、技术职称和管理素质、能力与投标文件载明的对应人员相当。专业工长与投标文件中载明的人员不一致或需要更换的，应征得发包人同意，按 5 万元 / 人承担违约责任，并保证替换人员在其学历、技术职称和管理素质、能力方面与原投标书中对应人员相当。⑤拟投入的机械设备违约。垂直运输机械、挖土机械和装载汽车等主要机械设备，履约中采用的低于中标人在投标文件中承诺效率的，招标人将对其发出严重警告并按 5 万元 / 台进行扣款，中标人应在 3 日内无条件配备技术规格和设备完好率不低于投标文件中载明的设备和数量，满足施工生产需要。如 3 日内仍然不能按其投标文件载明的设备和数量配备的，发包人将对其按 10 万元 / 台进行扣款。严重影响履约的，招标人有权宣布与其解除合同。⑥安全防护设施违约。中标人未能按其在投标文件中载明的安全防护设置的，按每个单位工程 2 万元扣款，中标人应在 1 日内无条件按其承诺进行设置完成，

且不得因此影响合同履约。

3）违约预防。合同是当事人合作的书面表现。为促使合同当事人诚实守信地履约，应当在合同条件中明确约定违约情形和违约责任。注意，合同条件要求中标人提交履约担保的，额度一般不超过中标价或签约合同价的 10%，同时，招标人也应当向中标人提供合同款支付担保，作为双方履行合同义务的保证。

5. **索赔**。索赔是由于一方当事人不履行或不完全履行合同义务而使另一方遭受损失时，受损方提出的赔偿要求，包括招标人向中标人索赔、中标人向招标人索赔两种情形。

1）招标人向中标人索赔。中标人违约造成招标人权益损失时，招标人有权按照合同约定条件得到的索赔金额和（或）延长缺陷责任期。招标人的索赔款按合同条件或经双方协商一致的，例如，货物招标中，合同条件约定按货物的实际偏差情况、损坏程度和买方损失金额，经双方商定降低货物价格 4 万元，或是工程施工中，中标人提出更换项目经理，按合同条件为 10 万元 / 人的，可从中标人履约应得合同款扣减等，均构成招标人向中标人索赔的事项，可以按照合同条件约定在付款中扣除。

2）中标人向招标人索赔。招标人违约造成中标人履约不能或者受到权益损失时，中标人有权按照合同约定条件得到索赔金额和（或）延长履约期限。为此，合同条件中，应约定招标人的哪些义务不履行或延迟履行侵害中标人权益，招标人按照什么标准赔偿中标人，明确中标人索赔的提出、期限和处理办法等事项。一般地，合同条件中明确的招标人违约情形均可能构成中标人的索赔。例如，工程施工合同履约时，招标人提供的材料和设备的规格、数量或质量不符合合同要求，或由于招标人原因发生交货日期延误及交货地点变更等情况时，导致中标人损失的，招标人应承担中标人由此增加的费用和（或）工期延误，并应向中标人支付合理利润。为此，中标人可以按合同条件的约定，向招标人递交索赔通知书，提出索赔事项和金额，获得赔偿。

经招标人和中标人友好协商，对索赔事项和金额达成一致意见的，计入合同价款；达不成一致意见的，可以向有管辖权的仲裁机构申请仲裁或是向人民法院提起诉讼。在仲裁或判决结果公布前，仲裁员在仲裁庭上或是审判员在法庭上还可以对争议双方进行调解，以使双方化解争议，达成共识。

第 5 节　案例：招标文件择优与履约差异

招标采购是战略的智慧，对应的，招标文件是招标采购的灵魂。为什么这样说呢，因为招标文件是招标采购战略智慧的书面体现，是招标采购过程，包括缔约和履约的策划，是采用投标竞争优化履约实施采购结果。其中，履约策划是基础，投标竞争是智慧，二者统一于招标采购实践，优化实施采购结果。智慧发挥得好，谋略出奇，必定能产生好的收益。

反之，不能深刻理解招标采购智慧，不知道招标采购中的这种竞争与履约关系，招标投标走形式、走过场，缺乏经济择优理念或是缺乏履约条件约束，招标采购战略智慧的功用得不到有效发挥，也不能实现采购结果的优化。严重的，甚至会影响招标项目的实施。这当中，最严重的例如建筑设计招标，特别是对建筑外形有一定要求但又说不清楚，如美观大方等完全凭感官要求的事项更是如此，例如下面这个建筑设计招标的事例。

［**案情回放**］某市迁建的一个明清历史档案馆，存放的历史档案800余万件（册），以当地一些著名历史人物实录、会典、奏报、起居录和地方志等文字档案为主，部分为珍贵历史文物。该项目建筑面积46852m^2，政府投资3亿元人民币，其工程设计采用公开招标方式择优确定中标人。招标范围包括方案设计、初步设计和施工图设计，以及建设过程中的施工配合等事项，评标办法采用综合评分法，对通过初步审查的投标采用综合评分，其评审因素和标准见表6.5。

评审因素和标准 **表6.5**

序号	评审因素		分值	评审标准
1	投标报价	投标报价	15	评标基准价为通过初步审查的最低报价，按15×（投标报价/评标基准价）计算报价得分
2	设计方案	总平面	8	布局合理，功能区划符合档案馆需求，与周边环境协调，交通流线及开口、消防间距、日照间距合理
		建筑造型	12	建筑造型朴素、美观大方，有时代气息，室内空间布局合理，符合档案馆特点
		功能分区	10	功能分区、人流组织及竖向交通符合档案馆使用要求
		建筑结构及机电	12	结构形式科学，机电系统功能合理、可实现，对档案馆功能有保障
		消防	8	符合档案馆消防设计的标准、规范和要求
		环保节能	5	符合档案馆环保、节能设计的标准、规范和要求
		造价估算	5	计价项目全，估算依据、估算表和计算正确
3	设计能力	设计团队	12	①设计负责人有注册建筑师证书，近五年担任过大型公共建筑设计负责人的，2分；不满足的，0分；②建筑、结构、给水排水、通风空调专业人员齐全，有工程师以上职称，团队职责明晰的，10分；每缺一个专业或是职称不满足要求的，扣3分，扣完为止
		设计业绩	10	近三年有45000m^{2}以上公共建筑设计业绩的，每个2分，最高4分；近五年有省级及以上档案馆设计业绩的，每个3分，最高6分
		服务承诺	3	服务承诺对工程建设有保障

评标程序为初步审查→详细审查→综合排序→推荐中标候选人→评标报告。其中，综合排序按得分由高到低的次序推荐中标候选人。

该项目8个投标人在投标截止时间前递交了投标文件。投标文件包括投标函及投标函附录、法定代表人身份证明或授权委托书、联合体协议书、投标保证金、设计费用报价清单、方案模型、展板、方案设计图册及说明和资格审查资料，包括基本情况表、设计资质、主持人简历及资质证明、项目设计人员配备情况、企业业绩以及投标人认为需要提交的其他文件。

评标委员会由招标人代表1人和在市勘察设计评标专家库随机抽取的4人组成，一致推选其中有一定声誉的建筑师赵某为评标委员会主任委员。评标委员会成员一致同意8个投标人初步评审合格。这样，在赵某的建议下，详细评审采取从方案模型和展板入手，分析投标人提交的设计方案优劣，再进行综合评分。在对投标人递交的方案模型评议过程中，评标专家间发生了争议。其中，两位专家认为明清建筑的突出表现，是重檐庑殿顶或四角攒尖顶式的大屋檐、琉璃瓦、朱红柱子和白色台基等，建议参照北京故宫建筑形式选择仿古建筑方案A；另外两位专家不同意，认为人类已进入21世纪，建筑造型要彰显时代特征，应以震撼观者心灵、冲击视觉为准，主张参照某电视传媒的设计选择方案B。为此，双方辩论近一个小时，一方想说服另一方，但都无功而返。为此，招标人代表提醒评标专家，综合评分法的核心在于对投标进行综合评分，以分数论英雄。

评标专家接受了招标人代表的建议，与招标人代表一起翻开投标人递交的投标函及投标函附录、方案设计图册和其他商务文件，按照表6.5规定的评分标准对各投标进行评分，完成后交给工作人员进行统计汇总。公布汇总结果时，4位评标专家大跌眼镜，汇总得分最高的，既不是方案A也不是方案B，而是模型评议中最呆板、没有创意的方案C，其档案库、读者借阅室、修缮用房和办公楼造型犹如积木，但投标报价最低。

评标专家不接受汇总结果，要求工作人员复核汇总结果，没有查出问题。这时，4位评标专家统一了意见，推荐仿古建筑方案A为第一中标候选人。评标委员会主任赵某建议，把完成的评分表及汇总作废，让工作人员再发放一次评审表格以对投标重新评分。工作人员正拟重新发放评分表格时，行政监督机构的巡查人员来到评标现场，当场予以制止并明确告知评标委员会，《招标投标法》第三十八条第二款规定，任何单位和个人不得非法干预、影响评标的过程和结果。不得已，评标委员会只能按汇总结果完成评标报告，推荐方案C的投标人为第一中标候选人。

招标人代表对A、B、C三个方案的投标评分为89分、85和82分，认为评标结果出人意料，因为评标专家力主方案A和方案B，还为此争论不休，怎么会得出方案C的投标得分最高呢？回到单位后，招标人代表审查评标委员会成员的评分记录，发现选择方案A的两位专家，给方案A、B、C的投标报价、设计方案和设计能力的评分为92分、62分、88分，综合排序为第一、第八和第二；选择方案B的两位专家，给方案A、B、C的投标评分为61分、90分、89分，综合排序为第八、第一和第二。汇总后，方案A、B、C的投标得分为79分、

77.8 分和 87.2 分，而其他 5 个方案的得分汇总为 82 分、81.5 分、79.5 分、77.4 分、76 分。因此，方案 C 的投标排名第一。

招标人确定排名第一的方案 C 的投标中标，与中标人签订委托设计合同，要求其参照方案 A、方案 B 的理念对其设计方案的建筑造型进行大幅度修改，相应的建筑结构、机电设计服从方案调整。中标人提出，这相当于要重新进行建筑方案设计和配套建筑结构、机电设计，工作量太大，要求在设计方案完善阶段按实际支出费用结算，招标人表示认同，并写入双方签署的委托设计协议书。

该项目履行结束后，结算费达 460 万。其中，按实际支出设计方案完善费用较中标人投标时的报价高出 48.59 万元。

［**问题**］依据上述案情描述，分析以下问题：

1. 本案择优方向是否明确，采用通过初步审查的最低报价作为评标基准价是否正确，为什么？

2. 本案评标专家不接受其评审后的汇总结果，要求工作人员再发放一次评审表格以对投标重新评分从而确定方案 A 排名第一，如果行政监督人员未制止这种行为，结果看似对招标人有利但是是否有效，为什么？

3. 评标专家对方案 A、B、C 评分对招标人在招标文件中确定择优标准有哪些启迪？又应怎样确定设计招标的择优标准才能避免类似事件发生？

［**案例分析**］招标投标的核心，在于组织投标竞争。为此，招标人应当按项目特点和需求，结合市场供给明确招标项目的择优方向与择优标准。不同类别的招标项目，其择优方向不一致，对应的择优标准也不一致。一般地，工程咨询，包括设计招标，属于智力类招标项目，采购应是基于履约能力的选择。

1. 综合评分法属于单因素择优，是基于各评审因素间存在当量互换关系的假设而规定各因素分值的，但这种假设实质上并不成立。例如，表 6.5 的评分标准中，为什么投标报价 15 分，设计方案 60 分，设计能力 25 分，这三者之间不可能存在当量关系，只能是招标人主观上“强之曰”它们之间存在当量关系且可以求和比较大小，即使用了微观经济学中的基数效用假设。

表 6.5 的评分标准中存在以下问题：①择优方向不明确。评分标准中，对设计方案和服务承诺的评审是主观评审，择优标准看似确定实则不明确，其实质是授权评标委员会评审中自由裁量。②虽然投标报价仅为 15 分，但采用通过初步审查的最低报价为评标基准价评审设计招标项目不妥，是“低价优先”在本案中的体现，是鼓励投标人报出低价，不符合设计招标是基于设计能力的选择。③投标报价、设计方案和设计能力三者得分求和，实际上是在用三者平均值择优而不是评标因素择优，即只要平均值不发生变化，例如，方案 C 的投标报价最低时，设计方案稍差或设计能力稍弱，不会影响方案 C 总得分第一。

实际上，综合评分法都存在上述三个问题，即择优方向不明确，是在采用评审因素得分的平均值择优，这在出现异常，如本案情形时会造成得分最高的不一定是评标专家眼中的最优。

2. 本案评标专家不接受其评审后的汇总结果，要求再发放一次评审表格以对投标重新评分从而确定方案A排名第一的做法，即便行政监督人员不依法当场制止，评标委员会的行为同样违反招标投标规则，即按招标文件中规定的评标标准和方法对投标文件进行系统地评审和比较。这当中，需要讨论的事项有两个，一是评标委员会成员的民事资格应当是完全民事行为能力人，能够对其民事行为承担民事责任，而不是“朝令夕改”；二是评标过程中，是否允许评标委员会对评审一次得出的评标结果不满意再评一次，评出的结果仍不满意继续再评，直到得出的评标结果让评标专家、招标人或其他利害关系人满意为止呢？当然不允许！这即便是在自由市场上买菜也不允许。假如，某人在菜农的菜篮子里选好要买的菜后，一再反悔，一再在菜篮子里挑三拣四，必然会引起菜农和他人的反感，因为他可以不买，不能想买却一再反悔。对评标委员会成员而言，在其自己的评审结论上签字的行为，即表明从这一刻起对其评审结论承担民事责任。这种情形下，对汇总结果不满意，要求进行二次评审修改其上一次的评审结论，属于典型的反悔行为，这对于一个完全民事行为能力人当然是不允许的。这实际上表明，评标只能进行一次，除非发现评标委员会违反了按招标文件规定的评标标准和方法对投标文件评审和比较的规则，影响评标结果且错误是不能改正的。此时，评标结果应当无效，应当重新组建评标委员会评标。

3. 评标过程中，选择方案A的两位专家给方案A、B、C的评分为92分、62分、88分，综合排序为第一、第八和第二，选择方案B的两位专家给方案A、B、C的投标评分为61分、90分、89分，综合排序为第八、第一和第二，一定程度上是“我上不去谁也别上去”的心态表现。其中，选择方案A的两位专家给方案A最高分、方案B最低分，选择方案B的两位专家给方案A最低分、方案B最高分正是这种心态在起作用。

正如上面分析的，本案设计招标出现问题的根本原因，在于采用的综合评分法是一种在经济学上择优方向含混的排序方法，招标人不知道择优应该择什么的在招标，投标人不知道招标人想择什么优的在投标，评标专家没有择优方向，于是只能自由发挥，按自己的理解为招标人选择设计方案。在评标专家意见一致时还可以认为是集体智慧的结晶，在评标专家意见不一致时会产生什么后果，其汇总结果是否还是在择优呢？答案无人知晓！这就是本案对招标人在招标文件中确定择优标准的启迪，即招标文件中的择优标准方向必须明确、因素必须清晰，标准必须结合招标项目特点且采购需求准确，方可实现评标。注意，综合评分法的最大缺点在于择优方向不明，是在采用评审因素的平均得分判断投标优劣。打破这一僵局的根本在于按照招标项目的评审特点，采用多因素排序法择优，或是采用多步排序法近似择优。

以基于设计能力择优为例，本案多步法择优标准和方法如下：

第1步：设计方案择优。采用评分方法、投票方法或是招标文件载明的其他方法确定投标排序，择优确定排名在前若干名，例如前四名的投标进入下一步。

第2步：投标报价在最高限价内。确定报价不超过最高投标限价的投标名单。

第 3 步：确定投标人履约能力。可以采用评分方法、投票方法或是招标文件载明的其他方法，确定投标人履约能力的排序参量；按投标人履约能力排序参量的大小对投标排序，推荐排名在前的投标人为中标候选人。

这样是在对每个评审因素择优，可有效避免采用评审因素平均分排序的缺点，每一步都是择优，最后，以履约能力排序，推荐中标候选人。此时，既然评标专家认为方案 C 的建筑造型设计呆板，没有创意，在第 1 步择优过程中就可以排除掉，不会成为第一中标候选人，又何来对其设计方案大幅度调整，多支付其 48.59 万元的合同价款呢!

第7章

招标采购：招标投标的组织

****

尘劳迥脱事非常，紧把绳头做一场。
不经一番寒彻骨，怎得梅花扑鼻香。

——［唐］黄蘖禅师《上堂开示颂》

****

第1节　形式：自行招标或委托代理招标

招标采购中的民事主体是招标人和投标人。其中，招标人和投标人分别是进行招标和响应招标的法人或者其他组织，能够独立承担民事责任。按《民法典》“总则编”的规定，招标采购这一民事行为，是具有民事行为能力的招标人发布招标公告或投标邀请书、发售招标文件以在招标投标活动中明确其民事权利和义务的行为，其招标采购的意思表示应当真实，不得违反法律或者社会公共利益。对应的，招标采购民事法律行为的实施，可以是招标人自行实施，也可以通过代理人，即招标代理机构进行实施。招标代理机构在招标人的委托权限和期间内，以招标人的名义实施招标采购行为的，招标人对招标代理机构的代理结果承担民事责任。同样，招标代理机构不履行职责而给招标人造成损害的，应当依法承担民事责任；招标代理机构和第三人串通，损害招标人利益的，由招标代理机构和第三人负连带责任。注意，《民法典》“总则编”第一百六十七条规定，代理人知道或者应当知道代理事项违法仍然实施代理行为，或者被代理人知道或者应当知道代理人的代理行为违法未作反对表示的，被代理人和代理人应当承担连带责任。

招标人委托招标代理机构招标的，应签署书面委托协议，载明招标代理机构名称、代理事项、权限和期间，并由招标人法定代表人签名或者加盖公章，明确双方权利和义务。特别是，招标代理服务费的额度和支付方式。

［**招标代理费的判例**］招标公司A与某县政府于2014年初签订了《县污水处理厂项目委托代理协议书》，约定由A公司代理县污水处理厂项目招标，约定招标代理服务费由中标人承担，并在招标文件中公布，该项目招标代理服务费执行原国家发展计划委员会印发的《招标代理业务收费暂行办法》（计价格［2002］1980号）规定的计费标准下浮20%后，由中标人领取中标通知书时向A公司缴纳。

评标委员会经过评审，推荐B公司为第一中标候选人。招标人确定B公司中标，A公司向其发放了盖有招标人和A公司公章的中标通知书。

中标人B公司在收到中标通知书后与县政府签订了建设工程施工发包承包合同，进场开工建设。但一直不愿意按招标文件的约定向A公司缴纳招标代理服务费17.2万元，理由是县政府在与其签订合同过程中，又让其让利的50万元中包括招标代理服务费。同时，A公司是为县政府付出的代理服务，是与县政府签订的招标代理委托协议，应向县政府收取招标代理服务费。A公司找县政府要求支付招标代理服务费，县政府不予支付，理由是双方签订的招标代理委托协议和招标文件上均载明，招标代理服务费由中标人缴纳。见多次索要未果，A公司将B公司和县政府告上法庭，要求B公司或县政府支付其招标代理服务费17.2万元及其延迟缴纳招标代理服务费的利息13312元。

法院经审理认为，A公司与县政府签订的委托代理协议书中约定，招标代理费由中标人承担，B公司作为该招标项目的中标人，在其投标函中明确承诺，遵守招标文件规定，在领取中标通知书的同时，按原国家发展计划委员会印发的《招标代理业务收费暂行办法》（计价格［2002］1980号）规定的标准，向招标代理机构缴纳，即B公司有同意缴纳招标代理服务费的意思表示。为此，基于A公司与县政府之间所签订的委托代理协议书，以及县政府发出的招标文件和B公司递交的投标文件，在招标代理服务费的支付上已在A公司、B公司、县政府间达成了由B公司支付的意思表示，且不违反法律、行政法规的强制性规定。B公司提出的向县政府让利50万元含招标代理服务费，应由县政府支付A公司招标代理服务费的主张没有书面证据，表明与本案诉讼事项存在无关。

故此，法院一审判决招标代理服务费17.2万元应由被告B公司向原告A公司缴纳，同时，依据《民法典》“合同编”第六百七十六条规定，即借款人未按照约定的期限返还借款的，应按国家有关规定，参照中国人民银行规定的金融机构计收逾期贷款利息的标准计取招标代理服务费的利息，应为8694元。

招标代理是一种民事委托代理，是代招标人组织招标投标活动。注意，招标代理的是招标人的“招标投标缔约”代理，一般不包括履约。所以，招标代理不是招标采购一个完整意义上的代理，仅是书面缔约代理。为此，有必要对招标代理机构的法律性质和作用进行讨论，进而在需选择招标代理机构时，按招标项目特点和需求，选择适宜的招标代理机构优化实现采购结果。

1. **招标代理机构的性质**。招标代理机构，是依法成立的从事招标代理业务并提供相关服务的一种社会中介组织。招标代理机构作为社会中介组织，应当具有编制招标文件和组织招标投标活动的专业能力，服务于招标人和投标人，接受政府有关行政监督部门、招标人、投标人和社会的监督。招标代理机构作为社会中介组织，应具备：①具有独立法人资格；②与行政机关和其他国家机关没有行政隶属关系或者其他利益关系；③有固定的营业场所和开展工程招标代理业务所需设施及办公条件；④有健全的组织机构和内部管理的规章制度；⑤具备编制招标文件和组织评标的相应专业力量等条件，以便其开展招标代理业务。

这当中最需要讨论的，是招标人与招标代理机构的关系。招标人与其委托的招标代理机构之间是被代理人与代理人关系。招标代理机构依据招标人的委托开展代理业务，所以，招标人和其委托的招标代理机构之间同样是合作关系。对招标人而言，招标代理机构是其进行招标的代言人，须承担其代理行为的法律后果。“既托之即信之”，并按“等价有偿”原则支付其招标代理服务费。必要时，也可以约定由中标人缴纳招标代理服务费，但须在招标文件中载明招标代理服务费的标准或数额，以便投标人承诺并在中标后缴纳。注意，招标代理服务费，无论是招标人直接支付还是约定由中标人缴纳，实质仍是招标人支付的服务费，“羊毛出在羊身上”，只不过中标人缴纳时，是中标人按招标文件的规定，先行支付给招标代理机构而已。

招标人与招标代理机构既然是合作关系，同样应本着儒家文化中“仁”的思想，正确看待二者之间的关系，因为招标人委托招标的根本原因在于仰仗招标代理机构的专业能力实现采购结果的优化而不是简单地走形式、走过场。故此，招标人应按招标代理应当获得的合法经营收入，足额支付其招标代理服务费，不应克扣，也不宜把招标代理服务费作为确定招标代理机构的主要因素。否则，易于导致招标代理机构与投标人间的私下串通行为而侵犯招标人权益。注意，虽然《民法典》“总则编”第一百六十四条规定，代理人不履行或者不完全履行职责，造成被代理人损害的，应当承担民事责任。代理人和相对人恶意串通，损害被代理人合法权益的，代理人和相对人应当承担连带责任。但实践中，代理机构与第三人的私下串通是一件很难举证的事情，招标人往往只能“打落牙齿咽到自己肚子里”。解决这一问题的核心，在于选择规范的招标代理机构，双方均能为对方着想，以“仁”的思想合作。

招标代理机构是以招标人名义组织招标投标活动。故此，招标人与招标代理机构的合作应建立在相互补台、扬长避短和互信基础上，应以招标投标智慧优化采购结果为宗旨。那种以为招标代理机构是挡箭牌，出事可以推卸责任的想法是有害的，是在错误地理解民事委托代理制度。同样，那种将招标项目委托给招标代理机构后“事不关己、高高挂起”，凡事一推了之的做法，对优化采购结果同样有害，因为按《民法典》“总则编”第一百六十二条的规定，代理人在代理权限内，以被代理人名义实施的民事法律行为，对被代理人发生效力，即是招标人而不是招标代理机构对代理结果承担责任。

2. **招标代理机构的作用**。招标代理是一项专业的技术经济活动，其服务看似仅代理组织缔约，实质是组织缔约竞争优化实现采购结果。其中，按不同项目特点和需求编制招标文件、组织招标投标活动是招标代理专业能力的核心体现。为此，招标代理必须对招标项目的技术标准和要求有着透彻的，甚至高于委托人的理解编制合同条件，依法组织投标人竞争和评标委员会评审和比较。这当中的核心在于分析市场供给状况，确定竞争因素与方法，实现招标项目采购择优。

招标代理机构的专业能力主要表现在：①熟练掌握招标投标法律法规、政策和相关规则；②熟悉招标项目的市场供给和竞争状况；③熟悉国家、行业及招标人技术发展战略、布局，对招标项目特点、技术标准和要求有深刻理解；④熟练掌握合同策划，能够按招标项目特点和需求，与市场竞争状况、合同履约管理和招标人内控制度相适应，有针对性地提出合同条件；⑤熟练掌握招标采购战略的智慧，针对不同的采购需求和市场供给，设置招标项目的择优标准和方法，包括数学与经济优化方法；⑥熟练掌握招标投标活动的组织和应变能力，协助招标人与中标人签订合同等。

招标代理机构的服务范围包括招标采购方案和合同策划，编制资格预审文件、招标文件，组织资格审查，组织投标人踏勘现场和投标预备会议，组织招标项目的开标和评标，协助招标人确定中标结果、发出中标通知书，以及协助招标人与中标人按照招标文件和中标人的投标文件签订书面合同等事项。

招标人委托招标代理机构时，一般应当对招标投标缔约全过程，即对资格预审公告、招标公告或投标邀请书、资格预审文件和招标文件、对资格预审文件和招标文件澄清或修改的编制和发放、组织现场考察和投标预备会、接收投标、组织开标和评标、协助合同签订等进行委托，以便实现招标采购结果。

3. **招标代理机构的选择**。从招标代理机构以招标人的名义进行招标的民事原则必然得出，委托谁不委托谁应当由招标人说了算，他人不得对其委托行为进行干预，包括非法指定代理机构或是代理机构选择方法，如摇号、随机抽取确定招标代理机构等，否则，即为违反民事委托原则，因为是招标人对采购结果承担责任而不是“他人”。这当中需要进一步讨论的，是对那些政府投资项目招标代理机构的选择是否应当由政府或其部门指定或是限制问题，因为这类项目由政府投资。实际上，这类项目的项目法人，一种是由政府部门或机构担任，另一种是由市场主体担任。第一种的选择本就代表着政府行为，毋庸对其多议。第二种的选择是项目法人的自主选择，但第二种项目中，政府是投资人，是经由投资履行政府经济职责的表现。此时，政府如果对招标代理机构的选择还要指定或者限制，是在用政府那只“宏观”看不见的手，干预一个由招标人而不是政府承担责任的“微观事物”行为，与政府职能定位不符。同时，招标人主体责任形同摆设和相互推诿，不利于优化实现采购结果。故此，按照民事原则分析，招标人应当有权自主选择招标代理机构，委托其办理招标事宜。

那么，招标人应当怎样选择招标代理机构呢？招标人应当基于招标项目专业特征和采购需求，择优选择招标代理机构。

1）基于招标代理能力的选择。委托招标代理机构招标的主要原因，在于招标人能力的欠缺，目的是发挥招标代理机构的专业优势和能力，弥补招标人在招标采购能力上的欠缺，包括对招标项目专业特征的理解，对市场供给状况的把握，依据招标投标法及相关规则，策划合同条件、预期目标和择优策略等。首先，对招标项目专业特征的理解和把握，是招标代理机构组织投标竞争、策划合同条件、约束履约的条件；其次，按采购需求依法提出招标项目的商务、技术竞争因素和择优标准，是招标代理机构依招标人委托，实现招标采购预期目标的核心工作；第三，招标投标活动是一项规则相对复杂的市场交易活动，招标代理机构依法依规地组织招标投标活动，是保护招标人权益的基石。故此，招标人是基于招标项目的专业特征和采购需求目标，对招标代理机构的能力进行选择。

2）选择招标代理能力的因素。招标人选择招标代理机构能力指标可以分为两部分，一是招标代理机构的道德水准，二是招标代理机构的专业能力，按“德才兼备”选择。其中，招标代理机构的道德水准，是招标代理机构及其人员的品德和品性，是社会行为规范对个人言行的约束程度，表现在招标代理机构及其人员在以往的代理行为中是否知行合一，是否处处尽其所能地服务于招标项目，处处为招标人利益着想，维护招标人权益，不存在与亲戚、朋友、社会第三人或投标人私下串通，或是其他侵害招标人权益的行为等，是招标人选择招标代理机构的前提，可由其市场口碑，甚至私下传闻获知。

招标代理机构的专业能力，表现在其代理招标项目的专业能力，评审因素主要有三方面内容：一是具有独立订立合同民事主体身份，如营业执照和组织机构代码证等；二是履行招标代理的能力，包括：①招标代理服务体系和制度；②服务过程控制，如招标代理服务方案、质量管理体系认证等；③项目组技术、经济等专业人员配备，人员职业能力证明等；④类似招标代理项目的业绩和委托人评价，特别是对项目经理的服务能力的评价意见；⑤对招标项目专业特征和采购需求的理解和把握；⑥沟通、组织协调能力，以及对招标投标活动中一些突发事件的应急处理能力等。

注意，招标人选择招标代理机构时是否可以把招标代理服务费作为一项选择因素呢？当然可以！但招标人是基于招标代理能力而进行的选择，招标代理服务费一般不宜作为主要选择因素，只要不超过招标人规定的招标代理服务费上限即可，切不可以招标代理服务费报价最低为选择原则。同时，招标人确定的招标代理服务费上限应合理，足以支付其组织招标投标活动、企业正常开支和行业的合理利润。招标代理服务费过低，例如，一些招标人将1000多万元的工程施工项目招标代理服务费的上限定为3000元，有的甚至要求免费服务而选择招标代理机构，最后受伤害的一定是招标人自己，因为市场交易从来没有“免费午餐”。

3）招标代理机构的选择过程。类似于履约能力审查，招标代理机构的选择步骤一般为：①编制征集文件。包括委托范围和特征、资格条件、征集程序、取费或报价要求、响应文件编制、递交截止时间、评审和合同签订等事项。②发出征集公告。征集公告在媒介上公布或定向邀请。③发放征集文件。④招标代理机构编制、递交响应文件。⑤评审。招标人组建评审委员会，必要时，邀请行业专家参加。评审委员会按征集文件上的评审标准和方法对响应文件进行审查和比较，综合排序。⑥项目组答辩。核实项目组人员配备和能力确认，对项目经理、技术和商务主要人员专业技能、招标投标组织、沟通和应变能力进行测试，确认或调整排序结果。⑦确认内部管理。对排序在前的招标代理机构进行考察和用户走访，确认招标代理机构业务管理体制、争议处理能力和服务态度、服务质量。必要时，调整排序。⑧委托排序在前的招标代理机构，签署委托招标代理协议。

第2节 开始：招标文件对外公开

怎样认识招标文件与招标公告或投标邀请书的关系和地位，是先有招标文件还是先有招标公告或投标邀请书呢？从招标投标活动组织顺序上看，招标人一定是先发布招标公告或投标邀请书，再发售或下载招标文件。但实质上，是招标人编制完成招标文件后才能发布招标公告或投标邀请书，因为其中的招标范围、资格条件和招标投标时间安排等事项，须按招标文件确定的事项发布。同时，招标文件中的第一章在惯例上一定是要约邀请，即招标公告或者投标邀请书，与招标人发布的招标公告或投标邀请书在内容上应当一致。那么，招标人在组织过程中，如果没有遵从招标公告或投标邀请书与招标文件的这种关系，而是在发布招标公告或投标邀请书后，在招标文件中调整或修改已经公布的内容，在民事关系上是什么后果呢？这类似于，抛球选婿中的那位小姐在绣楼上左顾右盼地抛出绣球后反悔想收回绣球的举动，这不可以，除非小姐手中有一条牵着绣球的绳子，但这在抛球选婿规则中绝对不允许。否则，抛绣球那位小姐就是虚情假意，会遭到世人的唾弃。同样的原则也适用于招标人组织招标投标活动。

1. **招标公告或投标邀请书**。招标公告或者投标邀请书作为要约邀请一般应载明以下内容：①招标项目名称、内容、范围、规模和资金来源；②投标资格和信誉要求，以及是否接受联合体投标；③获取招标文件的时间、地点和方式；④递交投标文件的截止时间和递交方式；⑤招标人及其招标代理机构的名称、地址、联系人及联系方式；⑥采用电子招标投标方式的，访问电子招标投标交易平台的网址和方法；⑦招标人依法或认为应告知潜在投标人的其他内容。招标文件虽然在法理上作为招标公告或投标邀请书，即要约邀请的细化，但其对外公开，不管是对外开始发售还是在网站上免费下载，都蕴含着招标采购准备工作就绪，潜在投标人可以获取招标文件，按招标文件的要求编制投标文件准备投标，意味着招标、投标正式开始，这就是为什么投标截止时间是以招标文件发布时间而不是以招标公告或投标邀请书的发出时间为基准计算的原因。

［**招标公告调整的故事**］某市一大型体育场馆采用国内公开招标方式确定设计单位，招标人按照相关规定，于2014年3月8日在有关媒介上发布了招标公告。其中规定的资格条件为：①在中华人民共和国境内注册的独立法人，注册资本金不少于3000万元人民币；②具有建设行政主管部门颁发的房屋建筑工程设计甲级资质；③近三年完成过建设规模不少于本体育场馆建设规模三项以上的设计业绩；④通过了ISO 9000质量体系认证并成功运行五年以上。该项目因招标投标各项计划安排尚未落实，招标公告中的投标截止时间和开标时间载明“另行通知”，并开始发售招标文件。

招标公告发布后的第三日，有两个潜在投标人购买了招标文件。其中，有一个潜在投标人提出，资格条件中“注册资本金不少于3000万元人民币”和“近三年完成过建设规模不少于本体育馆建设规模三项以上的设计业绩”的要求太高，在全国范围内也没有几家设计单位满足这一要求，影响潜在投标人参与竞争，建议调整。招标人接受了该潜在投标人建议，于2014年3月12日发出了招标文件的澄清和修改，将上面的注册资本金调整为1000万元人民币，近三年类似项目业绩由三项调整为一项。

截止到该项目投标截止时间2014年3月30日，只有两家投标人递交了投标文件，没有达到招标文件规定的开标条件，招标人宣布招标失败，把收取的投标保证金和投标文件原封不动地退还给了两家投标人。

招标人百思不得其解的是，已经在招标文件中将注册资本金3000万元调整为1000万元，类似项目业绩由三项调整为一项，为什么仍只有最初购买招标文件的两家投标人递交投标文件，本市符合调整后资格条件的其他六家设计企业为什么都不投标呢？实际上，这是因为招标公告和招标文件的澄清和修改的受众不同。招标公告面向所有潜在投标人，而招标文件的澄清和修改仅面向购买招标文件的潜在投标人。案例中，由于招标公告没有更改资格条件，注册资本金的要求仍是3000万元，近三年完成的类似项目设计业绩仍是三项。那些不满足招标公告载明的资格条件的潜在投标人不可能前来购买招标文件投标，投标人实际上仍是满足招标公告规定资格条件的潜在投标人，这就是案例中为什么只有两家购买招标文件的潜在投标人递交投标文件的原因。

招标公告和招标文件中载明的“招标公告”或“投标邀请书”，两者在内容上应当一致。但招标公告发布在前，招标文件在后。那种寄希望于发出招标文件澄清和修改去调整招标公告主要事项扩大投标人范围的做法是行不通的，因为两者的受众群体不一样。故此，在招标公告发布后，如果必须调整招标公告载明的主要事项，只能重新发布招标公告。这里，招标公告的主要内容，一般包括招标范围、资格条件等事项。

注意，招标投标规则中，投标人是按招标文件的要求编写投标文件，进行投标。这里的潜台词是投标人应当购买招标文件才允许投标。否则，投标人只能由其他潜在投标人私下转让，获取招标文件编写投标文件。这种私下转让行为在法律上并没有禁止。故此，招标人想禁止潜在投标人间私下转让的，应在招标公告或投标邀请书中明确规定，投标人只有购买招标文件才有资格投标。

2. **招标文件发售**。招标文件在招标公告或投标邀请书载明的时间和地点，按载明的条件发售或下载。这当中，潜在投标人凭借什么条件和资格购买或下载招标文件在招标公告或投标邀请书中载明。

1）招标文件售价。实践中，经常出现招标文件售价奇高，动辄2000~3000元一套招标文件，或是招标文件售价100~200元，但其所附技术资料、图纸售价2000~3000元的现象，让人惊叹不已。那么，招标文件是否可以销售，其售价多少才是合理呢？首先，招标人或招标代理机构在招标投标活动中的收益是什么、体现在哪里需要辨析。招标人组织招标投标活动的收益体现在中标结果择优，是因优化实现采购结果而获收益。招标代理机构代理招标项目的收益主要体现于其收取的招标代理服务费。无论是招标人还是招标代理机构，不应借助招标文件的发售而盈利，因为招标人和招标代理机构都不是营销商。故此，招标文件可以免费领或是以弥补招标人或招标代理机构印刷、制作和邮寄成本的价格销售，以吸引潜在投标人参与投标竞争。

2）招标文件购买条件。市场交易的普遍规则是一手交钱一手交货，招标文件发售也不例外。潜在投标人想购买招标文件，无论是为投标、学习、研究或是其他目的而愿意出钱购买，似乎没有什么理由可以拒绝售卖给他，最常用的理由无非是“资格不符合要求”。

需要辨析的是这里的“资格”是指投标资格还是指购买资格。理论上讲，这里的“资格”应当是指“购买资格”，而不是“投标资格”。否则，招标投标活动中就不应当再进行资格审查。例如，某工程施工招标项目按投标资格审查要求明确购买条件就不符合这一基本规则。该项目招标公告规定，潜在投标人购买招标文件需要出示：①单位介绍信；②营业执照和组织机构代码证；③房屋建筑工程施工总承包一级证书、安全生产证书；④ISO 9000认证书；⑤拟派项目经理证及其职称证书；⑥持三个及以上省市级优质工程证书等原件，并提供一套复印件前往招标人所在地购买招标文件。这当中，②～⑥项属于资格审查条件，无需作为购买招标文件的条件，因为这加重了招标人对购买人的资格审查，属于画蛇添足，且与招标投标活动中的资格审查事项重叠，一旦投标人在递交投标文件时漏放了其中一项，例如，房屋建筑工程施工总承包一级证书的复印件，招标人或评标委员会对其投标因资格不满足要求予以否决时易引发争议，因为招标公告载明了不满足这一条件不具备购买招标文件资格，而招标人已经发售招标文件给投标人，是在其资格满足要求的前提下购买的招标文件，招标人或评标委员会又凭什么对其投标予以否决。当然，可以解释说资格审查依据的是投标文件，不看投标人购买招标文件时提交的文件。但这种说法有些强词夺理，因为要求投标文件在投标截止时间前递交并非专指投标截止时间前的几个小时，当然包括投标人在购买招标文件时递交的文件。

那么，应当如何设置“购买资格”以便感兴趣的潜在投标人前来购买呢？实际上，招标人需要确认购买招标文件是购买人的真实意思表示而不能是扰乱招标投标活动的行为。而确认购买人真实意思，对招标项目潜在投标人是法人或者其他组织的，只要出示单位介绍信即可证明；对自然人的，只要其出示身份证等有效身份证明文件，表明其购买意愿即可。

3. **招标文件澄清和修改**。招标人对招标文件的澄清是应投标人的要求而进行的澄清或说明，是一种被动行为。招标人对招标文件的修改是招标人的一种主动行为，是其对已发售的招标文件中载明事项调整、修改为其他事项的行为。这当中涉及两个问题：①招标文件澄清和修改的受众。招标文件澄清和修改是对招标人已发出的招标文件进行的澄清和修改，是招标文件的组成部分，其受众应是已从招标人或招标代理机构处获取招标文件的潜在投标人，无论其是否对招标文件提出疑义或问题。②招标文件澄清和修改发出的时间。招标文件澄清和修改应当在招标文件载明的澄清和修改发出的时间发出，以使投标人有充足的时间按招标文件的要求编制投标文件。法律对招标文件澄清和修改的发出时间有规定的，招标文件载明的澄清和修改的发出时间应当符合法律规定。

[**澄清和修改的发出时间不足**] 某依法必须进行招标的工程施工项目，招标文件上载明的澄清和修改发出时间是最迟在投标截止时间15日前发出。招标文件发出后，投标人提出的招标文件需要澄清和修改的事项多，招标人完成招标文件澄清和修改时，距项目的开标时间仅剩下了5日时间。为如期开标，约束投标人在开标后不投诉，招标人在发放招标文件澄清和修改时，要求每个投标人写下书面承诺，承诺其有充分的能力，不会因为招标文件澄清和修改晚10日发出而影响其投标。在招标人要求的时间内，投标人A没有按招标人的要求递交承诺书，没有领到招标文件澄清和修改，投标人B则一直到投标截止时间前1日才来领取。开标后，投标人A的报价特别高，投标人B的报价适中，但评标结果公示中，投标人A和B均没有被评标委员会推荐为中标候选人。于是，投标人A和B在评标结果公示期内向招标人提出异议，后因对招标人答复不满意而向行政监督部门投诉。投标人A的投诉理由是其在该项目招标中受到了招标人不公正待遇，即没有收到招标文件澄清和修改，而开标会上向其他投标人了解，招标人在投标截止5日前发出了招标文件澄清和修改，

其上取消了一些专业施工项目，如消防工程中的烟雾报警系统，致使其投标范围与其他投标人不一致；投标人B的投诉理由是招标人没有按招标文件载明的在投标截止时间15日前而是5日前才将招标文件澄清与修改发给投标人，影响了其编写投标文件。投标人A和B的投诉书中要求有关行政监督部门宣布评标结果无效，招标人重新招标。该项目监督机构受理投诉后经过调查取证，确认投标人A在本案中受到了不公正待遇，也确认招标文件上载明的招标文件澄清和修改发出时间是在投标截止时间15日前而招标人是在5日前发出的，违反《招标投标法》规定的时间，要求招标人重新招标。

本案例中，招标人违反了《招标投标法》的强制性规定，行政监督机构认定该项目招标违法，要求招标人重新招标。实际上，即使单从公平公正和诚实信用的市场交易原则分析，招标人也应当重新招标。为什么这样说呢？原因在于：①投标人A的遭遇表明本次招标投标活动违反公平公正原则，因为投标人A受到了不公正待遇，其得到的招标文件与其他投标人不一致，缺少招标文件的澄清和修改，原因是投标人A没有按招标人的要求，递交不因招标人晚10日发出招标文件澄清和修改而投诉的承诺书。那么，招标人是否可因此不发给其招标文件澄清和修改呢？当然不可以，因为投诉属于投标人权益保护，招标人要求投标人放弃投诉权属于“霸王”要求，必然违反公平公正的市场交易原则。②投标人B的投诉，看似其已经承诺了不投诉，是没中标又进行投诉，违反其不投诉的承诺，违反诚实守信的交易原则，实则不是。首先，招标人要求投标人承诺放弃其投诉权，属于“霸王”要求，违反公平公正的市场交易原则，是招标人侵犯投标人权益在前，投标人反悔主张其权益在后，当然应受到保护；其次，招标人要求投标人承诺的事项，是招标人要求投标人帮助掩盖其弄虚作假的事实，即招标文件澄清和修改是在投标截止时间5日前发出的这个事实，违反诚实守信的市场交易原则。案例中招标人的行为，实质上是对招标文件澄清和修改的发出时间由招标文件载明的投标截止时间15日前调整为5日前，这一动议本身就违反民事交易原则。

招标和投标是对立统一的矛盾关系。招标人在招标文件中规定的招标投标事项越准确，投标人编制投标文件的时间越充分，论证越细致，在其中标后越有利于实现采购结果。反之，投标人编制投标文件的时间越短，论证越不充分，其中标后履约变数就越大，采购结果实现不了的可能性就越大。为此，招标人针对招标项目所需投标文件的编制时间，应在市场调查的基础上合理确定。招标投标法律法规对投标期限有要求的，在遵从法律规定的基础上合理确定。

4. 招标文件异议。招标文件异议，是投标人及其利害关系人认为招标文件某些条款侵犯了其合法权益，向招标人提出修改相应条款、主张其权益要求的行为。注意，投标人及其利害关系人对招标文件提出的异议，是投标人或其利害关系人自己认为招标文件中的某些条款侵犯了其权益，但实质上是否真的侵犯了其权益则不一定。这当中的核心，在于招标文件是否真的侵犯了投标人及其利害关系人的权益，分为两种情形处理：①招标文件内容合法，不存在侵犯投标人及其利害关系人权益事项，即便投标人提出修改招标文件某些条款的要求，招标人应对其提出的异议进行解释或说明，作出答复，不影响招标投标活动正常进行；②招标文件存在条款违反法律规定侵犯投标人及其利害关系人权益情形的，不管是投标人及其利害关系人提出还是招标人自己发现的，都应当在招标文件澄清和修改中，依法对相应违法事项进行修改，按招标文件载明的招标文件澄清和修改发出的时间，发放给每个获取招标文件的潜在投标人；时间不足的，相应延长投标截止时间。同时，招标投标法律法规对异议处理有规定的，从其规定。

第 3 节　说明：现场踏勘与投标预备会

现场踏勘或投标预备会不是招标投标法律强制事项。其中，组织现场踏勘的情形，在于中标人履约与现场有关，需要其有针对性地按照现场自然状况和招标人提供条件编制投标文件投标；召开投标预备会的情形，在于投标人对招标文件或现场自然状况或招标人提供的条件提出较多疑义，特别是存在理解含混和不一，影响投标需要统一的事项。存在上述情形的，招标人应当组织投标人现场踏勘和投标预备会，因为投标人对项目现场条件理解得越深刻，对招标文件条款把握得越准确，其投标文件编制越有针对性，越有利于履约实施招标项目。但踏勘现场和投标预备会是招标投标活动中，招标人组织所有购买招标文件的潜在投标人在一起的活动，有一定的组织规律，还有一定的纪律约束。稍有不慎，易于引发投标人投诉。严重的，甚至导致招标项目失败，下面这个故事就是一例。

［**踏勘现场的故事**］某河道改造工程施工招标，招标文件定于 2012 年 10 月 12 日上午 8：30 在市文化广场集合后，前往项目所在地进行踏勘现场。为此，招标人安排水利工程师赵鹏和新招聘的办公室文秘李娟组织踏勘现场。其中，赵鹏负责现场对项目周边环境、交通要道、河道流量、支护边界以及常年气候等向投标人介绍，李娟负责投标人代表的登记、召集和交通安排。

某投标人中的一位女学生模样的代表引起了李娟的注意，登记完后两人聊了几句，感觉很好，互加了微信，发现两人有一位共同的微信好友。于是，两人聊天的话题转到这位共同微信好友的身上。那位投标人代表与这位微信好友是发小。不知不觉中，李娟喜欢上这位投标人代表。从集合点坐上大巴车，再到项目现场，李娟与她形影不离。聊到微信好友小时候的一些糗事，两人更是情不自禁地哈哈大笑，引来其他投标人代表关注。

赵鹏是深山里长大的，乡音很重。投标人代表听着赵鹏对河道走向、支护范围和枯水期流量的介绍时，稍一走神就听不清楚。李娟与那位女代表的笑声影响了距赵鹏稍远的投标人代表听清现场情况介绍。这时，一位投标人代表孙明拿出手机，以较隐秘的视角将李娟和那位女代表大笑的场景拍摄下来。

踏勘现场后，投标人按招标文件和踏勘现场情况编制投标文件，并于投标截止时间前递交，参加开标。评标结果公示时，孙明所在公司的投标名落孙山，发现推荐的第一中标候选人恰是与李娟形影不离的那位女代表所在公司。征得公司领导同意后，孙明向有关行政监督部门投诉，同时向监察机关举报，一口咬定招标人与那位女代表所在公司在投标中串通，违反公正，要求判定招标无效而重新招标，并从手机里调出踏勘现场时拍下的那张照片为证，称所有到场人员都可作证，从大巴车上一直到项目现场，李娟与那位投标人中的女代表在一起有说有笑，照片拍摄的不过是冰山一角，私下里还不知道告诉这位投标人多少招标项目信息而没告诉其他投标人，但照片真实地记录了招标人代表李娟与第一中标候选人的熟悉程度，“看她俩笑得多灿烂，不是招标人私下帮助第一中标候选人的投标，这家公司又怎可能被推荐为第一中标候选人！”

行政监督部门受理投诉后犯难，单凭一张照片难判定招标人与第一中标候选人串通，搁置处理。监察机关受理举报后进行调查取证，问李娟在踏勘现场过程中是否与投标人中的那位女代表一路谈笑风生。李娟说：“是与她一路聊天，但我们聊的是微信好友的往事，与招标项目无关。”监察同志问：“有证据证明你们是在聊微信好友吗？比如，录音或他人旁证？”李娟一听，说：“那可没有。”监察机关询问参与踏勘现场的其他代表，大多数人证实，踏勘现场那天李娟与第一中标候选人的那位女代表一路谈笑风生，“熟得不能再熟”。最后，监察机关认为李娟的行为违反招标投标纪律要求，要求招标人对李娟进行诫勉谈话，建议该项目重新招标。

故事的结局让人生疑，不就是踏勘现场时招标人代表与投标人代表多说了几句，聊天聊得比较开心么，至于重新招标么！招标人组织招标投标活动的准则是一视同仁，公平、公正地对待每一位投标人，尤其是在一些公开场合，这是招标投标赋予招标人的一项纪律要求。这项要求的表现是，招标人自发出招标公告或是投标邀请书到发出中标通知书之间，招标人的任何人员不能与投标人或其利害关系人有私下接触，不能接收其馈赠、消费或是其他可能影响招标公正性的行为。

那么，招标投标活动中，怎样组织投标人踏勘现场和投标预备会，其中，又需要注意哪些事项呢？对此，我们分析如下：

1. **踏勘现场**。招标人在组织踏勘现场前，需要进行下列准备：①材料准备，包括登记表、现场基础资料、数据的收集与整理等；②人员准备，包括踏勘组织人、介绍人、介绍内容和专业要求、记录人、引导人等；③交通准备，包括如何到达现场、人车进出现场的条件，以及停车场准备等；④现场条件准备，如踏勘行走路线、行走道路、生产加工条件、交通条件，地上、地下障碍物和安全防护条件等；⑤踏勘现场参与人条件和纪律要求等。

一般地，踏勘现场的组织程序为：①在招标文件约定时间和地点召集潜在投标人；②组织潜在投标人前往项目现场；③依据确定的踏勘现场路线，介绍项目周边环境、交通、供电、供水、供气、地上地下障碍物，以及常年气候等；④潜在投标人踏勘现场，提问，招标人当场回答或记录；⑤踏勘结束，组织潜在投标人回到集合地点。我们分析下面这个事例，进一步体会踏勘现场的纪律约束。

［**组织踏勘不严谨的事例**］某工程施工招标，定于2015年8月10日上午9：00在招标人办公楼前广场集合后，招标人组织前往项目所在地踏勘现场。

在上午9：00，招标人逐一点名潜在投标人是否派代表到达集合地点，发现有两个潜在投标人的代表还没到达集合地点。招标人在与这两个潜在投标人代表电话联系后确认他们在10分钟后可到达集合地点，在征询到场潜在投标人意见后，将出发时间调后15分钟，随后组织潜在投标人前往项目现场踏勘。

招标人按实现规划的路线和准备好的介绍内容，带着潜在投标人边走边介绍周边环境、交通、地上地下障碍物等事项，潜在投标人就相关事项提出疑问，招标人逐一进行了澄清或说明。

踏勘现场结束后，有两个潜在投标人提出，上次踏勘现场的一些事项没看仔细，特别是地下管线和东边需要安全防护的范围，希望招标人允许其再次踏勘现场，并就其关心的问题再次介绍，招标人对此表示同意。在规定的时间，这两个潜在投标人在招标人的组织下再次进行了踏勘现场，仔细记载了相关基础数据。

这一故事中，有两种行为需要讨论。一是招标人在集合投标人代表时，是否可以点名确认投标人是否派代表参加踏勘现场？答案是否定的，因为招标人这一行为实际上泄露了应当保密的投标人信息，影响投标人竞争；其次，招标人是否可以单独组织某一个或某几个潜在投标人踏勘现场？答案也是否定的，因为这种行为造成投标人对现场条件理解的差异，与前面故事中的李娟行为无二，形成事实上的不公平。故此，招标人组织潜在投标人踏勘现场，一是须保密的信息不得泄露；二是赋予潜在投标人了解现场条件平等的机会，即要么不组织，要么组织但须邀请所有购买招标文件的潜在投标人参加，赋予其了解现场履约条件的平等机会。

2. **投标预备会**。投标预备会的目的是集中说明招标要求，澄清投标人对招标文件和现场履约条件的疑问。一般地，招标人在组织投标预备会时需要进行下列准备工作：①人员及分工，包括主持人、专业技术与服务人员等；②资料准备，包括参加投标预备会登记表、技术资料和数据、投标人提出需要招标人澄清问题的回复等；③会议组织程序；④会场及开会条件准备；⑤人车进入会场条件，以及停车场准备等；⑥会议参与人条件和纪律要求等。

投标预备会组织的一般程序如下：①签到，工作人员登记与会人员；②介绍招标人与会嘉宾；③集中说明招标文件有关重要事项；④集中澄清在规定时间内潜在投标人就招标文件、现场履约条件提出的疑问；⑤参加投标预备会的投标人代表提问，招标人当场予以回复或记录；⑥宣布注意事项，投标预备会议结束。

与踏勘现场类似，组织投标预备会也有纪律要求，也有需要注意的问题。我们先分析下面这个事例，再进一步归纳。

［**组织预备会不严谨的事例**］某工程建设项目空调设备招标，定于某日上午9：00在招标人行政办公楼四楼会议室召开投标预备会。招标文件规定，投标人必须派人参加投标预备会。否则，拒收其投标文件。

会议开始前，招标人在会议室入口设置了签到处，要求潜在投标人在一张签到表上依次签到，留下相关联系信息。

主持人宣布会议正式开始后，依次介绍招标人与会领导、设计单位代表和参加会议的各方投标人，由设计单位代表对空调系统设计作了一个概括性介绍，强调了其中的技术难点，主机为某知名品牌生产的直流变频机。随后，由招标人的专业人员对投标人在招标文件规定的截止时间前提出的疑问逐一进行澄清。接着，主持人依次询问潜在投标人是否还有需要澄清的问题，并对提出的问题由设计单位或招标人专业人员当场澄清或记录在案。会议于上午12：00结束。

这一事例中，有三个事项需要讨论：一是招标文件能否规定投标人必须参加投标预备会，否则拒收其投标文件；二是能否让潜在投标人在一张签到表上依次签到，以及在会上逐一询问投标人代表是否有疑问需要澄清；三是设计代表能否在投标预备会上强调空调主机为某知名品牌的直流变频机。

首先，参加踏勘现场和投标预备会是投标人的权利，即投标人有权参加踏勘现场和投标预备会，也可以自主决定不参加踏勘现场或投标预备会。招标投标规则是，投标人只要在投标截止时间前递交了封装符合招标文件密封要求的投标文件，招标人就应当受理，许可其参与投标竞争。故此，招标文件规定投标人必须参加投标预备会，否则拒收其投标文件的规定，侵害了投标人权利，也违反了招标投标规则。

其次，让潜在投标人在一张签到表上依次签到，以及在会上逐一询问投标人代表是否有疑问需要澄清，泄露了应当保密的投标人名称及其信息，因为在后面签到的投标人会知晓在前面签到的投标人信息，包括联系方式等，易造成投标人之间的私下共谋或串通行为，影响投标竞争。

第三，设计代表在投标预备会上强调空调主机为某知名品牌的直流变频机，属于指定品牌、厂商问题，违反《建设工程勘察设计管理条例》第二十七条规定的，除建设工程有特殊功能要求而需指定材料、设备或工艺生产线外，设计单位不得指定生产厂或供应商。对应地，招标人如果接受设计代表的意见，属于以不合理条件限制或者排斥潜在投标人的行为，会造成投标竞争不充分，进而影响采购结果择优。对此，招标人应组织专业人员对招标文件所附的设计图纸进行审查。如果设计文件上表明的空调主机为某知名品牌的直流变频机，应要求设计单位对其设计文件依法调整，并在招标文件澄清和修改中明确接受其他厂商生产的直流变频机式的空调主机，只要空调主机的参数满足设计要求；如果设计文件上并未载明空调主机为某知名品牌的直流变频机，仅是设计代表在投标预备会上的个人行为，招标人应在招标文件澄清和修改中进一步要求投标人按招标文件的要求投标。必要时，也可以当场纠正或是在招标文件澄清和修改中纠正设计代表的不当言辞。

3. 疑问与回复整理。投标预备会结束后，招标人应及时整理投标人对招标文件或现场履约条件提出的疑问及招标人的答复，完成招标文件澄清和修改。对投标预备会上没有或是不能及时给出回复的事项，应及时与有关专业人员协商，给出完整的回答后，归入招标文件澄清和修改，在招标文件载明的招标文件澄清和修改的发出时间前，以书面形式发给所有购买招标文件的潜在投标人。注意，招标文件澄清和修改发放时，应对发放的时间、地点和接收人进行记录，或是要求投标人的接收人签字或是采用其他方式确认，以证明招标人履行了澄清和修改的发放义务，证明投标人收到了招标文件澄清和修改。

[知识窗] 踏勘现场，指招标人组织投标人对项目实施现场的各项履约条件，包括场地平整、周边环境、道路、地上地下障碍物、供水、供电、供气、气候、人文习俗等进行的现场走访、勘察与调查；投标预备会，是招标人组织的旨在澄清投标人对招标文件和勘察现场中所提出的疑问或问题的会议。

第4节　投标：投标文件编制与递交

投标是对招标的响应，在响应的基础上竞争，其代表是投标文件。故此，投标人按招标文件的要求编制投标文件，对招标文件中载明的实质性要求和条件作出响应，按自身实力和招标文件载明的择优规则竞争，是投标的基本准则。这当中，准确把握招标文件要求，“知己知彼”，认知同行和自我，制定策略，科学编制投标文件，是投标的基本要求。投标是一种被动行为，是应招标要求而编制并递交投标文件的行为，涉及三个主要事项：一是怎样决定投标，二是怎样编写投标文件，三是怎样递交投标文件。

1. **决定投标**。潜在投标人在有关媒介上看到招标公告，或是收到招标人的投标邀请书，或是购买了招标文件后，怎样决定是参与还是不参与投标呢？投标人决定投标与否依赖于其自身能力和招标文件的要求。一般地，按以下三步判定投标与否，过程中有一项不满足的，放弃投标或是婉拒招标人邀请。

首先，投标人应在招标公告或投标邀请书中了解招标范围，判定是否有能力履约，确认是否符合招标公告或投标邀请书载明的资格条件。同时，结合市场供给状况，分析竞争对手，确认能够胜出的，按招标公告或投标邀请书的要求购买招标文件；资格不满足或者不能胜出的，不购买招标文件或是婉拒投标。必要时，可以电话咨询或是直接向招标人有关工作人员咨询，了解招标项目基本情况，判断招标人择优意向。

其次，投标人应了解招标文件中的合同条件，确认自身实力，即①专业、技术资格和能力；②资金、设备和其他物质设施状况；③管理能力；④经验、信誉和相应的从业人员等。满足合同条件要求的，决定投标；不满足的，应放弃或者婉拒投标。

第三，投标人应了解招标文件中的评标办法，确认其中的初步审查标准，如资格审查标准和响应性审查标准及条件，都满足的，决定投标；有一项不满足的，放弃投标或是婉拒招标人邀请。

投标人决定投标与否应当本着实事求是的原则，不能抱有侥幸心理。上述情形中有一项不满足的，不能投标。否则，投标人的投标结果，要么是其他投标人的陪榜，要么是以他人名义投标，或是以其他方式弄虚作假，骗取中标。即便其在招标投标过程中未被发现，履约时也极易被发现并遭到惩罚。例如，《招标投标法》第五十四条规定，投标人以他人名义投标或者以其他方式弄虚作假，骗取中标的，中标无效，给招标人造成损失的，依法承担赔偿责任；构成犯罪的，依法追究刑事责任。同时，对依法必须进行招标的项目的投标人有前款所列行为尚未构成犯罪的，规定处中标项目金额千分之五以上千分之十以下的罚款，对单位直接负责的主管人员和其他直接责任人员处单位罚款数额百分之五以上百分之十以下的罚款；有违法所得的，并处没收违法所得；情节严重的，取消其一年至三年内参加依法必须进行招标的项目的投标资格并予以公告，直至由工商行政管理机关吊销营业执照。

2. **投标文件编制**。投标文件应当按招标文件对投标文件的编制要求和择优标准进行编制，分别讨论如下。

（1）投标文件初步评审事项。初步审查标准中，一般包括形式审查标准、资格审查标准和响应性评审标准等事项，编制投标文件时，要完全满足招标文件的要求，不能有纰漏。同时，按招标文件要求提供相应证明资料。

1）形式评审事项。形式评审包括投标人名称、投标函及投标函附录签字盖章、投标文件格式、投标唯一性等形式评审因素。其中，投标人名称是投标人的营业执照、法人机构代码证和资格证书等证明投标人民事主体地位的文件上载明的名称，与投标人名称应当一致；投标函、投标函附录按招标文件对投标函、投标函附录签字、盖章的要求签字、盖章；投标文件按招标文件规定的格式编写或填写。注意，招标文件未许可投标人修改投标文件格式的地方，投标人不得修改；投标唯一性，指招标文件未明确接收投标人递交备选投标时，一个投标人只能递交一份有效的投标文件。参加联合体投标的，投标人不得再以自己的名义单独或加入其他联合体在本招标项目中投标，否则各相关投标均无效。

［**投标函改动的故事**］某项目招标文件中的评标标准和方法规定，投标文件的格式应满足招标文件第六章的格式要求。其中，规定投标人编制投标函及投标函附录时，仅允许在其中的空格处填写相应内容，不得修改。某投标人编写投标文件时，认为其中要求承诺的事项，即“如我方中标，我方承诺在收到中标通知书后，①在中标通知书规定的期限内与你方签订合同；②在签订合同时不向你方提出附加条件；③按照招标文件要求提交履约保证金；④在合同约定的期限内完成合同规定的全部义务”中，按招标文件提交中标金额10% 的履约保证金 482 万元的要求，担保额太高。于是，该投标人在递交的投标函中删除了这一要求，仅承诺了四项要求中的两项，即“如我方中标，我方承诺在收到中标通知书后，①在中标通知书规定的期限内与你方签订合同；②在合同约定的期限内完成合同规定的全

部义务”。评标委员会发现后，认为该投标人更改了招标文件明确不允许修改的格式事项，限制了招标人权利，对其投标予以否决。

2）资格评审事项。对于资格审查因素，投标人在确认满足资格审查因素要求的前提下，投标文件应附有可让人信服的证明资料或材料。例如，某招标文件对投标人民事主体提出的要求是“具备有效的营业执照、组织机构代码证和安全生产许可证”。为此，投标人需要在投标文件中证明其民事主体身份，提供营业执照、组织机构代码证和安全生产许可证的复印件并加盖公章。注意，这里的“有效”是指投标人的民事主体资格有效，没有处于被责令停产、停业，投标资格、安全生产许可证被暂扣或吊销，资产被罚没、冻结、接管或破产状态等。

3）响应性评审事项。对初步审查标准中载明的实质性要求和条件，如招标范围、履约期限、质量标准和要求、投标有效期、投标保证金等要求投标响应的因素，投标文件中必须给出明确响应，即完全同意并附有让招标人信服的说明或履约组织方案。注意，对实质性要求和条件的响应不能打折扣，不能在投标文件其他地方或是履约条款中增加额外条件，要求招标人提供额外条件或是要求时才响应。否则，就是非响应，招标人可以直接拒绝其投标。

对初步审查标准中载明的有限偏差偏离因素或指标，投标偏离应当符合招标文件载明的偏离范围和幅度。超出偏差范围或最高偏差项数的投标将被否决。

（2）投标文件详细评审事项。详细审查标准是投标竞争的择优标准，投标人需按其中的评审因素，如价格、履约组织、商务条件等分析最优投标点或最优范围，制定投标策略。

1）投标报价策略。投标报价应先按详细评审标准载明的招标范围、计费标准和报价涵盖的内容，以及投标人的实力等计算招标项目价格，再按招标文件载明的价格对综合排序参量的影响进行决策。例如，①招标文件要求报价不超过载明的最高投标限价的，计算的招标项目价格应在最高限价内。超过的，投标文件应采取有效措施降低履约成本，以使投标文件中载明的投标报价不超过最高投标限价。②招标文件采用经评审的投标价排序的，应采取有效措施极大地降低履约成本后，加上最低利润为投标报价。③招标文件采用综合评分排序的，报价以负接近评标基准价为优。其中，评标基准价采用有效报价的平均数计算的，需要以计算出的招标项目价格、长年累积的竞争对手报价趋势或曲线，结合行业内报价规律综合测算，一般以预测的评标基准价 –1% ～ 0 为准报价。例如，招标项目的预算价格是 100 万元，行业内报价规律是在预算价基础上下浮 8%，竞争对手的平均价格按预测曲线是 98 万元，则投标范围以（100+98）/2×（1–9%）=90.9 万到（100+98）/2×（1–8%）=91.08 万为宜。评标基准价采用有效报价的最低报价的，参照上面第②种情形。④排序规则是在排序参量基础上按“低价优先”排序的，参照上面第②种情形，在不影响排序参量最优基础上尽量降低投标报价等。

2）客观评审因素。客观评审因素，即计算其排序参量的标准是客观的，是有和无的关系。例如，某公路工程施工招标文件对项目经理的评分标准为“项目经理：①具有公路工程专业本科以上学历、高级工程师职称的 1 分；公路工程专业专科学历或工程师职称的 0.5 分，其他 0 分；②近五年作为项目经理每组织实施过一项同类工程得 1 分，最高 3 分”，这就是客观评审因素。投标人拟派项目经理获得这 4 分的条件是：①拟派项目经理应是公路工程专业的高级工程师，投标文件需附有该项目经理公路工程专业的学历证书和高级工程师职称证书；②近五年作为项目经理组织同类工程三个以上履约业绩。注意，招标文件要求的是作为项目经理的业绩。为此，需在投标文件中附有其作为项目经理组织实施的合同文本（复印件），以及证明其是项目经理的文件，如合同专用条款、竣工验收书、用户证明、投标人人事部门出具的项目经理任命文件等。

［**职称造假的故事**］某工程施工招标项目，招标文件载明的对项目经理职称的评分标准为“高级工程师职称的，2 分；工程师职称的，1 分；助理工程师及以下职称的，0 分”。评标过程中，评标委员会发现某投标人拟派项目经理的职称证造假。该项目经理的职称实际上是工程师，因为职称证书上盖的印章是“中级职称评审委员会”，但其职称一栏清楚显示为“高级工程师”，不符合职称评定要求。评标委员会认定该投标人投标存在故意造假行为，否决了其投标。

3）主观评审因素。主观评审因素，即由评标委员会依据其专业、学识和经验进行判断给出评审结论的因素。例如，投标文件中勘察纲要、设计方案、监理大纲、施工组织设计、供货、服务方案等。主观评审因素的评标标准难以量化考核，仅是给出等级标准，如优秀、良好、合格、不合格或是 A、B、C、D、E 等级，对应等级给出排序参量，如分数的范围或标准。编制主观评审因素对应的投标文件，需要投标人学习、掌握行业技术、服务先进水平和投标文件展现形式，即正确理解招标文件中“优秀”或“A 等”的内涵，按招标文件要求，有针对性地编制投标文件。必要时，投标人可聘请行业专家或是评标专家进行编制指导。

主观评审因素对应的投标文件编制实际上是要求投标人在投标中展现行业的先进技术和先进方法，需要投标人持续掌握，不断更新。

4）测试投标。按招标文件载明的评标标准，测试投标结果。对投标结果测试排序落后的，要分析原因。其中，由主观评审因素导致的，组织专业力量进一步研究详细评审标准，改进投标文件的相应事项；由客观评审因素导致的，实事求是地研究是否可以采取措施补救，补救不成或是没有补救措施的，只能放弃投标。

（3）投标文件的输出。投标文件的输出，涉及投标文件格式、打印、签字盖章、装订等事项。

1）投标文件的格式。投标文件应按招标文件载明的投标文件格式和要求进行编制。其中，允许自定格式的，投标人应以业内喜闻乐见的格式为准；不允许改动或调整的，投标人应按招标文件要求在允许填写投标内容的地方填写，不得对格式中的任何事项进行调整或删改。

2）投标文件签字盖章。投标文件应用不褪色的材料书写或打印。招标文件规定加盖单位章的，在格式规定处加盖单位章；规定投标人由法定代表人签字的，应由法定代表人本人签字，不能由加盖法定代表人“签名章”代替，也不能由他人代签，除非格式中明确可以许可由授权代理人签字，此时应附法定代表人授权委托书。投标文件出现涂改、行间插字或删除等改动的，改动之处应由投标人的法定代表人或其授权的代理人签字或盖单位章。

投标文件正本一份，副本由正本复印，份数以招标文件载明的数量为准。正本和副本的封面右上角上应清楚地标记“正本”或“副本”的字样，在封面上加盖投标人单位章、法定代表人或授权代表签字。

3）投标文件装订。投标文件的正本与副本应分别装订，并编制目录。目录编排以评审因素先后次序为准。一般地，投标文件目录后应付一张提示表，载明对应资格评审因素、响应性评审因素的资料和投标文件页码。其中，主观评审因素部分的投标文件，应以主观评审因素先后次序编目。招标文件要求投标文件分册的，例如要求“投标函及投标函附录、商务文件和技术文件分开装订”的，投标文件中的投标函及投标函附录、商务文件和技术文件需分册装订，按招标文件要求分别制作封面，封面上加盖投标人单位章，法定代表人或授权代表签字。

3. 投标文件递交。投标文件应在招标文件载明的投标截止时间前，按照招标文件规定的密封要求封装后递交。

1）投标文件的封装和标识。投标文件应按招标文件的要求分包密封，并在封套的封口处加盖投标人单位章，由法定代表人或其授权代表签字，封套正面加贴标识，如招标项目（标段/标包）名称、招标项目编号、招标人、招标代理机构名称、在某年某月某日某时某分某秒（投标截止时间）前不得拆封等事项。

2）投标文件的递交。投标文件应在招标文件载明的投标截止时间前和递交地点送达招标人或招标代理机构。修改或撤回已递交投标文件的，投标人应在投标截止时间前书面通知招标人或招标代理机构，按招标文件的要求签字或盖章。其中，修改的投标文件应重新按照招标文件的规定进行编制、密封和标记，标明“修改”字样，替换相应部分的投标文件，在投标截止时间前递交，以作为投标文件的组成部分。

招标人或招标代理机构向投标人出具投标文件签收凭证，载明投标文件封装和标识状况的，投标人应妥善保存。必要时，可在投标文件递交时对投标文件的封装、标识情况拍照，记录投标文件封装递交时的状况。

第5节　案例：招标投标组织不当招致的失败

招标投标活动是一项严谨的组织工作。招标投标组织程序，是招标人按招标投标规则，组织招标投标活动涉及的各项工作次序或逻辑关系，是招标人责任的体现。同时，招标投标组织程序还是实现招标采购结果的组织保障。招标人在组织过程中，工作粗枝大叶、逻辑关系混乱或是违反法律法规相关规定的，轻者导致既定的招标采购目标无法实现或是需增加招标人责任才能实现采购结果，重者导致招标采购失败而需重新谋划招标采购战略，重新组织招标投标活动。这当中，招标投标法律法规中规定的强制事项，招标人在组织招标投标过程中必须遵从。对应的，招标文件在法律法规基础上，按招标项目特点和采购需求增加的事项是招标人"白纸黑字"向投标人承诺的事项，应当遵从，招标人不遵从或者违反招标文件载明规则的，极易引发投标人的投诉，甚至导致招标采购失败。

［**案情回放**］某高速公路建设有限公司组织甲地到乙地一条高速公路建设项目，为双向六车道，总投资为18亿元人民币。该高速公路建设有限公司采用公开招标方式确定工程施工承包单位，采用的组织程序和过程中出现的事件如下：

（1）发布招标公告。2018年10月8日，招标公告在其企业网站上发布，传真并打电话邀请国内一些著名的公路施工企业报名参与招标。

（2）编制招标文件。招标文件编制完成后，招标人邀请了业内专家和两家报名参与投标的潜在投标人审查确认。

（3）发售招标文件。2018年10月10日，招标人向报名的潜在投标人发售招标文件，招标文件价格为100元/套，图纸3000元/套，售后不退。同时，要求购买招标文件时，提交50%的投标保证金40万元。规定投标人购买招标文件后不投标的，投标保证金不退还。

（4）踏勘现场。2018年10月15日和16日，招标人分两批组织购买招标文件的潜在投标人踏勘项目现场。

（5）投标截止。2018年11月2日上午10：00前，招标人在市公共资源交易中心接收投标文件。其中，潜在投标人A购买招标文件后未在投标截止时间前递交投标文件，投标人B未按招标文件要求在2018年11月1日下午4：00前提交投标保证金而是在开标现场提交，对其投标文件，招标人不予受理。

（6）开标。2018年11月2日上午10：00整，招标人在招标文件规定的市公共资源交易中心三楼第二开标室组织开标。其中，投标人C的法定代表人未参加开标会，招标人对其投标不予拆封。

（7）评标。2018年11月2日下午1：30，依法组建的评标委员会按招标文件规定的评标标准和方法，对经由开标后的投标文件进行评审，确定合格投标名单，采用随机抽取方式确定合格投标的综合排序，择优推荐前三名为中标候选人。

（8）投标保证金退还。2018年11月4日，招标人向投标人退还投标保证金。其中，投标人A、B、C购买招标文件后未投标，其50%的投标保证金40万元不予退还。

（9）签订合同。2018年11月5日起，招标人与排名第一的中标候选人进行合同价格谈判，双方一致同意在投标报价的基础上，再优惠50万元。

（10）发出中标通知书。2018年11月12日，招标人向排名第一的中标候选人发出中标通知书，其上载明的中标价格是第一中标候选人报价基础上下浮50万元后的价格。

该项目招标后，公司A、B和C向行政监督部门投诉。公司A、B、C投诉和举报的诉求是退还公司 A、B、C 的投标保证金，判定招标无效，要求招标人重新招标。行政监督机构经深入调查，确认招标人在组织招标投标活动中违法且影响中标结果，要求招标人重新招标，退还所收取的公司 A、B、C 的投标保证金及同期存款利息。

［**问题**］根据上述案情回放，分析以下三个问题：

1. 本案招标投标组织程序安排存在哪些问题，为什么？

2. 本案招标投标组织过程中存在哪些问题，违反了哪些原则，为什么？

3. 本案对招标人组织招标投标活动有哪些启迪，为什么？

［**案例分析**］根据案情描述，对上述三个问题的分析如下：

1. 本案在组织程序上存在两处错误：一是第（1）步与第（2）步关系错位。招标公告是向潜在投标人告知招标投标活动启动、招标文件购买时间和地点，以及投标截止时间等事项的告示，只有当招标文件，即招标投标规则和各项计划安排确定，才能发布招标公告，告知潜在投标人招标启动时间和条件等。故此，招标公告发布应在招标文件编制完成后进行；二是第（8）步、第（9）步和第（10）步，即投标保证金退还、签订合同和发出中标通知书的关系混乱。评标完成后，招标人应依评标委员会完成的书面评标报告和推荐的中标候选人确定中标人，与其签订书面合同，再一次性退回中标人和其他投标人的投标保证金，以及以现金方式提交的投标保证金的同期银行存款利息，其正确的逻辑关系应为：评标→发出中标通知书→签订合同→投标保证金退还。否则，中标人不与招标人签订合同或是签订合同时提出了招标人不能接受的条件，取消其中标资格时，因投标保证金已退还，对中标人没有制约，无从保护招标人权益。

2. 本案招标投标组织过程中存在问题的事项分析如下：

事项 1：该项目为依法必须进行招标的工程建设项目，应当通过国家指定的报刊、信息网络或者其他媒介发布。注意，《招标公告和公示信息发布管理办法》（国家发展改革委 2017 年第 10 号令）规定，本项目招标公告应当在“中国招标投标公共服务平台”或者项目所在地省级电子招标投标公共服务平台上发布，该高速公路建设有限公司的企业网站不是国家指定的发布依法必须进行招标项目的招标公告媒介。

事项 2：与人事招聘不同，投标人参与招标项目投标就是按招标公告或投标邀请书规定的时间、地点和条件购买招标文件，没有投标报名一说。

事项 3：招标文件编制完成后，招标人邀请两家报名参与投标的潜在投标人审查确认不妥，因为招标文件是招标人发出要约邀请公告的细化，招标人无需在招标公告发布后再征求投标人的意见，对其他投标人有失公允。如果招标人认为招标投标活动部分事项，如技术标准和要求、合同条件等需要征求潜在投标人意见，应当是在招标投标活动准备阶段，即招标公告发布前征求其意见。

事项 4：招标人发售招标文件时，图纸售价 3000 元 / 套且售后不退，要求购买招标文件时，提交投标报价 50% 的投标保证金，规定投标人购买招标文件后不投标的，投标保证金不退还不妥。首先，招标人的收益体现在择优，而不在于招标文件发售。即便是发售招标文件，其售价也局限于补偿招标文件印刷、制作和邮寄的成本支出。其中，图纸只能酌情收押金，即在事后投标人退还图纸时，招标人应退还其图纸押金。其次，决定投标与否是潜在投标人的权利。投标截止时间前，投标人都可以递交、补充、修改或是撤回投标文件，而投标保证金作为投标文件的组成部分，在投标截止时间前都可以提交。故此，招标人要求投标人购买招标文件时提交 50% 的投标保证金，限制了投标人权利。相应地，规定投标人购买招标文件后不投标的，投标保证金不退还，侵犯了投标人权利。本项目招标失败的直接诱因，恰是招标人不退还公司 A、B、C 等投标人 40 万元投标保证金所致。

事项 5：招标人分两批组织购买招标文件的潜在投标人踏勘现场不妥，因为招标人无法保证其在踏勘现场时传递给潜在投标人的招标信息一致。

事项 6：投标人 B 在开标现场提交投标保证金，招标人以投标人 B 未按招标文件要求在 2018 年 11 月 1 日（开标前一日）下午 4 ： 00 前提交投标保证金为由，对其投标文件不受理不妥，因为在投标截止时间前，投标人都可以递交、补充、修改或是撤回投标文件，这是投标人的权利。

事项 7：开标时，投标人 C 的法定代表人未参加开标会，招标人对其投标不予拆封不妥，因为招标人已受理，应当对已受理的投标文件当众拆封。同时，投标人参加开标是其民事权利，即知情权，知晓其他投标公开事项和监督权，监督开标过程合法性的体现。注意，民事权利依法可以主张或放弃。故此，招标人要求投标人必须派代表参加开标，限制了投标人的民事权利，规定投标人法定代表人必须参加开标会，否则不拆封其投标文件的做法，违背了在投标截止时间前受理的投标文件都应当众予以拆封和宣读的规则。

事项 8：招标人退还投标保证金时，不退还投标人 A、B、C 提交的 50% 的投标保证金 40 万元不妥，见事项 4 中的分析。注意，招标人不退还投标人的投标保证金一般限于法律规定情形，即投标截止后投标人撤销投标文件，或中标人无正当理由不与招标人订立合同，在签订合同时向招标人提出附加条件，或是中标人不按招标文件要求提交履约保证金等。

事项 9：招标人与排名第一的中标候选人签订合同时，双方一致同意在投标报价基础上再优惠 50 万元的做法不妥，因为招标人与中标人签订合同的原则是按招标事实，即招标文件和中标人的投标事实，亦即投标文件订立书面合同，其优惠 50 万元后的价格，既不属于招标文件，也不属于投标文件的范畴。本案是在发出中标通知书前，招标人与排名第一的中标候选人进行合同谈判，其行为违背公平公正的市场交易原则，违反《招标投标法》第四十三条的规定，即招标人在确定中标人前，不得与投标人就投标价格、投标方案等实质性内容进行谈判，谈判影响中标结果的，中标无效。

事项 10：中标通知书载明的中标价格是第一中标候选人报价基础上下浮 50 万元后的价格不妥，因为中标通知书是承诺，是招标人接受投标人的投标的意思表示。这样，按照《民法典》“合同编”第四百八十八条的规定，招标人在中标通知书上承诺的内容应当与中标人的投标内容一致。同时，招标人对中标人的投标的合同标的、数量、质量、价款或者报酬、履行期限、履行地点和方式、违约责任和解决争议方法等变更的，不是承诺而是新要约，违反了招标投标规则中“一次要约、一次承诺”的规则，侵害了中标人权益。这也是《民法典》第七百九十三条，或最高人民法院《关于审理建设工程施工合同纠纷案件适用法律问题的解释（二）》（法释 [2018]20 号）第十条，规定当事人签订的建设工程施工合同与招标文件、投标文件、中标通知书载明的工程范围、建设工期、工程质量、工程价款不一致时，一方当事人请求将招标文件、投标文件、中标通知书作为结算工程价款的依据的，人民法院应予支持的原因。

3. 本案对招标人组织招标投标活动的启迪是，招标文件是招标采购智慧的书面体现，组织招标投标活动则是招标采购智慧的实施，是由纸面策划走向实体实施的过程。遵从招标投标规则，实现招标采购结果的优化是根本。

1）遵从招标投标规则。招标投标作为一种市场交易规则，受各种社会行为规范，如文化、习俗、道德、纪律和法律等规范的约束。其中，法律是最后一个层级，是底线，是在其他社会行为规范无效时，采用国家权力对相关行为的约束。招标投标是一种市场交易规则，这种交易规则体现在招标文件中，即招标文件在遵从文化、习俗、道德、纪律和法律等社会行为规范基础上，按招标项目特点和需求，制定招标投标规则，择优确定招标采购结果。无论是制定招标投标规则还是组织招标投标活动，遵从法律规则是招标投标最基本的要求，是优化实现招标采购结果的前提。

2）优化招标采购结果。优化招标采购结果，一是书面策划，即招标文件载明的择优标准是经济学意义上的择优而不是走形式、走过场或做游戏；二是组织投标竞争，因为竞争是招标人获得收益的前提，也是择优实现招标采购结果的前提。为此，招标人需要敞开心扉，非“万劫不复”不轻易宣布一个投标无效，因为在数学上很容易证明，多一个投标人参与竞争的选择结果，一定不比少一个的差。那么，这里的“万劫不复”又是什么意思呢？是投标不满足采购需求，即资格或是履约能力不满足、不满足招标项目实质性要求和条件或是投标不是最优而是私下人为操作或是不负责让其成为最优投标的意思。

第8章

招标采购：开标的组织

****

关关雎鸠，在河之洲。
窈窕淑女，君子好逑。
参差荇菜，左右流之。
窈窕淑女，寤寐求之。

——《诗经·关雎》

****

第1节　开标：掀开红盖头的一刹那

开标与旧时结婚仪式上新郎掀开新娘头上的红盖头类似，是开启书面投标文件，即投标的标的过程。这当中，开标的“开”字，蕴含着投标必须是密封投标。这与现代婚礼仪式“走程序、走过场”，程序繁琐但已知结果，缺乏戏剧性和神秘感不同，旧时男女婚配是“父母之命、媒妁之言”，掀开新娘红盖头的一刹那前，新郎可能不知道新娘是美是丑，新娘可能不知道新郎是俊是恶，稀里糊涂地走完婚礼仪式。至于辨明美丑或俊恶，那只有在婚礼仪式后，新郎步入婚房，掀开新娘头上的红盖头“双目四望”才能知晓，但此时已“三叩九拜”礼成，即便新娘是个丑八怪或新郎是个恶少也只能默认，因为婚姻已缔结完成。正是这一点，给予了文学作品无限的遐想空间，演绎出那些脍炙人口的故事。

［**宝黛悲剧**］小说《红楼梦》中，贾宝玉和林黛玉相互间对爱情的忠贞不渝令人敬慕，但两个人最后一个遁入空门成一介沙门，一个含恨故去死不瞑目，是人们传颂不已的爱情故事，是《红楼梦》最感人的场景刻画。贾宝玉和林黛玉不是相互心仪么，怎么是一场悲剧呢？这是“父母之命、媒妁之言”和“掉包”的产物。

《红楼梦》是这样描写的：说是贾宝玉一直病着，病得昏昏沉沉的，医治不见好，贾母哽咽着对儿子贾政说，我昨日吩咐赖升媳妇叫人给宝玉算了算命，这先生算得好灵，说要给宝玉娶了金命的人帮扶他，要冲冲喜才好，不然只怕命保不住。贾政笑着说，老太太要给他成家是应当的，岂有逆老太太不疼他的理。贾母想了一想，说倘或宝玉这病一天重似一天，怎么好？按婚配习俗中的纳采、问名、纳吉、纳徵、请期、亲迎等六部曲办理肯定来不及，要打破常规。贾母接着说，宝玉病着，也不可教他成亲，不过是冲冲喜，我们两家愿意，孩子们又有金玉相配的道理，婚是不用合的，即时挑好日子，按着咱们家分儿过了礼。赶着挑个娶亲日子，鼓乐戏班的都不用，按宫里的样子，用十二对提灯，八人轿子抬来，照南边规矩拜了堂，一样坐床撒帐，就算是娶亲了。贾母又说，亲友一概不用请，也不用排筵席，待宝玉好了，过了功服，再摆席请人。

怎么让贾宝玉愿意呢？王熙凤出了个主意，采用“掉包”的方法。贾母问怎么掉包，王熙凤说，不管宝兄弟明白不明白，大家吵嚷起来，说是老爷做主将林姑娘许配了他了，瞧他的神情儿。要是他不管不顾的，这个包也不用掉了。若是他有些喜欢的意思，就要大费周折了。于是，第二天，王熙凤吃了早饭，要试试贾宝玉，走进里间对贾宝玉说，恭贺宝兄弟大喜，老爷已择吉日要给你娶亲了，说给你娶林妹妹好不好，贾宝玉大笑着。王熙凤猜不透他心思，又说老爷说你好了才给你娶林妹妹呢，若还是这么傻，不给你娶了。贾宝玉正色说，我不傻，我去瞧瞧林妹妹，叫她放心。王熙凤一见忙扶住贾宝玉说，林妹妹早知道了，她自然害羞，不肯见你的。

对贾宝玉的婚礼过程，《红楼梦》是这样写的：只见一大轿从大门进来，家里细乐迎出去，十二对宫灯排着进来。傧相请新人出轿，贾宝玉见新人蒙着红盖头，喜娘披着红扶着。

傧相赞礼拜天地，请出贾母拜了四拜，又请出贾政夫妇登堂，行礼毕，送入洞房。还有坐床撒帐等事，俱是按金陵旧例。贾政因为贾母做主给贾宝玉婚配，不敢违拗，不信冲喜之说。贾宝玉有些傻气，走到新人前说，妹妹好了？好些天不见了，盖着这红盖头做什么！伸手就要揭开红盖头，把那个贾母急得出了一身冷汗，忙出手制止。贾宝玉歇了一歇，内心按捺不住，上前揭开了红盖头，睁眼一看，好像是薛宝钗，心里不信，自己一手持灯，一手擦眼，一看，可不是薛宝钗么！贾宝玉悄悄问袭人，坐在那里的美人儿是谁。袭人说是宝姑娘。贾宝玉问林姑娘呢，袭人说老爷做主让你娶的是宝姑娘，不是林姑娘。贾宝玉一听，糊涂的更厉害了，口口声声要去找林妹妹去，趁着片时清楚，拉着袭人的手哭道，宝姐姐怎么来的，我记得老爷是给我娶林妹妹，怎么换成宝姐姐了！此时的林黛玉在另一间屋里早已是命在旦夕，却还直叫着宝玉、宝玉的，话没说完，便两眼一翻，正是“香魂一缕随风散，愁绪三更入梦遥”了。

开标，类似于旧时婚礼仪式结束后掀开新娘子红盖头的一刹那，不过旧时婚礼仪式中，只有一位新娘子。贾宝玉掀开红盖头，发现新娘子不是林黛玉而是薛宝钗，不愿意也只能遁入空门。招标投标活动中有多个投标人参与投标，开标是对其投标的主要事项予以公开，让他人知晓。

1. **开标的功用**。开标就是开启投标，是公开原则的体现，是按招标文件规定的开标时需要公开的事项，如投标人名称、投标价格和招标文件规定的其他主要内容等进行公开。招标投标中，投标竞争是建立在投标个性化差异上的竞争，开标的实质，是将投标信息向参与人公开，招标项目设有标底的，公布标底。开标过程应当记录并存档备查。一般地，开标的作用主要体现在两个方面：

1）知情权。类似于婚礼仪式上的众亲友，开标参与人因知悉投标信息而见证投标。这当中，投标信息的公开是参与人知情权的保障，投标人在此基础上才能对招标人确定的中标人进行监督，是把招标投标活动置于阳光下，确保招标投标公平公正进行的前提。

2）监督权。行政部门依法行政，对招标投标活动实施监督，依法查处违法行为，前提是法律授权行政部门对招标投标活动进行监督，即《招标投标法》的存在。实际上，招标投标作为一种市场微观经济活动，对招标投标最有效的监督不是来自行政监督，而是招标投标活动的直接参与人，即招标人的自律和投标人的监督，类似婚礼仪式上的众亲友见证。其中，投标人对开标的监督主要体现在三个方面，一是招标人是否按招标文件规定的程序进行开标；二是招标人是否按招标文件规定的事项开标，是否对规定的事项予以公布；三是开标过程中，招标人是否在投标截止时间后存在允许投标人撤换修改投标文件等违反招标投标规则的行为等。

2. **开标参与人**。招标投标活动的组织者是招标人，开标也不例外，由招标人按招标文件规定的时间和载明的地点主持开标。

1）开标主持。这里，开标主持是负责掌握或处理、主持开标整个过程的意思，由招标人委派的工作人员负责，包括开标主持人、唱标人、记录人等，按招标文件规定的开标程序和事项，进行投标文件的拆封、宣读和记录，组织开标活动，接受投标人的异议并当场答复等事项。一般地，开标工作人员并不需要出示招标人的委派文件，只要能按招标文件的规定程序和事项完成开标即可，是客观公布投标信息的场景，因为开标过程中不存在招标人的主观表现，同时，投标人在与招标人沟通，购买招标文件，参加踏勘现场、投标预备会等过程中，应该能判断清工作人员是否为招标人委派，这是开标过程中一般并不要求工作人员出示招标人委派书的原因。

2）投标人代表。投标人参与开标，一是知情其他投标情况；二是监督开标过程。所以，开标虽然由招标人主持，却是在投标人监督下进行的。为此，参加开标的投标人代表就不应仅是委派，而要能代表投标人参与并监督开标过程。故此，投标人代表参加开标，应持有投标人法定代表人的委托书、个人身份证明，以代表投标人主张权益。例如，唱错了投标报价或是招标人许可二次投标报价，在开标过程接受了其他投标人撤换、修改投标文件等，唱标结束后，投标人有权向招标人提出异议，要求招标人当场答复，在开标记录上签字确认。一般地，参加开标的投标人代表可能不是一人而是多人，投标人代表专指法定代表人授权委托书上载明的那个投标人工作人员，其他人员并不具有代表投标人主张权益的地位。故此，虽然投标人有权出席开标，也可以自主决定不参加开标，但其参加开标可以依法主张其权益，不参加开标就需放弃其应有权益，事后不能再主张其开标的权益。

3）其他参与人员。其他参与开标的人员中，第一类是监督人员，以行政监督人员为主，以招标人委派的纪检、监察人员和社会监督员为辅。其中，行政监督人员是否到开标现场监督由行政监督人员自主决定。第二类是其他人员，包括投标人派出的没有法定代表人授权委托书的人员和招标人聘请的其他人员，如媒体记者等。一个招标项目的开标允许哪些人参加，是否允许拍照、摄像或是第三人观摩等，由招标人在招标文件中或是宣布开标纪律时明确。一般地，招标人委派的工作人员和投标人代表是应当出席开标的人员，但即便如此，投标人也可以自主决定不参加开标。其他人员是否可以参加或是需要参加开标，由招标人决定。

3. **开标与评标中标。**关于开标，最需要讨论的，是开标与评标或中标的关系问题。实际上，开标就是按招标文件规定的公开事项对投标予以公布，仅是一种与婚礼类似的仪式，二者间并没有必然的因果关系。理论上，投标是对招标的响应，公开还是不公开，不影响采购结果，因为投标人在投标截止时间前递交投标文件的行为代表其投标已成为事实。所以，开标就是按招标文件规定，对投标信息公布的一个环节，与评标没有必然的逻辑关系，因为评标是按招标事实，即招标文件规定的评标标准和方法，对投标事实，即投标文件进行评审和比较，择优推荐中标候选人。对此，可以进一步引申出三个小问题：①投标人是否必须参加开标？投标人在投标截止时间前递交投标文件的行为，表明投标人已经响应招标进行了投标，参加或是不参加开标并不能否定其投标的事实。故此，招标人组织开标的义务，是邀请所有投标人派代表参加，不强制，是否参加由投标人自主决定，是投标人的权利，招标人不得侵犯，除非是因技术原因投标人不派代表无法开标，如电子交易系统开标等；

②招标人是否可以规定投标人参加开标的人员类别，如投标人代表必须是其法定代表人或项目经理？投标人既然可以不参加开标，招标人当然不能对参加开标的投标人代表予以限制，否则，招标人同样是侵犯投标人的权利；③投标人委派人员没有携带法定代表人授权委托书，招标人是否可因此不开启其投标文件？投标人参加或不参加开标并不影响其对招标的响应，当然不能因为投标人委派人员没携带法定代表人授权委托书而不开启其投标文件，拒绝其投标，因为投标人已经在投标截止时间前递交了投标文件，响应了招标。故此，对待参与开标的投标文件，一项基本原则是对招标人在招标文件规定的投标截止时间前收到的所有投标文件，开标时都应当众予以拆封和公布。

第2节　准备：开标准备工作

开标前，招标人需要准备开标的工作人员、开标场所、设施和投标文件。其中，投标文件的准备，包括投标文件的接收和照管两种责任。对在投标截止时间前递交，且满足招标文件对投标文件封装和标识规定的，招标人必须受理，并对已接收的投标文件予以照管，保证其在照管过程中不丢失、不损坏和不泄密，即投标文件封装密封完好。反之，对那些不满足招标文件封装或标识规定的，招标人应拒收其投标文件，向投标人说明拒收的原因，允许投标人在投标截止时间前对投标文件再次封装或更正标识，再次递交。一般地，招标人在招标文件中对投标文件封装或标识规定得越复杂，招标人接收投标文件时的责任就越大。但无论招标文件中对投标文件的封装或者标识的规定是复杂还是简单，招标人需要依据招标文件对投标文件的封装和标识履行接收前的检查责任。招标人未履行检查责任或是检查得不到位，影响后面评标或中标结果的，极易诱发投标人投诉，严重的，直接导致招标失败。下面这则投标文件受理的故事，就是因招标人受理了不应当受理的投标文件，导致招标失败而重新招标。

［**投标文件受理的故事**］2003年3月，某市投资3600万元兴建一所公立医院病房楼工程，采用公开招标方式确定工程施工单位。招标文件规定，投标文件由投标函及投标函附录、商务文件和技术文件三部分组成。对投标文件的分册与封装，招标文件要求投标函及投标函附录须与商务文件和技术文件分开，单独密封，在递交投标文件的同时递交给招标人。

该项目投标截止时间为2003年3月30日，共有7个投标人投标。其中，投标人A的投标函及投标函附录，与其他投标文件封装在一个包装箱内，外观上看其密封和标识完好，接收投标文件的工作人员由于不清楚招标文件中对投标文件分册与封装的要求，接收了下来。

开标过程中，招标人按招标文件规定的程序组织开标。投标人在对投标文件密封进行检查时，没有对各投标文件的密封和封装形式提出异议，认为密封完好，无异议，于是进入投标文件封装拆封和唱标环节。

唱标唱到投标人 A 的投标时，由于投标函和投标函附录与其他投标文件封装在一个包装箱内，开标进行不下去了，招标人到处找不到该投标人单独密封的投标函及投标函附录，询问投标人 A 的代表："你们的投标函和投标函附录放在哪了"，投标人 A 的代表站起来，指着主席台下面那个文件箱，说："就在那个箱子里，打开就能看到"。工作人员将该包装箱打开，取出其中的投标函及投标函附录，准备唱标。这时，下面有一个投标人代表举手提出异议，说该投标文件的封装不符合招标文件要求，"按招标文件分册和封装要求，投标函及投标函附录应与其他投标文件分开封装，单独密封。可这份投标文件的投标函及投标函附录与其他投标文件封装在了一个包装箱内，不符合要求，不能进入唱标。你们要唱，我就投诉。"这时，其他投标人代表也反应了过来，纷纷表示该份投标文件不能进入唱标。见状，主持人急忙请示现场行政监督人员如何处理，该行政监督人员答复："唱！封装合格与否，以及是否参与投标竞争交给评标委员会评判。"主持人向投标人代表解释，说经请示行政监督人员，该份投标文件封装不符合招标文件要求这件事情，交给评标委员会处理，由评标委员会判定其投标是否有效。其他投标人代表见行政监督人员作出了决定，便不再表示异议，开标得以继续进行。开标结果显示，投标人 A 的投标最好，单是其投标报价得分，就将其他投标甩得远远的，不出意外肯定中标。招标人很清楚，投标人 A 中标的话，其他投标人一定会提出异议，向有关行政监督部门投诉。

招标人向评标委员会介绍项目信息时，将投标人 A 对投标文件的分册和封装不符合招标文件要求，以及开标时其他投标人曾极力反对拆封投标人 A 的投标文件等情况，如实向评标委员会作了介绍。评标委员会为谨慎起见，查阅了招标文件要求，出具了否决投标人 A 的投标的决定，对剩下的 6 家投标，按招标文件规定的评标标准和方法进行评审和比较，择优推荐三家中标候选人。

评标结果公示期内，投标人 A 得知了其投标被评标委员会在初步审查环节予以了否决，理由仍是开标时其他投标人对其投标提出的文件封装不合格，愤愤不平地向市行政监督机构投诉，投诉理由是：投标文件的封装是否符合招标文件的要求，招标人最有发言权。我公司的投标文件经过了招标人的密封检查，进行了登记并进入了唱标，招标人已认可我公司投标文件的封装，评标委员会又凭什么因投标文件封装而否决我公司的投标。于是，投标人 A 要求市行政监督机构认定评标无效，责成招标人重新组建评标委员会评标。

市行政监督机构受理投标人 A 的投诉后，在规定的时间内作出了行政处理决定，认定该项目评标结果有效。投标人 A 对行政处理决定不服，依法向国务院建设行政主管部门申请行政复议。2003 年 11 月，建设主管部门下达该项目的行政复议决定，认定该项目招标人应拒收投标人 A 的投标文件，在已接收其投标的前提下评标委员会又依据封装不满足要求否决其投标不合常理，因为开标时投标文件已经拆封，评标委员会看不到投标文件的封装，招标人在组织招标投标活动中存在过错。据此，行政复议撤销了行政处理决定，要求招标人重新招标。

按现行《招标投标法实施条例》第八十一条规定，该行政复议的结论已不再正确，因为投标人自己的封装不符合招标文件的要求，不能“恶人先告状”倒打一耙。投标文件分册和封装不符合要求的责任人是投标人A，不是招标人。招标人由于受理了依法应拒收的投标文件，应依法受到行政处罚。对于评标结果是否有效，核心在于招标人的违规行为是否影响了评标结果。本案中，招标人的错误行为，一是受理了应当拒收的投标人A递交的投标文件；二是在评标时要求评标委员会否决投标人A的投标，并没有影响评标结论。

故事结局耐人寻味，蕴含着“招标投标无小事，细节决定成败”的道理，也再次重申了准备工作的重要性。那么，招标人组织一次开标需要进行哪些准备工作呢？一般地，招标人组织开标的准备工作如下：

1. **开标场所准备**。开标类似开会，有主持人和听众，也有监督人。开标场所准备，即按招标项目开标特点和需求，准备会场和条件。会场大小与参加开标的人数有关，设施与招标文件规定的开标程序和公布事项有关。一般地，开标室应有主席台，主席台下有桌椅板凳；主席台上，主持人与嘉宾坐席是坐在一起还是分开、投标人及听众座椅等没有规定，满足招标人主持开标和投标人参加开标即可。

开标场所内的设施，应以满足招标文件要求公布的投标事项展示为准。一般地，开标室内应配有语音系统、投影系统和电脑接口，以便唱标和电脑录入，将开标结果逐项公布在屏幕上。主席台上是否准备黑板、主席台下的桌椅上是否需要准备纸笔由招标人自主决定。招标文件可以限制投标人委派参加开标的人数，也可以要求投标人自行准备纸笔，以便开标时记录。当预估参加开标的人数多时，例如，有50个投标人购买了招标文件，每个投标人派2~3人参加开标，人数最多时就有150人，加上招标人的工作人员、监督人员，人数最多可能达到160人之多。开标室应配备有有线、无线话筒，以便于主持人、唱标人、监督人和投标人代表发言。

招标人应在开标启动前至少8小时内，对开标场所的系统、设施进行测试，确保需使用的系统、设施有效。对于在公共资源交易中心组织开标的项目，招标人应提前派员预约开标室，熟悉其语音、录入和投影系统。

2. **开标工作人员准备**。开标主席台上的工作人员，包括主持人、唱标人和记录人，以及配合主持人、唱标人和记录人的其他工作人员，如文件搬运、拆封和传递人员，以及系统应急人员等，准备好必要的搬运、拆封和维修工具等。

一般地，主持人、唱标人和记录人由招标项目组主要人员担任。必要时，也可聘请招标人主管招标工作的有关负责人担任。系统应急人员应是相应系统的专业人员。对于在公共资源交易中心开标的项目，系统应急维护人员由公共资源交易中心有关职员担任。

对依法必须进行招标的项目，监督人是行政监督机构负有招标项目行政监督职责的工作人员。招标人应在开标前与其联系，邀请其对开标活动进行监督；对依法招标项目以外的项目，不属于行政监督机构的职权范围，对招标投标活动的监督以招标人内部纪律监督为主，可由招标人内部的纪检监察部门派员担当。

3. **投标文件准备**。开标的实质是开启投标人在招标文件载明的投标截止时间前递交的投标文件，正如投标受理的故事中讲述的，投标文件准备是开标最重要的一项准备工作，涉及两个准备事项，即投标文件接收和照管。其中，递交的投标文件数量不满足招标文件或法律规定的，例如，《招标投标法》第二十八条规定，投标人少于三个的，招标人应当依法重新招标，即不得组织开标。

1）投标文件接收。投标文件的接收，需要招标人委派的投标文件接收人员熟知招标文件对投标文件分册和封装的要求，对在招标文件载明的投标截止时间前递交的投标文件，对投标人身份、投标文件分册、包装和标识进行查验。满足要求的，决定受理；反之，应拒收。对此，《招标投标法实施条例》第三十六条规定，未通过资格预审的申请人提交的投标文件，以及逾期送达或者未按招标文件要求密封的投标文件，招标人应当拒收。同时，要求招标人应如实记载投标文件的送达时间和密封情况，并存档备查。这当中，“未通过资格预审的申请人”指招标人组织了资格预审，未参加或是未通过资格审查的不具有投标资格的潜在投标人；“逾期送达的投标文件”指在招标文件载明的投标截止时间后递交的投标文件，这两种情形在实践中易于判断。易于出现差错的，是“未按招标文件要求密封的投标文件”，其核心在于招标文件对投标文件的密封要求需要投标文件接收人员熟知。应当接收而未接收的，属于采用不合理条件限制、排斥潜在投标人的行为；不应当接收却接收了，影响投标竞争，违反公平公正的交易原则。

有人曾建议取消对投标文件密封的要求，认为密封是投标人在开标前保护其投标内容不外泄的一种形式，应由投标人自主决定是否密封以及怎么密封，以减轻招标人在投标文件受理中的责任，如现代婚礼仪式中，女方头上不用顶着红盖头。但这样一来，违反投标竞争的假设，即投标人之间相互不知晓对方投标，存在个性化差异，进而才能实现择优的战略思想。

那么，招标人错误地接收了依法应当拒收的投标文件，会受到什么行政处罚呢？对此，《招标投标法实施条例》第六十四条规定，招标人接收未通过资格预审的单位或者个人参加投标或者接收应当拒收的投标文件的，由有关行政监督部门责令改正，可以处10万元以下的罚款，对单位直接负责的主管人员和其他直接责任人员依法给予处分。接受行政处罚后，招标人是否一定需要重新招标呢？答案是不一定，要视招标人违法行为对中标结果的影响而定，因为《招标投标法实施条例》第八十一条规定，依法必须进行招标的项目的招标投标活动违反《招标投标法》及《招标投标法实施条例》的规定，对中标结果造成实质性影响，且不能采取补救措施予以纠正的，招标、投标、中标无效，应当依法重新招标或者评标，即如果招标项目不是依法必须进行招标的项目，或是招标人的违法行为对中标结果未造成实质性影响，不影响招标项目的有效性，无需重新招标。

2）投标文件照管。对投标文件的照管，指招标人对投标截止时间前已接收的投标文件的照看和保管。这至少体现在三个方面：①对投标文件的封装和标识的照管，不因投标文件的移动而毁坏或破损，泄露投标事项。例如，某保密单位组织的一个招标项目有5个投标人，招标人在单位院墙大门外组织投标文件接收，同时为投标人进入单位办理手续，用汽车搬运投标文件到其内的会议室途中，因文件码放不规范，从车上掉下来两个投标人的投标文件，其封装全部摔坏，投标内容已暴露于公众视线下。为此，招标人在组织开标前，先承认错误，征询投标人代表意见。其中，投标文件封装完好的投标人不同意开标，密封毁坏的两个投标人同意开标。为此，招标人把投标文件退还给投标人，宣布招标失败。②对投标文件的完整性进行照管和保护，即不能造成投标文件的丢失。③对投标文件载明的事项进行照管和保护，不能因招标人工作人员的故意或过失行为导致投标的一些核心事项泄密，侵害投标人权益。注意，招标人对投标文件照管的以上三个责任，是开标时投标人代表进行投标文件密封检查的主要事项。

有人错误地认为，可以在招标文件中规定，投标人仅能在开标前的一段时间内，例如，开标前两个小时内，在开标现场接收投标文件，其他时间概不受理。这种规定看似减轻了招标人对投标文件的照管责任，但侵犯了投标人在投标截止时间前都可以递交投标文件的权利。例如，招标文件是否可以规定拒收邮寄给招标人的投标文件？当然不能，因为限制了投标人递交投标文件的方式！国际惯例许可投标人邮寄其投标文件，只要邮递员在投标截止时间前送达招标人，招标人就应当对其封装进行检查，满足招标文件要求的，招标人必须受理，这也是《招标投标法》第二十八条和第二十九条，规定投标人在招标文件要求提交投标文件的截止时间前可以递交、补充、修改或者撤回已提交的投标文件并书面通知招标人的原因，招标人需要的是鼓励而不是制约投标人投标。

[知识窗] 照管，是指对某个东西或物体进行照顾管理。对投标文件的照管，指招标人对接收的投标文件进行照顾和管理，其宗旨在保证其在开标前不丢失、不损坏、不泄密，是投标人投标的真实意思表示。

第3节　程序：开标过程约束

开标的基本程序，是在投标人代表或委托的公证机构检查公证、确认无误后由工作人员当众拆封，公布投标人名称、投标价格和招标文件载明需要公布的投标文件中的其他主要内容。旧时婚礼仪式上，一般的程序为：迎新下轿→跨火盆→上香见礼→叩首行礼→夫妻对拜→送入洞房等六个环节。类似地，开标一般包括：开标开始→公布投标人→宣布工作人员→投标文件密封检查→拆封唱标→签字确认，也是六个环节，各环节都有需注意的事项，分析如下：

1. **开标开始**。开标开始时间与投标截止时间相对应，即投标截止时间的终止就是开标时间的开始。那么，是否允许投标截止后不组织开标呢？从道理上讲没什么不可，但这必然加重了招标人对投标文件的照管责任。同时，投标人递交投标文件和参加开标是本可以一次完成的事项，需投标人多次往返于招标人或开标现场，对双方都无益处。这就是《招标投标法》第三十四条规定，开标应当在招标文件确定的提交投标文件截止时间的同一时间公开进行，地点应当为招标文件中预先确定地点的原因。

［**投标截止时间延长的故事**］某依法必须招标的工程机电设备项目，有A、B、C三个投标人购买了招标文件，在规定的投标截止时间前3分钟，只有A、B两个投标人递交了投标文件。招标人打电话询问投标人C，称堵在了路上，半小时后可以到达，请求招标人将开标时间推后30分钟。招标人与投标人A、B商议，如果开标时间不推后，本项目投标人数在三人以下，不满足法定的开标人数限制，投标文件需原封不动地退还，但如果推后30分钟，投标人数达三人，可以开标，建议投标人A、B同意开标时间推后30分钟。见状，投标人A和B只得同意开标时间推后30分钟。

大约30分钟，投标人C递交了投标文件，招标人接收后组织开标和评标活动，投标人C为评标委员会推荐的第一中标候选人，投标人A不认可，向有关行政监督机构投诉，称该项目已经投标截止，但招标人组织开标时故意延后30分钟照顾投标人C，接收其迟到递交的投标文件并推荐其为第一中标候选人，违反《招标投标法》第三十四条规定，诉求是宣布本次招标无效。行政监督机构调查取证中，招标人辩解称，投标人A和B都同意了延长开标时间，是因没被评标委员会推荐为第一中标候选人而投诉，建议驳回投诉。行政监督机构人员问，有对招标文件相关条款的修改文件吗？招标人说那倒没有，是在原投标截止时间前3分钟口头确认的。行政监督机构人员接着说，没有修改招标文件的书面材料为证属于擅自延长投标截止时间和开标时间，违反《招标投标法》第三十四条规定的开标应当在"招标文件"确定的提交投标文件截止时间的同一时间公开进行，本项目依法不能开标而需重新招标。

这一故事表明，招标人延长投标截止时间和开标时间的行为，属于对招标文件的修改，《招标投标法实施条例》第二十一条规定，澄清或者修改的内容可能影响投标文件编制的，招标人应当在投标截止时间至少15日前，以书面形式通知所有获取招标文件的潜在投标人；不足15日的，招标人应当顺延投标文件的截止时间。这里，招标人延长投标截止时间或是开标时间不影响投标文件编制，当然不需要遵从15日的要求。但既然是对招标文件的修改，就不能临时抱佛脚，而须出具书面文件修改投标截止时间和开标时间，无需征求投标人的意见。一般地，招标人推迟投标截止时间应在投标人还没出发之前，即投标截止之日1~3日前为宜。

一般地，开标正式开始时，需要宣布投标截止时间已经到达，将拒收此后递交的投标文件。同时，宣布开标纪律，如开标时，要求参加开标的所有人把手机转为静音模式，场内不准喧哗、吵闹、争论，不得接听手机，以及声明是否允许摄像、拍照、录音等，声明哪些人可以参加开标，以及是否允许旁听、观摩或参与开标其他事项等，告知不满足要求的人员离场等。

2. **公布投标人**。开标公布投标人的目的，是锁定参与竞争的投标范围。一般地，招标人在宣布开标纪律后，公布招标人在招标文件载明的投标截止时间前接收了哪些投标人递交的投标文件，按递交的先后顺序公布投标人名称。公布投标人名称后，应要求投标人代表出示并递交法定代表人的授权委托书，确认投标人代表。

3. **宣布工作人员**。开标介绍工作人员及其职责的目的，是介绍参与开标的工作人员，以便监督其行为，确认开标结果。一般地，开标首先介绍邀请到的嘉宾，如邀请的行政监督机构人员、招标人内部委派纪检监察人员和有关负责人等，宣布招标人委派的主持人、唱标人、记录人和配合开标的拆封、传递的工作人员等，以及委派人员的工作职责等，接受监督。

4. **投标文件密封检查**。投标文件密封检查的目的，是验明正身，确认拟开标的投标文件是投标人递交的投标文件，招标人对其尽到了照管责任，投标文件没被人提前拆封、毁坏或泄密等。那么，谁有权实施投标文件的密封检查，行政监督人员、纪检监察人员和招标人的工作人员能否实施对投标文件的密封检查呢？肯定不能，因为这些人对投标文件的密封检查，最多是看一看投标文件是否密封完好，有没有开口或损坏，实现不了密封检查的目的。能够实现投标文件密封检查目的的人只有两类，一类是投标人，另一类是招标人聘请的公证机构。招标人聘请公证机构对投标文件密封检查的，形式上比投标人自己检查公正，但需要支付一定的公证费用。故此，实践中，大多由投标人代表检查。

无论是投标人代表还是公证机构对投标文件进行密封检查，检查的责任主体是招标人，是招标人对接收的投标文件负有照管责任，确认拟开标投标文件的封装和标识与投标人递交时的状况一致，投标人代表需凭借手中的投标文件签收凭证、公证机构人员需凭借招标人提供的投标文件签收凭证对投标文件密封情况进行检查。

投标文件密封检查后，投标人对拟开标的投标文件不确认如何处理？投标人不确认拟开标的投标文件，表明招标人可能但又不一定没尽到对投标文件的照管责任。注意，由于投标人不确认拟开标的投标文件，投标文件不能进入拆封唱标环节，需要就地封存以备查验。确认投标文件密封的投标人不少于 3 人时，开标可以继续进行；少于 3 人的，招标人需要终止开标，宣布招标失败。

行政监督机构或是招标人纪检监察人员确认投标文件封装存在被提前拆封证据的，招标投标活动违反公平公正和诚实守信的原则，招标结果无效，招标人需重新招标或是依法采用其他方式采购，依法依纪对相关责任人进行处理；查实招标人与投标人串通构成犯罪的，依法追究有关责任人员的刑事责任。

5. **拆封唱标**。对投标文件拆封唱标，与旧时婚礼最后一个环节——新郎掀开新娘头上的红盖头类似，是开标最让人激动的环节。这当中，拆封人员按招标文件载明的开标顺序拆封投标文件封装，传递人员把投标文件正本传给唱标人，副本传给记录人和监督人，顺次唱标。一般地，唱标人需对投标人名称、标段/标包名称和编号、投标保证金递交情况、投标报价、质量目标、履约期限、地点，以及招标文件上载明开标要公布的其他事项进行唱标，监督人对照唱标人的唱标和记录人的记录结果，发现不一致的，以正本为准及时更正。注意，唱标的原则，是唱标人按投标的事实，如实宣读投标，不能添加个人的主观判断或是喜好。

［**唱标价的故事**］某国有企业采用公开招标的方式购买汽车，项目主持人和唱标人由一人担任。唱过投标人A、B的投标后，主持人翻开投标人C的投标函与投标函附录的正本，发现提供了两种投标方案。一是原装进口，报价为468.00万元；另一个是国内组装，发动机为进口，报价为259.00万元。其他投标人的投标函及投标函附录上，只有一个报价。主持人有点不知所措，问投标人C的代表："你公司的最终报价是哪一个？"投标人C的代表看了看其他投标方案和报价，回答："我公司的最终报价是259万那个！"主持人要求记录人在电脑上记录其投标方案为国内组装、报价为259.00万元。投标人D在投标函与投标函附录上填写的报价，大写为贰百陆拾伍元零角零分，小写为2650000.00元。主持人要求工作人员查对了投标人D的分项报价表，发现投标函与投标函附录上填报的小写金额与报价汇总结果一致，质问投标人D："你公司投标函与投标函附录上载明的投标报价，小写是2650000.00元，大写是贰百陆拾伍元零角零分，差了一个万字。"投标人D的代表从座椅上站起来，确认道："我公司在此申明，投标报价是贰百陆拾伍万元零角零分。"要求记录人记录其投标报价时，按小写数值记录，主持人表示同意，按2650000.00元进行唱标，并吩咐记录人按这一数值进行记录。

主持人依次询问投标人对唱标结果确认时，投标人A和B提出异议，认为招标人主持唱标中，允许投标人C选择国内组装、报价为259.00万元，以及对投标人D的特殊照顾，允许其在报价大写数值中添加一个"万"字，实质是允许了投标人在投标截止时间后二次报价，对其他投标人不公平，违反了按投标人在投标文件上载明的投标事实，如实公布的原则，要求招标人更正。对是否应当更正，以及如何更正，主持人拿捏不准，电话咨询公司外聘的采购顾问，把唱标遇到的情况如实向其作了汇报。采购顾问明确告诉他，开标是招标文件载明的开标公布事项，对投标文件载明的投标结果如实公布，不能允许投标人对其投标文件上载明的价格进行调整、选择或是二次报价等违反招标投标规则的行为。否则，投标截止时间的设置就失去了意义。主持人问："我应当如何唱投标人C和D的报价呢？"采购顾问回答："坚持按投标文件载明的事实如实唱出的原则。投标人C有两个投标方案、两个报价，如实唱出，即方案一原装进口、报价468.00万元，方案二国内组装、发动机进口，报价259.00万元；投标人D的报价，大写和小写数值不一致，大写缺了一个万字，也是如实唱，即大写贰百陆拾伍元零角零分，小写2650000.00元，并如实记录即可。"主持人听明白后，回到开标现场，按采购顾问的建议，重新唱出投标人C和D的报价，更正了开标记录。投标人C和D虽有些不愿意，但规则就是规则，只好在开标记录上签字确认。

这则故事对于开标的启迪在于，开标是按照投标事实，如实唱标和公布，即投标文件载明的开标事项是怎样就怎样唱标并记录，因为开标过程中，招标人的责任在于公布投标事实，投标人按照其投标文件载明的结果确认，按投标事实公布是开标的一项最基本原则。类似地，对质量目标、履约期限、地点以及招标文件载明开标公布的其他事项，如实公布。招标人不能违反招标文件载明的招标投标规则，凭借主持人或唱标人的个人主观判断或喜好，给予投标人在投标截止时间后撤换、修改投标的机会，因为招标投标规则仅是要求招标人如实公布，并没有也不能赋予投标人在投标截止时间后，依据其他投标情况调整或是修改其投标文件载明的事项。这一原则同时蕴含，唱标的语言必须客观，以事实为依据进行唱标。例如，某投标人1递交的投标保证金为30万元，少于招标文件要求的50万元，投标人2递交了50万元投标保证金。唱标并记录时能否唱出："投标人1投标保证金不合格，投标人2投标保证金合格呢？"当然不能，因为"不合格"和"合格"是判定投标保证金的结论，判定权不在开标而在评标。为此，唱标时只能唱出："投标人1的投标保证金已递交，保证额度30万元；投标人2的投标保证金已递交，保证额度50万元。"至于判断投标人1和投标人2的投标保证金是否合格，是否有效，是评标委员会职责范围内的事情。

招标项目设有标底的，在拆封、唱出所有投标人的投标，确认无误后，招标人应拿出密封完好的标底交由监督人和投标人代表查验，然后拆封，公布招标项目的标底。注意，标底是招标人按有关定额或价格基准测算出的招标项目价格，是评标时的价格参考，但不是择优标准或依据。对此，《招标投标法实施条例》第五十条规定，标底只能作为评标的参考，不得以投标报价是否接近标底作为中标条件，也不得以投标报价超过标底上下浮动范围作为否决投标的条件。

6. **签字确认**。开标，不同的参与人职责不同。要求参与人在开标记录上签字确认，是证明其履行了职责的表现。其中，主持人、唱标人和记录人在开标记录上签字，表明其按照招标文件载明的事项，履行了开标职责；投标人代表在开标记录上签字，是其确认开标的合规性。反之，投标人代表可以在开标记录上不签字，并当场向招标人提出异议，要求更正，招标人拒不更正的，投标人可以在开标后向有关行政监督机构投诉，主张其权益。监督人在开标记录上签字，是对开标合法的肯定，即在开标过程中没有发现违法违规行为。

值得注意的是，一些国有企事业单位的纪检监察人员参加开标，性质上属于内部监督，一般不需要在开标记录上签字确认，更不宜在开标会上宣读其监察或监督意见书，因为纪检监察人员参加开标是对开标的见证，职责是对监察对象按法律和纪律要求进行监察。十多年前，笔者组织某省一大型国有企业生产线的设备招标，在开标签字确认环节，该企业监察室主任宣读手里的一份监察意见书，其中一句结论性的话语笔者至今记忆犹新，就是："经过监察鉴证，我确认本次招标投标活动合法有效，可以继续进行。"笔者在场上当时就惊讶了，监察室主任的肯定是对笔者的鼓励，但又依据什么判断招标投标活动合法有效呢？大概是因其在开标中没发现存在违法违纪行为。但据此能说"招标投标活动合法有效"吗？这不是在以偏概全、过早下结论又是什么！实际上，如果企业规章要求纪检监察部门参加开标的人要在开标时宣读监察意见书，最多也是"开标中没有发现违法违纪行为，可以继续进行”，但绝不能用肯定的话语对招标投标全过程下结论，因为“眼见为实”，而招标人、投标人在招标投标活动中的行为并非“事无巨细”的都能“眼见”。

［知识窗］“截止”表示到某个时间停止进行，强调“停止”。“投标截止”指招标文件上载明的投标截止时间以后，不再接收投标人递交的投标文件。注意，投标人应评标委员会的要求对投标文件作出的澄清或说明，是对其投标文件的进一步澄清或说明，不得超出投标文件的范围或者改变投标文件的实质性内容。否则，必然违反投标截止的要求。

第 4 节　成果：开标记录

开标类似于旧时婚礼掀开新娘的红盖头，看到其真实的面孔，开标记录是对开标过程的记录，包括对开标程序、投标文件的密封检查及结论、唱标记录、投标人对开标的异议和招标人的当场答复，以唱标记录为核心。那么，开标记录与评标是什么关系呢？是评标依据吗？应该不是，评标委员会的评标依据是招标文件中规定的评标标准和方法。那是投标吗？应该也不是，开标记录只不过是开标公布的投标事项的集中展现。一般地，招标人将开标记录提供给评标委员会，要求评标委员会对开标记录上投标人提出的需要进一步回答的问题，查对有关投标文件，给出结论性意见。从这一点看，开标记录更像是评标的索引。类似地，下面这个标价记录的故事，讲述了某地一个工程施工招标开标环节出现违法事件，但开标确认环节中没有人对开标过程中出现的违法行为提出异议，进而形成了一份错误的开标记录，导致评标委员会重新评标的结局。

［**标价记录的故事**］某工程建设项目施工招标，共有 A、B、C 和 D 四个投标人。该项目招标时，烟感报警系统还没完成设计，招标文件给出的暂估价为 240 万元。

唱标过程中发现，投标人 C 在投标函与投标函附录上填写的报价，大写为壹仟陆百元零角零分，小写为 1600.00 万元。为此，主持人组织工作人员查对了投标人 C 的标价工程量清单，发现投标函与投标函附录上填报的小写金额与标价工程量清单一致，向投标人 C 质疑：“你公司投标函与投标函附录上载明的投标报价，小写是 1600.00 万元，大写是壹仟陆百元零角零分，差了一个万字。”投标人 C 的代表一听，赶紧从座椅上站起来，说：“那是笔误，我公司在此再次申明，投标报价是壹仟陆百万元零角零分。”并一再要求记录人按其投标函及投标函附录上的小写数值记录，主持人表示同意，按 1600.00 万元进行唱标，并吩咐记录人按这一数值进行记录；投标人 D 对烟感系统没有按招标文件给出的 240.00 万元的暂估价填报，而是120.00万元。主持人发现后，质问投标人D："别人都按240万元的暂估价填报，你公司为什么改成了120万元？"，要求投标人D确认其报价1548.00万元中，包含烟感系统240.00万元的暂估价。投标人D表示认同，称稍后在开标记录上签字确认。开标记录见表8.1。

某工程唱标记录 **表8.1**

投标人名称	投标报价（万元）	质量标准	工期（月）	投标保证金（万元）	烟感系统（万元）	备注
A	1645.00	合格	14	递交，30.00	240.00	
B	1626.00	合格	13	递交，30.00	240.00	
C	1600.00	合格	14	递交，30.00	240.00	
D	1548.00	合格	15	递交，30.00	240.00	

唱标结束后，投标人代表对表8.1的记录进行了签字确认。其中，投标人C在备注栏写到"我司的投标报价大写为壹仟陆百万元零角零分"，投标人D在备注栏写到"我司对烟感系统报价为240.00万元"。

该项目评标委员会由招标人代表1人、政府有关部门组建的评标专家库随机抽取的经济专家1人和技术专家3人组成。专业分工上，3位技术专家负责投标文件的技术部分，即施工组织设计的评审，招标人代表和经济专家负责投标文件的商务文件和报价的评审。

招标人代表和经济专家按照招标文件中的评标标准和方法，首先审查了所有投标商务文件，对相应评审因素进行评分；在对报价评审时，发现标价工程量清单子目繁多，一项一项审查两天也干不完。于是，商量对报价的评审不用一项一项比较，就依据开标记录上的报价和招标文件载明的计算公式，直接计算得分，小数点后保留两位，第三位"四舍五入"。

两人完成报价评审后，技术专家也完成了施工组织设计评审。招标人代表和经济专家向技术专家公布投标人报价和商务得分，让记录在评分表上；同时，两人以技术专家对投标施工组织设计评分的平均值，作为其对投标施工组织设计的评分。评分汇总表明，投标人C的得分最高，其次是投标人D、投标人B。

评标结果公示时，投标人B向招标人提出了异议，并向有关行政监督部门投诉，其投诉理由是："投标人D对烟感系统的报价，修改暂估价表中的240.00万元为120.00万元，没有按工程量清单填写，应当否决；投标人C在投标函与投标函附录上填写的报价，大写为壹仟陆百元零角零分，小写为1600.00万元，招标人开标时要求其更正，在开标记录大写中增加'万'字，不符合大写小写不一致的，以大写为准的算术错误修正原则。"投标人B要求行政监督机构判定评标结果无效，要求招标人重新招标。行政监督机构经查阅开标和评标资料，走访当事人了解，确认招标人在开标过程中存在允许投标人在投标截止时间后二次报价的违法行为，责令招标人改正开标记录。同时，对评标委员会中的经济专家当面训诫，认定评标委员会对投标报价的评审没有按招标文件规定的评标标准和方法对投标文件进行评审。为此，要求原评标委员会重新计算评标基准价和报价得分、推荐中标候选人和完成评标报告，驳回了投标人B重新招标的要求。

这则故事表明，虽然开标记录既不是招标文件，也不是投标文件，但开标记录是评标的索引。开标记录如果存在重大错误，极易引导评标委员会沿着一个错误的方向去评审和比较，得出错误结论。那么，应怎样认识开标记录的作用，又应当如何做好开标记录呢？分析如下：

1. **开标记录的作用**。开标记录是招标人主持开标的成果性文件，是按招标文件要求公开投标主要事项以及招标人标底的，在参加开标的人监督下完成的一份记录。必要时，开标记录可以上网公布，接受公众查询。开标记录的主要意义在于，它完整地记载了开标过程、投标主要事项，以及开标中投标人提出的异议和招标人的当场答复，体现了招标人组织招标投标活动的公开原则，让投标人相信招标人是公开、公平、公正地组织招标投标活动。同时，开标记录使投标人对其他投标人投标的主要事项有所了解，做到知己知彼，对自己投标能否中标有个大致判断或预测，对招标人组织开标、评标和确定中标结果形成一种有效的监督作用。

注意，开标记录是开标的记录，对评标最多起一种索引作用，因为评标是按招标事实，即招标人公布的招标文件规定的评标标准和方法，对投标事实，即投标人递交的投标文件进行评审和比较，与开标记录没有关系。故此，理论上，开标记录不正确不应当影响评标结果。但实践中，评标委员会对投标文件的评审和比较，特别是对投标报价的评审流于形式的现象较普遍，标价记录的故事中那种依据开标记录计算投标报价得分的做法并非是个案，而是出现在大多工程施工招标项目中。采用一些工程量清单软件可以分析清楚投标人在标价工程量清单中采取的投标策略，可以知晓投标人D在标价工程量清单中，将招标文件中载明的烟感系统暂估价240.00万元调整为120.00万元，评标委员会也知晓投标人不按招标文件工程量清单，即标的或报价范围报价的，应当否决其投标。对于投标人C在投标函上填写的报价大写与小写表明的价格不一致，即便是采用工程量清单分析软件也无从知晓，需评标委员会对投标报价进行深入分析才能得出评审结论。但招标投标活动是在逻辑上一系列顺次相接的环节或过程，任何一个环节出现差错都可能影响采购结果实现。对招标人而言，按招标文件载明的开标对投标公布事项唱标和记录，是招标人组织开标的责任。

国内一些部门颁布的招标投标管理办法规定，投标人的开标一览表、投标声明（价格变更或其他声明）都应当在开标时一并唱出，否则在评标时不予认可，或是规定只有唱出的价格优惠才是合法、有效等，都是在把开标记录作为评标的依据，是在错误地理解招标投标规则，过于夸大开标记录的“公开”作用，是在用政府那只看不见的手干预微观经济行为，对招标采购战略智慧的发挥丝毫没有益处，其实质是加重招标人主持开标的责任，并非招标投标规则应当如此。

2. **正确记录开标**。正确记录开标过程和结果，是开标记录的实质，其唯一标准是“如实记录”。这当中的“如实”指开标的各环节和事件本来面目。例如，对投标人报出了两种以上的报价，应当按投标人在投标文件中载明的两种以上的报价如实记载在开标记录上。那么，开标记录中的唱标，记录人是否应当根据唱标人唱出的投标事项进行记录呢？正常情况可以如此，但理论上，开标记录应是按投标文件载明的事项记录。

1）记录表格。招标人委派的记录人，应按招标文件载明的开标程序和唱标事项，在开标前一日准备好开标记录格式，制作符合开标系统要求的表格。例如，工程货物开标记录中的唱标记录用表格式见表8.2，工程施工和服务招标项目的开标唱标记录与之类似。

货物唱标记录表 **表8.2**

货物名称：＿＿＿＿＿＿　标包编号：＿＿＿＿＿＿　开标时间：＿＿年＿＿月＿＿日＿＿时＿＿分

序号	投标人名称	投标报价（元）	投标保证金	供货期（日）	备注	签名

主持人：＿＿＿＿＿＿　唱标人：＿＿＿＿＿＿　记录人：＿＿＿＿＿＿　监标人：＿＿＿＿＿＿

2）开标记录。记录人应按手中持有的投标函及投标函附录，听着主持人宣读的有关话语、密封检查、唱标人唱出的投标事项和投标人的异议，以及主持人的当场答复等事项，在事先准备好的开标记录格式中，对照手中的投标函及投标函附录，如实记载。发现唱标人允许投标人二次报价或是修改投标文件载明事项的，应主动向主持人或唱标人示意，及时更正系统记录数据，调整屏幕显示信息。

注意，在电子招标投标交易系统开标的，招标人编制招标文件前，应事先了解电子招标投标系统对数据抓取的方式和展现事项，以使系统屏幕显示的开标记录与电子招标投标交易系统展示事项、内容一致。

3）记录更改。开标记录更改的唯一条件，是开标记录错误地记载了投标事项，投标人提出异议。此时，主持人和记录人应当再查对投标文件正本。唱标结果不存在错误但开标记录存在错误的，按投标文件正本更正开标记录；唱标存在错误但记录不存在错误的，唱标人应重新对投标进行唱标，开标记录上应对更正情形在备注栏如实说明。

3. 开标记录签字。开标记录为什么要求签字？投标人代表不在开标记录上签字是否影响其投标结果？一般地，主持人、唱标人和记录人在开标记录上会直接签字，问题主要出在投标人代表身上，即投标人代表不签字，是否可以宣布其投标无效？当然不能！投标人代表不签字说明其对招标人主持开标存有异议且对招标人的当场答复不满意，准备在开标后向行政监督机构投诉，是保护投标人权利的一种方式。那么，招标文件规定对开标记录的签字责任时，是否可以明确规定“投标人代表必须在开标记录上签字，否则，其投标按无效处理”呢？当然也不能，因为投标人参加开标是履行其权利的表现。试想，投标人都有权自主决定不参加开标，招标人又有什么理由强制要求其在开标记录上签字确认，否则就否决其投标呢！这与强制投标人派代表参加开标无二。出现这种情形时，招标人需要做的是反省自己主持开标的全过程中是否存在违法违规行为，侵害了投标人权益。招标人发现自己行为的确违反法律规定的，应在开标结束前对开标记录相关事项进行调整，确保如实记录投标事项；未发现招标人主持开标过程中存在违法违规行为的，不用担心，同样需要如实记载，准备相关证据材料，应对投标人的投诉。

第5节　案例：开标违法造成重新招标

开标记录既然是对投标事实的开启记录，评标是以招标文件中规定的评标标准和方法对投标文件进行评审和比较，开标记录就不应该对评标结果或是中标结果造成影响。那么，什么是投标文件？投标文件是指招标人在投标截止时间前受理的符合招标文件封装要求的投标文件。实践中，一些招标人组织招标投标活动违反《招标投标法》的规定，对应当开启的投标文件不开启、不唱标，对应当移交给评标委员会评审的投标文件不移交或退还给了投标人，以及唱标中要求投标人代表修改投标报价等实质性内容，造成投标人在投标截止时间后撤换、修改其投标文件，使得评标委员会评审比较的投标文件不符合法律意义上的投标文件。下面这个某大学教学楼施工重新招标的案例，就是因开标过程中招标人对应当开标的投标不开标，对非实质性响应投标允许投标人修改为响应性投标而导致的招标失败。

［**案情回放**］某大学新建一栋教学楼，投资总额为1.26亿元，招标范围为建筑安装工程和院内室外工程。招标文件规定采用资格后审组织公开招标，采用醒目的方式标明招标范围、质量要求、技术标准和要求、工期、投标有效期、投标保证金等实质性内容。同时，告知投标人开标时需要当场验证的证件名称，验证不合格的投标文件为无效投标文件，不进入唱标环节。

招标人在投标截止时间前受理了8份投标文件，进入开标。主持人宣布开标纪律后，逐一公布8个投标人A、B、C、D、E、F、G和H的名称，要求其出示法定代表人授权委托书。投标人H委派的代表出具了法定代表人授权委托书，但该代表未随身携带其身份证，无法验证其为投标人代表；在对投标人有关证明、证件的原件进行查验过程中，投标人G拟派的项目经理未能提供建造师证书。招标人与有关人员商议后，决定对投标人G和H递交的投标文件不予拆封。

投标人代表对投标文件密封检查，均表示无异议后，招标人对投标人A、B、C、D、E和F组织开标，进入唱标环节。唱标过程中发现，投标人E、F没有在开标前一日递交投标保证金，而是在递交投标文件时递交的投标保证金，招标人当场宣布投标人E、F的投标文件为无效投标文件，不进入唱标程序；投标人D的投标函及投标函附录既没有加盖投标人单位章，又没有法定代表人或授权代理人签字，招标人当场宣布投标人D的投标无效，不进入唱标；投标人C在投标函及投标函附录上载明的工期为25个月，超出了招标文件规定的工期24个月，主持人要求投标人C的代表对工期确认。投标人C的代表称“那是笔误，我公司的工期是23个月”，要求记录人按23个月记录其投标工期。招标人的主持人表示认同，告知记录人在开标记录上计入其投标工期为23个月，形成唱标记录，见表8.3。投标人C的代表在对唱标记录签字时，在“备注”栏注明“确认工期23个月”一句话。

教学楼唱标记录表 **表8.3**

工程名称：××大学教学楼　　　　开标时间：2008年4月5日10时0分

序号	投标人名称	投标报价（万元）	投标保证金	工期（月）	签名
1	A	9988.00	递交，80万元	23	×××
2	B	9868.00	递交，80万元	24	×××
3	C	9928.00	递交，80万元	23	×××

主持人：×××　　唱标人：×××　　记录人：×××　　监标人：×××

招标人将投标人A、B和C的投标文件交由评标委员会评审，其他无效投标文件退还给了投标人。评标委员会经评审，确认投标人C为第一中标候选人。评标结果公示过程中，投标人及其利害关系人没有向招标人提出异议，也没有向有关行政监督机构投诉。招标人确定投标人C为中标人，向其发出中标通知书，双方拟签订了工程发包承包合同。

招标人与投标人C签订了书面合同，前往行政监督机构备案时，行政监督机构要求招标投标活动暂停，称市监察局刚转过来一份举报，举报该项目在开标中，对应当进入开标的投标不开标，开标过程允许投标人C调整了投标实质性内容，即工期由25个月调整为23个月，违背了应当拒收投标人在投标截止时间后递交的投标文件。为此，行政监督机构需查阅开标、评标有关文件、资料，调阅录音录像，以确定开标、评标过程中是否存在违法违规事项，要求招标人等待行政监督机构的处理结果，对招标人和投标人C签订的书面合同暂不予备案。

行政监督机构针对举报事项，调阅了该项目开标、评标录像资料，发现招标人主持开标时，确实存在举报人所述的违法行为，是招标人主持开标的违法行为对中标结果造成实质性影响且不能采取补救措施予以纠正的，依据《招标投标法实施条例》第八十一条应当重新招标。一个月后，行政监督机构向招标人下达了行政处理决定，要求招标人依法重新招标。

［问题］依据上述案情回顾，分析以下三个问题：

1. 本案招标人在开标中增加当场验证环节，决定投标人G、H的投标文件为无效投标文件不予拆封，是否正确，为什么？

2. 本案唱标中存在哪些不妥之处，唱标记录是否正确，为什么？

3. 本案招标人仅将投标人A、B和C的投标文件交由评标委员会评审，其他无效的投标文件直接退还给投标人是否正确？对招标人主持开标和将投标文件移交评标委员会评审又有哪些启迪，为什么？

［案例分析］ 开标的基本原则，是对招标人在招标文件载明的投标截止时间前接收的所有投标文件，当众拆封、宣读和公布。

1. 本案招标人在开标中增加当场验证环节，以投标人G拟派的项目经理未能提供建造师证书，投标人H委派的代表未随身携带身份证，决定投标人G和H的投标文件为无效投标文件、不拆封的做法，违背了开标是对招标人在投标截止时间前接收的投标文件进行拆封、宣读和公布的基本原则，不正确！问题出在开标环节，但诱因在招标文件。那么，招标文件中载明了，开标时要对投标人当场验证，告知投标人开标时验证不合格的投标文件为无效投标文件，不进入唱标环节，是事先告知投标人的，开标时这样做又有什么不可以呢？问题在于，招标文件是否可以这样规定，这样规定对招标人又是否有益处？首先，开标时，招标人可以对投标人有关证书、证件进行查验，即验明正身，但没有意义，因为开标并不是要评判投标合格与否，对投标合格与否的评判在评标，不在开标；其次，招标文件这样规定，减少了投标人数，缩小了投标竞争的范围，影响招标人择优确定中标结果，对招标人并无益处，这也是《招标投标法》第三十六条规定招标人在招标文件要求提交投标文件的截止时间前收到的所有投标文件，开标时都应当当众予以拆封、宣读的原因。

2. 本案唱标过程中存在的不妥之处如下：①招标人因投标人F在递交投标文件时递交投标保证金，不是在开标前一日递交而宣布投标人F的投标文件为无效投标文件，不进入唱标程序不妥，因为国内的投标保证金是投标文件的组成文件，在投标截止时间前都可以递交，是投标人的权利；②投标人D的投标函及投标函附录，既没有加盖投标人单位章，又没有法定代表人或授权代理人签字，招标人当场宣布D的投标无效，不进入唱标不妥，因为开标是如实记载投标，评判投标有效或无效在评标不在开标；③招标文件载明工期24个月是实质性要求和条件，投标人C的工期为25个月，投标人C的代表称是笔误要求更正，开标记录上记录投标人C的工期为23个月不妥，这是在投标截止时间后允许投标人撤换、修改投标文件的行为。

本案唱标记录表8.3不正确，一是应当记载8个投标人A、B、C、D、E、F、G和H的投标，不应只记录投标人A、B和C的投标；二是没有如实记载投标事实。投标人C的工期是25个月，是投标人C的代表在开标时称是笔误，将25个月改成23个月的，对此，表8.3没有如实记载。本案招标人没有依法主持开标，开标记录没有如实记载开标，是造成招标失败的直接原因。

3. 本案8个投标人A、B、C、D、E、F、G和H递交了8份投标文件，招标人仅将投标人A、B和C的投标文件交由评标委员会评审，将其认为无效的投标文件不予拆封、直接退还给投标人的做法不正确，因为评标是对投标文件进行评审和比较，并非是对通过开标的投标文件进行评审和比较。

一般地，通过开标的投标文件与投标文件在范围上应当是一致的，即招标人主持开标时，对其在招标文件载明的投标截止时间前接收的所有投标文件都当众拆封、宣读和公布，没有少开启或是少宣读一个投标。理论上，开标就如同旧时婚礼“掀开新娘头上的红盖头”那个环节，实事求是地对投标截止时间前接收的投标文件进行当中拆封、宣读和公布。那么，为什么在实践中会发生通过开标的投标文件与投标文件在范围上不一致呢？原因在于，一些人在错误地理解招标投标智慧，以为是“我的地盘我做主”，只要是白纸黑字写在招标文件中的规则就有效，造成通过开标的投标文件与投标文件范围不一致，违背开标初心。

那么，招标人能否在投标文件接收时查验投标人有关证件原件，对不符合要求的投标不予接收呢？理论上应当没什么不可以，但这样查验的目的是什么，是有利于招标人择优么？当然不是，因为投标是密封投标，原件既然需要查验，就一定是处在投标文件之外。故此，在投标文件接收时查验投标人有关证件原件的结果，只能是减少投标竞争。同时，投标人有关证件原件不构成投标文件，即便需要查验有关证件原件，那也是评标委员会在评审和比较中的事情，与招标人接收投标文件无关，这就是《招标投标法实施条例》第三十六条规定未通过资格预审的申请人提交的投标文件，以及逾期送达或者未按招标文件要求密封的投标文件，招标人应当拒收的原因。因为在此基础上，招标人再增加投标文件的拒收条件，只会造成招标采购战略智慧的实施结果打折扣。

本案对招标人主持开标和将投标文件移交评标委员会评审的启迪有三：一是通过开标的投标文件范围应与招标人在投标截止时间前接收的投标文件一致，不应再排斥或是限制已接收的投标文件进入拆封、唱标环节；二是开标记录应遵从以投标事实为准的原则，对投标事实和开标中出现的事件如实记载；三是招标人移交给评标委员会评审比较的投标文件，应当是其在投标截止时间前接收的所有投标文件，而不仅是通过开标的投标文件。

第9章

招标采购：评标的组织

****

铁面无私丹心忠，做官最忌念叨功。
操劳本是份内事，拒礼为开廉洁风。

——［宋］包拯《拒礼诗》

****

第 1 节　评标：投标竞争的裁判

评标，是评标委员会依据招标文件中公布的择优标准对投标文件进行评审和比较，择优推荐合格的中标候选人的评估或评判。如果将招标投标活动比作一场世界杯赛，那么，招标人就好比是国际足协，是比赛规则的制定者，投标人好比是各国选派的球队，按照招标投标规则踢球，评标委员会对踢球，即投标结果进行评判，是各遵其规，各尽其职。多年来，世界杯传达着一种激情、团结、协作、拼搏和进取的人类精神，带给人们无限的欢愉与力量。

［**世界杯的黑哨事件**］世界杯裁判史上的黑哨事件也一再让世人惊讶，就连笔者这个不是球迷的人也曾被惊讶得睁大了眼睛。2002 年韩日世界杯，韩国队在决赛中败给德国队，虽然屈居亚军，却足以让国人惊讶不已，“韩国都能踢成世界杯亚军，中国一个泱泱大国，怎么就不行？行，我们一定行”曾一度成为鞭策中国足球队走出亚洲、走向世界的最好说辞。

韩国队获得世界杯亚军时，笔者正好通过博士学位论文答辩不久，韩国成均馆大学一位教授来学校访问，导师宴请那位教授，几位学生席间坐陪，一再以韩国足球队获得亚军为题，称赞韩国人的拼搏精神，但那位教授始终笑而不接话题。其后不久就暴露出韩日世界杯上裁判的黑哨事件，称韩国收买了当值主裁判，使得判罚尺度严重失衡，从而使身为三流球队的韩国接连淘汰了意大利队和西班牙队挺进世界杯四强。那年的黑哨事件主角，是来自厄瓜多尔的裁判莫雷诺，他也因此在韩日世界杯上“一战成名”。特别是那场 1/8 决赛，韩国队对阵意大利队，托蒂在禁区内被绊倒，是个明显的点球，但莫雷诺却判罚了托蒂假摔，将其罚下。接着，维埃里踢入一粒精彩的进球，又被莫雷诺强扣越位的帽子，宣布无效。那场比赛，韩国球员在赛场上踢起了功夫足球，意大利球员被打得头破血流，裁判莫雷诺对此却视而不见，意大利队因莫雷诺的黑哨败北，韩国队则因莫雷诺的黑哨获胜。韩日世界杯的黑幕被揭露后，国际足联多位高管被问责，但主角莫雷诺却在问责名单之外。在厄瓜多尔国内一场联赛上，莫雷诺因黑哨行为被判罚停止执裁 20 场。复出后，他仍不思收敛，一再通过权钱交易操纵比赛。2003 年，忍无可忍的国际足联取消了莫雷诺的国际裁判资格，这位大名鼎鼎的黑哨也就此退出了足球裁判舞台。

世界杯上，裁判可以在遵从裁判规则的前提下，对运动员在赛场上的行为自由裁判，因为世界杯即便是足球“世界”的杯，终归也还是一场游戏，裁判按规则行事即可。评标委员会作为投标竞争的裁判，一方面需要发挥其自由裁判权，以实现择优宗旨，但另一方面，又要在一定程度上限制其自由裁判权，因为其终归是受雇于招标人，是为招标人对投标进行评估。

评标委员会，是招标人按照项目评审特点和需要组建的委员会，是投标竞争的裁判。评标委员会由招标人代表和有关技术、经济等方面的专家按一定的构成比例组成。那么，为什么不能让招标人自己对投标文件进行评审和比较，而要再成立一个评标委员会学习西方国家的做法呢？原因就在于引入评标委员会机制可以在一定程度上不受人情世故的干扰，有利于实现招标采购的科学择优。主要表现在评标委员会中的专家成员：①具有相应的专业素质和良好的职业道德，能够从其专业角度按招标文件中的评标标准和方法对投标文件进行评审和比较，择优推荐中标候选人；②与招标人、投标人没有利害关系，能够客观、公正地评审和比较投标文件；③遵从评标工作纪律等。注意，《招标投标法》将招标项目划分为两类，一类是依法必须进行招标的项目，另一类是依法必须进行招标项目以外的采购项目。《招标投标法》仅是对依法必须进行招标的项目，要求其评标委员会中技术、经济等方面的专家不得少于成员总数的2/3，这样规定的宗旨在于发挥专家的专业优势，客观、公正地对投标进行评审。那么，这是否剥夺了招标人进行招标择优的权力呢？答案是否定的，因为评标专家是依据招标文件中规定的评标标准和方法对投标文件进行评审和比较，是按招标人已在招标文件中公布的择优规则进行的评审和比较，不能自由发挥，其评标结果恰是招标人择优意愿的专业体现。故此，由招标人代表和有关技术、经济等方面专家组成的评标委员会负责评标，更符合中国的国情。

这里，对其中的招标人代表和有关技术、经济专家进一步分析如下：

1. **招标人代表**。招标人代表是代表招标人参与招标项目评标的自然人，其对评标作出的评审结论的法律后果由招标人承担。首先，什么样的人能代表招标人履行评审职责？从民事关系看有两类人，一是法定代表人，二是法定代表人的委托代理人。评标是一项事无巨细、专业能力需求高且体力消耗大的评估活动，法定代表人不可能有时间参加，只能是委托给他人完成。委托什么人代表招标人参加评标是民事委托关系，由法定代表人签署的授权委托书决定，可以是招标人或招标代理机构工作人员，也可以是依法能够获取授权的第三人。其次，招标人代表应当具备什么样的专业素质或职称？招标人代表专业素质，是能够按招标文件规定的评标标准和方法对投标文件进行评审、比较和择优，即①能准确理解招标文件中规定的评标标准和方法；②能从专业上理解投标文件载明的事项；③能依据评标标准和方法，对投标从专业上判断优劣等，这是招标人代表参与评标的基本要求。招标人代表强调的是其在评标委员会成员中的地位，其代表的是招标人，是否需具有专业技术职称则不是主要条件，但具备基本的专业素质是确定招标人代表的前提。

那么，招标人能否不派代表参加评标？这单从形式上看，似乎没有什么不可以，问题的关键在于招标人代表参加评标起哪些作用，这些作用是否是可有可无，是否对实现采购结果择优有益。招标人代表参与评标的作用主要体现在三个方面：一是代表招标人向评标委员会介绍招标采购需求和择优标准，以及招标项目的其他情况；二是知晓对投标评审、比较和择优过程，听取专家对投标的评审意见，以及合同签订时需与中标人进一步商议确定的事项；三是代表招标人参与对投标的评审、比较和择优。其中，第二种和第三种作用，只有招标人派代表参加评标才能知晓或实施，也才能与中标人妥善签订书面合同，使合同履行风险降到最低。故此，为落实招标采购战略，招标人应当派代表参与评标，知悉投标的评审和比较过程。

2. **有关技术、经济专家**。有关技术、经济专家中的“有关”，是指招标项目涉及的技术或经济评标专业，其中的“专家”，是指在某一领域或专业上具有较高专门技能或较高专业造诣的人。

1）评标专业分类。国家发展改革委、财政部等10个部委局于2010年颁布了《评标专家专业分类标准（试行）》。在此基础上，国家发展改革委等于2018年颁布了《公共资源交易评标专家专业分类标准》，以推进全国范围内评标专家资源整合共享。评标专家专业分类标准，参考了国民经济统计类别、高等教育专业划分、工程咨询类别、建筑业资质及全国专业技术资格分类等，依据评标的专业特点对评标专业进行整合，对招标项目涉及的评标专家专业分为工程、货物和服务三大类，按照技术、经济的特点和评标内容划分评标专业类别，以满足评标专家专业类别划分和选取需要。作为评标专家专业分类标准的起草者和修订主持人，笔者对评标专家专业划分有着切身体会。记得有一次与国家发展改革委的同志到中国气象局征求意见，几位资深气象专家力主其中的“气象勘察”要在原专业分类基础上再进一步细化，举了个例子：研发气象卫星，在交付制造前需要几个专业的专家审查后才能投产制造，这一点在评标专家专业分类中根本体现不出来。笔者在会上解释道，招标一个气象卫星的研发，在评标专家评审时，还没研发出来呢，最多有个研发方案。此时需要评标专家评估的，是投标人的气象卫星研发思路、能力和配套的实验，即可实现性，并不是评估气象卫星研发设计结果。几位专家听完笔者的解释，才知道研发气象卫星招标的评审与气象卫星研发结果评估的区别，不再坚持要细化气象专业的评标专家专业分类。

那么，评标专家专业分类解决了什么问题呢？评标专家专业分类的核心，在于进一步回答“有关技术、经济专家”中的“有关”二字。一般地，确定专家参与评标，应当确定那些与招标项目评审相适应的专家参与评标。但什么是“与招标项目评审相适应”，这与“有关”类似，没有判定标准。例如，建筑工程施工招标项目的评标，一般涉及建筑基础、建筑结构、电气照明、给水排水、通风空调、电梯、装饰装修和建筑经济等有关专业，是每个专业都选还是仅选主要专业的专家，回答不一。问题实质在于，这里是工程施工招标，评审的技术文件是施工组织设计，仅有土建工程与安装工程的区别，无需按分部分项工程选择专家。

2）评标专家库。评标专家专业分类的目的，在于统一评标专家库的专业分类，实施代码共享，以便招标人按评标专业确定评标专家，在对专家构成发生争议时以评标专家专业分类进行判别。例如，《评标专家专业分类标准（试行）》就是为国家综合评标专家库的建设而进行的评标专业整合与分类。

评标专家库在性质上是一种专家资源库，其宗旨是为招标人确定评标专家提供公益服务，政府和市场主体都可以组建评标专家库，只要其在市场上具有足够的公信力，只要招标人认可，愿意从中确定评标专家。其中，政府组建的评标专家库公信力稍高，因是在用政府公信力为其背书。实践中，政府组建的评标专家库在对使用政府投资的招标项目，带有一定的强制性。那么，这样一来是否预示着其评标专家是在代表政府进行评标，其评标结论同样具有强制性呢？当然不是！这里，政府组建的评标专家库同样是一种“便民”专家资源库，是由招标人按规定在评标专家库中确定评标专家，评标专家接受招标人聘请参与评标，是服务于招标人对投标进行评估给出的一种专家评估意见。

对评标专家的管理，重在对其参与评标的绩效考核。对应地，对评标专家库的管理核心在于动态管理，即作为一种评标专家资源库，随时吸纳满足要求的专家入库，同时，依据绩效考核结果，对库内达到警示线的专家施以警告、一定时期暂停或是取消评标专家资格，如国际足联处罚莫雷诺那样。

3）确定评标专家。怎样确定评标专家更有利于采购结果的实现是个应当研究的问题。首先，确定评标专家的权利人是招标人，因为是招标人在制定招标投标规则，是招标人在进行招标，对招标结果承担责任；其次，按“责权对等”原则，采用什么样的方式确定一位专家参与而另一位专家不参与评标的决定权在招标人。《招标投标法》第三十七条规定，一般项目采取随机抽取方式，特殊项目可以由招标人直接确定。这里，要求招标人在评标专家库中随机抽取评标专家的理论假设是：①评标专家库内有符合招标人需求的评标专业专家且人数充足；②评标专家库内符合招标人需求专业的评标专家能力满足或者优于评标需要。其中，第一种假设可以通过不断吸纳符合要求的专家入库来解决，但第二种假设只能凭其技术资格和履历判断，是否满足评标需求，只有其参与评标后才能知晓。所以，要求随机抽取确定评标专家，实质上是在加大评标专家库的管理责任。同时，在一定程度上又限制了招标人确定评标专家的权利，易于形成招标人与评标专家互不信任、评标专家拿钱走人而招标人推责给评标专家的结局。

评标专家库既然是一种服务于招标人聘请专家的资源库，政府对评标专家库的管理就应回归其本源，以向招标人提供含业绩考核的专家名册为核心，招标人依据评标需求和专家绩效考核结果，从专家名册中自主选择确定评标专家。

那么，招标人应当如何按评标需求确定评标专家呢？首先，招标人应按招标项目特点、评审因素和复杂程度，确定评标所需专业类别。其中，确定评标专业的一个基本原则，是评审需要这个专业而其又不能被他专业所替代，那就一定需要这个评标专业的专家参与评标。例如，建筑工程方案设计招标，虽然也涉及对建筑方案的造价评估，但一般建筑师能够替代，无需再单独聘请工程造价专业的评标专家。然而，工程施工招标，其工程施工费用的评估辅助并非技术专家能够替代，招标人需要聘请相关专业的土建或安装工程造价专家评标。其次，评标专家数量应按评标专业的工作量和评标时间综合确定。一般地，评标专业工作量大、评标时间短的，需要的专家数量多。反之，可以适当减少专家数量，但评标所需的专业，每个专业至少有一个专家参与评审。

3. 评标委员会构成。评标委员会构成中，招标人代表与技术、经济等有关方面的专家间的比例分配为多少对投标的评估有利并没有定论，以评标事项的专业特点决定。《招标投标法》对依法必须进行招标的项目，要求有关技术、经济专家的比例不得少于成员总数的 2/3，是出于发挥专家专业优势，进行公平、公正和科学择优的考虑；对于依法必须进行招标项目以外的项目，招标人可以自主决定评标委员会中的技术、经济专家数量和所占比例。

实践中，一些人一再呼吁要减少评标委员会中有关技术、经济等方面专家的比例，认为评标专家的自由裁量权过大。实际上，《招标投标法》赋予评标委员会的职责，是按招标文件规定的评标标准和方法对投标文件进行评审和比较，所谓的“专家自由裁量”，来源于招标人编制的招标文件，来源于招标文件中规定的评标标准和方法。例如，某招标项目采用综合评分法，对主观评审因素标准界定为“优秀的，13~15 分；良好的，9~12 分；合格的，4~8 分；不合格的，0~3 分”，但如何界定优秀、良好、合格或不合格并没有统一的标准。同时，13~15 分也好，9~12 分也好，本就是招标人赋予的评标专家自由裁量权。在评标委员会构成中增加招标人代表的数量，无非是更多地体现招标人的意图，并不一定是采购结果的择优。所以，需要加强的是招标文件的编制水平，研究何种择优能实现招标采购战略，而无需纠结招标人代表在评标委员会中所占席位。

第 2 节　程序：评标组织的流程

评标是对投标人的投标事实，即投标文件载明的投标事项，按招标事实，即招标文件中规定的评标标准和方法，进行评审和比较、综合排序，择优推荐排序在前的投标人为中标候选人的行为。这当中，评标主体是评标委员会，评标客体是招标人在招标文件载明的投标截止时间前接收的投标文件，以及应评标委员会要求，投标人在规定时间内对其投标文件作出的澄清或说明。评标委员会的评标主体地位，决定了其在对投标事实评估中的重要作用，其评审结论反映投标的竞争结果，是招标人择优确定中标结果的主要依据。故此，客观、公正地履行评审和比较职责，遵守职业道德是评标委员会的一项行为准则。这里，“客观”是指以招标文件载明的评标标准和方法即招标事实，对投标事实即投标文件载明的事项进行评审；“公正”是指采用同样的评审标准和尺度，对投标文件进行评审和比较，不能凭个人喜好或是想当然。

［**评标劳务费的故事**］某省电网物资采购项目，招标人委托某招标代理机构组织公开招标，招标代理机构在招标文件载明的投标截止时间前共接收了 16 份投标文件，进入开标。为减少开标的工作量，招标代理机构主持开标时，仅打开了投标函及投标函附录的封装进行唱标。开标后，将投标文件移至评标现场，堆码在室内东南角上，以待评标委员会评审和比较。

评标委员会成员进入评标室，望着堆积如山的投标文件，专家中有的开始反悔，感慨道：“这么多投标文件，要评审到什么时候才能结束啊。”这时，一位经验比较丰富的专家站了出来，说：“没关系，先看外观，对那些封装不严、签字盖章有瑕疵、标识不清晰的，挑出来放一边，直接否决。”按这一规则，专家不一会儿就挑了 9 份投标文件出来，其中，有的章没盖在骑缝处，有的字签歪了或是标识掉了，或是封装损坏使投标文件大半本露在外面等。见评标委员会挑出了9份投标文件，招标人代表问评标专家："这9份投标文件为什么放到了边上？"评标专家回答："这9份投标文件不用评审，直接否决。"招标人代表疑惑："为什么直接否决？"评标专家解释："投标人数多，封装不合格的直接否决，可以减少工作量。"

见评标专家要直接否决9份投标文件，招标人代表找到在场的招标代理机构董事长说："怎么评审还没开始就把9份投标文件挑出来放到了一边，要直接否决呢？这样评审符合法律规定吗？至少给它们一个参加评审的机会啊！"

招标代理机构的董事长走到评标专家面前了解情况，试图说服评标专家："这9份投标文件的投标人，有的服务能力还是很强的，有的给咱电网供过货，效果不错，还是对它们都评一评吧。"见是聘请其参加评标的招标代理机构的董事长发话，评标专家便实话实说："我们一共只有5个评委，都评的话工作量太大，时间不够。如果您非要让我们对这16份投标文件评审，就需要加班加点，中午肯定休息不了，估计需要评审到晚上10点才能评完。这样，您给每位评委增加1000元的劳务费吧。"见评标专家是嫌工作量大，想增加评标劳务费，董事长心中有数了，与评标专家商量："每人增加500元行不行？"评标专家见目的达到，回答说："500元也行。"这样，评标委员会对招标人接收的16份投标文件进行评审和比较，半天时间多一点就完成了评标报告，推荐了中标候选人。

董事长在给每位评委多支付了500元劳务费后，心中的疙瘩一直解不开。一天来到笔者的办公室，皱着眉说："评标专家现在太不像话，动不动就把一份投标给否决了，想多要劳务费，你们应该颁布些评标专家政策，管一管！"他知道笔者当时在配合有关部门组建国家综合评标专家库。笔者说："评标专家否决一份投标的依据是招标文件中规定的评标标准和方法，在评标程序中的初步评审或是详细评审环节否决。您需要告诉我，评标专家出现了哪种行为需要颁布新的评标专家管理办法。"董事长把上面这个故事讲给笔者听，临了问笔者："评标专家的这种行为还不需要管一管吗？"

笔者说："这种行为在《招标投标法》中就已经界定得很清楚了。评标委员会，包括评标专家的职责，是按照招标文件规定的评标标准和方法对投标文件进行评审和比较。对什么是招标文件，一般没有疑惑；但许多人对什么是投标文件，则并不一定很清楚。"董事长说："清楚啊！"笔者说："好！既然清楚什么是投标文件。现在我问您，哪些文件是投标文件谁说了算？"董事长答道："应该是招标人或者招标代理机构，因为是他们接收的投标文件。"笔者说："好！再接着问第二个问题，评标专家是否有对投标文件的选择权，就是对一部分投标文件评审，对一部分投标文件不评审？"董事长有点含混了："这一点还真没想过。"笔者说："《招标投标法》并没有赋予评标委员会选择评审投标文件的权利，法律要求评标委员会的，是对投标文件进行评审和比较。换句话说，只要招标人或招标代理机构把投标文件移交给评标委员会，评标委员会就必须对其进行评审和比较而不能选择。"

董事长接着问："在这个案子中，评标专家是以9份投标文件封装、签字盖章或标识有瑕疵，应当是在形式评审中对投标进行否决，应该不算没对投标文件进行评审吧？"笔者问他："投标文件的封装及其上的标识是投标文件，是投标评审事项吗？当然不是，那是投标文件接收的条件之一。此外，开标的本意是开启投标文件的封装，评标委员会又怎能看到投标文件的封装和标识呢。所以，投标文件的封装不属于投标文件，不属于评标委员会的评审和比较范围。"董事长接着问："这种情形万一要是发生了，怎么处理评标结果呢？"笔者回答到："按《招标投标法实施条例》第八十一条的规定，对中标结果造成实质性影响，且不能采取补救措施予以纠正的，招标、投标、中标无效，应当依法重新招标或者评标。您这个案子，除非挑出去的那9份投标文件按招标文件规定必须否决外，一定对中标结果造成实质性影响，是评标委员会的评标行为违法造成影响中标结果，须依法对评标委员会进行处罚，重新组建评标委员会评标。"

一个完整的评标组织程序，至少应当包括评标委员会组建、评标准备、初步评审和详细评审、综合排序、完成评标报告和推荐中标候选人等环节，分述如下：

1. **评标委员会组建**。招标人按招标项目评标特点和需求确定评标专业和所需专家人数后，按评标专家库管理规定，确定各评标专业的评标专家，告知其评标的时间和地点。注意，通知评标专家时，不宜告知其评标项目的名称或编号。采用评标专家库系统通知的，系统抽取后自动语音通知评标专家。

评标委员会是在评标当日组建的。招标人代表和聘请的有关技术、经济等方面的专家在规定的时间内到达评标现场，签署了评标委员会成员登记表和承诺书，推选或招标人指定主任委员后宣告评标委员会成立。这当中，评标委员会成员登记表，记载了招标人代表和评标专家所在单位、职称、联系方式和在评标委员会中的职务等事项；签署承诺书，是要求评标委员会成员承诺，与投标人不存在利害关系，这里的"利害关系"指民事上的"利"或"害"的关系，因为评标委员会成员如果与某个投标人存在利害关系，易造成该评标委员会成员对投标的评审有失公允。

那么，评标委员会与招标人是什么关系呢？评标由评标委员会负责，是否意味着评标委员会是独立于招标人和投标人的第三方呢？这是对评标委员会角色性质的误读。首先，评标委员会是招标人为对投标进行评审和比较组建的，当然是受雇于招标人，为招标人服务。其次，评标委员会的主要工作是对投标进行评估，不允许评标的自由发挥，而是按招标文件规定的评标标准和方法，即招标人公布的择优标准进行评估。从这一点上分析，评标委员会服务于招标人，按招标人的择优标准对投标文件进行评审和比较，供招标人进行选择。第三，评标结果是否有强制性，即招标人必须执行呢？性质上，评标委员会完成的评标结果是一种咨询性的评估结果，不具有强制性。但评标委员会是招标人组建的，评标委员会进行的投标评估是按招标人公布的择优标准进行的评估，是招标人择优的真实意思体现。故此，评标委员会完成的评标结果虽不具有强制性，但其体现的是招标人的择优，应当执行，除非评标委员会违背了招标人在招标文件中公布的择优标准。

2. **评标准备**。招标人组织评标委员会评标的准备工作，包括评标现场及设施准备、评标辅助人员和评标表格及资料、招标文件和投标文件准备等事项。

1）评标现场及设施准备。评标现场用于评标委员会对投标文件的评审和比较，以及对评标重大事项集体讨论，在布局上应当具有宽敞但不空荡，既能满足独立评审，相互间不干扰，又便于评委集体讨论和决策，采光充足、安保便捷等特点。必要时，评标现场应配备电脑、投影仪等设施，以供评标委员会使用。

2）评标辅助人员。评标辅助人员一般由招标项目组人员担任，其主要职责是辅助评标委员会完成评标工作，包括对招标文件某一条款事项释疑解惑、拆封与分发投标文件、分发评标表格、汇总评标结果等事项。必要时，指导或协助评标委员会操作场内设备和设施。评标辅助人员需要定岗定责。注意，评标辅助人员没有评标权，在评标现场不得发表倾向或排斥某一投标人的言论。否则，需要承担其言论的法律责任。

［**善意提示引举报**］某核电厂核岛设备采购的评标委员会，由招标人代表 1 人、技术和经济专家 4 人组成。评标过程中，招标人项目负责人发现评标专家赵某对投标人 A 投标的设备评分特别高，而其他专家对投标人 A 的评分则相对较低，在评标现场提醒赵某是不是评错了，要求赵某参照其他评委的评分，对投标人 A 的投标再审一审。赵某看了看其他评委对投标人 A 的评分结果，很不情愿地把自己对投标人 A 的评分调了下来，使投标人 A 排序在前三名之外。评标结束的第二天，赵某一封举报信告到了招标人监察室，说“这个项目我已经评完了分数，可你们的项目负责人非要我调整分数。我认为项目负责人在非法干预评标活动，需要对其依法依纪处理。”监察室同志收到举报信，一见是评标专家告状，很重视，要求项目处给出解释。项目处组织有关专业人员审查投标人 A 的投标文件，发现赵某是投标文件上载明的投标人 A 的技术顾问，依法应当回避而未回避，以此为由上报监察室。监察室的同志明确告知项目处：“赵某依法不能参加本项目评标委员会，是赵某接受行政处罚。项目组需要承担的责任，一是在组建评标委员会时是否明确告知其与投标人存在利害关系的，应当回避；二是项目组在评标过程中是否发现了赵某是投标人聘请的技术顾问。这两个问题如果评标时未落实，项目组组织本次评标本身就不严谨，需要受到处理。”顿了顿，监察室的同志接着说：“赵某的举报，是项目负责人在评标时的非法干预行为。如果评标时发现赵某依法应当回避，就应当要求赵某回避；如果没发现，虽然赵某违法事实在先，但因为没发现，不能认定其评标违法，任何单位和个人也无权要求赵某调整其对投标人 A 已经完成的评分。在此情形下，项目负责人的行为，构成了非法干预评标活动，好在没有对评标结果造成实质性影响。”最后，监察室同志对项目处处长和项目负责人予以当面批评，要求直接责任人写出深刻检查。

3）评标资料准备。评标资料，包括招标文件及其澄清和修改、招标人组织编制的标底文件（如果有）、开标记录、评标各种表格（包括评标委员会成员签到表、形式评审表、资格评审表、响应性评审表、价格评审表、履约组织方案评审表等评标记录表格）、草稿纸、笔墨和投标文件准备，以及其他评标过程中涉及的文件资料等。其中，招标文件澄清和修改，应当是在招标文件载明时间前发出的澄清和修改。对依法必须进行招标的项目，澄清或者修改的内容可能影响投标文件编制的，应当是在投标截止时间至少15日前发出；投标文件，应当是招标人在招标文件载明的投标截止时间前接收的所有投标文件，按开标记录上投标人的次序，对投标文件拆开包装、顺次码放，以便查找。此外，招标项目设有标底的，准备完整的标底文件。

4）评标时间准备。招标人依据招标项目规模和技术复杂程度等因素合理确定评标时间，以使评标委员会有充分的时间按照招标文件中规定的评标标准和方法对投标文件进行评审和比较。评标委员会1/3以上的成员认为缺乏足够时间研究招标文件和评审比较投标文件时，招标人应按照评标委员会意见适当延长评标时间。

5）评标生活准备。这是指评标委员会的食、住、行准备，包括评标委员会专家到达评标现场的交通方式、是否需要接送、餐饮服务和必要时的住宿安排、其他工作或生活准备事项等。

3. 评标组织程序。一个完整的评标组织程序应当包括：①评标委员会成员签到；②评标委员会成员推选或招标人指定主任委员，签署与投标人不存在利害关系的承诺书；③宣布评标纪律，集中保管评标委员会成员的通信工具；④向评标委员会介绍评标辅助人员；⑤向评标委员会介绍招标项目信息，必要时，组织评标委员会学习招标文件中规定的评标标准和方法；⑥评标委员会进行初步评审和详细评审；⑦应评标委员会要求，发出投标文件澄清说明问题，要求投标人进行澄清说明，移交给评标委员会；⑧接收评标委员会完成的评标报告和推荐合格的中标候选人；⑨强调评标后注意事项，宣布评标结束。

1）招标项目信息。招标人可以在评标过程中向评标委员会就招标文件中的一些重要信息和数据，包括招标范围、技术标准和要求、采购清单、评标标准和方法、排序方法、合同主要条款等内容进行说明，但不得以明示或暗示方式偏袒或排斥特定投标人。

2）投标文件澄清说明。评标委员会要求投标人就其投标文件进行必要的澄清说明时，招标人配合评标委员会要求投标人进行必要的澄清说明，包括将评标委员会要求投标人澄清说明事项的书面文件送达投标人，接收投标人应评标委员会要求对其投标文件提交的书面澄清说明，转送评标委员会进一步评审。

3）接收评标报告。招标人接收评标报告时，应对评标委员会完成的评标报告进行形式核查，包括评标报告内容、评标委员会成员签字齐全、涂改处有小签、计算无算术错误、推荐的中标候选人数符合法律法规和招标文件规定以及法律法规规定的其他事项。发现评标报告不满足上述要求时，招标人应及时要求评标委员会进行更正。对评标结论持有异议的少数评标委员会成员不在评标报告上签字时，招标人应要求该成员写出书面不同意见和理由，并要求评标委员会在评标报告中对此说明并记录在案。

第3节　准则：投标事实的评审和比较

评标委员会按照招标文件中规定的评标标准和方法对投标文件进行系统的评审和比较，需要评标委员会学习招标文件，准确把握招标文件中的评标标准和方法，应了解和熟悉招标文件的以下内容：①招标的目标；②招标范围和项目性质；③招标项目技术标准和要求、图纸等技术文件；④采购清单；⑤合同条件；⑥评标标准和方法、排序方法、评标程序和评标过程中应考虑的相关因素；⑦投标文件格式及有关要求；⑧评标需要掌握的招标文件其他内容。必要时，评标委员会应听取对招标文件有关内容的介绍，以进一步理解招标文件。同时，评标委员会应熟悉招标人提供的评标表格及其内容，并与招标文件中规定的评审事项进行比照。必要时，自行设计评标用表并交工作人员印刷以满足评标需要。注意，评标委员会的评标依据是招标文件中的评标标准和方法，评审和比较的对象是投标文件，是投标的事实。下面这则故事，即是因招标人代表私下帮助投标人撤换修改投标函及投标函附录导致的招标采购失败。

［**投标函撤换的故事**］某工程货物招标在某市公共资源交易中心开标。开标后，投标文件在交易中心一直有人值守照管。然而，在评标过程中发生了争议。事件的起因，是投标人A的投标文件中的投标函及分项报价表上载明的投标报价482.00万元、供货期145日与开标记录上的投标报价518.00万元、供货期186日不一致，以开标记录为准还是以投标文件中的投标函及分项报价表上载明的事项为准？有争议。评标委员会请示行政监督机构人员，答复是以投标文件载明的事项为准。

评标委员会按招标文件中规定的评标标准和方法对投标文件进行评审和比较，向招标人提交了书面评标报告，推荐投标人A和B分别为第一、第二中标候选人。评标结果公示过程中，投标人B向招标人提出了异议，称开标记录载明的投标人A的报价518.00万元、供货期186日，评标结果公示中显示的是482.00万元、供货期145日，二者为什么不一致，是开标记录错误还是评标过程允许投标人A修改了其投标实质性内容？招标人答复称，评标委员会是依据投标人A的投标文件进行评审和比较，其投标函及分项报价表上载明的投标报价482.00万元、供货期145日，评标委员会依法按招标文件中规定的评标标准和方法对投标文件进行评审和比较，投标人A的得分最高，故评标委员会推荐其为第一中标候选人。

投标人B对招标人的答复不满意，向行政监督机构进行了投诉。行政监督机构受理投标人B的投诉后，要求招标人解释二者不一致的原因，让招标人提供投标人A载有报价518.00万元、供货期186日的那份投标函及分项报价表，但只有投标报价482.00万元、供货期145日的投标函及分项报价表。行政监督机构询问参加开标的其他投标人代表，查对其各自记录的投标人A报价是518.00万元，供货期是186日，与招标人在开标记录上载明的一致，行政监督机构初步判定是有人私下帮助投标人A撤换修改了投标函及分项报价表。

于是，行政监督机构调取了公共资源交易中心的录像查阅，发现评标当日，招标人代表是第一个到达评标现场的，招标人代表进入评标现场后，从随身携带的公文包里拿出几本文件替换了堆放在地上的投标文件。行政监督机构询问招标人代表，要求确认是否帮助投标人A撤换修改了投标函及分项报价表。招标人代表看着录像，承认其在投标人A请求下，帮助投标人A撤换修改了投标函及分项报价表。对此，投标人A予以认可。行政监督机构认定评标无效，要求招标人依法重新组建评标委员会评标。同时，认定招标人代表和投标人A存在串通投标行为，依法对投标人A进行了行政处罚，告知纪检监察部门对招标人代表的违法违纪行为进行处理。

评标的基本原则，是按招标人公布的择优事实，即招标文件中规定的评标标准和方法，对投标事实即投标文件中载明的事项进行评审和比较。这当中，评标委员会没有招标规则的制定或修改权，仅是受雇于招标人，按照招标人公布的择优标准对投标文件，即投标人在招标文件载明的投标截止时间前递交且招标人接收了的投标文件进行评审和比较、择优推荐中标候选人。上面这则故事，蕴含着开标记录在投标人对评标结果监督中的作用。

评标过程一般分为初步评审、详细评审和综合排序，初步评审不合格的投标文件不得进入详细评审。通过初步评审的投标人少于三个的，除政府采购货物与服务招标外，评标委员会应当继续评审，推荐中标候选人或否决所有投标。

1. **否决投标情形**。评标过程中，发现投标存在违法违规行为或者投标文件出现招标文件规定否决情形的，评标委员会应对其投标予以否决。反之，投标文件没有出现违法违规行为或是招标文件规定否决情形的，不得擅自否决。其中，投标文件存在下列情形之一的，依法必须否决：①投标函无单位盖章且无单位负责人或者其授权代理人签字或者盖章，或者虽有代理人签字但无单位负责人出具的授权委托书；②联合体投标未附联合体各方共同投标协议；③没有按照招标文件要求提交投标保证金；④投标函未按招标文件规定的格式填写，内容不全或者关键字迹模糊无法辨认；⑤投标人不符合市场准入负面清单要求的条件或者招标文件规定的资格条件；⑥投标人名称或者组织结构与资格预审时不一致且未提供有效证明；⑦ 投标人提交两份或者多份内容不同的投标文件，或者在同一份投标文件中对同一招标项目有两个或者多个报价，且未声明哪一个为最终报价的，但招标文件允许提交备选投标的除外；⑧ 串通投标、以行贿手段谋取中标、以他人名义或者其他弄虚作假方式投标；⑨报价明显低于其他投标报价或者在设有标底时明显低于标底，且投标人不能合理说明或者不能提供相关证明材料，评标委员会认定该投标人以低于成本报价竞标的；⑩ 拒不确认评标委员会按招标文件规定的修正原则对投标报价进行的算术错误修正，或者无正当理由不按照要求对投标文件进行澄清说明；⑪ 没有对招标文件提出的实质性要求和条件作出响应；⑫ 招标文件中规定的可以否决投标人投标的其他情形。

投标被否决的，不得允许投标人撤换或者修改投标文件而使其成为一个有效投标参与投标竞争，不得推荐其为中标候选人。

2. **初步评审**。初步评审，一般包括形式评审、资格评审、响应性评审等三个评审环节，目的是确定投标人是否具备履约能力，是否响应了招标。

1）形式评审。形式评审的目的，是对投标文件上载明的名称、格式、签字盖章和投标人身份等表面事项进行审查比较，剔除那些不满足要求的投标。为此，评标委员会按招标文件中载明的形式审查因素和标准，对投标文件是否符合招标文件规定形式进行审查，填写形式审查表。对形式评审不满足招标文件要求的投标须予以否决，评标委员会需在形式审查表中注明否决投标的事项和理由，以及对应的投标文件页码。

形式审查一般包括：①投标人名称。需审查投标人名称与投标文件中的营业执照、法人条码证、市场准入资质证书、生产或制造许可证书、安全生产证书等相关证书上载明的名称的一致性。②投标函及投标函附录。审查投标函及投标函附录格式、内容、签字或盖章与招标文件规定的格式、内容及要求的一致性，是否减少了投标人规定义务等。③投标文件格式。审查投标文件格式与招标文件要求格式的一致性，是否对招标文件规定不允许调整或修改的格式进行了调整或修改，减少了投标人义务等。④联合体投标人。招标文件不接受联合体投标时，对联合体投标予以否决；接受联合体投标时，审查联合体投标人是否递交了有效的联合投标协议书，其内容是否与招标文件要求一致，是否存在减少投标人义务的情形等。⑤报价形式。审查投标报价的形式、币种，以及报价是否唯一，是否与招标文件的要求一致等。⑥其他形式评审因素。审查投标文件与招标文件要求审查的其他形式评审因素的一致性。

2）资格评审。资格评审的核心在于确定投标人的民事地位和履约能力。评标委员会按招标文件中规定的资格审查因素和标准，对投标文件是否符合市场准入负面清单要求的准入条件和招标文件规定资格要求逐项审查，填写资格评审表。对投标人某项审查因素不符合资格审查标准的，评标委员会应当对其投标予以否决，在资格评审表中记录其不能通过资格预审的事项和理由。

资格评审一般包括：①投标人独立订立合同的证明文件。如有效的营业执照和组织机构代码证、法定代表人身份证明或是其授权委托书、合同签署人的身份证明等。②市场准入负面清单要求的条件。如有效的市场准入证书、安全生产许可证书等是否符合国家和招标文件规定的资格条件。③财务能力。如审查投标人流动资金、资产负债率、固定资产等是否符合招标文件载明的指标要求等。④履约过程控制。如人员配备、机械设备和劳动力计划等是否符合招标文件要求，履约组织计划对合同目标实施是否有保障，是否具有质量、环境管理体系认证等，是否具备类似项目业绩等。⑤履约信誉。是否具有招标文件要求的重合同守信誉证书、获奖证书、合同业绩等。⑥招标文件要求的其他证明投标人资格的资料。

3）响应性评审。评标委员会按招标文件载明的响应性评审因素和标准，对投标文件是否响应招标文件的实质性要求和条件进行审查，填写响应性评审表。响应性评审不满足招标文件要求的，评标委员会须对投标予以否决，在响应性评审表中注明否决投标的事项和理由。

响应性评审一般包括：①投标内容。评标委员会审查投标内容是否等同于招标文件规定的招标范围。②履约期限。评标委员会审查投标文件载明的履约期限是否符合招标文件规定的期限和要求。③技术标准和要求。评标委员会对投标文件载明的技术标准和要求是否满足招标文件规定的技术标准和要求进行审查，特别是其中的关键技术参数和指标。④投标有效期。评标委员会审查投标文件载明的投标有效期是否不短于招标文件规定的投标有效期。⑤投标保证金。评标委员会审查投标人递交的投标保证金形式、数量和担保责任是否符合招标文件的要求。⑥合同条件。评标委员会对投标文件是否响应招标文件合同条件中的实质性要求和条件进行审查，确定投标文件是否附有招标人实质上不能接受的条件或要求。⑦响应性评审的其他因素。评标委员会审查投标是否实质上响应了招标文件规定的其他响应性因素或要求。

3. **详细评审**。详细评审是对投标竞争的评审和比较，一般包括投标报价的算术错误修正、经济文件评审、技术文件评审、商务文件评审、确定排序因素及其量化值，进行综合排序等环节。

1）投标报价算术错误修正。投标报价的算术错误不代表投标人的真实意思表示，因为假设投标人是完全民事行为能力人。故此，评标委员会需要对投标报价的算术错误，按招标文件中规定的原则修正。一般地，招标文件规定的修正原则为：①用阿拉伯数字表示的数额与用文字表示的数额不一致的，以文字数额为准；②单价与采购清单量乘积与汇总价不一致的，以单价为准修正汇总价，除非单价金额小数点有明显错误的，此时应以汇总价为准修改单价。

投标报价存在算术错误需要修正的，评标委员会须填写投标报价算术错误修正表，载明原报价、修正价格和修正原因等事项，并要求投标人确认。投标人确认修正后价格的，评标委员会按照修正后的价格对其继续评审；投标人不确认修正价格的，对其投标予以否决。评标委员会计算修正后价格与投标报价的差异超过招标文件规定的范围或幅度的，应对投标予以否决，评标报告中如实记载否决投标的事项和理由。

2）报价文件评审。对报价文件的评审和比较，是评标的一项重要工作，但这在实践中是做得最差的。对报价的评审，是对报价价格构成的分析；对报价的比较，是就同一计价子目的构成进行横向比较和分析。评标委员会按招标文件中规定的评标标准和方法对报价文件进行评审和比较，是在对报价价格构成分析和子目横向比较基础上，分析投标报价的构成，如人工费、材料费、设备费、管理费和利润，以及可能隐含的履约风险，确定投标人价格水平和利润。对一些报价异常的项目，评标委员会应分析其产生原因及可能带来的履约风险。必要时，评标委员会应要求投标人进行澄清说明，以减少合同履约的风险，并在评标报告中提示招标人在签约或履约中预防可能发生的合同风险及注意事项。对招标人编制标的的，评标委员会应当参考标的，对投标人的报价进行分析和比较。

对招标文件规定的暂估价项目或是设置了偏离范围或幅度的报价项目，投标偏离超出许可的偏离范围或幅度的应予否决，评标委员会须在评标报告中如实记载否决的理由。

3）技术文件评审。对技术文件评审的实质，是确认投标人是否掌握履约的方法，是否具备履约设备、设施和相应人员等履约能力，对其技术文件相互比较确定履约能力的优劣。评标委员会按招标文件规定的技术评审因素和标准，对投标文件中的技术文件进行评审和比较，逐一审查投标技术文件是否在实质上响应了招标文件要求，以及投标的技术水平和排序。对同一技术评审因素或指标评审观点不一致的，评标委员会成员间可以进行充分交流，以正确认识该技术评审因素或指标，客观、公正地进行投标技术文件评审，填写相应表格。必要时，也可以采用投票等方式确认投标技术评审因素的优劣。

工程勘察纲要、监理大纲、施工组织设计等技术文件，展现的是投标人履约策划能力，设计方案是投标人对工程标的物的设计或构想，技术服务计划或服务方案是投标人对服务的计划承诺，需要结合投标人计划的人、财、物、方法和环境与报价的关系和可实现性进行综合评价。

4）商务文件评审。对商务文件的评审，是对投标人满足招标文件规定的人员、业绩和信誉等要求的实际评价。评标委员会按招标文件规定的商务文件评审标准，对投标文件中的商务文件进行评审。其中，招标文件规定的客观评审因素，评标委员会可以安排专人，对投标文件中的商务文件部分进行审查，作出统一评价。

5）投标文件澄清说明。投标文件澄清说明是评标赋予投标人对其投标文件作出进一步解释说明的机会，消除评标委员会对投标文件的疑惑，以期对投标做出正确判断。注意，投标人不得主动向招标人或评标委员会提出澄清说明，仅是在评标委员会要求其对投标文件某一事项进行澄清说明时，投标人才能对投标文件进行澄清说明，即评标委员会发现投标文件中存在含义不明确的内容，应书面要求投标人进行必要的澄清、说明与补正，发出问题澄清通知书。一般地，投标文件问题澄清通知书应载明问题澄清通知单编号、投标人名称、需要澄清说明的问题和投标人递交澄清说明的时间、地点与方式等事项。要求投标人澄清说明的，澄清说明的问题应明确。评标委员会提出的投标文件需要澄清、说明与补正问题不得超出投标人提交的投标文件范围或改变其投标文件实质性内容。同时，评标委员会应确定投标人对问题澄清说明的方式、获取相关证明材料的可能性和完成澄清说明的合理时间。

投标文件问题澄清通知书完成后，评标委员会应交给招标人辅助评标工作小组，由其负责人签字后采用招标文件规定方式发送给投标人。招标人辅助评标工作小组在规定时间内收到投标人的书面澄清说明后，应及时转送评标委员会。在规定的时间内，投标人不按照评标委员会要求对其投标文件进行澄清说明的，评标委员会可以按照不利于该投标人的中标理解完成评审。对无法理解投标真实意图的，可以否决其投标，并在评标报告中记载否决的理由。

6）综合排序。对投标进行综合排序，是评标委员会对投标进行“比较”的产物，因为有比较才有鉴别，是择优推荐中标候选人的基础，也是招标人择优确定中标人的依据。首先，评标委员会应按招标文件中规定的排序因素及确定方法和投标文件及其澄清说明的结果，确定排序因素值，编制排序因素比较一览表。注意，评标委员会对各个排序因素进行量化时，应将量化指标建立在同一基础或者同一标准上，以使得出的排序因素值具有可比性；其次，评标委员会按招标文件规定的单因素或多因素排序方法，按评审因素的序关系和排序因素值类似于奥运奖牌榜，对投标进行综合排序。

那么，招标文件是否可以不要求评标委员会对投标排序而改由招标人排序呢？单从形式上看，这没有什么不可以。但评标的实质，是对符合采购需求的投标进行比较，进而择优确定中标结果。评标委员会如果不对投标进行排序，就丧失了存在的意义，也违背了发挥评标委员会专业优势择优的制度宗旨。

4. **评标报告**。评标报告，是评标委员会按招标文件中规定的评标标准和方法对投标文件进行评审和比较的记录。评标委员会按投标综合排序结果和招标文件的要求，择优推荐排序在前的投标为中标候选人，如实记载评标委员会的评审和比较过程、推荐中标候选人的理由，以及招标人确定中标人、进行合同谈判需要注意的事项等。注意，评标报告是评标委员会对投标的专业评估的成果文件，是招标人择优确定中标结果需遵从的依据文件，需要满足真实性、完整性和可追溯性等特点。

向招标人提交书面评标报告后，评标委员会成员离开评标现场时，须交还有关评标资料、表格、记录纸及其他用品等。招标人应对评标委员会成员重申评标纪律，要求其对整个评标过程和评标结果保密。必要时，评标委员会应对其评标报告有关事项进行解释或说明，协助招标人或行政监督机构处理投标人对评标结果的异议或投诉。

第 4 节　报告：评审和比较的记录

评标报告是评标委员会向招标人提交的，旨在如实记录其按招标文件中规定的评标标准和方法，对投标文件进行评审和比较，给出评估结果的报告。评标报告一般应由评标委员会全体成员签字，以示同意评标结论。那么，评标委员会成员不同意评标结论，不在评标报告上签字，是否一定意味着评标无效，需要重新组建评标委员会评标吗？答案是评标已经结束，不需要组织重新评标，招标人需要按评标委员会完成的书面评标报告和推荐的合格中标候选人确定中标人。注意，评标委员会成员拒绝在评标报告上签字又不书面说明其不同意见和理由的，视为同意评标结果。这种情形对招标人按评标报告和推荐的中标候选人确定中标人没有影响。问题的关键在于出现评标委员会成员不同意评标结论，不在评标报告上签字，并以书面形式说明其不同意见和理由，评标报告上同时也注明了该不同意见时，事实上形成了两种以上的评审结论和推荐意见，需要招标人遵从诚实守信的原则，按采购需求确定中标结果。

［**评标报告签字的故事**］某国有投资公司在某市海湾建设港口，为便于港口业务管理，该投资公司在市区组织建设一个建筑面积 12000m^2 的办公业务楼。该项目在市建设局发包

承包交易中心组织开标，有6个投标人在招标文件载明的投标截止时间前递交了投标文件。招标人按有关规定依法组建了评标委员会，评标委员会由招标人代表1人，市建设局评标专家库随机抽取经济专家1人、技术专家3人组成。其中，招标人代表是一位工程建设经验丰富、熟悉招标投标法律法规的资深专家。

评标过程中，4位评标专家经过商议，并征求招标人代表意见，推荐当地一家施工企业A中标。招标人代表不同意，认为众多投标人中，应按招标文件中规定的评标标准和方法对投标文件进行评审和比较。同时，认为当地这家施工企业A报价高，其投标文件编制水平展现的技术装备、人员实力、业绩和拟派项目经理等，都远不如参与投标的其他几家施工企业报价和实力强。为此，招标人代表建议按招标文件中规定的评审因素、评分标准和评标需要考虑事项，对投标进行客观、公正的评审和比较，按投标人得分的高低排序，择优推荐排序在前的投标人为中标候选人。评标委员会其他成员对招标人代表的建议表示认同。

评标采用初步评审、详细评审、综合排序和推荐中标候选人的评审程序，6个投标人均通过了初步评审。评标委员会按照招标文件规定的评分因素，即投标报价、施工组织设计、项目管理机构和其他商务条件，对6家投标人递交的投标文件进行评分，填写评分表。各成员在其自己完成的评分表上签字后，交由工作人员汇总。评分汇总后，招标人代表发现分数最高的正是投标人A，很奇怪，因为投标人A的投标报价偏高、施工组织设计编制水平低下，一个有责任心的评标专家不可能给其评出最高得分。于是，招标人代表查对了随机抽取的4位评标专家的评分表，发现4位评标专家在施工组织设计等主观评审因素上众口一词地给投标人A评最高分，对其他投标人评最低分或是象征性地评分。

评标报告按汇总结果完成后，在对评标报告签字过程中，招标人代表拒绝在评标报告上签字，写下了书面的不同意见和理由，列举了4位评标专家在评标过程中的种种行迹和不同意评标结论的理由，明确要求在评标报告上如实记载其不同意评标结论的意见和理由。

评标结束后，当地政府一位主管建设的领导前往招标人项目组办公所在地，与招标人项目负责人商议，希望照顾一下当地企业，“地方财政没什么钱，一直没有什么大的投资项目，施工企业日子过得艰难。这个项目，照顾一下我们当地这家排名第一的施工企业吧！”见地方政府领导出面，招标人的项目负责人确定中标人时，没再坚持招标人代表的不同意见。

故事到这里并没有结束，事件上报给公司领导时，公司领导原则上同意招标人项目组确定排名第一的中标候选人即投标人A中标。但同时，要求公司纪检监察部门介入此事，给当地纪委监察机关去公函，以招标人代表在其不同意见和理由中罗列现象，请求纪检监察机关对本项目评标过程进行配合调查。该项目开工不到一个月，纪检监察机关对当地建设局招标投标管理办公室主任赵某进行双规，对其相关违法事实进一步查处，理由是4位评标专家在监察机关调查取证过程中，均举证赵某在评标开始前，把4位专家找到一起开会，明确指示评标时必须把投标人A推荐为第一中标候选人，赵某的行为属于知法违法。同时，要求评标专家库管理机构，对评标专家的违法行为依法进行处罚。

评标结论是评标委员会成员评审结果的汇总，评标报告是评标结论产生过程的记录。一般情况下，评标报告的结论是唯一的，即便评标结论不唯一，如上面评标报告签字的故事中所述，也不影响招标人确定中标结果。评标报告记录得越完整、越真实，越有利于招标人从中确定中标结果。那么，评标报告为什么要求评标委员会全体成员签字呢？评标委员会成员在评标报告上签字，是对评标结论的认可；评标委员会成员不在评标报告上签字，表明其不认可评标汇总结论，即有不同意见，需要提出书面的不同意见，阐述其不认可评标汇总结论的理由。注意，评标委员会成员作为一个完全民事行为能力人，要么同意评标结论，在评标报告上签字，要么不同意评标结论，提出不同意评标结论的书面意见和理由，并在其上签字，承担民事责任，不能既不在评标报告上签字同意评标结论，又不递交其不同意评标结论的书面意见和理由。这就是《招标投标法实施条例》第五十三条规定的，评标委员会成员拒绝在评标报告上签字又不书面说明其不同意见和理由的视为同意评标结果的原因。

招标人依据评标委员会提交的评标报告和推荐的合格中标候选人，按采购需求和评标委员会报告的结论，择优确定中标结果，这是评标委员会评标并向招标人提交评标报告的意义所在。一般地，评标报告应当如实记载以下内容：

1. **评标概述**。评标概述是对招标项目、开标、评标过程和评标结论的概括性总结，包括：①招标项目基本情况，如项目名称、招标范围、招标方式、资金来源、履约期限、技术标准和要求等；②评标的时间和地点、评标委员会组成及专家产生方式、评标程序、评标方法、评标因素和标准、否决投标情形、投标竞争程度等；③评标结论，即按招标文件规定的排序方法对投标进行排序的结果，评标委员会推荐排序在前的投标人为中标候选人，对应的排序、投标报价、履约期限、质量标准，以及有利于招标人的其他事项等；④进一步建议，对中标候选人投标文件中存在的问题及招标人签订合同前应注意的问题提出建议。评标概述是评标的概括性总结，起“纲举目张”的作用。一般地，评标概述最后一页设签字栏，要求评标委员会主任委员和一般委员签字。

2. **评标委员会签到表及承诺书**。评标委员会签到表是评标委员会的组成记录，包括招标人代表、有关技术和经济等专家姓名、技术职称、联系方式、评标委员会任职和签字；承诺书，是要求评标委员会成员在评标开始前承诺与投标人不存在利害关系。例如，承诺其不是投标人或投标人主要负责人的近亲属，与投标人没有经济利益关系，以及与投标人不存在其他利害关系或依法应当回避的情形。评标过程中，评标委员会成员与投标人间存在利害关系的，应当主动提出回避。依法应当回避而不回避的成员参与评标的，其评审结论无效；其评审结论对中标结果造成实质性影响的，中标无效，应当重新评标。招标人或行政监督机构发现评标委员会成员与投标人存在利害关系的，应当及时更换，其已经作出的评审结论无效，由替换其的其他成员重新进行评审，同时，要求其离场前对知悉的评标事项保密。

3. **开标记录**。开标记录作为开标的如实记录，是评标的索引。评标报告应针对开标记录的两种情形给出结论性意见。一是针对开标记录要求评标委员会评判的事项。例如，开标时，投标人代表对另一个投标人的项目经理任职或业绩提出异议，或是认为其投标存在造假行为等，评标委员会应针对开标记录记载的情形，有针对性地对投标文件进行评审，给出结论性意见等。二是发现投标文件载明的投标事实与开标记录不一致，分析是开标失误还是可能有人私下撤换修改了投标文件。开标失误不影响评标，评标委员会按招标文件中规定的评标标准和方法对投标文件进行评审和比较，评标报告如实记载两者差异即可；怀疑有人私下撤换修改了投标文件的，应如实告知招标人或行政监督机构，决定是继续评标还是评标终止。决定继续评标的，评标报告需如实记载两者差异，阐释评标使用的投标文件。必要时，在评标使用的投标文件上增加标识，以便事后查对。

4. **评审因素和标准一览表**。评审因素和标准源于招标文件中的评审因素和评审标准。注意，招标人在招标文件规定时间前发出招标文件澄清和修改，调整了评审因素或评审标准的，评标委员会需将招标文件，以及其澄清和修改的评审因素和评审标准汇总，集中罗列，以便查阅。

5. **初步评审记录表**。初步评审记录是对投标文件形式评审、资格评审和响应性评审的记录。一般地，形式评审、资格评审和响应性评审分别记录在不同的表格中，评审因素的评审结论意见是“符合”或“不符合”，评审结论是“通过”或“不通过”。有一项评审因素不符合的，评审结论就是“不通过”。其中，评审因素的评审结论为“符合”的，应注明投标文件提供的证明材料、资料的类别、页码范围；评审因素的评审结论为“不符合”的，应详细说明投标文件缺失的证明材料或资料，以及判定“不符合”的理由，同时，在投标文件相应地方做好标识，以便查验。必要时，评标委员会可以要求投标人提交有关证明和证件的原件，以便核验其与投标文件中提供的证明和证件的一致性。投标文件中提供的证明或证件模糊、无法辨认且投标人不能在规定的合理时间内提供有效的证明或证件原件的，评标委员会可以直接否决其投标，在初步评审记录表上如实记录。

6. **详细评审记录表**。详细评审记录，是在投标通过初步评审基础上，对投标文件详细审查的评审和比较记录。注意，评审是比较的基础。“评审”是评标委员会按招标文件中规定的详细评审和评审标准，确定投标文件载明的详细评审因素在满足招标文件要求的基础上，进一步确定其投标的技术、经济评审因素满足的程度或数值，需评标委员会对投标文件载明的投标事实进行分析和研究，按投标事实确定；“比较”是不同投标文件对同一技术或经济评审因素载明的投标事实的相互比较，决定不同投标在同一评审因素上的序关系或是排序参量。招标项目设有标底的，评标委员会应当参考标底，分析投标报价构成及可能存在的不平衡报价。

评标过程中，评标委员会发现投标人的报价明显低于其他投标报价或者在设有标底时明显低于标底，使得其投标报价可能低于其个别成本而导致合同可能无法正常履行的，应当要求投标人作出书面说明并提供相关证明材料。对投标人不能合理说明或者不能提供相关证明材料的，认定该投标人以低于成本报价竞标并否决其投标；对投标人能够合理说明的，评标报告中应对判定投标报价是低于还是不低于其个别成本如实记录，附投标人相关证明材料和说明或承诺，提示招标人在合同授予和履约时加强合同管理。例如，签订合同时，在专用合同条款进一步细化履约条款，要求中标人提交履约保证等。

7. **排序参量一览表**。评标委员会按招标文件规定的排序因素及确定方法，在对投标文件详细评审的基础上确定各投标排序因素对应的参量值，如价格、分数或票数等。评标报告应如实记载排序参量的确定过程和结果，对投标对应的各排序参量进行汇总，编制排序参量一览表。必要时，应将评标委员会成员独立确定的各投标排序参量表作为附件，以印证排序参量一览表。

8. **综合排序**。评标委员会按招标文件规定的排序方法和排序参量，对投标进行综合排序。评标报告应如实记录综合排序结果和排序过程。其中，单因素排序时，以招标文件中规定的排序参量大小进行排序；多因素排序时，应如实记载排序参量大小、判定等序的条件和理由、排序过程和排序结果。

9. **推荐中标候选人**。评标委员会按招标文件中的评标标准和方法、投标综合排序结果，择优推荐排名在前的投标人为中标候选人。注意，投标综合排序等序时，推荐的中标候选人应当并列。例如，投标人 1 和投标人 2 在综合排序中位列第一和第二，但投标人 1 和投标人 2 是等序，则评标报告应当同时推荐投标人 1 和投标人 2 为第一中标候选人，声明排序不分先后，由招标人按综合排序确定投标人 1 或投标人 2 为中标人。

10. **评标报告的其他事项**。评标报告是招标人择优确定中标人和与之签订合同的依据，对此有利的记录都应纳入评标报告，包括：①评标过程中，评标委员会要求投标人对其投标文件澄清说明的事项，以及投标人按评标委员会要求提交的投标文件澄清说明作为投标文件的一部分，应纳入评标报告，作为合同授予的条件；②评标委员会在对投标文件评审和比较过程中发现投标文件中存在的“陷阱”或是其他可能造成招标人权益受到损害的条款或事项的，应在评标报告中告知招标人在进行合同授予或签订合同时需重点谈判事项，以免履约中受到损害等。

评标报告作为评标委员会如实记录评标的报告，是在招标文件确立的招标投标规则基础上对投标的专业评估报告，是招标采购战略计划的检验。同时，招标采购战略预期目标经过评审和比较，又是对招标采购预期目标的评审与检验。评标结束后，采购择优目标得以实现，需再接再厉，按择优条件履约；采购择优目标没实现，需进一步分析原因，制定对策，“失败是成功之母”，总结与提高采购技术能力。首先，需要分析招标采购战略是否得当，是否符合市场供给实际，总结组织投标竞争的得与失；其次，分析是在鼓励投标竞争还是在走形式、走过场，“吃一堑长一智”，深刻领会招标采购智慧的经济学意义，不断提高组织投标竞争择优的能力，以在今后招标采购中发挥其经济效用。

第5节　案例：评标违法致招标失败案

评标委员会是招标人组建的一个对投标进行专业评估的委员会，其行为受到招标人发出的招标文件中规定的评标标准和方法的约束。实际上，评标委员会是在招标文件，即招标人公布的择优标准下，对投标文件进行评审和比较。在这一点上，评标委员会有“照章办事”的评估职责，没有规则制定权，仅是按招标人在招标文件中公布的评标标准和评标程序，即招标人择优需求，对投标文件即投标事实进行评审和比较，完成评标报告，推荐合格的中标候选人以服务于招标人择优确定中标结果。评标委员会的这一特征，有效地结合了评标专家的专业优势和招标人代表对采购需求的深刻理解，构建了择优实现采购结果的评估决策机制，避免足球场上裁判的黑哨事件。反之，评标委员会及其成员违反这一评标基本规则，或是其评标行为受到非法干预，必然导致评标结果失真，影响择优实现采购结果。下面这个案例，即是因评标委员会违反评标规则而导致的招标失败。

［**案情回放**］某市投资5000万元对一所公立医院进行改扩建，采用公开招标确定工程施工单位。该项目有5个投标人A、B、C、D和E在招标文件载明的投标截止时间前递交了投标文件，参与了开标，其投标报价分别为4560.00万元、4380.00万元、4460.00万元、4590.00万元和4480.00万元。开标后，招标人依法组建了5人组成的评标委员会，签署了评标委员会签到表和承诺书，承诺与投标人没有利害关系。

评标委员会首先学习招标文件中的评标标准和方法。一位评标专家认为，本项目的施工难点在于现代医疗技术，如CT、核磁共振、DR系统、CR、工频X光机、体外冲击波碎石机、高压氧舱等大型医技设备安装上的配合，建议评审因素单列医技配合，分值10分，由原施工组织设计35分改为28分，投标报价55分改为52分，减下的10分分配给医技配合，其中，医技配合施工方案7分，近五年每施工一所医院，配合完成CT、核磁共振、DR系统、CR、工频X光机、体外冲击波碎石机、高压氧舱等三种以上现代医技的1分，最高3分。评标委员会一致同意这一修改，认为这样的修改更符合现代医院的特点。

投标人均通过了初步评审。随后，评标委员会进行详细评审，逐一查验投标人的企业营业执照、资质证书、安全生产许可证、建造师证书、医院项目业绩、获奖证书和项目经理部主要人员职业证书的原件等，投标人A少携带了一所医院的合同协议书，其办公地距评标现场很近，要求评标委员会等待其取回医院合同协议书后再对其进行查验，评标委员会表示认同，按其取回的近五年完成的三所医院的合同协议书对其查验。评标委员会依据对投标人查验结果记录，对投标人业绩、荣誉、项目经理和项目管理机构等评审因素进行了评分，投标人A的分数最高。

对投标报价评审过程中，应招标人代表建议，评标委员会向投标人发出对投标文件澄清说明的函件，要求投标人在提交的书面投标文件澄清说明上，填写在原报价基础上下浮一定数额的最终报价。投标人A、B、C、D和E在规定时间内按评标委员会要求递交了书面的投标文件澄清说明，其上载明的投标报价分别为4410.00万元、4360.00万元、4460.00万元、4450.00万元和4430.00万元。评标委员会按投标人的最终报价，确定评标基准价为4422.00万元，在此基础上计算投标报价的偏差率和得分，投标人A的报价得了满分。

对施工组织设计评分过程中，评标委员会成员赵某突发心脏病，不得不紧急呼叫120将其送医院抢救，评标委员会其他成员钱某、孙某、李某和周某继续对施工组织设计进行评审和比较。其中，对施工组织设计中的“主要施工方法与技术措施”，招标文件规定的评分区间为［5，15］，钱某、孙某和李某给投标人A的评分顺次为20分、24分和25分，对投标人B、C、D和E的评分则为5分或6分。

评分汇总按赵某、钱某、孙某、李某和周某的评分结果汇总。其中，赵某对施工组织设计的分项评分取钱某、孙某、李某和周某的平均分值，钱某帮赵某填写评分表后，由评标委员会主任在赵某评分表和评分汇总表上代签。评分汇总表显示，投标人A的得分最高，评标委员会推荐其为第一中标候选人，投标人E得分次高，为第二中标候选人。

评标结果公示期间，投标人E向招标人提出异议，称评标委员会在评标过程中要求投标人在原报价基础上下浮，再次最终报价的做法，违反了招标文件载明的投标截止，是在投标截止后接受投标，违反法律规定。招标人答复称，评标委员会要求投标人在投标文件澄清说明中填写最终报价，并没有说一定要下浮，投标人是在其上确认投标报价。同时，评标由评标委员会负责，与招标人无关，招标人是按评标委员会完成的书面评标报告和推荐的中标候选人确定中标人。投标人E对招标人的答复不满意，向行政监督机构进行了投诉。

行政监督机构受理投诉后，责令暂停招标投标活动，调取了评标录像，查阅了评标报告，走访投标人调查取证，获取了投标文件澄清说明等资料，认定本次评标活动违反法律法规的规定，影响中标结果，宣布中标无效。决定对评标委员会成员依法进行处罚，暂停赵某、钱某、孙某、李某和周某5人6个月的评标资格。同时，要求招标人依法重新组建评标委员会评标。

［**问题**］依据上述案情回放，分析以下问题：

1. 评标过程中，评标委员会哪些行为为禁止行为，本案评标过程出现了哪些问题，为什么？

2. 本案对投标人A的投标评审中存在什么问题，违反了哪些原则，为什么？

3. 本案评标委员会应怎样评标，对招标人组织评标有哪些启迪？

［**案例分析**］依据案情回放和相关规定，对三个问题分析如下：

1.《招标投标法》第五十六条规定，评标委员会成员在评标过程中收受投标人的财物或者其他好处的，没收收受的财物，处3000元以上50000元以下罚款，取消担任评标委员会成员的资格，不得再参加依法必须进行招标的项目的评标；构成犯罪的，依法追究刑事责任。《招标投标法实施条例》第七十条规定的评标过程中评标委员会成员的禁止行为有：①与投标人存在利害关系，依法应当回避而不回避；②擅离职守，影响评标的正常进行；③不按照招标文件规定的评标标准和方法评标；④私下接触投标人；⑤向招标人征询确定中标人的意向或者接受任何单位或者个人明示或者暗示提出的倾向或者排斥特定投标人的要求；⑥对依法应当否决的投标不提出否决意见；⑦暗示或者诱导投标人作出澄清、说明或者接受投标人主动提出的澄清、说明；⑧其他不客观、不公正履行职务的行为等，明确规定由有关行政监督部门责令改正；情节严重的，禁止其在一定期限内参加依法必须进行招标的项目的评标；情节特别严重的，取消其担任评标委员会成员的资格。

本案评标过程中出现的违法违规问题或不妥之处如下：①调整、修改招标文件中的评审因素和标准不妥，表现在评标委员会增加“医技配合”评审因素，调整施工组织设计、投标报价分值，增加医技配合施工方案和业绩分值等事项，因为评标委员会不是招标人，没有招标规则的修改权和制定权，其评标的依据只能来源于招标人在招标文件中公布的评标标准和方法；②依据对投标人原件查验结果而不是投标文件载明事项对投标人业绩、荣誉、项目经理和项目管理机构等评审因素进行评分不妥，因为查验原件的目的是佐证投标文件中相应材料的真伪，所查验的原件不是投标文件，不能作为评标客体；③要求投标人在投标文件澄清说明中最终报价不妥，因为投标已经截止，评标委员会这一行为实际上是允许投标人在投标截止后修改投标文件的实质性内容，违背了投标截止时间后应拒收投标人投标的规则；④评标委员会成员中的钱某、孙某和李某超出招标文件规定的“主要施工方法与技术措施”评分区间［5，15］给投标人 A 评分不妥，违反了按招标文件中规定的评标标准和方法，对投标文件进行评审和比较的规定；⑤评标委员会成员赵某突发心脏病紧急送往医院抢救，赵某的施工组织设计的分项评分取钱某、孙某、李某和周某的平均分值，由评标委员会主任在赵某评分表和评分汇总表上代赵某签字不妥，《招标投标法》第四十四条规定，评标委员会成员应当客观、公正地履行职务，遵守职业道德，对所提出的评审意见承担个人责任，即评标委员会成员应当由其本人实施评标行为，不得委托代理人代其对投标文件进行评审和比较，赵某不能委托评标委员会主任代行其责，评标委员会主任也无权代赵某签字。本案赵某因突发心脏病紧急送往医院抢救，应当及时更换符合要求的人员替换赵某评标，赵某已作出的评审结论无效，由替换赵某评标的人员重新进行评审，汇总评标结论。

2. 本案评标委员会对投标人 A 的投标评审中存在以下问题：①投标人 A 少携带了其一所医院的合同业绩，评标委员会同意待其取回医院合同协议书后再对其查验不妥，对其他投标人不公平，有失公允；②评标委员会成员钱某、孙某和李某超出招标文件规定的施工组织设计中的“主要施工方法与技术措施”因素的评分区间［5，15］，即评分上限 15 分给投标人 A 的“主要施工方法与技术措施”评分为 20 分、24 分和 25 分违法，违反了评标委员会成员应当依法按招标文件中规定的评标标准和方法，客观、公正地对投标文件提出评审意见，招标文件没有规定的评标标准和方法不得作为评标依据的规定。

3. 本案评标委员会正确的评标做法是按招标文件中规定的评标程序、评标标准和方法对投标文件进行评审和比较，推荐合格的中标候选人。即①按招标文件中规定的评分标准和方法对投标文件进行评分，不能增加或减少评分因素，不能调整或修改评分标准。

②投标人业绩、荣誉、项目经理和项目管理机构等评审因素，应按投标文件上载明的事项进行评分。查验中发现投标文件载明事项与原件不一致的，应进行分析判断，确认投标文件缺失无法进行评审和比较的，或是确认投标文件存在弄虚作假行为的，应依法否决投标。③对投标报价评审，应以开标记录上投标人 A、B、C、D 和 E 的报价 4560.00 万元、4380.00 万元、4460.00 万元、4590.00 万元和 4480.00 万元为索引，分析其报价的构成，如人工费、材料、设备费、管理费和利润，以及可能隐含的履约风险等基础上进行评分。④对施工组织设计等主观评审因素，应当是在确认满足招标文件需求的前提下，对投标结果进行横向优劣比较和排序，按招标文件规定的评分区间和排序结果进行评分。⑤赵某突发心脏病紧急送往医院抢救，招标人应确定一位符合要求的人员替换赵某参与评标，赵某已经作出的评审结论无效，由替换赵某评标的人员重新进行评审，进行汇总，完成评标报告和推荐合格的中标候选人。

本案对招标人的启迪在于，评标是按招标人公布的事实即招标文件中规定的评标标准和方法，对投标事实即投标人在投标截止时间前递交的投标文件进行评审和比较，评标不得违反这一基本规则，否则会导致招标失败。轻者中标无效，招标人须组织重新评标；重者，合同无效，无法保护招标人的合法权益。

第 10 章

招标采购：合同的授予

****

千里姻缘一线牵，

百年龙凤共枕眠。

——［唐］李复言《续玄怪录·定婚店》

****

第 1 节　确认：评标结果的认可

评标委员会完成评标后，向招标人提交书面评标报告，推荐合格的中标候选人。招标人收到评标委员会的评标报告后，应当按评标委员会须遵从的，即按招标文件中规定的评标标准和方法对投标文件进行评审和比较的规则，对评标结论和推荐的中标候选人予以确认。依法必须进行招标的项目，招标人还应当在有关媒介上公示中标候选人，接受投标人和社会第三人的监督。这当中，对评标结果确认，是招标人接受评标结果的行为表现。一般地，招标人应当接受评标委员会依法完成的评标结果。那么，招标人在什么情况下可以不接受评标结果呢？只有一种情形，就是评标委员会及其成员评标过程中存在违法行为。例如，对依法应当否决的投标不提出否决意见，不按招标文件中规定的评标标准和方法对投标文件进行评审和比较，或者暗示、诱导投标人对投标文件作出澄清说明等，影响中标结果的，中标无效，应当依法重新进行评审和比较。注意，评标委员会及其成员的违法评标行为影响中标结果，中标无效的，最早是在招标人确认评标结果时发现，最迟在合同履约时可以发现，发现得越早越便于处理，越晚，特别是招标人已授予合同或是招标采购既成事实，越难处理。

［**评标结果确认的故事**］某国有企业一所医院对重症病房区进行通风空调系统改造，采用公开招标方式采购 35 台冷暖式变频空调。招标文件中技术规格书中载明的关键技术参数，包括空调能效等级 3 级，适用面积≥ 65m^2，制冷量≥ 9000W，制热量≥ 9000W，电辅加热功率≥ 4500W，室内机噪声≤ 38dB（A），室外机噪声≤ 45dB（A），定频机能效比≥ 3，循环风量≥ 1450m^3/h，电源 220/50V/hz，室内机安装空间：宽 × 高 × 深 =550mm×1500mm×400mm，重量≤ 60kg，室外机安装空间：宽 × 高 × 深 =1000mm×1150mm×410mm，重量≤ 100kg 等主要技术指标。

该项目有 5 个投标人 A、B、C、D 和 E 在招标文件载明的投标截止时间前递交了投标文件，均为国内知名品牌。投标人递交的投标文件载明，投标人 A 投标的空调参数，制冷量、制热量、适用面积、内外机尺寸等满足招标文件要求，室内机噪声≤ 50dB（A），室外机噪声≤ 60dB（A）。

开标后，招标人组建了 5 人评标委员会。其中，招标人代表 1 人，建筑经济专业；政府综合评标专家库中随机抽取 4 人，为制冷与供暖空调设备专业。评标委员会对投标人投标的空调技术参数进行初步评审，确认都符合招标文件中的采购需求。于是，按招标文件规定的评分标准对投标人 A、B、C、D 和 E 的投标进行评审打分，按照得分由高到低的次序排序，推荐投标人 A、B 和 C 为第一、第二和第三中标候选人。

招标人收到评标报告后及时对评标结论予以确认，并于第二天在发布招标公告的同一媒介公示了评标结果，包括中标候选人 A、B 和 C 的名称和排序、投标报价、质量、交货期、中标候选人的资格能力、提出异议的方式等事项。规定的公示期内，投标人及其利害关系人没向招标人提出异议，也没向行政监督机构投诉，招标人依法确定排名第一的投标人A为中标人，向投标人A发出了中标通知书，与中标人A签订了空调采购书面合同。同时，招标人将中标结果通知了所有未中标的投标人。

中标人A按照合同约定，组织合同载明型号的空调设备所需的原材料、成品、半成品采购和加工制造，在合同约定的供货期限内，如期将35台冷暖式变频空调运抵该医院交付安装。招标人接受空调设备后，按照合同约定支付中标人A合同价款，扣留合同价款的10%为空调设备的质量保证金，待合同约定的缺陷责任期终止后再行支付。

该项目竣工验收时，进行系统测试，发现空调室内机噪声为49~50 dB（A），室外机噪声为58~60 dB（A），走廊上能听到室内机和室外机发出的噪声，影响重症病人休息。验收组与设计图纸比对后发现，该项目设计要求中，室内机的噪声≤38dB（A），室外机噪声≤45dB（A）。而现场实测噪声值完全不满足重症病房的设计要求，需要返工重做。

招标人要求中标人A退换这35台空调设备，中标人A不同意，称其投标文件中载明的室内机噪声是50dB（A），室外机噪声是60dB（A），招标人接受了其投标并与之签订书面合同，验收结果表明噪声实测值符合合同要求。招标人查阅招标档案，发现招标文件载明的噪声值，分别是室内机噪声≤38dB（A），室外机噪声≤45dB（A），与设计要求一致；查阅中标人A的投标文件，其上载明的空调型号室内机和室外机的噪声值的确是50 dB（A）和60 dB（A），与合同签订型号一致。问题看来是出在评标环节。为此，招标人请回四位参与评标的专家，询问评审和比较中是否发现投标人A投标的空调噪声值不符合招标文件规定，专家称评标时认为都是大厂生产的空调，不会存在质量问题，没逐项审查关键技术参数，推荐投标人A为第一中标候选人是因为其得分最高。同时，评标专家辩解说，招标人如果认为评标委员会得出的评审结论不正确，可以不接受并要求重新评标。现在，既然招标人与中标人A订立了书面合同，就说明招标人认为评标结论是正确的，说明招标人接受了评标委员会的评审结论，应当按照与中标人A的合同约定承担合同责任。

故事讲到这里，招标人真是“欲哭无泪、抽身无门”。不得已，招标人只得追加投资，要求安装队把拆下的空调设备安装到普通病房，按重症病房的设计要求，重新采购35台空调。对应地，重症病房的改造延迟三个月竣工。为此，招标人追究了医院内相关责任人的责任，将四位评标专家评标不认真的行为反馈给市综合评标专家库管理单位处理。

故事的结局耐人寻味，这当中一个最基本的问题是，谁对招标采购结果承担责任？既然是招标人采购，对采购结果承担责任的主体当然是招标人自己！正常情况下，评标委员会按招标文件中规定的评标标准和方法，客观、公正地对投标文件进行评审和比较，完成评标报告并推荐合格的中标候选人，以供招标人择优确定中标结果，这是建立在评标委员会依法履行了其职责基础上的。那么，如果评标委员会评标出现不客观、不公正，或是没有按招标文件中规定的评标标准和方法对投标文件进行评审和比较的行为，应当承担什么责任呢？《招标投标法实施条例》规定行政处罚，是由有关行政监督机构责令改正；仅是情节严重的，禁止其在一定期限内参加依法必须进行招标的项目的评标；情节特别严重的，取消其担任评标委员会成员的资格。那么，无人投诉或是行政监督中没发现评标委员会未依法履职，正如评标确认的故事中所讲的，结果一定是招标人自己而非他人承担，因为招标人组建评标委员会的目的，是帮助其按照招标文件规定的评标标准和方法，即招标采购需求和择优标准，对投标进行评审和比较。

有人认为，评标委员会中不是有招标人代表参加，对评审和比较的过程了如指掌，为什么还要在收到评标报告后进行确认呢？理论上，招标人代表如果在评标中真正发挥了招标人代表的作用，其在评标报告上的签字行为本就代表着对评标结论的确认行为。但实践中，有多少招标人代表在评标中起到了招标人代表的作用，又有多少招标人代表与有关技术和经济专家的专业能力、评审和比较能力相持平呢？应当是少之又少！还不用说一些招标人为推卸责任，不派代表参加评标而交由评标专家评审产生的评标结果。这就是招标人对评标结果确认的必要所在，是对评标委员会完成的评标结果从技术到经济的确认，以防止出现评标确认的故事中那种结局。

一般地，招标人对评标委员会完成的评标结果确认，是确认评标委员会是否按照招标文件规定的评标标准和方法对投标文件进行评审和比较，其推荐的中标候选人是否合格，是否为最优竞争结果，主要有三个事项，即投标资格、投标响应和投标竞争。

1. **投标资格确认**。注意，评标委员会是依据招标文件中规定的资格审查标准和方法对投标事实，即投标文件载明的事实进行资格审查。合格就是合格，不合格就是不合格。不允许将一个合格的投标认定为不合格，也不允许将一个不合格的投标认定为合格。招标人发现评标委员会对投标资格审查不符合招标文件要求的，应及时报告有关行政监督部门，要求评标委员会重新进行审查。

1）对投标资格不合格的确认。投标资格不合格，即投标文件没有进入详细评审，是评标中需要严格审查的事项。投标人资格符合国家或者招标文件规定的资格条件，但评标委员会评审时认定其不符合投标资格条件，减少了投标竞争，会影响评标结果，同时，对投标人不公平，也最易于导致投标人投诉。

对评标委员会认定资格不合格的投标，招标人需要依据招标文件中规定的资格审查因素和审查标准，对照评标报告中资格审查表中记录的不合格理由，逐一查验不合格理由是否符合招标文件规定，投标文件及投标人应评标委员会提交的投标文件澄清说明是否足以证明投标人资格存在资格审查表中的记录事项，即投标人的资格不符合招标文件要求。查验资格审查表中记录的不合格理由不成立且影响评标结果的，应当要求评标委员会以事实为依据，重新进行资格审查。

2）对投标资格合格的确认。投标人资格审查合格进入详细评审的，投标人一般不会因为资格而投诉，但影响评标结果的，招标人需按招标文件中规定的资格审查标准和要求，逐一查验投标文件是否提供了充分证据，证明其资格符合招标文件的要求。投标文件中缺失相应证明或是投标文件已证明投标人的资格不符合招标要求，评标委员会允许投标人提交投标文件澄清说明或是提交资格证明材料的原件而确认其资格合格的，不符合投标截止后不得再次允许投标人修改或撤换投标文件的规定，评标委员会认定投标资格合格的结论不成立，需要评标委员会重新进行资格审查。注意，评标委员会对投标人重新进行资格审查应以投标文件载明的事实为依据，接受行政监督机构依法实施的监督。

［**资格证明撕毁的事例**］某招标代理机构代理的一个招标项目，招标人确认评标结论时，按招标代理机构项目经理的提示，发现评标委员会推荐的第一中标候选人投标人 B 的投标文件中缺失资质证明文件和 ISO 9000 质量认证书，按招标文件规定，该投标人 B 的资格审查不合格，更不应当推荐为中标候选人。招标人征得行政监督机构同意，召回评标委员会成员，对投标人 B 的投标资格再次审查确认。评标委员会中的专家成员复审时，一致认为评标时，投标人 B 的投标文件中有资质证明文件和 ISO 9000 质量认证书的复印件，并提供了页码范围。评标委员会复审时，对投标人 B 的投标文件正本、副本进行检查，发现页码有缺失，缺失的那几页恰是记忆中投标人 B 的资质证明文件和 ISO 9000 质量认证书，其上还有被撕毁文件的残根。对此，评标委员会向行政监督机构进行报告。行政监督机构调阅评标现场录像资料，发现是招标代理机构的项目经理，在评标结束前一天深夜进入评标现场，撕毁了投标人 B 的上述资格证明文件。最后，行政监督机构对该招标代理机构依法进行了处罚，宣布原评标结论有效。

2. **投标响应确认**。对投标响应的确认，是评标委员会完成的评标报告中，对投标文件载明的投标响应招标文件中的实质性要求和条件、有限偏差偏离因素或指标的确认，是招标采购，尤其是货物招标中的一项最重要的工作。例如，前文评标确认的故事中，如果招标人认真地对投标响应进行确认，就一定会发现投标人 A 投标的空调噪声不符合招标文件载明的要求，就不会出现到项目竣工验收时才发现空调噪声不符合设计要求的事情。

招标人发现评标委员会对应当否决的投标未提出否决意见的，应及时报告有关行政监督部门，要求评标委员会重新进行评审。一般地，招标人对投标响应的确认包括以下事项：

1）投标范围确认。招标人对投标范围的确认，是确认评标报告中，对投标人的投标范围或标价采购清单是否符合招标文件载明的招标范围或采购清单的审查结论，这是招标人确认评标报告的一项重要工作。投标范围不小于招标范围或采购清单的，为响应投标，投标有效；投标范围小于招标范围或采购清单的，为非响应投标，应当否决其投标。注意，判定投标范围是否符合招标文件的要求，应对投标人的投标范围或标价采购清单逐项进行审查。招标人发现评标委员会的评标报告中，将投标范围小于招标范围或采购清单的投标判定为响应投标的，应当要求评标委员会重新进行审查确认。

2）投标履约期限确认。招标人对投标履约期限的确认，是确认评标报告中，对投标文件载明的履约期限是否符合招标文件规定的期限和要求的审查结论。注意，招标人发现评标委员会在评标过程中要求投标人修改履约期限，把一个不符合招标文件履约期限要求的投标判定为响应投标的，应当要求评标委员会重新审查确认。

3）投标技术标准和要求确认。招标人对投标技术标准和要求确认，是确认评标报告中，对投标文件载明的技术标准和要求是否满足招标文件规定的技术标准和要求的审查结论，这是招标人在确认投标范围基础上，对投标是否满足招标文件中规定的技术标准和要求的确认，是招标采购中一项专业工作。这里，招标人对投标技术标准和要求的确认是依据招标文件中载明的技术标准和要求，特别是关键技术参数和指标，逐项对投标技术标准和要求进行确认，发现存在一项或多项关键技术参数或指标不符合招标文件要求的，应当要求评标委员会重新进行审查确认。注意，前文评标确认的故事中，招标人的失误就在于没有对投标人 A 投标的空调技术参数进行确认。

4）投标有效期确认。招标人对投标有效期的确认，是确认评标报告中，对投标文件载明的投标有效期是否符合招标文件规定的投标有效期的审查结论。投标文件载明的投标有效期，应当与招标文件要求的投标有效期一致，即投标文件载明的投标有效期不短于招标文件要求。招标人对评标报告确认中，发现投标文件载明的投标有效期短于招标文件规定的投标有效期，或是评标委员会允许投标人在投标文件澄清说明中延长了投标有效期以符合招标文件要求而判定投标人的投标有效期符合招标文件要求的，应当要求评标委员会重新进行审查确认。

5）投标保证金确认。招标人对投标保证金的确认，是确认评标报告中，对投标人递交的投标保证金形式、数量和担保责任是否符合招标文件的要求的审查结论。投标人递交的投标保证金担保形式、数量和担保责任应当符合招标文件的规定。招标人对评标报告确认中，发现投标人递交的投标保证金担保无效、担保形式不是招标文件接受形式、数额少于招标文件规定的数额，或是投标人在投标担保中缩小了担保范围和责任，而评标报告确认其投标保证金合格的，应当要求评标委员会重新进行审查确认。

6）投标合同条件确认。招标人对投标文件中合同履约条件的确认，是确认评标报告中，对投标文件是否响应招标文件载明的合同条件中的实质性要求和条件的审查结论。投标文件载明的合同履约条件，应当是在符合招标文件载明的合同条件基础上提出的合同履约条件。招标人对投标合同条件确认的宗旨，在于确认投标文件中载明的投标函及投标函附录、报价文件、商务和技术偏差偏离表和履约组织方案中，是否将招标文件明确由中标人承担的履约责任转给了招标人，以及是否附有招标人实质上不能接受的条件或要求等事项。招标人发现评标报告对存在上述问题的投标没有依法否决的，应当要求评标委员会重新进行审查确认。

7）其他响应性评审因素确认。招标人依据招标文件中规定的其他响应性因素，对评标报告中的其他响应性评审因素的审查结论确认，发现投标文件不符合招标文件响应性要求，但评标报告确认其投标有效，或是发现评标委员会用了招标文件载明的响应性评审以外因素作为否决投标条件的，应当要求评标委员会重新评审。

3. **投标竞争确认**。招标人对投标竞争的确认，是对评标报告中确定的排序因素值和排序是否符合招标文件规定的排序因素确定方法和排序结论确认。这当中，招标人发现评标委员会进入详细评审的投标不正确、排序因素值的确定不正确且影响排序结果的，或是评标委员会排序违反招标文件中规定的排序方法，影响排序结果且可以改正的，应当要求评标委员会重新排序；对影响排序结果且不能改正的，例如，综合评分时，评标委员会成员超出招标文件规定的上下界限对投标进行评分且影响投标排序的，应当要求行政监督机构判定该评标委员会成员的评标违法，重新组建评标委员会评标。同时，对评标报告中存在的一些异常事件，例如，招标文件规定某一个主观评审因素的评分区间是［3，9］，评标委员会中，大多数成员给某一个投标人的投标评 9 分，对其他投标人的投标评 3 分，就需要评标委员会进一步给出解释或说明，因为组织投标竞争的基础，是基于投标的个性化差异，没有两个投标一模一样，除非评标委员会认定投标人是串通投标。那样的话，就需要对投标人的投标以串通投标为由进行否决，而无需再对其进行评分。

第 2 节　公示：评标结果的公示

评标结果公示，是对评标委员会按招标文件中规定的评标标准和方法对投标文件评审和比较，得出的评标结果的公示，以接受投标人及其利害关系人的监督，是招标投标活动“三公”原则中的“公开”的体现。这里，词语“公示”是将评标结果告知天下，投标人及其利害关系人认为评标结果侵犯其权益的，可以向招标人提出异议或是向行政监督机构投诉。那么，评标结果公示是对评标报告全文进行公示，还是仅对评标结论进行公示呢？如果需要对评标报告全文进行公示，评标过程就应当向社会公开，让社会知晓评标委员会对投标文件的评审和比较，知晓评标结果产生的过程，这不利于对评标委员会成员的人身和财产的保护。长此以往，将少有专家愿意参与招标项目的评标，不利于评标委员会机制的开展。所以，评标结果公示就是对评标委员会评标汇总结果的公示，不包含对投标文件的评审和比较过程，那是在行政监督下完成的。

那么，对评标委员会评标汇总结果的公示，又应当公示到什么程度呢？我们先看下面这则故事。

［**评标结果公示的故事**］某货物招标项目采用综合评分法，招标人依法组建了由 7 人组成的评标委员会评标。评标汇总后，按照招标文件中规定的评分因素和评分标准，投标人 A 和投标人 B 的报价分别为 462.00 万元、448.00 万元，得分都是 92.60 分，并列第一。为此，招标人代表建议，评标委员会应进一步确定投标人 A 和 B 的排序，以免招标人确定中标人时发生争议。评标委员会经过进一步商议，决定投票确定投标人 A 和 B 的推荐顺序。经过投票，投标人 A 得 4 票，投标人 B 得 3 票。评标委员会推荐投标人 A 和投标人 B 分别为第一、第二中标候选人，完成了评标报告。

招标人在收到评标报告的第二日，在有关媒体上公示评标委员会推荐的中标候选人排序、得分、投标报价、供货期和有关技术参数、指标等实质性内容。公示期内，投标人 B 向招标人提出异议，称按照招标文件规定的排序方法，其与投标人 A 的得分都是 92.60 分，应当并列第一，为什么在评标结果公示中显示的投标人A是第一中标候选人。招标人答复称，评标委员会在决定投标人A和投标人B排序先后时进行了投票，投标人A得4票，投标人B得3票。故此，评标委员会推荐投标人A和投标人B分别为第一、第二中标候选人。

投标人B对招标人的答复不满意，向行政监督机构投诉，理由是评标委员会推荐中标候选人时，没有按招标文件规定的评分标准和方法推荐，而是采用了招标文件中没有规定的“投票法”确定投标人排序，违反了《招标投标法实施条例》第四十九条中“招标文件没有规定的评标标准和方法不得作为评标的依据”的规定，要求行政监督机构判定本次评标结果无效，要求招标人重新组织评标。此时，招标人内部一些人也对评标结果产生异议，认为投标人A和B提供的货物技术性能上几乎一致，但投标人B的报价较投标人A少14万元，优惠3%，为什么要把投标人A推荐为第一中标候选人，不符合采购规律，建议对评标委员会推荐中标候选人的过程进行审查。

行政监督机构调阅评标录像进行审查，发现评标委员会对投标人A和B的排序过程中，确实使用了招标文件中没有规定的“投票法”排序。为此，行政监督机构要求招标人组织评标委员会对评标结果，按招标文件中规定的评标标准和方法进行重新汇总。同时，对招标人代表在评标时要求评标委员会投票决定投标人A和B的排序，以及招标人公示评标结果时，没有公示投标人A和投标人B排名第一、第二的理由提出批评，要求招标人改正。

这则故事引发争议的原因，在于投标人A和投标人B得分相同，都是92.60分。按招标文件中已经公布的排序方法，投标人A和投标人B应当排名不分先后，并列第一。而故事中的招标人公示评标结果时，又没有公示为什么投标人A和B的得分相同时，评标委员会却推荐投标人A为第一中标候选人而引发的争议。那么，评标结果应当公示哪些内容，其公示对招标人确定中标结果又有哪些影响呢？

评标结果公示的一项基本原则，是“如实公示”评标结果。例如，在上述案例中，评标委员会采用招标文件中没有规定的“投票法”排序，招标人在评标结果公示中，没有公示投标的最后排序在分数一样时，是按照投标人得票多少进行的排序，就不是如实公布。在理论上，投标人及其利害关系人不应当知晓评标委员会对投标的评审和比较过程。评标委员会依法对投标进行评审和比较，即按照招标文件中规定的评标标准和方法对投标进行的评审和比较，是依赖行政监督机构保证的，即评标过程中，行政监督机构可以当场纠正评标委员会的违法行为，确保评标委员会依法对投标文件进行评审和比较。这样，投标人手中有招标文件，知晓评标标准和方法，熟悉竞争规则。同时，投标人参与了开标，知道其他投标人的投标结果。故此，可以判断评标委员会的评标结果是否依法作出、评标过程中是否有人非法干预，以及其合法权益是否在评标过程中受到了侵犯等。

同时，投标人参与投标过程中，对其他投标人的投标行为或是经营行为，较之招标人有较详细的了解，可以对公示中的中标候选人的经营行为或是投标行为进行有效监督，便于招标人对投标人履约能力的再次确认。这里，对投标人履约能力的再次确认，是指评标委员会完成评标后，评标报告中推荐的中标候选人在经营、财务状况等方面发生较大变化，或者存在违法违规行为，导致其可能影响或丧失了履约能力等情形。例如，招标人收到其他投标人对中标候选人的异议或举报，或是招标人在对中标候选人进行走访、调查或了解过程中发现其履约能力不满足招标文件的要求或是不具备履约能力。对此，招标人应当在确定中标人，发出中标通知书前，组织原评标委员会按照招标文件规定的标准和方法，对收集的中标候选人在经营、财务状况等方面发生较大变化或是违法违规行为的证明材料进行审查，以确认中标候选人的履约能力是否仍符合招标文件中规定的条件。评标委员会审查后，确认中标候选人不再符合规定的履约能力的，取消其中标资格，由排序在其后的中标候选人获取中标资格；评标委员会审查后，确认中标候选人仍符合招标文件规定的履约能力的，招标人不得取消其中标资格。

那么，什么样的招标项目应当对评标结果公示，怎样公示呢？对评标结果的公示源于《招标投标法实施条例》第五十四条，即依法必须进行招标的项目，招标人应当自收到评标报告之日起 3 日内公示中标候选人，公示期不得少于 3 日的规定。

1. 评标结果公示项目。注意，《招标投标法实施条例》第五十四条规定必须公示评标结果的项目，是依法必须进行招标的项目，即对依法必须进行招标的项目，招标人应当在收到评标报告之日起 3 日内公示中标候选人。这里，区分三种情形对公示方式进一步分析如下：

1）依法必须公开招标项目。依法必须公开招标的项目，招标人应当在国家指定媒介上发布招标公告。评标结果公示作为对招标公告项目的评标结果的公示，一般应当选择发布招标公告的媒介公示评标结果。例如，依法必须进行招标的工程建设项目，其招标公告和公示信息应当在“中国招标投标公共服务平台”或者项目所在地省级电子招标投标公共服务平台发布。

2）依法进行邀请招标项目。依法进行邀请招标的项目，招标人不在或不能在国家指定媒介上发布招标公告，而是向三个以上具备承担招标项目的能力、资信良好的特定的法人或者其他组织发出投标邀请书，邀请其响应招标，参与投标竞争。例如，涉及国家安全、国家秘密的依法必须进行招标的项目。此时，评标结果无需或不能在国家指定的公开媒介上公示，招标人需按照一对一的方式，将评标结果告知投标人，接受投标人及其利害关系人的监督。

3）依法可以不招标项目。依法可以不招标项目，指依法必须进行招标项目以外的采购项目。这类项目是否招标，是采用公开招标还是邀请招标由招标人自主决定。即便采用公开招标方式，是否公示中标候选人由招标人依法决定，因为公示的实质，是接受投标人及其利害关系人的监督，让投标人知晓评标结果。在这种情形下，对于公开招标项目，也宜在发布招标公告的媒介上公示评标结果。

2. 评标结果公示内容。一般地，评标结果公示应当如实载明以下内容：

1）否决投标的公示。投标人在初步评审中，无论是在形式评审、资格评审还是在响应性评审中被否决的，招标人应如实公示其投标被否决的依据和理由。

2）中标候选人公示。招标人在中标候选人公示中，应如实公示评标结果中的投标人名称、排序、投标报价、质量和履行期限，特别是其确定的排序因素值。其中，中标候选人的名称、投标报价、质量和履行期限等，应当与开标记录一致。不一致时，招标人应当在评标结果公示中，如实公示评标委员会认定投标事项的过程和理由。不管是单因素排序还是多因素排序，招标人应当按评标委员会的评标报告，公示确定的投标人所有排序因素值。

招标人应如实公示中标候选人响应招标文件要求的资格和履约能力。招标文件要求投标人委派项目负责人的，应公示项目负责人的姓名及其相关证书名称和编号，以及招标文件规定需要公示的其他内容。

3）异议提出渠道和方式。对评标结果的异议，是投标人及其利害关系人认为评标过程违反法律规定，侵犯其合法权益的一种救济途径。招标人在评标结果公示中，应当如实公布接受投标人异议的渠道和方式，包括招标人安排的受理异议的联系人、公用电话、公用电子信箱和提出异议的事项、理由和请求等。例如，招标人可以要求投标人及其利害关系人采用书面方式提出异议，明确投标人提出异议的时间等，要求投标人的异议包括下列内容：①异议人的名称、地址及有效联系方式；②被异议人的名称、地址及有效联系方式；③异议的基本事实；④异议人的相关请求及主张；⑤有效线索和相关证明材料。同时，异议人是法人的，异议须由其法定代表人或者授权代表签字并盖章；异议是其他组织或自然人提请的，异议须由其主要负责人或异议人本人签字，并附有效身份证明复印件等。

3. **评标结果异常的公示**。一般情形下，一个招标项目产生一个中标人。招标人希望确定多个中标人时，需要对招标项目划分标段或者标包，以使评标委员会按招标项目的标段或标包能够推荐第一、第二或第三中标候选人。那么，出现推荐的中标候选人并列，或是评标委员会少数成员对评标结果有不同意见，以书面形式说明了其不同意见和理由，招标人应当如何公示评标结果呢？答案很简单，招标人需要如实公布评标结果！即并列第一的，公布并列第一的依据和理由；评标委员会成员对评标结果有不同意见，以书面形式说明其不同意见和理由的，将评标委员会签署的评标结果和该成员的不同意见和理由同时公布。

第3节　授予：发出中标通知书

中标通知书，是招标人在确定中标人后向中标人发出的接受中标人投标的书面凭证。在缔约上，《民法典》“合同编”第四百七十一条规定，当事人订立合同，采取要约、承诺方式或者其他方式，中标通知书是招标人接受投标人递交的要约，即投标人的投标意思表示。《民法典》“合同编”第四百八十四条规定，以通知方式作出的承诺，生效的时间适用本法第一百三十七条规定，即招标人的承诺到达要约人时生效，合同成立。但招标投标中，中标通知书这种承诺有其特殊性，即中标通知书发出后，招标人改变中标结果的，或者中标人放弃中标项目的，应当依法承担法律责任。之所以这样规定，一是为维护招标投标活动的严肃性，即招标人确定中标人的实质是进行合同授予，一旦确定中标人，发出中标通知书后不得擅自改变，不得擅自撤销其承诺；二是投标要约附有承诺期，即投标有效期，在承诺期内投标人不得撤销其投标，需默示投标人受其投标要约的约束，即接受招标人的承诺，形成合同关系。

注意，发出中标通知书是一项极其严肃的工作。招标人根据评标委员会依法完成的书面评标报告和推荐的中标候选人确定中标人，向中标人发出的中标通知书，对招标人和中标人都具有法律约束力，即中标通知书发出后，招标人改变中标结果或者中标人放弃中标项目，即反悔的，须要依法承担法律责任。

［**项目经理车祸的故事**］某国有企业一个工程建设项目招标，经评标委员会评审，投标人A为推荐的第一中标候选人。招标人在有关媒体上对评标结果进行公示，公示期内投标人及其利害关系人没对评标结果提出异议，招标人确定投标人A为中标人，向其发出了中标通知书，以及合同签订的时间和地点。

招标人与投标人A在商议合同细节时，监察机关转来一封举报信，系排名第二的投标人B的举报，称投标人A派出的项目经理在收到中标通知书当日与朋友欢聚，出了车祸，人已残废，不再具备担任项目经理的能力，要求招标人收回发出的中标通知书，取消投标人A的中标资格。为此，招标人暂停与投标人A签订合同，要求投标人A书面说明拟派项目经理的身体状况，投标人A在规定时间内，如实告知了招标人其拟派项目经理的身体状况，承认该项目经理已残废，不再适合担任项目经理一职。

招标人的采购部门经过商议，报请主要负责人认可，取消了投标人A的中标资格，要求其退还中标通知书，向投标人B发出中标通知书，与投标人B签订了书面合同。但投标人A一直未退还中标通知书，且在招标人向投标人B发出中标通知书过程中，一再向招标人提出异议，称虽然其拟派项目经理身体残废，但可以重新选派一位具备同等能力的项目经理负责整个项目实施。对此，招标人不予认可。

见多次协商未果，投标人A凭借手中的中标通知书，一纸诉状将招标人告上了当地人民法院，称招标人对同一个招标项目向投标人A和投标人B分别发出了中标通知书，属于“一女二嫁”，要求法院判定投标人B的中标无效，要求招标人收回其向投标人B发出的中标通知书。

案件争议的焦点在于中标人拟派项目经理出车祸残废，是否必然导致中标无效。此外，招标人与投标人A合同关系成立时，招标人是否有权利单方面解除合同，宣布投标人B中标。为此，在法院的主持下进行了调解。经过调解和法律宣贯，招标人意识到其在未收回投标人A的中标通知书前提下向投标人B发出中标通知书的错误行为，对人民法院的调解予以认可。

随后，招标人向投标人B告知了人民法院的调解。明确在现行法律下，仅凭项目经理出车祸残废一事，除非投标人A派不出与拟派项目经理能力相当的项目经理，即投标人A不再具备履约能力，不能判定投标人A的中标无效。在这种情形下，也不能宣布投标人B中标，要求投标人B退还中标通知书。投标人B表示理解，但要求招标人给予其一定的经济补偿，称其收到中标通知书后，已经为项目实施花费300多万元采购了钢材和水泥。最后，双方经过商议，投标人B同意退还招标人发放的中标通知书，但招标人需在一个月内，从投标人B手中按进货价购买其已为项目实施采购的钢材和水泥。

这则故事是耐人寻味的，原因在于招标人违反合同授予规则而发出了两份中标通知书。那么，故事中如果投标人A按招标人的要求，按时退还了中标通知书是否还有后面的争议呢？当然不会再有争议，因为投标人A退还中标通知书的行为，不管其是否依法应当中标，均属于主动放弃中标行为。这样，投标人B作为第二中标候选人，依法应当中标。

一般地，招标人应在投标有效期终止前确定中标人，发出中标通知书，并与中标人签订合同。出现特殊情况，招标人不能在投标有效期内确定中标人、签订合同的，应当以书面形式通知所有投标人延长其投标有效期。投标人同意延长的，应相应延长其投标保证金的有效期，但不得要求或被允许修改其投标文件；拒绝延长的，其投标失效，但投标人有权收回其投标保证金，以及其以现金或者支票形式递交的投标保证金存在银行产生的利息收入。

1. **中标条件审查**。对中标条件的审查，是招标人对招标项目或标段、标包拟确定中标人的投标进行审查，确认其符合招标文件中规定的中标条件，是在评标结果公示后，招标人确定中标人的必经环节。为此，招标人应组织有关人员进行中标条件审查，按招标文件载明的择优条件确定中标人，包括本章第1节讲到的投标竞争确认，即按招标文件中规定的评标标准和方法确认综合排序，评标结果公示无异议或投诉，或是异议或投诉已妥善处理等，按招标文件载明的择优规则确定中标人。

1）综合排序审查。对评标委员会评审和比较完成的投标综合排序的审查，与本章第1节对投标竞争的确认类似。这里，招标人的主要工作不是针对评标结果，而是评标结果公示期间，投标人及其利害关系人向招标人提出了异议或是向行政监督机构投诉，改变了评标委员会最初评标结果的情形。例如，投标人或其利害关系人向招标人提出异议，举证中标候选人因债权债务打官司，致使其履约能力不再满足要求，或者举证中标候选人在投标中存在“以次充好”，原评标委员会按照招标文件规定的标准和方法审查确认其不具有履约能力的情形，以及其他需在确定中标人前审查的事项等。

2）择优审查。择优审查的目的，在于确认中标人的投标是最优投标，综合排序第一。排序第一的中标候选人放弃中标、因不可抗力提出不能履行合同、招标文件规定应当提交履约担保而在招标文件规定期限内未能提交，或者被有关部门查实存在影响中标结果的违法行为等情形，不符合中标条件的，招标人可以依次确定排名在其后的中标候选人为中标人。必要时，也可以重新招标。

一些人认为，评标委员会不对投标进行综合排序有利于招标人择优，以为这样可以更好地发挥招标人的主观能动性，实现其意图，这是对评标委员会制度的误解，是在架空评标委员会，实现招标人自己对投标进行评审和比较。首先，评标委员会是招标人按招标项目评审和比较要求组建的，旨在按招标人在招标文件中规定的评标标准和方法，对投标文件评审和比较的一个有招标人代表参与的评估委员会。其次，有比较才能有鉴别，对投标进行比较的目的是择优，是评标委员会评标的一项基本原则。评标委员会如果不对投标进行综合排序，相当于评标委员会仅是按招标文件中规定的评标标准和方法，对投标文件进行了评审，但未进行相互比较，那么，需求与专业结合，进行科学择优的评标原则得不到体现。第三，择优是招标投标或者竞争的根本。无论是评标委员会对投标排序（这是招标投标的初心），还是招标人对投标进行排序，宗旨都是择优。评标委员会对投标进行综合排序，是采购需求与专业评审和比较相结合，实现优势互补；招标人自己对投标排序，是单纯从需求出发的一种简单排序，丧失的恰是评标专家的专业比较优势。例如，一些招标人采用随机抽取方式确定中标人等，是在以形式或游戏取代科学择优的评审和比较机制，是在误用招标采购的战略智慧。故此，评标委员会按招标文件中规定的排序规则，对投标进行综合排序，有利于发挥招标投标机制在市场竞争中的择优作用，有利于招标人择优确定中标结果。

2. **中标通知**。招标投标的目的，是确定中标，与中标人签订合同。招标人确定中标人后，向中标人发出中标通知书，同时将中标结果通知其他未中标的投标人，是招标投标赋予招标人的一项主要义务，是招标采购中“缔约”的成果表现之一。那么，招标人向中标人发出的中标通知书，向其他未中标的投标人发出的中标结果通知书应包括哪些基本内容呢？相关内容在此分析如下。

1）中标通知书。中标通知书一般应载明的内容及要求如下：①招标项目名称及编号；②中标人名称；③中标内容及中标价款；④质量标准；⑤履行期限和地点；⑥合同签订地点、时间及有关要求；⑦招标人单位章和法定代表人签字；⑧招标文件或法律法规规定的中标通知书其他内容。

注意，中标通知书在《民法典》“合同编”的意义上是招标人的承诺，是接受投标要约的意思表示。故此，中标通知书载明的内容，应当与中标人的投标内容一致。招标人发出的中标通知书，修改了中标人在投标文件上载明的投标范围、质量、价款或者报酬、履行期限、履行地点和方式、违约责任和解决争议方法等事项的，是对投标要约的实质性修改，违反《民法典》“合同编”对承诺的内容应当与要约的内容一致的规定。故此，中标内容为中标人的投标文件载明的投标内容，应当与招标文件载明的招标范围一致；中标价款为中标人的投标文件上载明的投标报价；质量标准为中标人的投标文件载明的质量标准，应当满足或是优于招标文件中要求的质量标准；履行期限为中标人投标文件载明的履行期限，履行地点为招标文件载明的地点。

那么，中标通知书到底是代表谁的承诺呢？当然是招标人的承诺，即“合同授予”。故此，中标通知书上加盖招标人单位章和法定代表人签字的原因，在于明确合同授予人，即是招标人接受投标的真实意思表示。那么，招标人能否委托招标代理机构在中标通知书上加盖单位章后发出中标通知书呢？对此，招标人如果授权招标代理机构加盖单位章的，当然有效，但注意，如果招标人对此没授权招标代理机构，则招标代理机构的行为属于越权代理，只有经过招标人追认授权的，中标通知书才有效。未经招标人追认授权的，由招标代理机构对发出的中标通知书承担民事责任。此外，国内一些行政监督机构在中标通知书上加盖单位章的作用又是什么呢？显然，行政监督机构作为招标投标活动的监督人，在中标通知书上加盖单位章，不是表明招标人接受中标人的投标，而是对招标人确定中标人的行为予以肯定，即招标投标活动中，行政监督机构没有发现违法违规行为，确认中标结果有效。

2）中标结果通知书。招标人在向中标人发出中标通知书的同时，应将中标结果通知所有未中标的投标人。中标结果通知书一般包括以下内容：①未中标人名称；②招标项目名称和编号；③中标人名称；④招标人单位章和法定代表人签字；⑤法律法规规定的中标结果通知书的其他内容，以及招标人对投标人响应招标、参与投标竞争的致谢等。

中标通知书与投标人的投标要约对应，应当采用一对一式的原则发放。中标结果通知书，可以采用一对一式的原则发放，也可以借助互联网发放。例如，对于公开招标项目，招标人可以在发布招标公告的媒介上，刊载中标结果通知书。

3. **异常情形处理**。招标人确定中标人过程中，发现中标候选人不满足招标文件中规定的中标条件或是其他投标人提出异议或投诉，举证中标候选人存在依法需要取消其中标资格的，招标人应进行调查取证，收集相关证据或材料。证据或材料表明评标委员会存在违法违规行为，影响中标结果的，对依法必须进行招标的项目，招标人应当报请有关行政监督机构，重新组织评标委员会评标，按评标委员会依法完成的评标结果确定中标人，发出中标通知书；证据或材料表明中标候选人履约能力不再满足招标文件规定的履约条件，或是存在违法违规行为丧失履约能力的，招标人应当提请原评标委员会按照招标文件规定的标准和方法进行审查确认，以决定是否对其进行合同授予。评标委员会应招标人的要求确认中标候选人不再具有履约能力的，招标人依法取消其中标资格；评标委员会确认中标候选人仍具有履约能力的，招标人确定排序在前的中标候选人为中标人。

招标人发现中标候选人不满足招标文件中规定的中标条件，或是其他投标人提出异议或投诉而改变中标候选人排序或中标资格的，是否需要再次公示没有统一规定，由招标人自行决定。但依法必须进行招标项目的评标结果需要公示。那么，对于依法必须进行招标的项目，招标人在确定中标人过程中，组织原评标委员会或是新组建的评标委员会，改变了最初公示的评标结果的，依法当然需要公示改变后的评标结果。这一点，对依法必须招标项目以外的招标项目不适用，因为这类项目是否公示评标结果在法律法规中没有要求，而是由招标人自行决定。

［知识窗］中标通知书，是招标人在确定中标人后，向中标人发出通知，旨在承诺其投标、接受要约的意思表示或书面凭证，一般应包括：中标项目、中标价格、履约期限、质量标准，以及签订合同的时间、地点等事项。中标通知书对招标人和中标人具有法律效力。中标通知书发出后，招标人改变中标结果的，或者中标人放弃中标项目的，应当依法承担法律责任。

第4节　缔约：书面合同的签订

中标通知书是招标人承诺中标人投标的意思表示，表明招标人与中标人之间合同关系成立。招标人与中标人依法签订书面合同，是在中标通知书接受中标人的投标，双方在遵从法律基础上，采用书面形式明确双方就民事权利和义务的设立、变更、终止而协商一致的协议，是招标采购缔约环节的书面成果。招标采购合同签订与通常的合同签订类似，但需进一步协商的内容少，因为招标人在合同实质性内容上已接受了中标人的响应，需要合同谈判的，是按招标文件载明的需求和中标人在投标文件的响应，双方在合同的非实质性内容上协商一致，签订书面合同并履行合同生效手续，以有效约束合同履行，实现采购结果。

［**采购清单的故事**］某依法必须进行招标的工程建设项目采用工程量清单计价，招标人和中标人签订的合同为单价合同。该工程合同结算时，招标人和中标人对工程量清单中的一项子目的结算发生争议。该子目综合单价为420.00元/m^3，在工程量清单中载明的工程量为17500.00m^3，在标价工程量清单中载明的工程量为7500.00m^3，实际完成工程量为18000m^3。招标人认为结算应在签约合同价基础上，增加500m^3的工程量结算，即增加合同价款500×420.00=210000.00元。

中标人对招标人的结算结果不予认可，认为其标价工程量清单中载明的工程量是7500.00m^3，说明投标是按7500.00m^3的标的量进行的投标。现实际完成工程量是18000m^3，应在签约合同价基础上，增加10500m^3的工程量结算，即需要增加合同价款10500×420.00=4410000.00元，仅此一项，与招标人认可的价款差额就达4200000.00元之多。

招标人认为，招标文件载明的该子目工程量为17500.00m^3，说明该子目的标的是17500.00m^3，招标人接受的中标人的投标，接受的该子目工程量是17500.00m^3而不是7500.00m^3。中标人认为，该子目在标价工程量清单中为7500.00m^3，表明是其投标时对该子目工程量的真实响应，招标人如果认为其投标没有响应招标文件的要求，可以不接受其投标。但招标人事实上接受了其投标并与之签订了书面合同，表明招标人认可其对该子目按 7500.00m³ 的响应。该子目实际完成工程量为 18000m³，招标人就应当依据双方签订的书面合同，在签约合同价款基础上，增加该子目实际完成工程量与标价工程量清单中工程量差额价款 10500×420.00=4410000.00 元。

我们在此分析一下招标人和中标人的理由，看哪一方的更有道理，进而给招标采购合同授予以启迪。

首先，按《民法典》“合同编”规定，合同采用要约和承诺方式的，中标人的投标文件和招标人发出的中标通知书构成合同。注意，招标文件属于要约邀请范畴，不在《民法典》“合同编”规定的合同范畴中，这就是《标准施工招标文件（2007 年版）》中规定施工合同文件构成和解释次序为：①合同协议书；②中标通知书；③投标函及投标函附录；④专用合同条款；⑤通用合同条款；⑥技术标准和要求；⑦图纸；⑧标价工程量清单；⑨双方约定的其他文件等的原因。注意，该合同文件构成中明确的量单是“标价工程量清单”，而不是工程量清单。

其次，《招标投标法》中为什么要求招标人和中标人按招标文件和中标人的投标文件签订合同，而不是按招标人发出的中标通知书和中标人的投标文件签订合同，因为后者订立合同的后果，是合同履约执行中标人的投标，这在招标文件规定的实质性要求和条件上，一方要求一方响应没有问题，但在招标文件规定的实质性要求和条件以外事项上，不一定有利于招标人，不一定利于保护国家利益和社会公共利益，因为中标人的投标是按实现其自身利益最大化进行的投标。

第三，工程量清单是招标人的标的量单，一定是招标文件规定的实质性要求和条件，招标人对非响应投标应当是否决而不是接受。这种否决体现在招标投标的两个环节：一是评标环节中，评标委员会发现中标人对该子目的投标工程量为 7500.00m³，应当要求中标人进行澄清说明，即是文字错误，余下的 10000.00m³ 工程量包含在其他子目投标中，还是对该子目余下的 10000.00m³ 工程量不投标等。评标委员会如果接受投标人对前两种情形的澄清说明，应当在评标报告中如实记录；评标委员会如果对前两种情形的澄清说明不接受，或是出现第三种情形，即投标人对该子目余下的 10000.00m³ 工程量不投标的，应当依法否决而不会允许其参与投标竞争。二是招标人进行合同授予，或是与中标人签订合同时，比对工程量清单和标价工程量清单，同样可以发现二者载明的该子目工程量不一致，同样可以要求中标候选人或中标人对此澄清说明。若查实中标候选人对该子目余下的 10000.00m³ 工程量不投标，则说明评标委员会没有依法履行评标职责，应当重新评审和比较；若查实中标人实质上响应招标的，应当在合同专用条款中进一步明确该子目余下的 10000.00m³ 工程量包含在合同哪一个地方、哪一个或几个子目，以使招标文件中的工程量清单完整地体现在合同文件中的标价工程量清单中。

本案中，招标人发出中标通知书，与中标人签订合同的事实，表明招标人接受了中标人的投标，包括中标人对该子目 17500.00m³ 工程量按 7500.00m³ 工程量投标的事实。故此，招标人的理由依法不一定能够得到有力支持。相反，中标人的辩护理由却可能得到采信。

那么，招标人是否可以因中标人的投标为非响应投标，主张中标无效，进而合同无效呢？招标人当然可以这样主张，但合同无效对招标人就一定有利吗？结局可能是更不利！一方面，《招标投标法》第六十四条规定，中标无效的，应当依照《招标投标法》规定的中标条件从其余投标人中重新确定中标人或者依照本法重新进行招标。本案招标人违反规定确定中标人，属于必须招标而未招标情形，应按《招标投标法》第四十九条规定给予行政处罚，即可以处项目合同金额 0.5% 以上 1% 以下的罚款。同时，对全部或者部分使用国有资金的项目，可以暂停项目执行或者暂停资金拨付，对单位直接负责的主管人员和其他直接责任人员依法给予处分。另一方面，《民法典》“合同编”第五百零七条规定，合同无效的，不影响合同中有关争议解决方法的条款的效力，以及《民法典》“合同编”第七百九十三条规定，即建设工程施工合同无效，但是建设工程经验收合格的，可以参照合同关于工程价款的约定折价补偿承包人。这样，按照最高人民法院《关于审理建设工程施工合同纠纷案件适用法律问题的解释》第二条，即建设工程施工合同无效，但建设工程经竣工验收合格，承包人请求参照合同约定支付工程价款的，应当予以支持的规定，招标人主张合同无效的审判结果可能对招标人更不利。实际上，本案解决争议的最好途径不是仲裁或诉讼，而是双方友好协商，在庭外达成和解。

故事中，招标人的失误不是发生在合同履行阶段，而是发生在招标投标缔约，即合同授予过程中，招标人没有对中标候选人是否响应了招标文件中规定的实质性要求和条件进行审查就进行了合同授予，造成履约结束后双方在结算价款上发生争议。实际上，如果招标人认真履行了合同授予规则，就不会在结算时出现争议。但实践中的问题在于，有多少招标人把招标采购看成是一种战略的智慧而不是在走形式、走过场？可能少之又少！这才是招标采购最需要解决的问题。本案对招标人的启迪在于，招标人与中标人签订合同是一项严肃的行为，绝不是举行一个双方签字仪式，双方负责人在合同协议书上签字盖章这么简单，需要在之前进行大量的签约准备与合同谈判工作。

一般地，招标采购合同签订，包括合同签订准备、合同谈判和合同签订等三个顺次衔接的环节，分述如下。

1. **合同签订准备**。招标人对合同签订的准备，包括谈判准备、谈判计划和合同文本准备等事项。招标文件要求中标人提交履约保证金的，招标人应按招标文件规定的数额及书面认可的履约保证金格式向中标人收取。同时，招标人按照法律法规的规定，向中标人提交相应的履约担保。

1）谈判人员准备。招标人需要根据招标项目特点和需求，成立由技术、经济和法务人员组成的谈判小组，与中标人进行合同谈判。一个优秀的谈判代表，应具备良好的心理素质和丰富的合同管理与专业知识，具有良好的沟通和应变能力，谈判中才思敏捷、反应机智、熟悉谈判技巧，能够按谈判主线，引导中标人按合同目标思考。谈判代表的个人素质影响着谈判目标的实现，因为谈判的宗旨是促成双方的合作，最忌讳相互猜疑、人身攻击等行为。必要时，招标人也可以聘请外部专家参与合同谈判相关工作。

2）谈判计划准备。谈判计划是采购人提出的供谈判双方使用的程序性文件。谈判计划应明确规定谈判程序、谈判内容、谈判时间、参与人等。制定科学、周密而详实的谈判计划是采购人实现其预期目标的关键性步骤。

首先，谈判小组需对中标人的投标文件对招标文件中载明的合同条件、技术标准和要求中的实质性要求和条件的响应进行确认。谈判小组发现中标人未实质性响应招标文件要求的，应及时向有关负责人汇报，取消投标人的中标资格，收回已发出的中标通知书，重新进行合同授予。必要时，应征得行政监督机构同意。

其次，谈判小组应对中标人的投标文件对招标文件中载明的合同条件、技术标准和要求中的非实质性要求和条件的响应进行逐一分析，分析中标人的响应对招标项目履约的影响，以及可能造成的招标人收益或权益损失。

第三，谈判小组应制定谈判策略，对招标项目合同履行事项、价格构成、谈判策略、谈判程序等事项进行事先规划或准备。其核心在于谈判策略的制定，即对哪些事项的目标在谈判中可以让步，哪些事项的谈判目标必须实现等，事先进行策划。同时，预测谈判中可能出现的问题和事态，研究把控事态的方法，制定谈判技巧。注意，合同谈判以实现招标项目为宗旨，应坚持“抓大放小”的谈判策略。

3）谈判资料准备。谈判资料准备，包括招标人和中标人的谈判代表的书面证明文件、招标文件和中标人的投标文件、谈判记录表格，以及合同文本准备等事项。一般地，合同文本可以按照招标项目类别，选用有关部门或行业协会颁布的合同标准文本。谈判小组需按招标文件中的合同条件，以及中标人在其投标文件中的响应，按最有利于招标人原则完成合同草案，以作为合同谈判基础。其中，①合同实质性内容为中标人的投标文件载明的内容；②合同非实质性内容，按合同条件载明的最有利于招标人原则草拟。注意，合同补充、细化内容不得与招标文件和中标人的投标文件的实质性内容背离。否则，合同无效。

2. **合同谈判**。合同谈判，即招标人按照谈判计划中拟定的谈判事项，逐一与中标人进行谈判。合同谈判中应遵从招标人的招标文件和中标人的投标文件载明的事实，兼顾竞争与合作、优势互补和风险共担，遵从法律、习俗等社会行为规范，在友好的氛围中进行。

1）谈判开始。双方谈判代表介绍，明确合同谈判的原则、时间安排，确认招标文件载明的、中标人投标文件载明的实质性要求和条件等。

2）非实质性要求和条件谈判。招标人谈判代表逐一提出中标人的投标文件对招标文件中的非实质性要求和条件响应与招标人需求不一致之处，双方谈判小组人员协商，以达成共识。

3）谈判记录。谈判过程中应安排专人记录。必要时，每次谈判结束时，由双方谈判代表在备忘录上签字确认。

谈判中，谈判代表熟悉招标项目特点、采购需求和谈判事项、目标，是合同谈判目标实现的基础，熟练的语言沟通、谈判气氛把握和谈判技巧的应用，是合同谈判目标实现的关键。合同谈判应遵循由易到难、循序渐进原则，坚持“抓大放小”，小问题不纠结，可以让步，但对大问题，特别是在影响采购结果的一些重要事项上不让步。例如，谈判中遵从中国文化“仁”的思想，换位思考，以“互惠互利”为由说服中标人采纳招标人对一些合同条款的建议等。

注意，由于招标人已经向中标人发出了中标通知书，接受了中标人的投标，对招标人和中标人经过协商，不能达成一致的非实质性要求和条件的，应以中标人的投标文件载明的响应为准。

3. **合同签订**。合同签订，是招标人与中标人按招标文件和中标人的投标文件形成的、双方一致同意的合同内容签字盖章的过程，是招标投标的结果。双方签署合同，表明招标采购缔约的终止和履约的开始。

1）合同签订准备。合同签订的准备工作，是在双方商定的合同签字时间前需要准备的工作事项，包括合同文本、签字地点和场所准备、参加人员准备等。

一般地，招标人和中标人谈判结束后，招标人的谈判代表根据谈判双方达成的共识，正式拟定合同文本。其中，实质性内容为招标文件载明的，中标人的投标文件响应内容，非实质性内容经双方谈判代表协商一致作为合同条款，不能协商一致的，以中标人的投标文件载明的内容为准。合同文本准备的份数，以合同约定的份数为准。

2）合同签订。双方代表确认合同文本后，由法定代表人分别在合同文本上签字，加盖单位印章。法定代表人因故不能到场，委托他人代理的，代理人应持有法定代表人的授权委托书，与其身份证书的复印件一起作为合同签约要件。

4. **合同备案**。合同备案，指招标人和中标人签订合同后，依据法律法规的规定，应当办理批准、备案或登记等生效手续的，招标人和中标人还应将合同提交相关行政部门或机构进行批准、备案或登记，按规定缴纳管理费用。

第5节　案例：故意算术错误致合同履约纠纷案

招标投标作为招标人的一种战略智慧，是采用投标竞争的智慧实现其招标采购战略部署能力的综合体现。招标投标缔约过程中，招标人是主导，投标人是随从。但履约过程中，招标人是需求人，而中标人是履约主体，这是招标采购的最大特点。同时，招标与投标作为一种对立统一的关系，在招标投标过程中，不单是招标人有智慧，投标人在响应招标、参与投标竞争中同样有智慧，过程中存在着大量招标人与投标人斗智斗勇的环节或事项。一般地，招标投标过程中，招标人的粗心大意、工作不认真或者不按照招标投标内在规则办事，极易导致招标采购结果无法实现或是在一定经济损失下才可能实现。这在那些走形式、走过场的招标项目，不落实自身主体责任，或是把招标代理机构、评标委员会作为挡箭牌或推卸责任理由的招标采购项目中尤其容易发生。下面这则粮库建设项目采购的案例，即是招标人没有在合同签订中落实主体责任而导致建设过程中引发诉讼，看似招标人最后赢了官司，但实则输掉了粮库的如期使用和承担费用损失。

［**案情回放**］2004年，某省投资7000万元建设一座现代化粮食库，该项目由土建工程和机电一体化安装两部分组成。其中，土建工程以存储不同种类粮食的粮仓为主，系现浇混凝土筒仓结构；机电一体化安装是粮食入库、存储、出库的输送、恒温恒湿、称重、打包等系统及其自动化控制装置的采购和安装。

招标人委托国内一家招标代理机构负责本项目招标。招标代理机构按该粮库建设项目的特点和需求编写了招标文件，合同类型为固定总价合同。期间，招标人提出，该项目建设过程中可能会出现大量的设计变更，要求招标文件中设置4500.00万元的最高投标限价，招标代理机构据此在招标文件中载明了最高投标限价为4500.00万元。

该项目招标代理机构于2004年7月在依法指定媒介上发布了招标公告，按招标公告载明的时间发售招标文件。该项目有7个投标人在招标文件载明的投标截止时间前递交了投标文件，参与了开标。其中，有4个投标人的报价超过了4500万元，评标委员会对这4个投标人的投标予以否决后，剩下3个投标人的投标。其中，投标人A的报价为4326.00万元，价格上占优势。同时，投标人A的筒仓滑升模板和机电一体化施工方案获得了评标专家的普遍认同。经综合评分，投标人A得分最高，由评标委员会推荐为第一中标候选人。

招标人收到评标报告的第二天，在其发布招标公告的媒介上对评标结果进行了公示，公示期间没有收到投标人及其利害关系人的异议，没有收到有关行政监督部门和监察机关要求暂停招标投标活动的通知。于是，招标人确定投标人A中标，向其发出了中标通知书，于2004年8月底与其签订了施工安装合同。

缔约过程很顺利，该粮库于2004年9月初开工，进入建设实施。其中，工程款按合同约定按月支付，即按监理工程师验收合格的工程量对应价款的85%支付中标人A合同价款。2004年12月付款后，已付给中标人A工程款3816.00万元，财务人员认为工程款支付的速度太快，及时向项目负责人进行了汇报，称该中标人的余款不足以完成筒仓和机电一体化设备的采购和安装。此事引起了项目负责人警觉，成立由项目部造价人员和监理工程师组成的审查小组，审查10～12月的付款依据和付款记录，没有查出问题，因为每笔付款都有监理工程师对已完工程量的复核，有的还对中标人A申报工程量进行了核减，不存在超报工程量问题，而综合单价来源于中标人A的标价工程量清单，直觉上应该也没有问题。

有一天，小组负责人翻看中标人A的标价工程量清单，无意中发现其中一项存在明显的算术错误，即工程量为20.00m^3，综合单价为3.00元/m^3，但清单中显示的单项合计不是60.00元而是39.00元。于是，该负责人召集所有小组人员复核标价工程量清单中的单价与合价，发现中标人A的标价工程量清单中存在大量的算术错误，都是单项合计小于工程量×综合单价的计算结果这类错误。把中标人A在标价工程量清单中的所有算术错误纠正后，再汇总其投标价格，应当是6582.00万元，而不是4326.00万元，是中标人A借评标走形式、走过场和招标人不关注算术错误而在其投标时故意设置的“陷阱”，因为建设工程合同价款支付，工程量是经监理工程师验收的实际完成，而单价则是中标人在标价工程量清单上载明的子目综合单价。

中标人A的这种行为已不是招标投标规则中的算术错误，而是一种故意欺诈行为。为此，审查小组及时向招标人有关负责人汇报后，一致同意与中标人A解除合同，要求其退还多支付的工程款。招标人与中标人A协商未果，一纸诉状将中标人A告上法庭，要求法庭判决中标人A在投标中以弄虚作假方式骗取中标，宣布中标无效，要求与其解除合同，退还多支付的工程价款。

法院经过8个月的审理，采信了招标人提供的证据，判定中标人A败诉，理由是其在该粮库建设项目投标中存在明显的欺诈行为，中标无效，判决书要求其与招标人在30日内解除合同，并退还多冒领的工程价款。

官司打赢了，招标人与中标人A依据法院判决书解除了合同。经重新组织招标，施工企业B中标，进场与中标人A进行工程交接，粮库建设复工。该项目较原定的竣工时间晚了一年多，也因此对粮食收购与储备造成一定影响。

［**问题**］依据上述案情回顾，分析以下三个问题：

1. 合同履行在什么情况下招标人必须与中标人解除合同？发现中标人的投标存在违法行为或中标无效，招标人提起仲裁或民事诉讼解除合同是否对招标人实现采购结果最有利，为什么？

2. 投标报价中的算术错误怎么处理，其与中标价的关系是什么？为什么本案认定中标人A的行为是欺诈而不是算术错误？

3. 从采购过程分析，本案对招标人组织招标采购有哪些启迪？

［**案例分析**］依据本案的案情回顾，分析如下：

1. 招标人与中标人签订书面合同完成缔约是虚，诚实守信地履约，实现招标采购项目是实。所以，正常情况下不存在解除合同问题。那么，什么情况下招标人必须与中标人解除签订的书面合同呢？答案是中标人丧失合同履行能力或是虽有履约能力但不再愿意履约时，应当解除合同。此时，因合同中标人丧失履约能力，或是虽有履约能力但不再愿意履约，必然实现不了合同约定的招标采购结果，合同已经成了事实上的“一纸空文”。依法解除合同，妥善处理双方的债权和债务，有利于保护招标人的合法权益。同时，因中标人丧失了履约能力或是虽有履约能力但已不愿意履约，经双方友好协商，易于达成共识，招标人因解除合同造成的损失也最小。

这当中最需要讨论的问题，是在合同履约过程中，发现中标人的投标存在违法违规行为或中标无效的，应怎样处理对招标人最有利。当然，招标人可以依法提起仲裁或民事诉讼，举证中标人在投标过程中存在违法违规行为或中标无效，要求解除合同，但这样做的结果就一定有利于招标人吗？答案是否定的！从建设法治社会看，应当依法查处投标人的违法行为，但招标人是查处投标人违法行为的主体吗？当然不是，有权查处投标人违法行为的，是行政监督机构。行政监督机构在依法对招标投标活动进行监督过程中，没有宣布投标人的违法行为，招标人在履约过程中发现中标人在投标中存在违法行为，站在行政监督规范招标投标市场的角度，一定会对中标人的投标行为进行处罚，宣布中标无效，进而合同无效。接下来，无论是解除还是不解除双方签订的合同，都会造成招标人损失。解除合同的，招标人需要重新组织采购，确定符合要求的中标人或承揽人继续履行合同；继续履行合同的，因合同已经宣布无效，无异于在执行一个无效合同，根本保护不了招标人的合法权益。同时，无论是仲裁或诉讼，从其开始的一刹那，如本案所示，都会导致招标项目的履约停顿，招标项目如期发挥经济效益和社会效益的计划落空。这对招标人而言，不是损失又是什么！所以，从维护招标人自身权益分析，履约过程中发现中标人在投标中存在违法行为，是否提请仲裁或诉讼解除合同的决定权在招标人自己，因为招标投标中行政监督机构没有宣布中标人的投标行为存在违法行为，其中标就视为有效，合同履约中，大可把着眼点放在怎样促使中标人诚信履约上，而不必再纠结其投标行为是否合法。在这一点上，除非中标人丧失了履约能力而需要解除合同，把中标人在投标中的违法违规行为作为鞭策其履约的动力，才是招标人在这一点上的最佳策略。

2. 投标报价中的算术错误，是指投标人的报价文件中存在计算或汇总时的算术错误，例如，2×3=6 写成了 2×3=4，或是 2+3=5 写成了 2+3=4 等，是一种无意识笔误或过失。一般地，假设报价文件的编制人是完全民事行为能力人。正常地，一份报价文件需要经过编制、审核和审定等多轮校对定稿，存在算术错误的可能性极小。故此，投标人的报价文件中存在的算术错误有两个显著特征，一是明显的笔误，二是算术错误处极少或算术错误的额度极小。

对于投标报价文件中的算术错误，评标时需要进行更正，因为算术错误不是一个完全民事行为能力人真实意思的表示。一般地，对报价算术错误的修正原则为：①用数字表示的数额与用文字表示的数额不一致时，以文字数额为准；②单价与采购量的乘积与总价之间不一致时，以单价为准。若单价有明显的小数点错位，以总价为准修改单价。

中标价就是中标人的投标报价。注意，存在算术错误的投标报价不代表投标人的投标报价，只有依照上述修正原则修正后的报价才是投标人报价的真实意思表示。所以，经算术错误修正后的投标人如果中标，中标价应是其报价文件经算术错误修正后的价格，对中标人产生约束力，要求投标人进行书面的澄清确认，因为这才是投标人真实意思的表示。故此，投标人如果拒不澄清确认算术错误修正结果的，实质是否决其作为完全民事行为能力人做出的结果，评标委员会当然应当否决其投标。本案中，如果评标委员会评标时进行了算术错误修正，或是招标人进行合同授予时进行了算术错误修正，都会发现中标人 A 的报价是 6582.00 万元，按招标文件规定的最高投标限价，应当否决，就不会出现对簿公堂了。本案中标人 A 的投标之所以能够中标，恰是因为评标委员会评标过程中，应当分析投标报价但少有评标委员会分析，招标人应当在签订合同时对中标人响应招标文件的要求进行对比和分析，但少有招标人分析所致。

本案中，认定中标人 A 在标价工程量清单中的错误是一种故意欺诈行为，而不是算术错误，原因在于标价工程量清单中存在大量的算术错误，达 2256.00 万元之多，且不是明显的笔误或是过失行为，而是中标人 A 的一种故意行为。投标人 A 是借算术错误掩盖其投标报价的真实意思，是主观上的一种故意行为，其目的是骗取中标，故是一种欺诈行为。

3. 招标采购由缔约和履约两个环节构成。其中，缔约即招标投标缔约，包括招标人发出要约邀请、投标人响应招标递交要约、开标、评标委员会按招标文件规定的评标标准和方法评审比较投标文件和招标人进行合同授予等顺次相接的环节组成，是招标采购战略智慧的体现；履约，是招标人、中标人按双方签订的合同履行各自义务，实现采购结果。注意，招标采购得以成功实现的前提，是招标投标活动的参与人遵从招标投标规则，即招标人按规则招标，投标人按规则投标，评标委员会按规则评标，各尽其责，招标采购这种择优机制才能真正发挥其功用。但这在采购实践中，永远只能是一种构建规范有序的招标投标市场的理想或假设。否则，也无需对招标投标活动施以行政监督了。

有鉴于此，本案对招标人组织招标采购的启迪，在于招标人作为采购的责任主体，需在采购全过程落实招标人责任，主要表现在：①按招标项目特点和市场供给，提出采购需求和择优因素及标准，编制招标文件；②依法接收投标人递交的投标文件，组织开标并如实记录；③依法组建评标委员会，要求其按招标文件中规定的评标标准和方法，对投标文件进行系统地评审和比较；④按招标文件规定的评标标准和方法，以及投标文件载明的事实确认评标结果，必要时，公示评标结果；⑤择优确定中标结果，与中标人按招标文件和中标人的投标文件签订书面合同；⑥履行合同义务和合同管理职责，督促中标人履约，实现采购结果。

注意，缔约是履约的基础，是招标投标的成果体现；履约是缔约成果，即采购结果的实现过程，二者相辅相成。其中，缔约中的任何差错或过失，履约中都会暴露无遗。对应的，缔约结果再好，没有履约实施的缔约永远是一纸空文。这是招标采购中招标人最需要明白的道理，也是本案对招标人的启迪。

第 11 章

招标采购：合同的履约管理

采菊东篱下，悠然见南山。
山气日夕佳，飞鸟相与还。
——［东晋］陶渊明《饮酒·其五》

第 1 节　标的：合同的范围管理

合同标的，是合同当事人权利和义务共同指向的客体，是合同成立的要件，没有标的，合同不能成立。招标采购合同的标的范围，是指双方在合同中约定的招标项目履约范围，即招标人和中标人对招标项目履约包括什么与不包括什么的共同理解，是合同进度、质量和价款管理遵从的基础。注意，招标采购中，招标人和中标人签订的书面合同，其标的就是中标范围或招标范围，一定是合同的实质性内容，须遵从《招标投标法》第四十六条规定，即招标人和中标人应诚实守信地履行双方按招标文件和中标人的投标文件订立的书面合同，不得再行订立背离合同实质性内容的其他协议。故此，招标人和中标人履约的基础是中标范围，双方只能在合同履约实际需要时，按合同中约定的合同变更条件生效时对合同标的范围进行变更，划清合同标的范围的界限，从而界定当事人的权利和义务。

［**合同范围的故事**］某国有资金投资的工业建设项目，采用公开招标于 2008 年 9 月确定投标人 A 中标，招标人按招标文件和中标人的投标文件与中标人 A 签订了书面合同，合同上载明的承包范围为：井点降水、基坑支护、土建工程、给水排水、暖通、消防、电气（包括动力和强、弱电工程）和电梯工程，其中，土建工程包括相应项目装饰装修，电气工程不包括场内 10kV 变电站设备安装和调试，以及厂房内的生产流水线及工艺设备安装。

建设过程中，招标人与中标人 A 友好商议，要求将井点降水和弱电工程改为招标人直接发包、支付相关费用。同时，中标人 A 称其具备建设主管部门颁发的设备安装工程一级资质证书，再引入变电站和生产流水线的施工企业，施工场地就会太狭小，不便于现场管理，要求招标人将场内的 10kV 变电站和生产流水线及工艺设备安装不再招标而交由中标人直接承揽，费用执行相应的预算取费标准下浮 5% 计取。双方一致同意后，签署了补充协议，明确取消中标人 A 承包范围内的井点降水和弱电工程，费用 120.00 万元，改由招标人另行发包。同时，明确场内 10kV 变电站的变压器、配电柜和生产流水线工艺设备，由招标人采购，变电站设备安装，费用 68.00 万元和生产流水线及工艺设备安装，费用 86.00 万元列入中标人 A 的承包范围。

该项目于 2009 年 12 月竣工，2010 年投入使用。审计人员于 2010 年开始对项目费用支出进行审计，发现招标人签署的井点降水工程和弱电工程另外两份合同协议属于中标人 A 的中标范围，且两份合同的签约合同价高于中标人 A 的中标价。其中，井点降水工程，中标人 A 的报价是 36.50 万元，招标人另行签署的合同价款为 42.50 万元；弱电工程，中标人 A 的报价为 126.00 万元，招标人另行签署的合同价款为 141.60 万元。同时，审计发现该项目 10kV 变电站的设备安装、厂内生产流水线及工艺设备安装均未招标，而是由中标人 A 直接进行施工安装。为此，审计人员对相关合同和费用支付进行了审计，要求招标人有关人员对相关事项解释说明，完成审计报告上报审计部门。报告中明确载明该项目合同履约过程中审计发现的涉及招标采购的问题，包括：①违反《招标投标法》第四十六条和《招标投标法实施条例》第四十九条规定，在合同履行过程中另行签订了背离中标合同实质性内容的协议，把本应由中标人A履约的井点降水工程和弱电工程改由招标人另行发包，且招标人另行发包价格高于中标人A的中标价，涉嫌受贿；②擅自将依法应当招标的10kV变电站设备安装、生产流水线及工艺设备安装不招标，而交由中标人A施工安装，规避招标等。

项目审计报告上报市审计局后，经过批转送市纪检监察和国资委，经市政府批示，该项目定性为违法组织工程建设，对招标人、中标人及其主要责任人的违法行为，要求按《招标投标法》第四十九条和第五十九条规定，即合同额的0.5%进行处罚。同时，将招标人单位负责的主要领导撤职，进一步查处其可能涉及的贪腐受贿问题，对招标人的采购、建设和合同管理等部门直接责任人给予降级、罚款3000～5000元处罚，作为警示，事件在市国有企业中进行了通报。

故事中，相关责任人受到的处罚是严厉的，其实质在于招标采购合同的严肃性，在于招标采购合同与其他方式订立的合同的不同。《民法典》“合同编”中规定的合同是基于当事人自愿基础上的，只要当事人协商一致，就可以变更合同中的实质性内容。招标采购合同与此不同，因为招标采购合同经由招标投标订立，其合同较之其他方式订立的合同要严肃，需要遵从公平公正的基本原则，即招标人和中标人依法按招标文件和中标人的投标文件订立书面合同后是合同履行，招标人和中标人无论是在签订合同时，还是履行合同过程中，不再允许当事人擅自修改合同的实质性内容，除非合同履行过程中出现了合同约定的变更条件，或是法律明确可以变更合同的条件成就。故事中，井点降水和弱电工程既然属于中标人A的中标范围，即招标范围，招标人就不能与中标人A协商，另行发包给其他施工安装企业，否则，一定违反公平公正的交易原则，因为井点降水和弱电工程已经属于中标人A的中标范围，依照《招标投标法》第四十八条规定，中标人A应当按照合同约定履行义务，完成中标项目。当然，经招标人同意，中标人A可以将井点降水、弱电工程等非主体、非关键性工作分包给他人完成，但中标人A是这两个项目的责任主体，向招标人负责。同时，10kV变电站、厂内生产流水线属于依法必须招标的项目，招标人依法如果能够自行建设或者安装，可以不招标，但既然招标人在补充协议中明确把10kV变电站、厂内生产流水线及工艺设备的安装列入中标人A的承包范围，就说明其不具备自行建设或者安装能力，就需要组织招标，这就是故事中把该项目定性为违法组织工程建设的原因。

故事中，问题的实质在于招标采购合同的范围管理。一般地，合同范围管理主要包括两个事项，即合同标的范围和变更管理，分述如下：

1. **合同标的范围的确定**。合同标的范围的确定，即当事人按照合同约定，对合同标的在理解上达成共识。招标人和中标人签署的书面合同中，有两类文件确定合同标的范围，一是标价采购清单，如标价工程量清单、标价货物采购清单和标价服务需求清单，包括合同标的的范围和数量；二是合同约定的清单子目对应的技术标准和要求，二者缺一不可。

1）标价采购清单。标价采购清单是合同标的范围，是合同的重要组成部分，招标人应当在履约前对标价采购清单量与招标文件中载明的采购清单量进行核对。发现标价采购清单量少于需求量时，及时弥补或另行采购。一般地，采购清单由子目名称、规格型号或特征描写、计量单位、采购量计算规则、数量等组成，是采购标的范围的定量刻画。注意，采购清单子目的采购量确定时有两种情形，第一种是采购子目的技术标准和要求准确无误，采购量准确对应该子目的需求量；第二种是采购子目的技术标准和要求不明确、有瑕疵或是错误，采购子目量是预估量。对第一种情形，招标人需要准确把握其内涵和采购量，做到心中有数；对第二种情形，因是预估的采购需求量，不准确，履约需按实际需求量进行调整。对此，招标人不单是需要准确把握其内涵和采购估量，更需要知晓确定采购子目准确的技术标准和要求带来的采购子目量和价的影响。

一般地，工程量清单以图纸载明的子目，按统一的工程量清单规则为准计算工程量。其中，工程图纸不明确、清单计价规范中没有编入的子目或是没有工程量计算规则的子目，由招标人在招标时补充特征描写、工程量计算规则和工程量，要求投标人响应。履约时，招标人需要熟知该类子目所在的工程部位和工程量的计算规则，以确定该类子目的范围。货物采购量单从采购清单看，是准确的。但货物采购的子目量均是估算量，是在实际需求量基础上加上一定比例的运输、库存或使用损耗作为采购清单量。故此，货物标的范围履约的难点，不在于按采购清单履约，那是一种简单的数量核验，而在于满足实际需求。故此，零散、大批量货物采购，合同履约时，常出现事后补量或积压现象；服务采购清单子目的履约一般不会存在清单量不准问题，因为服务子目以项为单位，采购量都是 1 项，其难点在于子目特征和服务标准的界定。

合同履行过程中，招标人和中标人对合同标的在范围上理解不一致而发生争议的，可以按招标文件中规定的采购需求和采购清单，以及中标人在投标文件中响应的标价采购清单和履约计划，在友好协商的基础上解决。必要时，双方可以在协商一致的基础上依法签订合同或者补充协议，以明确合同标的范围。

2）技术标准和要求。技术标准和要求，是采用招标项目所处的行业技术标准、术语或约定俗成的方法对标价采购清单子目范围的技术界定，其宗旨在于减少语言含混，对采购子目的范围进行准确界定。

合同履行时，招标人需要熟知合同约定的标价采购清单子目的技术参数、技术标准和要求，包括国家、行业标准，合同约定的采购子目规格、型号、尺寸或数量，以及设计图纸上对采购清单子目的技术标准和要求等。同时，招标人应掌握采购子目符合约定的技术标准和要求，如外观目测、取样、检验、检测和验收等的标准和方法，以准确判断采购子目是否符合合同需求。

招标人和中标人对合同子目的技术标准和要求理解不一致的，应在国家、行业技术标准和要求的基础上，参照按照招标文件中规定的技术标准和要求，以中标人的投标文件中载明的投标响应为准，对合同约定的技术标准和要求进行理解。必要时，可聘请行业专家，按合同约定的技术标准和要求及行业惯例进行解释，以准确界定合同约定的技术标准和要求，使双方在理解上一致。

3）采购子目的边界。准确界定采购子目的边界，是合同标的范围管理中的一项重要事项，其实质仍是在界定采购子目的合同范围。采购子目的边界界定涉及合同管理的两个方面，一是合同与其他合同的边界，二是采购子目与其他合同类似子目的边界。

首先，合同履行过程中，招标人需要解决本合同与其他相邻或相关合同的边界分割，即本合同与其他合同的物理边界相邻，或是本合同与其他合同范围描写上可能涉及同一个采购子目时，相邻或相关处履约是属于本合同还是在其他相邻合同中，招标人应当在合同标的范围上进行准确界定，以免造成边界处的履约相互推诿而无人履约。

其次，合同履行过程中，招标人需要解决采购子目与合同或其他合同中类似子目的边界问题。实际上，本合同与其他合同边界问题解决后，这一问题实质在于采购子目与其他类似子目的区别界定。为此，合同对采购子目的技术标准和要求的界定需要清晰、准确。当事人对采购子目的技术标准和要求理解上不一致的，应当先在理解上达成一致，进而区分采购子目与其他类似子目。

2. 合同标的范围的变更。合同履行过程中出现法律法规或合同中约定的合同标的范围变更情形的，招标人可以向中标人发出变更意向，说明合同标的变更范围、数量、时间和质量要求。必要时，附相关图纸和技术资料，要求中标人提交实施变更工作的履约计划和措施。中标人提交的履约计划和措施得到招标人认可的，双方签署补充协议，变更合同标的范围。招标人授权第三方，如监理人发出变更指示的，中标人可以从合同约定的第三人获取变更指示。一般地，合同约定的变更情形，包括按项目功能需要取消或增加合同工作、改变合同工作的质量或其他特性、改变合同工作的基准或尺寸、改变合同中已确认的工艺或顺序等。例如，工程施工中的设计变更，货物采购中变更图纸、设计或规格、改变运输或包装方法、改变交货地点，或是合同执行过程中出现不可抗力等，均可能导致合同标的范围的变更。

注意，合同标的范围属于合同的实质性内容。与单纯的自愿缔约不同，招标投标中，招标人和中标人签订的书面合同，无论是合同签订还是合同履行，都不允许招标人和中标人擅自改变合同的实质性内容，例如，上面故事中，取消中标人A中标范围内的井点降水、弱电工程，不经由招标而擅自增加10kV变电站和厂内生产流水线安装，改变合同标的范围，因为这种改变属于招标人和中标人另行订立了背离合同实质性的其他协议。这当中的“擅自改变”合同的实质性内容，是指合同约定的合同变更条件未出现，仅是当事人双方协商一致就改变了合同实质性内容的情形。反之，合同中约定的合同变更条件出现，招标人和中标人依据变更条件的具体情形商议并改变合同实质性内容，就属于依合同约定变更合同而非擅自变更合同实质性内容，也就不违反合同履行的法律规定。

第 2 节　进度：合同的进度管理

合同进度管理，是指采用科学的方法对合同进度目标进行管理，包括在优化资源配置的基础上，编制合同进度总控制计划和采购清单子目控制计划。合同执行过程中，外部环境和履约条件的变化，易于造成实际进度与计划进度发生偏差，需要对合同进度进行控制，及时发现并纠正合同进度的偏差，督促中标人按时完工或交付合同标的。进度计划管理，常用的工具是网络计划图和横道图。其中，确定关键路径及其上的关键工作，是合同进度管理中，抓住“主要矛盾”的核心管理思想。一般地，合同管理是由总进度计划制定出项目资源、费用使用计划，再把这些计划分解到年、季度、月和旬，作为实施的依据与控制标准。招标采购合同实施中，招标人制订合同进度目标和总控制计划，合同实施计划由中标人编制，招标人在此基础上制订履约条件提供计划和关键节点管理计划，并在合同中约定当事人延期交付的责任。下面这则最高人民法院对某工程项目工期延误的判案，可以作为招标人对合同进度管理方面的参考。

［**竣工延误的故事**］某市一大型购物中心建设项目，招标人和中标人签订的书面合同中，约定总工期为 370 日历天。其中，里程碑工期要求，包括工程出 ±0.00 为 150 日历天，30 日历天内完成土方开挖，±0.00 以上至竣工验收合格为 220 日历天。开工日期以监理人发出的书面通知为准。合同约定的工期处罚，为承包人延误工期 1 个月以内，按 10 万元 / 天罚款，延误超过 1 个月以上，按 10 万元 / 天罚款。同时，招标人有权终止合同或指定其他施工企业施工。工期处罚总额不超过合同价款的 2%。因不可抗力及招标人原因导致工期延误，按实际延误时间办理签证，顺延工期。

2006 年 10 月 30 日，该工程监理人向中标人发出开工通知，通知中标人于 2006 年 10 月 31 日开工建设。该工程于 2007 年 8 月 31 日主体封顶，同年 12 月 25 日主体结构验收合格，进入装饰装修实施。该工程地下室到地上二层于 2008 年 12 月 28 日交付，地上三层到四层于 2009 年 6 月 8 日交付，竣工验收于 2009 年 7 月 2 日组织，验收结论合格。

中标人因与招标人工程价款纠纷，在工程竣工验收后提起诉讼，将招标人告到有管辖权的地方人民法院。该案经一审查明，因工期延误对中标人造成的损失费用 1321.00 万元，一审认为招标人和中标人均应对工期延误承担责任，酌定由招标人承担其中 60% 即 792.6 万元。招标人和中标人均表示不服一审判决，向最高人民法院提起上诉。最高人民法院在一审认定工期延误损失 1321.00 万元的基础上，增加工期延误损失 188.6797 万元，即工期延误损失共计 1509.6797 万元。最高人民法院判定该损失费用中，由招标人承担 90%，即 1358.7113 万元，由中标人承担 10% 责任，即 150.9680 万元。该案对合同履约进度管理极具警示作用。

最高人民法院经审查，认为本案合同约定工期为 370 天，即自 2006 年 10 月 31 日起至 2007 年 12 月 30 日止。实际工期为 976 天，即自 2006 年 10 月 31 日起至 2009 年 7 月 2 日。

工期延误590天。期间，招标人虽以双方签订的备忘录、补充协议变更了部分施工内容，但并未提供有效证据证明上述变更与工期延误的关系，也未提供证据证明系中标人原因造成的工期延误，其延误工期少于590天的主张缺乏证据支持，不予采信。双方对工期延误责任划分及损失争议较大，为此，最高人民法院的评判如下：

首先，招标人应承担工期延误的主要责任。理由是中标人在具备施工条件的情况下，按合同约定完成了对应的施工项目。第一，按合同约定，该项目施工期限分为两段，即正负零以下部分施工期限150天，包括其中的桩基和土方工程30天，正负零以上至工程竣工220天。上述两个阶段因中标人造成工期延误的证据不足。表现在正负零以下施工阶段，合同约定的从土方完成施工的2007年3月21日起算，中标人在土方施工后完成正负零施工的时间不足3个月，完全符合施工期限要求。第二，正负零以上至主体结构封顶阶段。按2007年3月21日招标人委托第三方完成土方施工至2007年9月中标人结构封顶，其实际施工期限为150多天。据此，最高院认为，截至结构封顶，中标人并无导致工期延后的事实。第三，主体结构封顶至工程竣工阶段。根据一审查明的事实，工期延期的原因是招标人对三层和四层的招商业态不确定和招标人委托的消防工程延迟竣工，以及其自身项目决策等原因造成。对此，消防分包商超华公司项目负责人在多次工地例会中对业态不确定影响消防工程施工及其他施工之事实予以承认，超华公司在审理中对上述事实予以否认，证据不足。同时，中标人多次修改施工进度计划，调整工程竣工时间，招标人及监理公司均未提出异议。据此，应该确认在该阶段无充分证据证明中标人存有延后工期的事实。

其次，招标人主张的中标人拖延施工的理由不能成立。表现在工程施工过程中：①2006年12月28日工地例会纪要中，虽然表明中标人人工、机械配备不足，致已浇垫层开裂，但招标人并无充分证据证明中标人的人工、机械配备不足导致了其委托的土方施工延迟；②招标人主张中标人分包其部分消防工程、安装工程，但并未提供其分包部分施工导致工期拖延的证据；③中标人承包的雨污水管网工程、道路工程与消防工程之间虽并不相互影响，但招标人并未举证证明上述工程造成工期延误；④中标人于2007年9月19日提交招标人的报告，反映幕墙施工延迟的原因是双方未签署外墙施工备忘录及招标人多次修改设计，导致工程外墙施工停顿的问题，实为招标人另行招标幕墙施工单位、调整幕墙设计和安装观光电梯等原因所致，招标人提出其并未影响幕墙施工、不对该项延期负责等诉求，但未提供相应的证据予以证明，对此，最高人民法院不予采信。

综上所述，最高人民法院认为，招标人对项目工期延误承担主要责任，中标人对工期延误应承担次要责任，判决由招标人承担延误工期90%的责任，中标人承担延误工期10%的责任。

这则故事以招标人赔偿中标人工期延误费用90%而告终，蕴含着合同进度管理中，落实招标人和中标人责任的重要性。其中，一审宣判招标人承担工期延误损失的60%，但最高人民法院改判为90%，其原因在于招标人提供的证据不充分，不足以证明中标人应当对工期延误承担责任。

那么，合同进度管理中，招标人应当采用什么样的方法和手段，才能有效对合同进度进行管理，在仲裁或诉讼中获胜呢？分述如下：

1. **网络图与最长路**。合同进度计划的控制，最常用的工具是网络图或横道图。其中，网络图可以一目了然地知晓工序时间、工序逻辑关系，进而知晓关键线路和进度控制的关键工序，为人们所推崇。实际上，网络图是数学中讨论的有向图。在数学中，有向图是集合元及其相互关系的一种几何抽象表示，是网络图基础结构。设 V 为一个集合，其笛卡尔积 $V\times V=\{(a,b)|a,b\in V\}$。取 X 为笛卡尔积 $V\times V$ 的一个子集，称 X 为 V 上的关系集。定义二元集合对（V，X）为 X 上的一个有向图，记为 $G=(V,X)$，其中 V 称为有向图 G 的顶点集，X 称为 G 的弧集。为方便起见，有向图 G 的顶点集和弧集也记为 $V(G)$ 和 $X(G)$，以强调有向图 G。

给定一个有向图 G，对任意一个顶点 $v\in V(G)$，在平面上选择一个点 $p(v)$，且规定从 $p(u)$ 到 $p(v)$ 存在一条有向弧，当且仅当 $(u,v)\in X(G)$。这样得到有向图 G 在平面上的表示 $p(G)$，称其为 G 的一个图解。如果一个有向图 G 满足条件：$(u,v)\in X(G)$ 当且仅当 $(v,u)\in X(G)$，则 G 称为图，表明 G 中同时存在 u 到 v 和 v 到 u 的两条弧，即其弧具有对称性，一般表示为 $uv\in X(G)$，对应的图解则用连接 u 到 v 的一条无向线段表示。图 11.1 中给出了两个图例，其中（a）是有向图，（b）是图。

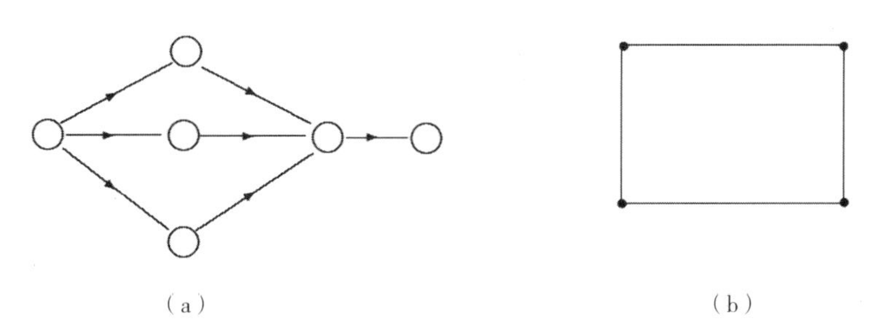

图 11.1　有向图与图

在一个有向图 G 的每条弧上赋予一个数值，$\omega: X(G)\rightarrow R$，称为赋权图，又称为网络图，简称网络。图 11.2 中给出了一个网络图示例。

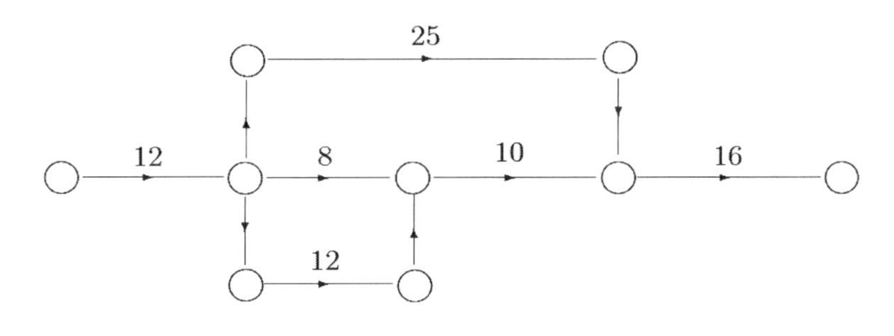

图 11.2　网络图

在有向网络中，一个来源于实际的问题，是给定一个有向网络图 G 和其上任意两点 u, $v \in V(G)$，确定 u 到 v 之间权值最小或最大的路。例如，图 11.2 中，起点和终点的最短路权值是 46，最长路权值是 53。那么，合同履约期限是什么？合同履约期限就是其对应的网络图上始点到终点的最长路的权值。

图论中有一种算法，称为贪婪算法，可以一般性地计算有向网络图上任意两点的最长路及其权值，该算法步骤如下：

设 G 是一个有向网络，采用整数 1，2，…，n 标记 G 的顶点，设其始点和终点分别为 1、n，且弧（i，j）的赋权为 ω_{ij}，则最长路算法如下：

STEP 1. 置初始值 $O \leftarrow \{1\}$，$P \leftarrow \{2, 3, \cdots, n\}$，$R=\{J_1, J_2, \cdots, J_n\}$，对一切，$i=1, 2, \cdots, n$，$J_i=1$。

$u_{11}=0$ 并且对一切 $j \in P$，$u_{1j}=w_{1j}$。

STEP 2. 在 P 中寻找一个节点 v_1，使得 $u_{1k}=\max\{u_{1j}, j \in P\}$。置 $O \leftarrow O \cup \{k\}$，$P \leftarrow P-\{k\}$。若 $P=\varnothing$ 转 STEP 4，其中 $\varnothing$ 表示空集。

STEP 3. 对一切 $j \in P$ 修正 u_{1j} 如下：

如果 $u_{1j}<u_{1k}+\omega_{kj}$，则置 $u_{1j} \leftarrow u_{1k}+\omega_{kj}$，$J_j \leftarrow k$；

如果 $u_{1j} \geqslant u_{1k}+\omega_{kj}$，则置 u_{1j}，R 不变；返回 STEP 2。

STEP 4. 重复 STEP 2−STEP 3，直至 $P=\varnothing$ 计算终止。

2. **合同进度计划管理**。合同进度计划一定有始点和终点，表现为网络图时属于单源单汇网络，可以采用贪婪算法计算出合同履行期限，即网络图上始点到终点的最长时限及最长路，又称为关键路径，其上每一道工序都是履约期限控制的关键工序。注意，一道工序延迟履行会影响下一道工序，有可能改变合同履行的关键路径。

1）工程建设进度管理。招标人和中标人签订书面合同后，按合同约定提供图纸等技术资料、组织技术交底、发出开工通知，以及合同约定的中标人履约条件。中标人按合同约定的内容和期限，编制详细的工程进度计划的网络图或横道图和履约说明，报送招标人确认后，为合同进度控制计划，是招标人管理工程建设、控制合同进度和里程碑节点的依据。依据合同进度的控制约定，中标人还应按月、季编制更为详细的分阶段或分项进度计划，报招标人备案。

招标人依据确认或备案的工程建设进度计划、分阶段或分项计划，确定关键工序和合同进度关键管理点，对中标人履约的实际进度进行核查，将核查结果通报中标人并存档备查，其形式包括但不限于：①发出工程进度核查单；②发出工程建设进度备忘录；③建设联席会、例会纪要中载明工程进度核查事项等。必要时，要求中标人签收。

注意，合同约定由招标人提供的材料和工程设备，应在合同中载明提供的材料和工程设备的名称、规格、数量、价格、交货方式、交货地点。招标人应按建设进度和需求计划，依法组织所提供的材料和工程设备采购和运输，在工程使用前交付中标人。一般地，招标人应在材料和工程设备到货前通知中标人，要求中标人在约定的时间内赴交货地点进行验收。验收后，按合同约定，交付中标人保管和使用，办理交付记录。

2）货物交付进度管理。招标人和中标人签订货物采购合同后，中标人按合同约定进行加工制造，按合同约定进行检验或测试，确认货物符合合同要求，按合同约定的包装、标记，确认满足装运条件的，在合同规定的装运日期之前，一般是装运前一天或空运前一天内以电报或电传或传真形式将合同号、货物名称、数量、箱数、毛重、体积和待运日期等通知招标人。

注意，货物进度与市场供给有关系。在原材料供给充足、价格平稳时，中标人一般会按时交付。反之，原材料供给紧张、市场价格涨价趋势明显或是供小于求时，中标人一般会迟延交付。此时，招标人需要催促中标人交货，同时做好货物接收备忘录。必要时，安排专人赴中标人处催货。如果中标人没按照合同约定的时间交货和提供服务，招标人可以在不影响合同项下的其他补救措施的情况下，依据合同约定，从合同价中扣除误期赔偿费。

3）服务进度管理。招标人和中标人签订书面合同后，按合同约定提供中标人履约条件。中标人按合同约定的内容和服务期限，编制服务计划，包括服务时间、频次和质量标准。招标人确认后，按其上载明的时间、地点和频次，核查服务结果。必要时，核查结果应通报中标人，促使其改进服务。

3. 进度计划的调整。合同履行过程中，中标人未能按合同进度计划完成合同工作的，应及时以书面形式将延迟履约的事实、可能拖延时间和原因等通知招标人，招标人在收到中标人通知后，应尽快对情况进行评价，并确定是否同意延迟履行、是否收取误期赔偿费等。招标人要求中标人采取有效措施，以实施合同进度目标的，中标人应采取措施加快履约进度，并承担加快进度所增加的费用。由于中标人原因造成履约延误的，中标人应支付招标人逾期履约违约金，不免除对其履约项目的缺陷修复责任。

第3节　质量：合同的质量管理

合同质量，是合同标的物一组固有特性符合规定要求的程度。招标人对合同标的物的质量管理核心，在于对中标人履约质量的管理，要求招标人对不同的采购标的物，熟悉国家、行业颁布的标准、规范和规程，以及地方颁布的质量管理办法或规定。同时，还应当熟知中标人自身对履约的质量管控方法，例如，ISO 9000 中对中标人履约提出的八项质量管理原则：① 与所确定的顾客要求保持一致；②设立方针和可证实的目标，建立以质量为中心的企业环境；③对员工进行培训和资格评定；④建立、控制和保持文件化的过程；⑤建立并保持实用有效的文件化的质量体系；⑥通过管理评审、审核以及纠正、预防措施，持续改进质量体系的有效性；⑦以审核报告、纠正措施、不合格品、顾客投诉以及其他来源的实际数据和信息作为质量管理决策和行动的依据；⑧适当地确定供方应满足的要求并将其文件化等，做到“知己知彼”，采用巡检、抽检、中间验收和最终验收等质量管理环节，落实质量责任，以使合同履约产生的标的物质量符合要求。下面这则桥梁垮塌的故事，即是违反基本建设程序和质量责任制所致。

［**彩虹桥垮塌事件**］2003 年 9 月，某县级市开工建设一项重点工程，投资 800 万元在市区内一条河上兴建一座连接南岸和北岸的跨河中承式钢管混凝土提篮拱桥，桥长 140m，主拱净跨 120m，桥面总宽 6m，净宽 5.5m。该项目由市政府为招标人，市建设局为项目法人。

该项目未经竣工验收即投入使用。2004 年端午节，市政府举办龙舟经贸洽谈会，组织龙舟比赛。正当比赛火爆异常时，只听“咔嚓”一声巨响，桥身随之颤动，桥上的人群惊慌而逃。响声并没有震醒欢庆在政绩里的政府领导。政府会议轻率地决定，允许桥上行人继续通行，龙舟赛正常进行。当晚，该市在河中组织燃放烟花，人们再一次听见了大桥发出的断裂声音，惊慌而逃。第二天，有人发现大桥东端桥拱上一油漆剥落处露出了 6cm 长的裂痕，东端连接钢拱与桥面的拉杆下游侧断裂 3 根，上游侧断裂 2 根，但该市仍无人组织检查、维修，并未引起政府有关部门重视与修复断桥。2005 年 1 月 4 日下午 6 点多，“轰隆”一声巨响，使用中的桥梁突然整体垮塌，40 多名无辜生命葬身河内，14 名受伤者被送进医院。针对该起事故，国务院成立了事故调查组完成了事故调查报告，确认这是一起重大责任事故。

调查组认为垮桥的主要原因是：①吊杆锁锚问题。主拱钢绞线锁锚方法错误，不能保证钢绞线有效锁定及均匀受力，锚头部位的钢绞线出现部分或全部滑出，使吊杆钢绞线锚固失效。②主拱钢管焊接问题。主拱钢管在工厂加工中，对接焊缝普遍存在裂纹、未焊透、未熔合、气孔、夹渣等严重缺陷，质量达不到国家施工验收规范规定的焊缝验收标准。③钢管混凝土问题。主钢管内混凝土强度未达设计要求，局部有漏灌现象，在主拱肋板处甚至出现 1m 多长的空洞，吊杆灌浆防护存在严重质量问题。

调查组认为该项目违背基本建设程序，表现在：①该项目系由市某勘察设计研究院一退休工程师私人设计，挂靠的图签出图，未进行设计审查，主拱钢结构的材质、焊接质量、接头位置及锁锚质量均无明确要求。在成桥增设花台等荷载后，主拱承载力不满足相应规范要求。②该项目招标投标走形式、走过场，对履约缺乏有效管理，中标人将整个项目转包给某包工头施工。③关键工序及重要部位的施工质量无人把关，将原设计沉井基础擅自改为扩大基础，材料及构配件不按规定组织抽检、试验和检测，主拱钢管未经焊接质量检测合格就交付安装，项目未组织竣工验收就投入使用等。同时，少数领导干部非法插手项目招标投标和建设，存在贪污腐败，是造成事故的主要原因。

该项目经过检察机关起诉，法院最终宣判，对原市委书记判处无期徒刑，剥夺政治权利终身，并处没收财产 24 万元，追缴全部赃款赃物及违法所得；对市委原副书记判处死刑，缓期两年执行，剥夺政治权利终身，并处没收财产 15 万元，追缴犯罪所得赃款 12 万元；对市建设局原局长、副局长等 10 名被告人，分别判处有期徒刑或并处罚金，追缴赃款或非法所得；对设计总负责人，原市政勘察设计院退休总工程师，由主管部门取消其享受的退休人员待遇，取消其设计资格；对中标人项目经理、分包商负责人，判处有期徒刑 10 年，并处罚金人民币50万元等。

事故的教训是惨痛的！类似地，还有新闻报道中的压力容器、煤气管道爆炸引发的事故等，让世人体会到合同质量管理的重要意义。诚然，是招标人和中标人签订的书面合同，中标人是合同标的物履约的主体，对其履约质量负责，但招标人作为合同标的物的接受主体，对合同标的物的接受承担主体责任。那么，招标人在合同履行中，如何对中标人履约质量进行管理呢？主要有三个方面：①中标人履约条件的保障；②材料和设备质量验收；③中标人履约质量检查与验收。

1. **履约条件保障**。合同约定由招标人提供给中标人的履约条件，招标人应在合同或相关工作开始履行前提供，包括履约外部条件与合同标的物约束条件两类。

1）履约外部条件。履约外部条件是合同约定由招标人提供的，旨在保障中标人履约的外部条件。例如，工程建设中，招标人向中标人提供施工场地及毗邻区域内供水、排水、供电、供气、供热、通信、广播电视等地下管线资料，气象和水文观测资料，相邻建筑物和构筑物、地下工程的有关资料和要求，协助中标人办理法律规定的有关施工证件和批件等。货物采购中，招标人提供的货物使用环境资料、装卸场，协助中标人办理货物通行、堆放或保管手续等。服务合同中，招标人按合同约定提供给中标人的办公场所及冷暖设施，必要的办公设备，如电脑、打印机、复印机、办公桌椅、文件柜等，库房以及进入办公场所必要的通行证件和相关技术资料等。

2）合同标的物约束条件。合同标的物的约束条件，是准确界定标的物，确保履约的条件，包括三部分，一是合同标的物的基准点、基准线和水准点、标高等限制标的物的基准条件。二是合同标的物的技术界定，如图纸、技术标准和要求等旨在约束标的物及其边界的条件。招标人应确保提供的合同标的物的技术要求准确无误。注意，招标采购的技术标准和要求与履行合同时的技术标准和要求不一致的，应以招标采购的技术标准和要求为基准，如实记载实施差异与理由。三是合同标的物履约价款的支付。招标人应按合同约定的付款周期和办法，支付中标人合同款，包括过程付款和最终结清等。

招标人应对其提供的基准点、基准线和水准点、标高，以及标的物技术要求的书面资料的真实性、准确性和完整性负责。招标人提供标的物的基准条件和标的物界定条件错误导致中标人返工或造成履约损失的，招标人应当承担由此增加的费用和履约延误。

2. **材料和设备质量验收**。材料与设备的质量验收有两种情形，一是招标人自行采购的材料和设备的质量验收，二是中标人进场材料和设备的质量验收。招标人委托第三人进行材料和设备质量验收的，可由受托的第三人代招标人履行质量验收职责。

1）招标人采购材料和设备质量验收。招标人采购的材料和设备，应按合同约定组织材料和设备运输、验收和保管，要求供货商提供相应的检测报告、出厂合格证等质量证明文件，依据国家或合同约定的质量验收标准和方法，组织其采购的材料和设备的质量验收，包括：①对采购的材料按规定需要取样检验检测的，招标人应按国家规定或合同约定的取样方法取样，送有检验检测资格的实验室进行检验测试，合格的接收，不合格的，不得接收和使用。

②对采购设备需要进行开箱检验、安装调试和考核的，招标人应在开箱外观检查、安装调试后，按合同约定的考核指标和办法组织验收，合格后发出验收合格证书。考核不合格的，不得接收和使用，应要求供货商退换重做。

注意，合同约定招标人向中标人提供材料或设备，但招标人提供的材料或设备的规格、数量或质量不符合合同要求的，招标人应负责更换或重新提供。招标人与中标人协商一致该部分材料和设备改由中标人采购的，可由中标人采购，招标人按约定支付中标人相应费用，承担中标人的履约延误。

2）中标人履约材料和设备质量验收。招标人按照合同约定，对中标人按合同约定对其提供履约的材料、设备提供必要的试验资料和原始记录基础上，进行检验、抽查和验收，包括查验材料、设备的合格证明或产品合格证书，要求中标人按国家颁布的相关质量验收规定或合同约定，对进场材料进行抽样检验，对设备进行检验测试，并对检验和测试结果确认，以及对检验或测试不合格的材料和设备要求中标人退换等。并对中标人提供的试验和检验结果有疑问的，或为查清中标人试验和检验成果的可靠性要求中标人重新试验和检验的，可按合同约定由招标人与中标人共同进行试验或检验。重新试验和检验的结果证明该项材料、设备质量不符合合同要求的，由此增加的费用和履约延误由中标人承担；重新试验和检验的结果证明该项材料、设备符合合同要求的，由招标人承担由此增加的费用和履约延误。

作为合同标的物的接受人，招标人有权禁止中标人在履约中继续使用不合格的材料和设备。招标人发现中标人在合同标的物中使用了不合格材料和设备的，应要求中标人立即改正，有权并应当拒绝中标人在合同履约中使用不合格材料或设备，要求中标人更换。同时，招标人有权在中标人更换不合格材料或设备后再次进行检查和检验，直到履约符合合同约定的质量标准。必要时，招标人可以委托第三方对中标人使用的材料和设备进行检验检测。

3. **履约质量检查与验收**。按照合同约定，招标人有权对中标人的履约及其工艺、材料和设备进行检查和检验的，中标人应为招标人的检查和检验提供方便，包括招标人到现场或制造、加工地点，或合同约定的其他地点进行察看和查阅原始记录，指示中标人进行取样试验、复核和设备性能检测，提供试验样品、提交试验报告等，招标人对履约质量验收委托第三人实施，如工程建设和项目委托监理人进行质量检查与验收的，履约质量的检查与验收由受托的第三人实施。

（1）工程质量验收。招标人对工程建设项目的质量管理，包括对工序质量验收、分项工程质量验收、分部工程质量验收和单位工程的竣工验收等事项。

1）隐蔽工程质量检查。经中标人自检确认的履约标的物隐蔽部位具备覆盖条件，要求招标人确认的，如工程建设项目的隐蔽工程验收等，中标人应通知招标人在约定时间内检查，并应附有自检合格记录和必要的检查资料。招标人确认隐蔽部位质量符合隐蔽要求，签字后才能进行隐蔽覆盖，招标人检查确认质量不合格的，中标人应在及时修整、返工重做后，重新进行隐蔽部位检查验收。

2）履约过程质量检查。履约过程中，招标人发现中标人履约某一分项或工序质量不合格的，可以要求中标人立即采取措施进行补救，直至该工序或分项工程质量达到合同要求的质量标准。注意，由于招标人提供的履约基准资料、数据或合同标的物图纸、技术要求存在错误，或是招标人提供的材料、设备不合格造成履约结果不合格，需要中标人采取措施补救的，招标人应承担中标人由此增加的费用和履约延误。

3）竣工验收。竣工验收，是建设单位、设计、监理和施工单位对该项目履约是否符合规划设计要求以及对建筑施工和设备安装质量进行全面检验。竣工验收包括六个环节：①提出竣工申请报告；②审查竣工验收报告及竣工验收条件；③组织单位工程验收；④施工期间运行；⑤试运行；⑥竣工清场等。

一般地，招标人收到中标人按合同约定提交的竣工验收申请报告和验收资料后，应结合项目实际完成情况，审查申请报告的各项内容。招标人审查认为不具备竣工验收条件的，应在合同约定期限内通知中标人，指出在进行竣工验收前中标人按合同约定还需完成的工作事项。

中标人完成通知事项后，再次向招标人提交竣工验收申请报告。竣工验收中，需要对分部工程、设备和专业系统进行试运行测试的，中标人按合同约定组织工程、设备和专业系统的试运行测试，试运行及测试结果作为竣工申请报告的内容报送招标人。

招标人根据合同进度计划安排，在全部工程竣工前需要使用已经竣工的单位工程时，或中标人提出经招标人同意时，可进行单位工程验收。需要投入施工期运行的，需经招标人组织验收合格，证明能确保安全后，可在施工期投入运行。

招标人组织设计、监理和施工单位对合同工程进行竣工验收，审查工程技术资料是否满足国家规定验收标准，对工程进行整体验收。经验收，招标人认为合同工程存在不合格处，不同意接收工程的，应发出指示，要求中标人对不合格工程进行返工重作或补救。中标人在完成不合格工程的返工重作或补救后，应重新提交竣工验收申请报告；经过验收后同意接收工程的，招标人按合同约定向中标人发出工程接收证书，组织竣工清场和物业管理准备。

（2）货物采购质量验收。货物采购的质量验收与工程建设项目中的招标人采购材料和设备质量验收类似。一般地，材料采购中标人交付后，招标人应按合同约定对材料的规格、质量等进行检验。合同约定由第三方检验机构检验的，第三方机构的检验结果对双方均具有约束力。

大型或成套设备采购的质量验收，包括开箱检验、安装调试、考核和验收等环节。其中，在开箱检验中，招标人和中标人应共同签署数量、外观检验报告，应列明检验结果，包括检验合格或发现的任何短缺、损坏或其他与合同约定不符情形；考核是对合同设备进行考核测试，以确定合同设备是否达到合同约定的技术性能考核指标。

因中标人原因考核未能达到合同约定的技术性能指标的，中标人应在合同约定或双方同意的期限内采取有效措施，消除合同设备中存在的缺陷，再次考核。经过考核，设备仍未能达到合同约定的最低技术性能考核指标的，双方应就合同的后续履行进行协商，协商不成的，招标人可以解除合同；经过考核，合同设备达到合同约定的最低技术性能考核指标的，招标人应签署合同设备验收证书，接受合同设备。

（3）服务质量验收。招标人按照服务合同约定的服务事项、时间、频次和服务标准，在考核期内对中标人的服务质量进行检查和验收，做好服务检查书面记录，向中标人发出书面通知，提出服务存在的缺陷和需要整改的事项，要求中标人在下一个考核期内整改，直至满足合同约定的服务标准。

服务质量验收与中标人收益或是与合同解除挂钩的，招标人应与中标人共同进行验收，做到“以事实为依据，以合同约定为准绳”，向中标人支付合同价款或与中标人解除合同。

第 4 节　支付：合同的价款管理

中标人履行合同的根本目的在于获取收益，即合同价款。故此，招标人按合同约定的价款支付条件，向中标人支付合同价款，是招标人在合同履行中的一项主要义务。同时，合同价款支付又是招标人管理合同履行的手段和依托。那么，招标人在合同履约中应当怎样进行合同价款的支付管理，应当怎样应用合同价款支付约束并促使中标人履约呢？合同价款中的计价子目有两种，一种是单价子目，需要招标人与中标人共同验收并确认履约完成量，按履约完成量计取价款；另一种是总价子目，以合同中约定的总价子目支付分解表所表示的阶段性或分项计量的支持性资料，以及所达到履约形象目标或分阶段需完成的履约量和有关计量资料计取合同价款。在合同价款支付类别上，招标人支付合同价款包括预付款、过程付款和最终结清等类别。招标人对合同价款支付的管理重在履约过程付款。为推动中标人诚信履约，招标人可以在合同中约定，或是履约时增加补充价款支付“奖惩”条件，以促使中标人履约。

1. 合同预付款。预付款是招标人为中标人进行合同履约准备而支付的款项，如购置材料和设备，准备临时设施以及劳务队伍进场履约等。预付款在性质上是借款，需要在履约过程付款中扣回。一般地，预付款需要视中标人进行合同履约准备事项的多少及所需费用而定，额度按签约合同价的一定比例在合同中约定。其中，工程施工预付款为签约合同价的 10%~30%，勘察、设计和监理预付款为签约合同价的 10%~20%。货物采购一般不设预付款而是首期付款，为签约合同价的 10%~60%。例如，简单货物首期付款为签约合同价的 10%，精密仪器采购可以为 60% 等。

预付款按合同约定额度和条件支付。例如，合同约定签约合同价为 200.00 万元，预付款为签约合同价的 15% 的，则预付款额度为 30.00 万元。注意，跨年履约的项目，合同约定预付款按年度支付的，分别在合同签订后 30 日内，或是每年的一月份按计划完成额支付预付款。例如，签约合同价为 2000.00 万元，预付款为签约合同价的 10%，合同履行期限为两年。合同开始履行的当年计划完成额为 800.00 万元，则合同执行第一年的预付款为

80.00 万元，第二年一月支付的预付款为 120.00 万元。

预付款应当是专款专用。为此，中标人向招标人借支预付款的同时，应当向招标人提交预付款保函，其担保金额应与预付款金额相同，担保责任为预付款专用于双方约定事项，不得挪作他用。对于大型项目，预付款保函的担保金额可根据合同履约进度和预付款扣回的金额逐年递减。

2. **履约过程付款**。履约过程付款是合同价款支付管理核心，分为周期付款和形象进程付款等，分述如下。

（1）付款期付款。付款期付款一般用于工程建设项目，是指合同中约定了合同计量和付款周期，中标人在每个付款周期末，向招标人提交付款申请单，附相应的支持性证明文件。一般地，付款申请单包括：①截至本次付款周期末已履约合同的价款；②合同约定增加和扣减的变更金额；③合同约定增加和扣减的索赔金额；④合同约定应支付的预付款和扣减的返还预付款；⑤合同约定应扣减的质量保证金；⑥合同约定应增加和扣减的其他金额等。这里，合同约定物价波动采用价格指数或差价如实纳入履约过程付款，还是物价波动在合同结清时一次性支付，对应的履约过程付款的计算有一定差异。

1）物价波动纳入过程付款。合同约定物价波动纳入付款期付款时，招标人既要计算中标人完成的合同价值，同时，还要考虑材料、设备和人工的差价额。

［**价格指数付款计算事例**］ 某水利工程项目招标后，招标人与中标人签订的书面合同中，关于价款约定的内容如下：①合同类型：可调价格合同；②签约合同价为 82000 万元；③按月支付进度款，进度款为当月完成的清单子目的合同价值、当月确认的合同变更金额、索赔金额、当月价格调整额，扣除预付款和质量保证金；④预付款为签约合同价的 10%，按相同比例从月进度付款中扣回；⑤质量保证金为签约合同价的 5%，从月完成合同价值中扣留；⑥价格调整采用价格指数法，即

$$\Delta P=P_0\left[A+\sum_{i=1}^{m}B_i\times\frac{F_{ti}}{F_{0i}}-1\right]$$

对应的价格指数和权重表见表 11.1

价格指数和权重 **表 11.1**

<table>
<tr><th rowspan="2" colspan="2">名称</th><th colspan="2">基本价格指数</th><th colspan="3">权重</th><th rowspan="2">价格指数来源</th></tr>
<tr><th>代号</th><th>指数值</th><th>代号</th><th>允许范围</th><th>确定值</th></tr>
<tr><td colspan="2">定值部分</td><td></td><td></td><td>A</td><td>0.10~0.18</td><td>0.16</td><td>招标文件</td></tr>
<tr><td rowspan="4">变值部分</td><td>人工费</td><td>F_{01}</td><td>160</td><td>B_1</td><td>0.15~0.20</td><td>0.14</td><td>政府价格部门</td></tr>
<tr><td>钢材</td><td>F_{02}</td><td>155</td><td>B_2</td><td>0.10~0.15</td><td>0.18</td><td>政府价格部门</td></tr>
<tr><td>水泥</td><td>F_{03}</td><td>145</td><td>B_3</td><td>0.10~0.20</td><td>0.12</td><td>政府价格部门</td></tr>
<tr><td>施工设备</td><td>F_{04}</td><td>120</td><td>B_4</td><td>0.35~0.50</td><td>0.40</td><td>政府价格部门</td></tr>
<tr><td colspan="6">合计</td><td>1.00</td><td></td></tr>
</table>

该合同履行过程中，连续四个月A、B、C、D履约金额数据见表11.2，其中，变更和索赔金额按基准日价格水平计价。

连续四个月履约数据（单位：万元） **表11.2**

月度		A	B	C	D
截止当月累计完成的清单子目的合同价值		9000	15000	24000	25000
当月发生的变更金额		110	−160	180	120
当月发生的索赔金额		50	0	−10	80
合同约定应增加或扣减的其他金额		0	0	0	0
当月适用的价格指数	F_{t1}	170	175	181	187
	F_{t2}	163	166	165	163
	F_{t3}	150	159	159	158
	F_{t4}	125	120	124	122

则该项目第B个月的付款额计算如下：

第B个月当期完成的合同价值：15000−9000=6000万元，P_0=6000−160=5840万元，则

$$\Delta P = 5840 \times \left[0.16+\left(0.14 \times \frac{170}{160} + 0.18 \times \frac{163}{155} + 0.12 \times \frac{150}{145} + 0.4 \times \frac{125}{120}\right) -1\right]$$

$$= 5840 \times [0.15+(0.149+0.189+0.124+0.417)-1] = 5840 \times 0.029$$

$$= 169.36$$

调价后第B个月当期完成的合同价值5840+169.36=6009.36万元。应扣预付款6009.36×10%=600.936万元，应扣质量保证金6009.36×5%=300.468万元。故第B个月应付款为

6009.36−600.936−300.468=5107.956万元。

合同约定材料、设备和人工差价如实计入付款期付款的，招标人按合同约定计算中标人付款期完成的合同价值后，按材料、设备和人工的差价值确定付款期应付款。例如，某工程施工合同约定的预付款为签约合同价的10%，质量保证金为签约合同价的3%。中标人在第3个月的履约合同的价值为260万元，材料差价12万元，设备差价−5万元，人工费差价3万元。招标人在本月应支付中标人的合同款为

260−260×10%−260×5%+12−5+3=231万元。

2）物价波动不纳入过程付款。合同约定物价波动不纳入付款期付款而是在结算时按规定统一调整时，招标人在付款期付款计算时不用考虑材料、设备和人工费的价格调整，仅是在结算时按照规定进行统一计取。

【竣工调价付款计算事例】 某工程施工项目，招标人组织公开招标后，与中标人依法签订的书面合同中，有关价款支付的约定如下：①签约合同价为2800万元。其中，材料与

设备费占合同价值的62%；②预付款为签约合同价的30%，用于中标人材料和设备的购置；③履约进度款按月计算与支付；④本月未完合同价值所含材料与设备费不少于预付款金额，但下月起未完合同价值所含材料与设备费少于预付款金额时，开始从本月完成的工程结算价款中等比例抵扣预付款，抵扣比例为材料与设备费占合同价值的比重，到竣工结算时全部扣清；⑤质量保证金为合同价格的3%，从月进度付款（不包括人工、材料和设备的价格调整）中按3%扣留；⑥合同约定，人工费固定包干，材料与设备费在竣工结算时根据有关规定作一次性调整。

该工程当年四月开始施工，承包人实际完成合同价值见表11.3。

月合同价值 **表11.3**

月份	四	五	六	七	八	九
合同价值（万元）	420	480	560	540	470	330

该工程九月竣工时，规定材料与设备费在竣工结算时上调6%。那么，招标人每月应支付给中标人的合同款计算如下：

首先，需要确定预付款起扣月份。该工程预付款金额为2800万元×30%=840万元，材料与设备费为840万元时对应的合同价值为840万元/0.62=1354.84万元。中标人七、八、九这三个月完成的合同价值为1340万<1354.84万元，六至九月这四个月完成的合同价值为1900万>1354.84万元。故此，按合同约定，招标人在四月和五月付款时不需扣预付款，六月至九月付款需等比例扣预付款。计算的各月份应付中标人合同价款如下：

四月付款额：420–420×3%=407.40万元；

五月付款额：480–480×3%=465.60万元；

六月付款额：560–560×3%–560×30%=375.20万元；

七月付款额：540–540×3%–540×30%=361.80万元；

八月付款额：470–470×3%–470×30%=314.90万元；

九月份付款：330–330×3%–330×30%+2800×62%×6%=325.26万元。

这样，招标人每月应支付中标人的合同价款见表11.4。

招标人月付款额 **表11.4**

月份	四	五	六	七	八	九
付款额（万元）	407.40	465.60	375.20	361.80	314.90	325.26

（2）形象目标付款。形象目标付款，指合同约定按照合同履约的实际形象进度付款，常用于小型工程施工、工程勘察、设计、监理和设备采购，其履约过程付款计算相对于付款期付款简单。

例如，某设备采购合同的签约合同价为268.00万元，合同中约定的付款形象目标为：①合同生效后30日内，向中标人支付签约合同价的10%；②中标人按合同约定交付全部合同设备后，招标人在30日内向中标人支付合同价格的60%；③招标人与中标人签署合同设备验收证书后30日内，向中标人支付合同价格的25%；④缺陷责任期届满后28日内，向中标人支付合同价格的5%。招标人在对该合同价款支付管理时，确定四次付款额度分别为：26.80万元、160.80万元、67.00万元和13.40万元，按合同执行的形象进度和合同约定条件进行支付即可。

（3）月度平均付款。合同约定按月度考核结果平均付款的，例如，物业管理合同，招标人应按月度付款额及考核结果，确定支付中标人的合同款。

例如，某物业管理委员会与物业公司签约合同价为96.00万元/年，即8万元/月，合同约定业主委员会对物业管理月度考核AAA的，费用上浮3%；AA的，费用上浮为0；A的，费用上浮–5%。2016年，该小区业主委员会按照约定的考核事项和标准，对物业管理的考核结果见表11.5，则应支付物业公司的管理费见表11.6。

物业考核结果 **表11.5**

月份	一	二	三	四	五	六	七	八	九	十	十一	十二
考核等级	A	A	AA	AA	AA	AA	AAA	AA	AA	AA	AA	AAA

月物业费 **表11.6**

月份	一	二	三	四	五	六	七	八	九	十	十一	十二
管理费（万元）	7.6	7.6	8	8	8	8	8.24	8	8	8	8	8.24

这样，2016年实际支付物业公司的管理费为95.68万元。

招标人在对以往历次履约付款证进行汇总和复核中发现错、漏或重复的，招标人有权予以修正，中标人也有权提出修正申请。经双方复核同意的修正，应在本次付款期付款中支付或扣除。

3. **履约结算**。中标人完成了全部合同工作后，招标人按合同要求进行验收，确认符合合同要求的，应进行履约结算。一般地，中标人提出招标人到期应支付给中标人的价款。招标人在合同约定期限内，对历次已付合同价款、应扣款项和索赔款项进行审核，确认无误的，扣留质量保证金后按合同约定支付中标人剩余价款。缺陷责任期届满的，按合同约定支付中标人剩余的质量保证金。合同价款有争议且协商不一致的，按合同约定提请仲裁机构仲裁或人民法院审判。

第 5 节　案例：招标人缔约与履约的主体责任

作为一个民事主体，招标人的主体责任，是在市场竞争机制下，遵从招标投标缔约规则，即法律等社会行为规范优化实现采购结果。那种仅关注招标投标过程或形式，不关心采购结果的“采购”不是经济学意义上的采购，而是“形式”或称为“游戏”。反之，只关注采购结果而忽视招标投标的行为约束，甚至为实现结果不惜以身试法的采购，即便采购结果再好，因其缔约过程违反法律，违反交易规则，必然要受到法律或市场经济的制裁。故此，招标人的主体责任，体现在招标投标缔约和履约两个环节。招标投标缔约行为受招标投标法约束，履约是招标人和中标人依法签订的书面合同的履行，受诚实守信原则的约束。与此相应，招标人的主体责任，一是承担采购结果责任，二是缔约和履约遵纪守法，遵从市场交易规范约束的责任。

［**案情回放**］某市一个国有资金投资的粮油加工建设项目，总投资 26000 万元，由该企业建设管理办公室组织公开招标。该项目施工的招标公告于 2017 年 3 月 10 日在国家指定媒介上发布，同日开始发售招标文件，有 12 家潜在投标人购买了招标文件。

投标过程中，潜在投标人 A 的拟派项目经理钱程在一次公司聚会上得知，总经理办公室秘书王虹是招标人建设管理办公室主任赵岚的初中同学，两人是儿时一起玩跳绳、踢毽子长大的，直到现在两家人还不时走动。在王虹的介绍下，钱程认识了赵岚，用些“小恩小惠”，两人逐渐成为无话不谈的朋友。赵岚许诺钱程，在力所能及的情况下，帮助其投标，并不时把内部一些信息告知钱程。私下里，钱程联络了另外三家投标人 B、C、D 陪标，许诺这三家公司，中标后将一些项目分包给其施工，得到赵岚的默许。

在招标文件规定的投标截止时间 2017 年 4 月 5 日上午 9：00 前，12 家购买招标文件的潜在投标人均递交了投标文件。经过评标委员会评审和比较，完成了评标报告，推荐的第一中标候选人为投标人 A，投标报价为 24836.00 万元。

招标人收到评标报告后，及时在发布招标公告的媒介上公示评标结果。在规定的公示期内，招标人没有收到投标人及其利害关系人的异议。于是，赵岚组织建设管理办公室有关人员，分别与投标人 A 进行合同价格谈判，要求投标人 A 三日内，在原投标报价基础上再下浮 1% ~ 3%。投标人 A 按招标人要求，于三日内再次报价为 24588.00 万元。确认无误后，招标人向投标人 A 发出了中标通知书并与之签订了书面合同，其签约合同价为 24588.00 万元。

该项目生产和生活区于 2017 年 4 月 16 日开工建设。建设过程中，作为对赵岚帮助的感谢，项目经理钱程于开工后的某一天夜晚宴请赵岚，告知她招标投标“风头”已过，再没有人关注招标投标中的事项，并当场送给她 30 万元现金作为酬谢。略作推辞后，赵岚收下了 30 万元现金，并在其后的三天时间内，分别存入其家人名下的五个账户。2019 年 3 月，审计机构发现钱程在其组织施工的上一个项目中存在国有资产流失和行贿问题，移送检察机关立案审查。检察机关要求钱程对审计发现的问题进行解释和说明。在强大的政策攻势面前，钱程如实坦白了上一个项目施工中的国有资产流失和行贿问题，为争取立功表现，还主动坦白了在本次粮油加工项目投标中的私下运作，以及向该建设管理办公室赵岚行贿30万元的事实，提供了当时的取款银行和单据存放地。检察机关依据钱程的供述，在核实取款单据后的第二天传唤了赵岚，查实了在钱程行贿后其银行存款多出30万元的事实，对赵岚提起诉讼。经过审判，赵岚被依法判处有期徒刑5年，并处罚金20万元，追缴其受贿，上缴国库。

钱程和赵岚被刑拘时，该粮油加工项目还处在建设中。招标人重新任命建设管理办公室主任，中标人A重新委派了项目经理。该粮油建设项目前期准备并不充分，尤其是粮油加工设备的选型是在开工后才进行的，造成建设过程中不时停工和返工，设计变更多、洽商多，建设工期也因招标人订货原因拖延。

招标人于2018年11月底组织设计、监理和施工单位进行项目的竣工验收。竣工验收结论是合格。随后，招标人和中标人A进行工程竣工结算。双方因在误工损失、设计变更款等费用认定上产生争议，达不成一致意见。2019年3月，中标人A一纸诉状将招标人告上法庭。此时，最高人民法院颁布的《关于审理建设工程施工合同纠纷案件适用法律问题的解释（二）》已经生效。值得注意的是，中标人A在诉求中，不单是要求法庭判决招标人支付其误工损失费640.00万元，设计变更费用864.00万元，还要求法庭将招标文件、投标文件、中标通知书作为结算工程价款的依据，确认并判决其中标价为24836.00万元，即招标人发出中标通知书前要求其优惠的248.00万元，或中标通知书、合同协议书上载明的签约合同价24588.00万元依法应为24836.00万元。

法院经过审理，按照双方的建设责任对误工损失、设计变更费进行核算，去除中标人A的责任外，招标人应承担误工损失费586.45万元、设计变更费用760.63万元。对于中标价与签约合同价，法庭依据《招标投标法》第四十六条和最高人民法院《关于审理建设工程施工合同纠纷案件适用法律问题的解释（二）》第十条规定，即当事人签订的建设工程施工合同与招标文件、投标文件、中标通知书载明的工程价款不一致的情形，依法判定中标价即签约合同价为中标人的投标文件载明的价格，即24836.00万元。

最后，法院一审宣判中，认定招标人和中标人A签约合同价依法应当为24836.00万元；判令招标人在判决书生效15日内，支付中标人A的合同余款、误工损失费586.45万元和设计变更费用760.63万元。

［**问题**］依据上述案情回放，分析以下问题：

1. 什么是陪标？中标人A在投标过程中，私下让投标人B、C、D陪标的行为是否违法，依法应受到什么处罚？本案法院判决中，为什么不提中标人A与B、C、D串通投标的事，如果法院认定中标人A与B、C、D串通投标，是否会影响判决结果？

2. 本案中，招标人要求评标委员会推荐的第一中标候选人，即投标人A在原投标报价基础上再下浮1%～3%，投标人A按要求下浮了248.00万元，双方协商一致，法院审理时为什么认为无效？法院对这一事项的认定对招标人组织招标采购有哪些启示？

3. 一般认为，招标投标过程中，招标人、投标人和社会第三人普遍关注其参与人员的行为，尤其是行贿、受贿行为，本案中，建设管理办公室主任赵岚受贿 30 万元，被法院一审判处有期徒刑 5 年，并处罚金 20 万元，追缴其受贿，上缴国库一事说明了什么，对招标人履行民事主体责任有哪些启示？

［案例分析］依据案情回放，对上述问题分析如下：

1. 陪标是串通投标中的一种陪同投标行为，即投标人之间经过商议，按统一指挥陪同内定中标人投标的行为。参与陪标的投标人与他们陪同的内定中标人一起，构成串通投标行为。

本案中，中标人 A 投标过程中，组织投标人 B、C、D 陪标的行为，违反《招标投标法》第三十二条第一款，即投标人不得相互串通投标报价，不得排挤其他投标人的公平竞争，损害招标人或者其他投标人的合法权益的规定。中标人 A 的串通投标行为如果查实，将依照《招标投标法》第五十三条规定，判定其中标无效，处中标项目金额 0.5% 以上 1% 以下的罚款，对单位直接负责的主管人员和其他直接责任人员处单位罚款数额 5% 以上 10% 以下的罚款；有违法所得的，并处没收违法所得；情节严重的，取消其一年至二年内参加依法必须进行招标的项目的投标资格并予以公告，直至由工商行政管理机关吊销营业执照；构成犯罪的，依法追究刑事责任。同时，给他人造成损失的，依法承担赔偿责任。

那么，本案法院判决中，为什么没有提及中标人 A 与 B、C、D 串通投标的事，而仅是就双方争议的费用进行宣判呢？首先，民事审判中，坚持“民不举官不究”的原则，既然原告和被告没有判决串通投标的诉求，法院当然不会耗费人力和物力去查实中标人 A 串通投标的事实。同时，民事审判中还有一项原则，即“谁主张谁举证”，即招标人主张中标人 A 在投标过程中与投标人 B、C、D 串通，必须举证以证明他们在投标中串通。此时，招标人唯一知道中标人 A 在投标中与投标人 B、C、D 串通的是已经在服刑的赵岚，他人并不知晓，招标人当然无从举证中标人 A 在投标中的串通投标行为；其次，本案招标投标过程中，行政监督机构在其依法实施的监督中，没有发现中标人 A 在投标中与投标人 B、C、D 串通，没有宣布中标无效。

本案中，如果招标人举证中标人 A 在投标中与投标人 B、C、D 串通，法院采信了招标人提供的证据，认定中标人 A 与 B、C、D 串通投标后，会依照《刑法》第二百二十三条规定，认定中标人 A 和投标人 B、C、D 犯串通投标罪，追究中标人 A 和投标人 B、C、D 的刑事责任，行政监督机构也会依据《招标投标法》第五十三条规定，对中标人 A 和投标人 B、C、D 施以行政处罚。但对本案合同价款争议的判决不会有影响，因为虽然双方签订的合同无效，但该项目已竣工验收合格。这样，依据《民法典》“合同编”第七百九十三条规定，建设工程施工合同无效，但是建设工程经验收合格的，可以参照合同关于工程价款的约定折价补偿承包人，或是此前最高人民法院颁布的《关于审理建设工程施工合同纠纷案件适用法律问题的解释》第二条，建设工程施工合同无效，但建设工程经竣工验收合格，承包人请求参照合同约定支付工程价款的，人民法院应予支持的规定，以及最高人民法院《关于审理建设工程施工合同纠纷案件适用法律问题的解释（二）》第十条，当事人签订的建设工程施工合同与招标文件、投标文件、中标通知书载明的工程范围、建设工期、工程质量、工程价款不一致，一方当事人请求将招标文件、投标文件、中标通知书作为结算工程价款的依据的，人民法院应予支持的规定，对本案合同价款的认定原则没变。

2. 本案中，招标人在确定中标人前，要求中标人 A 在原投标报价基础上再下浮 1%~3%，中标人 A 按要求下浮了 248.00 万元，虽然双方协商一致，但招标人的行为违反了《招标投标法》第四十三条，即在确定中标人前，招标人不得与投标人就投标价格、投标方案等实质性内容进行谈判的规定。同时，招标投标中的一次要约、一次承诺特征，决定了中标价和签约合同价是中标人投标文件上载明的价格。本案中，中标人 A 按招标人的要求下浮的 248.00 万元，即二次报价 24588.00 万元违反了一次要约的规则，已不再属于中标人 A 的投标文件。这也正是《招标投标法》第四十六条的法理，即要求招标人和中标人按照招标文件和中标人的投标文件订立书面合同，不得再行订立背离合同实质性内容的其他协议。

本案中，法院对中标价或签约合同价的认定，对招标人组织招标采购的启示在于，组织招标投标过程中需研究这种一次要约或“一口价”的特点，多在招标文件编制水平上下功夫，多在择优标准上下功夫。同时，严格约束所有工作人员的行为，依法依规组织招标投标活动，不得私下接触投标人及其利害关系人，不得与投标人串通，不得收取投标人或者其利害关系人给与的财物或者其他好处，损害国家利益、社会公共利益或者招标人和其他投标人的合法权益。

3. 本案中，招标人的建设管理办公室主任赵岚受贿 30 万元，被法院一审判处有期徒刑 5 年，并处罚金 20 万元，追缴其受贿，上缴国库一事，说明“法网恢恢、疏而不漏”，只要违法的事实存在，迟早会受到法律的制裁。对此，招标人及其工作人员永远不能抱有侥幸心理去违法从事。否则，就如本案赵岚的结局一样，以为在招标投标过程中不受贿，事后再找一个阴暗的角落接受好处费就没问题，大错而特错。招标人的工作人员如果这样认为，那么，结局可能与赵岚一样，是牢狱之灾，只是时间早晚的事。

本案对招标人履行民事主体责任的启示在于，招标人及其工作人员依法、依规、依纪履行招标采购职责，是招标人履行主体责任的根本。这当中，①诚信做人是第一要务，是个人、单位或组织在市场上立足的基础；②依法、依规、依纪办事是准则，因为个人、单位或组织依法、依规、依纪办事是其顺应市场规则与秩序，进而生存的前提；③择优是根本，因为招标人组织招标投标活动的目的在于投标竞争，在于由投标竞争中择优，这是招标采购或招标投标的本质特征。

第12章

招标采购：优化市场营商环境

****

莫笑农家腊酒浑，丰年留客足鸡豚。

山重水复疑无路，柳暗花明又一村。

——［南宋］陆游《游山西村》

****

第 1 节　责任：串通投标行为治理与防范

招标与投标，是对立统一的矛盾关系。招标采购战略的智慧得以实现的前提条件，是投标人响应招标，进行竞争，且竞争程度越激烈，招标人优化实现招标采购结果的程度就越高。故此，投标竞争是招标优化实现采购结果的基础。对应的，串通投标，即投标人之间私下协商既得利益和中标人，不竞争，是对招标投标的对抗，这种对抗的实质，打破了招标投标机制的初衷，使优化实现招标采购结果的思想落空。故此，无论是招标人还是招标投标行政监督机构，都应研究串通投标机理，进而有针对性的对其予以防范或打击。那么，投标人为什么要串通投标呢？当然是中标利益使然。实际上，从博弈视角看，串通投标是投标人获取中标收益的最佳方法，但却是一种违反市场交易秩序的违法行为。

［**串通投标的笑话**］2004 年 8 月，某市投资 8000 万元兴建一座公共卫生应急处置中心，包括病毒检测、P3 实验室、同位素放射、医技、病房和学术交流等建筑和配套设备设施。该项目招标文件规定的评标方法为综合评分法。其中，评标基准价为有效投标的报价算术平均值，然后计算投标报价与评标基准价的偏差率，报价偏差率确定投标人的报价得分。规定报价偏差率在［0，–1%］的得 100 分，在此基础上，每高出一个百分点扣 4 分，每低一个百分点扣 2 分。例如，报价偏差率在（–1%，–2%］的，得 98 分；在（0，+1%］的，得 96 分等。

该项目一共有 7 个投标人在招标文件规定的投标截止时间前递交了投标文件。开标时，出现了一个让人惊讶不已的现象，7 个投标人的报价得分，有两个报价得了 100 分，3 个报价得了 99 分，两个报价得了 98 分。招标人曾怀疑 7 个投标人是串通投标，还专门组织评标委员会对 7 家投标人的投标文件进行审查，没有发现串通投标的任何蛛丝马迹，只能依法完成评标报告，推荐合格的中标候选人。招标人对评标结果公示后，投标人及其利害关系人没有提出异议和投诉，于是确定排名第一的中标候选人中标，并与其签订了书面合同。

该项目投标报价过于集中，让人怀疑是串通投标，但苦于一直没有证据，直到该项目宣布中标结果大约两年、项目建设完成以后，笔者的一位施工单位朋友给我讲述该项目投标中的传闻，才使我间接明了投标人的一些私下规则，也明了为什么串通投标案件查处难。

那时，笔者正在一个工程项目上任建设项目顾问办公室主任。有一天，施工单位一位笔者熟识的副总经理来工地检查工作，我们一起在食堂吃完饭后去散步，他想就如何提高中标率与笔者探讨。笔者向他介绍应怎样学习招标文件，怎样响应招标文件的实质性要求和条件，怎样制订博弈策略进行投标竞争。说着说着，他打断了笔者的话："毛博士，您说的这些方法没有用，我们不是这样投标的。"见讲得不对路，笔者忙问他："那你们实际是怎样投的标啊？"他说："总组织投标的人都认识，我们有我们自己的投标规则。"话头挑起了，这正是笔者这些年研究招标投标规则最关心的地方。笔者问他："你们自己还有规则，什么样的规则啊？"见笔者感兴趣，也加之对笔者的信任，他问笔者："我给您举个例子，您知道某市公共卫生应急处置中心那个项目吗？”笔者说：“知道啊！”他接着问笔者：“您知道那个项目是怎么投的标吗？”笔者说：“不知道，您知道？”他说：“这个项目的投标，坊间传说为一大笑话呢！”为向笔者解释投标人自己的投标规则，他把其听闻的投标笑话对笔者进行了回放，说：“这个项目，据说开标前一天晚上，参与投标的赵总给其他各投标主管老总打电话，说我们碰一碰啊？”他接着说：“这是第一步，因为都认识。当然，其他老总可以来碰，可以不来。但不来的必须声明，以便下一次投标还可以继续合作。”

他说，这个项目赵总打完电话后，在约定的时间内，其他投标人的老总都到了约定的喝茶地点。赵总牵头主持，问一个投标人老总：“钱总，你们这一次找的谁呀？”大家相互心照不宣，钱总回答：“找的行政一把手。”赵总接着问：“孙总，你们找的谁呀？”孙总接话：“我找的行政二把手。”赵总继续问其他几位老总，发现大家私下找的都是招标人中的领导班子成员。

王总继续介绍说：“这一步的目的是看谁与招标人主要负责人的关系硬，以便决定谁中标、谁陪标。当然，陪标也不能白陪，中标的需要给陪标的一定费用。”“可是，”王总接着说：“这个项目在这一步卡壳了，因为找的都是班子成员，都强调在私下里做了不少工作，领导们都答应只要投标排在第一，一定让其中标。”

见争论了3个多小时没有结果，有的老总着急了，说：“我得走了，我们的投标报价还没填，标还没密封呢。”他这一说，其他几位老总也着急了，想走。这时，赵总拦住几位老总，让大家别走，说：“我出个主意，看大家认可不。大家都把算出的报价说一说，再定投标策略。我先说，我们的投标价是5134.00万元。”见状，其他投标人开始如实说自己计算的报价，有5085.00万元的，也有5156.00万元的，报价最高的是5365.00万元。赵总接着说：“这样，咱们谁中标也不吃亏，先把评标基准价给定下来，我建议为一个吉祥数5688.00万元。再反过来，推算两个100分、三个99分、两个98分的报价，这应该很容易。大家对我的建议认可不？”其他几位老总都表示认同。不一会儿，对应100分、99分和98分的报价推算了出来。赵总让服务员拿来七张纸和一个纸盒子，在每张纸上写下一个报价，揉成一个纸团放入纸盒中，再摇一摇，说：“为公平起见，咱们按百家姓的次序抓阄。然后，按抓到的价格投标，编写投标文件去投标。行不？”参加会议的老总对这一方法都表示认同，依次进行抓阄后，并按纸上载明的价格进行投标。至此，笔者终于明了这个项目的投标结果，为什么7个投标人的报价得分，有两个报价得100分，三个报价得99分，两个报价得98分。当然，这仅是坊间流传的一个串通投标的笑话。

这些年，笔者一直在反思，既然法律禁止投标人的串通投标，而且《中华人民共和国刑法》中还专门规定了“串通投标罪”，为什么投标人还敢于“冒天下之大不韪”，串通投标呢？细思后发现，这当中有中标利益的驱使，有串通投标是私下行为、发现难查处更难的问题，但根本原因在于招标人组织招标采购“走形式、走过场”而违背了竞争择优的采购宗旨。那么，应怎样分析串通投标，又应怎样对这一行为进行治理呢？

1. **串通投标参与人**。串通投标参与人，包括投标人、招标人或招标代理机构等民事主体，即投标人与招标人或中介机构、投标人与投标人之间等均可能发生串通投标行为。这当中，谁为主、谁为辅有的很明显，但有的串通投标事件分不出主次，是为共同利益而串通。除投标人间的串通投标进行利益分配或补偿外，串通投标事件一般都会伴随着行贿受贿事件，是招标投标领域的治理重点。

1）招标人。投标人与招标人串通，是串通投标中最常见的情形，同时，也是串通投标中的原问题或基础问题。原问题解决了，其他的串通投标问题在技术层面都可以有效解决，因为投标人串通投标的实现离不开招标人的支持与默许。那么，投标人是如何找到招标人中一些主要责任人的呢？一般是通过其各种社会关系引荐，或是常年在招标人组织的招标项目上投标而逐步建立并发展的。开始仅是认识，出现在一个饭局上；然后是投其所好，视兴趣所在向其行贿送礼；最后，招标人与其串通投标，把一些依法需要保密的事项告知投标人，或是直接为投标人出谋划策。例如，向其泄露标底或其他投标人报价，在评标、定标环节帮助投标人中标。投标人中标后，拿出一定数额的现金或物品作为感谢。

2）中介机构。招标投标中，投标人与两类中介机构易于串通，一是招标代理机构，二是受托编制标底的造价咨询机构。投标人与招标代理机构串通，是因为招标人委托代理机构招标后，大多不再过问招标细节而由招标代理机构决策，具有招标人的地位；与标底编制单位串通，是源于标底是招标人对招标项目的价格期望值，掌握造价咨询机构编制的标底后，可以对投标作出相对准确的决策，以便中标。一般地，投标人获取标底价格需要支付对方一定的费用。甚至，一些标底编制单位还违法接受投标人的委托，帮助其编制投标报价文件。

3）其他投标人。投标人与投标人串通的基础是其工作人员间相互熟识，“是对手更是朋友”，分为部分投标人串通和所有投标人串通两种情形。注意，部分投标人串通时，中标结果仍具有一定的竞争性，是择优结果，但所有投标人串通投标时，中标结果是投标人间串通后的分配结果，没有竞争，甚至会侵犯招标人权益。例如，哄抬中标价格等，需要在招标采购时进行重点防范。对此，《招标投标法实施条例》第三十九条明确禁止，列举了五种情形为投标人间串通投标行为：①投标人之间协商投标报价等投标文件的实质性内容；②投标人之间约定中标人；③投标人之间约定部分投标人放弃投标或者中标；④属于同一集团、协会、商会等组织成员的投标人按照该组织要求协同投标；⑤投标人之间为谋取中标或者排斥特定投标人而采取其他联合行动。

2. **串通投标情形**。串通投标不管有哪些参与主体，最终需体现在投标人的投标文件，因为投标文件是投标的书面载体。实际上，市场准入负面清单中的事项，要求市场经营者取得相应的市场准入资格，才能在市场上经营，即实施的是“一证一人”的资格或资质管理。理论上，市场经营者应当珍惜其市场准入资格或资质，不应该让他人借用自己的资格或资质从事经营活动。但企业经营的宗旨是谋利，当资格或资质成为一种稀缺资源，出租或出借可获取利益的时候，就在一定程度上促成了市场上资格或资质的借用行为。特别是，视招标投标为一种游戏时，更是如此。串通投标的基础是投标人之间或明或暗地形成了潜在的利益共同体，默许成员间资格或资质的借用行为，实质是借来陪标，在招标投标游戏中胜出。这种利益共同体使得串通投标成为可能。一种是投标人借用其他成员的资格或资质陪标，另一种是投标人先行内部协商，确定本次投标的中标人和陪标人，以及陪标补偿费等事项，目的都是通过投标人间的协商共谋而获得中标收益。

依据投标文件编制人的不同，串通投标有三种情形：

1）中标人编制所有投标文件。这是串通投标最常见的，也是保证中标人中标最稳妥的情形，其基础是投标人之间已形成了一个相对固定联盟或圈子，投标人将投标需要的营业执照、资格证书、业绩和人员等提供给中标人，由中标人组织人员按本次串通投标的宗旨编写投标文件，再交由各投标人盖章、签字，出具法定代表人授权委托书后，统一封装，在投标截止时间前递交到投标文件接收地点。这种情形，中标人会下大力气编写自己的投标文件，无论是投标报价、商务文件还是技术文件，都是所有投标文件中最优的投标。其中，投标报价是按招标文件中规定的评标标准和方法中的报价评审方法，在其他投标报价衬托下评审后的最优报价。对应的，其他投标文件中的商务文件或技术文件，有意识地出现一些低级错误，且是评标专家一眼就能发现的错误。进而，中标人让自己的投标文件在评标中胜出，由评标委员会推荐为第一中标候选人。但投标人的这种串通投标方法，一定程度上会有损其他投标人的市场形象。

［**技术标奇异的故事**］2005 年 6 月，某市建设工程招标投标管理办公室的行政监督人员在对一座建筑面积为 28000m^2 的写字楼施工招标的监督中，发现一件奇异的事情，投标中，该市一家有名的建筑施工企业，其投标文件中的施工组织设计仅 55 页，文件编制中出现大量的低级错误，是任何一个专业施工人员都不应该出现的。例如，施工方法中缺失模板支撑设计，错误地对冬期施工定义为连续 5 天日平均温度低于零下 5℃（国家施工验收规范规定的是零上 5℃）进入冬期施工，无质量管理体系等。然而，前一天开标且该投标人中标的另一个 16000m^2 的住宅楼，其施工组织设计有 468 页，内容编写完整，施工方法和工艺先进，工程质量、安全和消防管理体系健全，措施有针对性，评标委员会一致认为其施工组织设计最优。

同一家投标人，前后两天其投标文件中的施工组织设计编制水平差异为什么会这么大呢？事后，行政监督人员找到该企业的总经理，把两份施工组织设计拿给他看，问他是不是他们公司编的，编制水平为何差异这么大。这位总经理翻看着两份编制水平截然不同的施工组织设计，脸上红一阵白一阵。不过，他最后还是确认是他们公司编的，解释说，第一份施工组织设计是公司一位老工程师编写的，第二份是去年来的一位大学生编的，经验不足，技术能力稍差些。

据事后私下了解，该总经理回到公司的第二天上午，召集公司经营、技术和生产等科室主要人员开会，在会上为此事大发雷霆，把技术科长臭骂了一顿，明确要求以后陪标必须事先得到他的同意，要明确告诉对方，编写施工组织设计不能再犯一些低级错误，让人笑话，影响公司的社会声誉。

实际上，该总经理在翻看着两份施工组织设计时，肯定知道那份编制水平高的施工组织设计是自己人编的，而那份水平低下的施工组织设计不是自己人编的，是陪标用的，但有损其公司形象。他很清楚，绝对不能承认，只能“打落牙齿咽到肚里”，回公司后处理。否则，一旦认定串通投标，罚款是小事，但受到暂停1～2年投标资格的行政处罚会影响公司的生存。

中标人编制所有投标文件，优点是中标人可以把握投标“竞争”局势，缺点是稍不经意会犯一些低级错误，包括《招标投标法实施条例》第四十条列举的六种情形：①不同投标人的投标文件由同一单位或者个人编制；②不同投标人委托同一单位或者个人办理投标事宜；③不同投标人的投标文件载明的项目管理成员出现同一人；④不同投标人的投标文件异常一致，或者投标报价呈现规律性差异；⑤不同投标人的投标文件相互混装；⑥不同投标人的投标保证金从同一单位或者个人账户转出的，视为投标人相互串通投标。一些行政监督机构还进一步补充规定其中第④种情形。例如，广东省规定不同投标人编制的投标文件的实质性内容存在两处以上细节错误一致的，认定为串通投标等。

2）中标人指挥投标文件编制。中标人指挥投标文件编制，即投标人就投标的实质性内容协商一致后，按中标人的指挥编制并递交投标文件，打印、装订、密封和递交等各自独立完成，绝对不会出现《招标投标法实施条例》第四十条列举的六种认定串通投标的情形。笔者一直认为，串通投标发现难、查处更难的原因，在于串通投标是投标人间一种私下行为，而认定串通投标必须有人证和物证。然而，由中标人指挥其他投标人按照协商一致的投标报价等实质性内容编制投标文件有一个前提，就是其他投标人听从中标人的指挥，并配合其投标才能实现既定的中标结果。那么，如果是出现一个或几个不配合的，甚至捣乱的投标人，其还能中标吗？这种情形打破了中标人的中标布局，不一定还能中标。

［**串通反水的故事**］2002年10月，某市一所总投资12000万元的学校扩建工程施工组织公开招标，共有7个投标人投标。评标委员会完成评标后，向投标人公布评标结果时，投标人A的代表当场闹事，其他几家未推荐为中标候选人的投标人的代表也跟着起哄。不得已，行政监督机构报警，驱散闹事的投标人代表。

事件的起因在于开标时，发现投标人A和B的投标函上，投标人名称打印一样但盖章又不一样。招标人组织评标委员会专门对这两家投标人的投标文件进行评审和比较，发现两家的报价虽然有差异，但其报价书中的所有分部分项工程报价值，一个是小数点后保留两位，一个是小数点后保留三位。其中，小数点后保留两位的那份报价书，是在小数点后保留三位的报价书基础上，按“四舍五入”原则进行的报价，两份投标报价文件是异常地一致。评标委员会决定对投标人A和B的投标按串通投标予以否决。带头闹事的投标人A的代表要求招标人解释投标人B的投标为什么用了他们公司的名称。投标是投标人自己的事情，招标人又如何能解释清这件事呢！投标人A的代表对招标人的答复不满意，故煽动其他投标人的代表闹事。

这件事的怪异之处在于投标人名称这么重要的事项，投标人B在编制投标文件时怎么会出错呢？这在道理上讲不通啊！两年后，这起事件的真相终于浮出水面。实际上，该项目投标时，有六个投标人协商一致，陪同投标人A投标，确保其中标。但其中，投标人C的代表回到公司，向主管老总汇报时，老总当场对陪投标人A投标一事作了否决，说："凭什么陪他们投标？我与那所学校的校长、副校长常在一起喝酒，很熟！"接着，老总又说："你在里面找一家，把他们的标给弄废了，这样咱们就能中标了。"投标人C的代表心领神会，一是找投标人A的代表，称一时找不到人编投标报价，要求他们提供一下报价书，稍微调整一下进行报价。同时，又私下找到投标人B，称愿意帮助其编写投标文件。投标人B想，反正是陪标，有人帮着编投标文件，陪标费不会少一分钱，何乐而不为呢。结果，投标人C在帮助投标人B编写投标文件时，故意在投标函上将投标人B的名称写成了投标人A的名称，在其报价书上"四舍五入"后完成报价文件，故意留下串通的明显痕迹，引导评标委员会查实两家投标人在分部分项工程上报价一致而否决其投标的结果。该项目由于投标人C的反水，打乱了投标人A的统一部署，改变了招标项目的竞争格局，评标委员会推荐的第一中标候选人，既不是投标人A，也不是投标人C，而是唯一没有参与串通投标的投标人D。

从这一事件可以看出，投标人间建立在中标利益基础上的联盟并不一定很牢靠，协商一致的中标格局也可能会因一家投标人的反水而打破。故此，除非投标人之间是长年在一起合作，否则，中标人指挥其他投标人编制投标文件，不一定能实现其中标的结局，这也是市场上，为什么投标人更愿意由中标人编制其他投标人的所有投标文件的原因，因为这种串通投标的竞争格局一定会按照中标人的布局进行，不会跑偏。

3）社会第三人指挥串通投标。社会第三人指挥投标人串通投标，是源于这个社会第三人在招标项目中的地位和社会影响力，投标人相信这个社会第三人会帮助其获取招标项目的中标资格，中标后按惯例支付其一定的好处费。一般地，这个社会第三人可能是招标人、中介机构中对招标项目具有决定权的人员或是国家机构，包括权力机构中有一定权力或社会影响力的领导，或是领导周边的人员，包括其亲属、周边朋友或下属。这种串通投标，连投标人自己都不知晓是在串通投标，仅是出于对社会第三人的相信，按其指令投标。

3. 串通投标的治理与防范。串通投标的根本原因，在于参与人把招标投标活动视为一场游戏，把招标投标法律看作游戏规则，参与人按游戏规则行事而忽略法律的严肃性。一些行政主管部门、地方政府曾试图改变交易形式载体，例如，限制招标人派代表参与评标，采用抽签摇号确定中标候选人或中标人等，但实践表明，单纯是交易形式或载体的改变，对串通投标治理看似有成效但实则收效甚微，因为形式或载体不是投标，不可能解决串通投标的实质，其唯一可能是发现串通投标在形式或载体方面出现的一些低级错误。那么，又应当如何解决或防范串通投标呢？其治理与防范的根本在于回归招标采购的初衷，即经济宗旨，将其作为市场上一种"优胜劣汰"的自然法则，以推动社会进步和发展。

不同专业的招标项目串通投标情形与择优对比分析见表12.1。

不同专业项目串通投标分析 **表 12.1**

招标领域		串通投标	择优方法	原因分析
工程	勘察	极少	综合评分法	专业竞争明显
	设计	极少		专业竞争明显
	监理	有		专业竞争弱，择优不明显
	施工	极少		专业竞争明显
		高		专业竞争弱，择优不明确
		极少	最低评标价	择优方向明确
	设备	极少	综合评分 / 最低评标价法	专业竞争明显
	特种材料	极少	综合评分法	专业竞争明显
	普通材料	极少	最低评标价法	择优方向明确
		有	综合评分法	择优方向不明确
货物		极少	最低评标价法	择优方向明确
		有	综合评分法	择优方向不明确
服务		有	综合评分法	择优方向不明确

（1）招标采购理性回归。招标采购是经济择优战略，是发挥市场竞争在资源配置中的决定性作用，优化资源配置。那么，招标投标是宏观经济行为还是一种微观经济活动呢？首先，招标采购是微观经济中的一种消费选择行为。为什么说招标采购是一种微观经济活动呢？我们知道，市场经济作为一种经济组织形式，由市场主体、市场客体、交易载体和市场法规等要素构成。招标投标作为一种市场择优机制，是招标人依采购需求和投标人供给状况进行选择，择优确定中标结果并与中标人签订书面合同、履约而实现采购宗旨的一项微观经济活动，是发生在招标人与中标人间的个别交易，并不涉及国民经济总量、国民经济构成、产业发展阶段与产业结构、经济发展程度等宏观经济事项或指标。这里，招标投标是一种缔约机制，有形市场或电子招标投标交易平台是交易承载体，以供招标人和投标人入场交易，招标项目是招标投标交易的客体。在这种意义上，《招标投标法》及相关法律法规，是构建规范有序的招标投标市场规则。其次，招标投标作为一种缔约机制或方法，并没有对或错。单纯研究招标投标，实质上是在研究一种缔约方法，并没有经济学意义。这也正是一段时间以来，国内对招标投标机制认识上的最大误区。许多人错误地以为，只要按招标投标缔约规则，加强招标投标过程控制，就可以发挥招标投标在优化资源配置上的作用，进而不深入研究招标采购的经济宗旨。这在一定程度上造成了招标投标走程序、走过场，使招标投标演变为一种法律保障下的“游戏”机制。

那么，应当如何促使招标采购理性回归其初衷呢？首先，需在遵循微观经济规律前提下，构建招标采购经济理论。注意，招标采购是以投标竞争为基础，以实现采购结果优化为宗旨的经济行为，其理论必然是在现有经济理论，如微观经济学、管理学、博弈论、优化理论等基础上多学科综合后的产物。实际上，《招标投标法》第四十一条规定的确定中标结果原则本就是一个经济择优规则。该条规定，中标人的投标应当符合下列条件之一：①能够最大限度地满足招标文件中规定的各项综合评价标准；②能够满足招标文件的实质性要求，并且经评审的投标价格最低，但是投标价格低于成本的除外。这里，无论是“最大限度地满足”还是“经评审的投标价格最低”都是一种经济择优，是有限需求目标、多供给条件下的数学优化。其次，在招标采购经济理论指导下，组织投标竞争，实现采购结果择优，因为一个仅关注招标投标缔约程序或形式，忽略经济择优的招标投标就是游戏，无法从根本上解决串通投标问题。

同时，由表12.1统计的结果也可以看出，当招标项目专业竞争明显时，无论采用综合评分法还是最低评标价法，投标人一般不会串通，因为“奇货可居”可以占有市场份额；但投标专业竞争不明显时，采用最低评标价法的不会串通，因为招标人的择优方向明确；采用综合评分法的会出现串通投标，因为择优方向不明确，尤其是工程施工招标。

（2）招标人与投标人的自我约束。招标人与投标人串通，是串通投标的原问题，其问题的根本仍是招标人主体责任、投标人的法人责任不落实，视招标投标为儿戏。大量的串通投标事件，背后都有招标人或招标代理机构人员的影子，至少是得到了招标人或代理机构主管人员的默许，在招标项目竞争因素和择优标准设置上，有利于串通投标中标。故此，构建有效的人员自我约束机制，是从源头上解决串通投标的根本。这当中包括：

1）领导干部行为准则和纪律约束。领导干部，包括其本人及其配偶、子女及其配偶等亲属和其他特定关系人违反法律、法规及其他政策性规定或者议事规则等，利用职权向相关部门、机构或人员采取暗示、授意、打招呼、批条子、指定、强令等方式，干预或插手招标投标活动，是招标人与投标人串通的源头，必须得到有效治理。对领导干部及其配偶、子女及其配偶等亲属和其他特定关系人在招标采购违法违规违纪行为的治理核心，一方面在于其自我约束，另一方面在于监督，在于采用技术手段，把其指示、暗示、授意、打招呼、批条子、指定和强令等行为置于阳光下，书面留痕，接受社会及员工监督。

2）工作人员行为准则和奖惩机制。这里的工作人员，包括招标采购直接责任人员、间接责任人员和一般工作人员。要分不同岗位制订工作人员在招标采购中的行为准则，包括其应尽的采购责任，与单位内、外人员接触、沟通准则，记录和保密承诺等。例如，规定招标公告发布到中标结果确定时间段，招标采购工作人员不得私下接触潜在投标人及其利害关系人。必须接触时，限于公开场合且有两人以上在场作证，事后完成并签署备忘录等，将工作人员涉及招标采购的行为置于阳光下，接受社会及其他员工的监督。

完善的行为准则和奖惩机制，把领导干部及其配偶、子女及其配偶等亲属和其他特定关系人，以及工作人员涉及招标采购的行为置于阳光下，是解决招标人中的某些人员与投标人串通，进行自我约束的根本。对应的奖惩机制，是其行为符合要求的保障，即违反行为准则的行为一经证实，就必须依法依规依纪对当事人进行处罚，轻者进行纪律处分，如警告、罚款、降级、撤职或是调离工作岗位等，重者开除、起诉，追究其刑事责任等。

3）对招标代理机构人员的行为约束。招标人委托代理机构招标，并非是委托招标后撒手不管，仍需对招标投标中的关键事项尽职尽责，因为招标人须承担招标采购结果的责任。这当中，一是招标人选择代理机构时，需要对招标代理机构管理制度以及对招标代理结果的可能影响、项目经理的专业素质、业绩和职业道德、助手能力等进行分析和选择，要求招标代理机构就代理行为，包括招标代理机构员工和项目经理的行为作出承诺，签署行为约束书。二是对招标投标活动中的关键事项尽职尽责，包括：①提供准确无误的采购需求。②对招标文件的审查，特别是招标文件条款的合法性、资格条件、合同条件和评标标准与方法，分析其对采购结果的影响。符合招标采购战略实现的，确认招标文件。否则，应要求招标代理机构进行补充、修改和完善。③参与现场踏勘、投标预备会，以保证投标人了解履约条件。④出席开标会，以确保开标合法有效，确保开标记录符合要求。⑤参与评标，确保评标委员会按招标文件规定的评标标准和方法，对投标文件进行评审和比较，以及中标候选人是合格的，是按招标文件规定的择优因素和方法进行的择优推荐。⑥接受招标代理机构转交的评标委员会完成的评标报告，对报告进行确认。确认过程中，发现评标结果不符合《招标投标法》赋予评标委员会职责的，应当要求招标代理机构组织评标委员会核查。必要时，依法修改或重新组建评标委员会评标。⑦对招标代理机构起草的中标通知书、中标结果通知书和合同等进行审查，确认无误后加盖招标人单位章。⑧审查并接收招标代理机构提交的招标投标活动档案等。这当中，除正常对招标代理的业务约束外，同样需约束招标代理机构的项目经理等人员不得与投标人及其利害关系人私下接触或从事其他可能损害招标人权益的行为。必要时，对招标代理机构人员的不当行为予以提示、责令改正或要求撤换、赔偿经济损失、解除招标代理合同等。

4）落实投标法定代表人责任。对投标人之间的串通投标行为，有一个基本问题需要研究，即投标人参与串通是否得到了法定代表人的认可？通常，投标人的投标因其市场经营等内设机构复杂，法定代表人不介入一般项目的投标细节，至多由分管企业市场经营的人组织进行。我国《刑法》第二百二十三条规定，投标人相互串通投标报价，损害招标人或者其他投标人利益，情节严重的，处三年以下有期徒刑或者拘役，并处或者单处罚金。对应地，《招标投标法》第五十三条规定，投标人相互串通投标或者与招标人串通投标的，中标无效，对单位处中标项目金额 0.5% 以上 1% 以下的罚款，对单位直接负责的主管人员和其他直接责任人员处单位罚款数额 5% 以上 10% 以下的罚款；有违法所得的，并处没收违法所得；情节严重的，取消其一年至二年内参加依法必须进行招标的项目的投标资格并予以公告，直至由工商行政管理机关吊销营业执照；构成犯罪的，依法追究刑事责任。这样，按法律规定，如果是法定代表人参与并组织了串通投标，对企业的处罚是取消其一年至二年内的投标资格，对法定代表人是处三年以下有期徒刑或者拘役，并处罚金。面对这样的刑事处罚，试问又有哪个法人代表敢组织串通投标？答案是少之又少，因为市场上的串通投标或者是投标人的法人代表不知晓，或者是法人代表在形式上的默许但并不参与。所以，落实法定代表人依法投标的主体责任，可以有效治理投标人之间的串通投标，规范投标行为。

（3）串通投标防范技术。招标人与投标人串通的原问题解决后，防范串通投标在技术层面很容易实现。这当中的核心，在于回归招标采购“优胜劣汰”的经济本质，进行择优采购为根本。

1）严格资格审查。资格审查，形式上是审查投标人的投标资格，实质是对投标人履约能力的审查。投标人组织串通投标一般基于两种原因：一是招标人的某些人员因受贿或与投标人的社会关系，私下许诺其中标；二是招标项目是投标人自认为的势力控制范围，希望组织协商确定中标人和陪标人。故此，串通投标协商产生的中标人，履约能力不一定符合招标项目需求，不一定能实现招标采购结果。严格资格审查，一是要加强资格审查，确保通过资格审查的投标人履约能力符合招标项目需求。为此，招标人需要按招标项目特点和实际履约需求，确定资格审查因素、标准和条件，严格对投标人进行资格审查。二是落实中标人的履约能力。对评标委员会推荐的中标候选人，招标人应结合实际状况，对其履约能力再次确认。必要时，应组织对中标候选人投标文件计划的设备、设施、人员和业绩进行实地复核，以确保其真正具备招标项目的履约能力。

2）最高投标限价。投标人与其他投标人、招标人或是评标委员会成员进行串通投标最易出现的行为，是哄抬中标价，非法获取超额利润。这应该是串通投标的常态，即中标人需要拿出一定的费用对其他陪标的投标人补偿，给私下帮助其中标的人好处。同时，中标人自己还要获取一定的超额利润。那么，如何防范串通投标哄抬标价呢？很简单，招标人可以设置最高投标限价。最高投标限价代表着招标人就招标项目能够支付的费用额度，类似于购买人手里的钱数。投标报价超出了招标人手中的钱数，履约结果再好招标人也无钱支付。这从市场交易看，符合市场公平交易原则。那么，最高投标限价应当怎么设置呢？有三种方法，一是用采购预算作为最高投标限价；二是组织市场调查，用市场调查价作为最高投标限价；三是以投标报价作为参照物确定最高投标限价。例如，以投标报价的算术平均数或是最低投标报价浮动一定额度作为最高投标限价等。

3）采购择优。招标采购的核心在于组织投标竞争，串通投标则是与投标竞争的抗衡。那么，为什么串通投标可以实现与招标的抗衡呢？原因在于招标人组织的投标竞争不是经济学意义上的竞争，择优方向或标准不明，是在走形式、走过场或做游戏，其突出表现在于对投标报价的评审和比较。

这些年笔者一直在思考，投标人串通的评审因素是什么，当然是投标报价，因为投标技术文件、商务文件中的资格、业绩、人员和荣誉奖项等，根本没有可能串通。那么，对报价的评审中，为什么采用报价的算术平均数时，投标人愿意串通投标？因为这种择优方法不是经济择优。

综上所述，在技术层面防范串通投标的根本，在于择优，在于招标文件中规定的评标标准和方法是一种择优，这就回到了本书第 6 章第 3 节讨论的单因素和多因素择优方法。

注意，招标投标实际上是一种多因素择优智慧，单因素择优虽然简单，易于操作，但却是放弃了对其他因素的择优，或是人为假设评审因素间存在定量关系；多因素排序法的核心，在于确定评审因素之间和每个评审因素不同情形间的序关系，进而类似于奥运奖牌榜的排序方法，对投标的优劣比较综合排序。其中，综合排序是投标结果的排序，是招标人择优确定中标结果的依据。

一般地，评审择优的步骤如下：

第1步　初步评审。对投标文件进行形式评审、资格评审和响应性评审。其中，资格评审的核心，在于确认投标人中标的履约能力，响应评审的实质是确认投标是否符合采购需求。换言之，通过了初步审查的投标，其履约结果符合采购需求，即满足上文1）和2）的要求。

第2步　详细审查。详细审查的实质，是确定投标文件上载明的对应招标文件中规定的评审因素的投标结果，为综合排序做准备。必要时，按招标文件规定的方法对评审因素进行量化。

第3步　综合排序。按招标文件中载明的评审因素序关系、排序方法和投标人对评审因素的投标结果，进行综合排序。其中，对主观评审因素，宜在相互比较、定性评审的基础上，按优于或相等直接排序，不宜组织定量评审。必要时，由评标委员会集体讨论，决定主观评审因素的排序结果。

第4步　择优确定中标结果。招标人按照投标的综合排序结果，择优确定中标结果，即按优劣次序排列的，确定排名在前的投标为中标结果。

招标采购是择优时，招标人无需再顾虑投标人之间的串通投标，也不用担心投标人与评标委员会成员的私下沟通。在这种情形下，主动权在招标人，只要招标人及平台管理、运营机构不向投标人泄露其他投标人名称，投标人之间即便存在串通也是局部串通，且还不一定能中标，自然就打破了投标人之间的私下约定，因为中标人需要支付陪标人一定费用。同时，也解决了投标人与少数评标委员会成员私下沟通问题，即投标人能够中标，一定是其投标最优。如果不是，则表明评标委员会成员违反招标文件中规定的评标标准和方法在对其评审，评标结果无效，可以重新组织评标委员会进行评审和比较，纠正评标结果。

[知识窗] 串通投标，指投标人与投标人、投标人与招标人的工作人员之间，或者投标人与评标委员会成员之间，采取不正当手段，对招标投标事项进行串通，以排挤竞争对手或者损害国家利益、社会公共利益或者他人合法权益的一种私下共谋行为，是构建规范有序的招标投标市场中一种需要重点治理的违法行为。

第 2 节　证实：投标文件弄虚作假行为治理与防范

投标弄虚作假的目的在于获得中标资格，骗取中标。这当中，骗取中标的主体是投标人，是内因；招标人不按招标项目特点和需要设置评标标准和方法，评标委员会评标走形式、走过场，是弄虚作假骗取中标得以成功实施的外因。实际上，投标人的弄虚作假事项，只要与对应的真相对比，很容易发现。伴随着科学技术的进步，造假工艺也在发展，刻假章、办假证等社会丑陋现象猖獗，为防范投标人弄虚作假，客观上造成一定困难，但只要在思想上重视，行动上落实，懂得投标人在投标文件中造假的方法，以事实为依据，就不难在招标采购中，消除其不良后果。

［**合同造假的故事**］2001 年 8 月，某省投资建设一条省属公路，项目建设内容包括双向四车道公路、一座 1200m 的桥梁和公路配套设施。为此，投标资格条件中，要求投标人近三年具备一座 1200m 以上的桥梁业绩才能投标。该项目资格预审公告在国家指定媒介发布，经组织资格预审，择优确定了 7 家通过资格预审的潜在投标人投标。在招标文件上规定的投标截止时间前，7 家投标人均递交了投标文件。开标后，招标人依法组建的评标委员会按招标文件中规定的评标标准和方法，对投标进行了评审和比较，依次推荐了 3 名中标候选人。

招标人收到评标报告的第二天，在指定媒介上公示评标结果。评标结果公示后，第二中标候选人向省监察厅举报第一中标候选人，称该投标人在投标文件中载明的 H 项目跨河大桥的业绩是假的。收到举报后，项目单位将 7 家投标人的投标文件移送到了监察厅，由杨某带队组织人员对举报事项进行审查，发现第一中标候选人投标文件中确实有 H 项目跨河大桥的合同协议书。协议书上载明的大桥长度为 1315m，造价 6465 万元，其上的盖章、签字、电话十分清晰，看不出有任何造价痕迹。审查期间，杨某要求其助手小李与协议书上载明的建设单位电话进行了联系，对方证实了大桥的施工单位正是第一中标候选人，介绍了施工期间和大桥通车以来的情况。审查小组认为这是一起对第一中标候选人的诬告，杨某决定对其予以驳回，要求其助手小李通知举报人审查结果。审查结束后，杨某与其他几位同志出差，去另外一所城市办案。

半个月后，杨某回到办公室，发现办公桌上摆放着一封信，打开一看，还是举报这个项目第一中标候选人，还是举报的 H 项目跨河大桥业绩是假的。杨某一愣，怎么回事，不是审查了么，怎么又举报，没完没了了，还没有新证据。杨某喊来小李，问是否上一次的审查结果没通知到举报人，“通知到了，他们来人取的，我还提醒来人，要以事实为依据，不得仅凭猜测举报。”小李解释说。杨某听后，脑子里对审查过程仔细地过了一遍，哪个地方有疏忽？噢，电话确认了大桥的施工单位是第一中标候选人，证人证言不是当面，是电话确认的，是不是这个地方有漏洞呢！杨某对助手说：“我让办公室安排个车子，你和小王两人明天一早去一趟 H 项目，找到跨河大桥和建设单位的人当面了解一下，做好笔录。”

第二天一早，小李和小王开车驶往H项目，找到协议书上载明的跨河大桥的路碑，发现那条河是一条宽度不足30m的小河，河上面的桥，加上引桥也不过300m，哪来的1315m的大桥！看到这里，小李和小王认为不用再找建设单位的人询问了，因为大桥的真实情况已足以证明第一中标候选人的业绩造假。两人决定开车回市里向杨某汇报，取消第一中标候选人的中标资格。

就在小李、小王开车前往H项目的同时，第一中标候选人获知了二人前往H项目实地调查的信息，抢在小李和小王回市里向杨某汇报前，一封举报信告到了监察厅，称该项目第二名到第七名的六家投标人串通，要求监察厅依法查处其串通投标行为。该项目因合同业绩故意造假，依法取消第一中标候选人的中标资格，对其进行处罚。那么，是否应宣布第二名中标呢？第一名举报第二名到第七名串通投标，同样存在违法行为，如要宣布第二名中标，先要查实第二名是否存在串通投标的事实。

为此，杨某组织有关专业人员，按第一中标候选人举报信提供的查案线索进行追查，种种迹象表明，第二名到第七名之间存在串通投标行为。首先，第一名的举报信中称，第二名曾拟出50万元收买，要求其陪标，被拒绝后，曾扬言要对第一名的项目经理施以报复，要找人对其卸胳膊卸腿，时间、地点得到第一中标候选人拟派项目经理的证实。其次，杨某曾私下找到事件中的第四名和第五名投标当事人，证实该项目确实是第二名牵头他们陪标进行的串通投标。杨某要求二人写下一份书面材料证明串通投标行为，二人一口回绝："那可不能写，谁写谁违反市场规则，以后在市场里就再无法生存了！"

案子查了近半年，项目建设也一直搁置不前。查串通投标单凭原告的证词不足以采信，但杨某确认第二名到第七名是串通投标，不能让这种行为得逞！怎么处理，杨某很纠结。于是，找了几位行业专家，按国家的标准、规范对投标文件进行认真审查，找出第二名和第三名投标文件中存在违反国家强制性标准和规范的事实，认为对第二名和第三名的投标依法应当否决，要求招标人重新招标。

招标投标作为一种书面承载的民事交易行为，诚实守信的交易原则为大多数市场主体接受，是市场普遍认同的规则。在这一规则引导下，分析招标投标中的弄虚作假行为就有章可循了。实际上，投标人弄虚作假骗取中标，最终需在投标文件中经由纸面或数据化文件表现出来，这些文件主要体现为招标文件要求的资格证明文件和商务文件造假，是投标人认为其造假工艺足以欺骗评标委员会成员。故此，只要分析清投标人的造假工艺，加强对投标文件中关系评审结果的文件真实性审查与核实就可以防范。

1. **投标文件造假工艺**。投标文件中有关资格证明文件或商务文件的造假分为两种情形，一种是投标人不具有某一资格证明或商务文件，仿造别人的资格证明或其他商务文件制作一个假的资格证明文件或商务文件，上面的印章、签字等都系伪造；另一种是投标人具有某一资格证明或商务文件，但其规模、数量不完全满足招标文件要求，或者不足以获得最优评审结果而借助投标文件中的资格证明或商务文件仅需要复印件而造假，分为以下三种情形：

1）复印造假。用类似的资格证明文件、商务文件复印，把修改事项打印或模拟原文件字体写在一张纸条上，贴在需修改的地方，蒙住原文件上的需修改的事项，再次复印。此时，复印结果会显现出后张贴的纸条边线。调整复印机的黑白对比度，即调大白度减少黑度，再次复印，就看不出来改动的痕迹了。

2）PS造假。将资格证明文件、商务文件扫描变成图像文件，利用图像处理，例如PS等软件，在电脑中对扫描图像进行分层处理，去掉需要修改的事项，直接打印修改内容，或者打印出来，模拟原文件的字体将修改内容填写在修改处复印，得到修改后的资格证明或商务文件。

3）源文件造假。标准化程度越高的资格证明或商务文件，特别是源文件是数据化文件的，投标人对电子数据文件的修改、造假更方便，仅需对源文件解密、修改相应数据后再重新编辑，即生成投标所需的资格证明或商务文件，而编辑系统在互联网上一般是公开的，例如，电脑上所见所得的荣誉证书或是国际通行的文件编辑系统，如Latex出版系统等，懂编辑系统的人对显示结果稍加研究即可完成。必要时，还可以聘请一些电脑黑客等高手实现。

2. 投标文件弄虚作假防范。不管是纸面文件还是数据化文件造假，改动的部分都会留下这样或那样的改动痕迹。其中，最难发现的是资格证明或商务文件的源文件造假，因其表现形式与真实文件一模一样，分不出真伪。但假的就是假的，只要与真的放在一起，一眼就可发现。故此，以下措施可以有效防范投标人的弄虚作假行为。

（1）行政许可事项公开。投标人在投标文件中弄虚作假的实质，是基于投标人的信息对招标人而言不对称所致。其中，市场准入负面清单中，市场主体须取得相应的行政许可资格才允许经营的事项，应当利用互联网建立统一便捷的查询渠道，向社会公开。这也符合《中华人民共和国政府信息公开条例》规定，该条例第十九条明确规定，对涉及公众利益调整、需要公众广泛知晓或者需要公众参与决策的政府信息，行政机关应当主动公开。该条例第二十条对（五）中的行政许可的办理结果，（六）中行政机关认为具有一定社会影响的行政处罚决定，（十）中重大建设项目的实施情况，以及（十三）环境保护、公共卫生、安全生产、食品药品、产品质量的监督检查情况等，要求行政机关应当主动公开。

行政许可及行政处罚事项依法公开，是招标投标中认定投标人资格证明或商务文件是否造假的比对依据。2009年，国家发展改革委等九部委局、国务院法制办等颁布的《招标投标违法行为记录公告暂行办法》第六条、第七条规定，对招标投标违法行为所作出的行政处理决定，包括：①警告；②罚款；③没收违法所得；④暂停或者取消招标代理资格；⑤取消在一定时期内参加依法必须进行招标的项目的投标资格；⑥取消担任评标委员会成员的资格；⑦暂停项目执行或追回已拨付资金；⑧暂停安排国家建设资金；⑨暂停建设项目的审查批准；⑩行政主管部门依法作出的其他行政处理决定。行政处理决定应自招标投标违法行为行政处理决定作出之日起20个工作日内对外进行记录公告。

行政许可与行政处罚信息的实时公开，在一定程度上为防范投标人在行政许可事项上的造假提供了便捷通道。招标人在组织招标投标活动，确定投标资格前，应对招标项目涉及的市场准入条件、行政审批及信息公布渠道进行了解，在资格审查过程中掌握投标人的市场准入资格情况。必要时，咨询市场准入行政许可部门或要求投标人书面澄清或说明。

（2）招标文件编制事项。投标人在投标中的弄虚作假行为，特别是对招标文件中要求的一些证明文件造假行为，有投标人不诚实守信的原因，但也有招标人的原因，如招标人招标文件编制不认真，偏离招标项目特点和采购需求，扩大要求投标人提供的证明文件范围，或是择优偏离履约实际等。

例如，在对投标人一定时期内的业绩评审上，有的以项目个数，有的以项目规模，还有的以合同金额为择优因素或标准，到底哪一种有利于招标人择优，没有定论。实际上，以业绩评估投标人履约能力，是基于一种“惯性”思维，即既然投标人以往实施过类似项目，一定能实施好招标项目的假设。真是这样吗？在人才流动频繁的今天，组织项目实施的主要人员如已从投标人处辞职，即便投标人有类似业绩，也不能断定其真的能实施好招标项目，因其在类似项目履约人员上已经打了折扣。故此，招标文件中以类似项目作为择优因素之一，针对的不应当是投标人，而是投标人拟派出的项目负责人及其他主要人员。即便招标文件中规定的择优是针对的项目负责人及其他主要人员，也不宜偏离实际的一味扩大。例如，某房屋建筑工程施工招标文件规定，近三年拟派项目经理有一个建筑面积在 12000m^2 的类似项目 1 分，最高 3 分。现在有两个项目经理，一个是三年内完成了一个 80000m^2 的类似项目，另一个是三年内完成了 3 个 15000m^2 的类似项目，这两个项目经理中，哪一个更优秀呢？是那个完成了 3 个 15000m^2 的类似项目的项目经理吗？当然不是。在这种情形下，投标人为了中标，会为那个 3 年内完成一个 80000m^2 类似项目的项目经理在合同业绩上造假，因为投标人认为这个项目经理更优秀，会为企业创造价值，因为其现场管理能力和履约结果更好。

故此，按招标项目特点和需求编制招标文件，是引导投标人真实地投标的前提。这当中，尤其是评审因素及择优标准。评审因素少，不足以择优或是择优的中标结果可能无法实现；择优评审因素多，特别是与招标项目无关的评审因素或是偏离招标项目择优需求的评审因素过多，一定程度上会引发投标人在投标中弄虚作假，这是招标人组织编制招标文件时应当予以注意的。

（3）投标弄虚作假查实。投标弄虚作假最终是表现在投标人递交的投标文件形式载体上，只要评标委员会或招标人在评标或确定中标结果时，科学地认真审查或比对，就可以发现。

1）行政许可或行政处罚事项造假。发现投标文件中存在行政许可或是行政处罚造假痕迹时，在行政部门或行政处罚机关指定的网站上查询。必要时，向有关行政机关咨询，或要求投标人书面澄清或说明。

2）招标文件要求的证明文件造假。一般地，投标人对招标文件要求的证明文件造假不采用源文件造假而是复印、PS 或是电脑修改相关数据的方法，会留下改动痕迹，只要认真评审和比较，就能够发现投标文件中存在奇异或违反科学的现象。例如，①同一份证明文件，其他页复印的都很清晰，就是这一页上的字或图像不清晰或是特别清晰，或是证明文件整个不清晰；②背景图像、边界搭接错位；③某一页字体与其他几页不一致或是有模仿痕迹；④证明文件上文字和字体不符合纸张老化规律等，都违背正常的科学常识。对此，评标委员会或招标人应当向投标人发出澄清函，要求其在规定的时间内提交原件进行核查。正如在上一节分析的，此时，投标人如果真的是造假，会找一个“冠冕堂皇”的理由而无限拖延，断不会把那份造假文件提交给评标委员会或招标人的。故此，评标委员会或招标人在发出要求投标人提交原件核对函件时，上面需有一个合理的递交原件的截止时间，明确告知投标人拒不按要求提交原件核对的，否决其投标或视为其放弃中标，以防止其无限拖延，影响评标或招标人确定中标结果。

第3节　守约：挂靠与低于成本竞标行为治理与防范

挂靠，即企业挂靠经营，是指机构或组织从属或依附于另一机构或组织。其中，允许他人使用自己名义的企业称为被挂靠人，使用被挂靠企业名义从事经营活动的企业或个人称为挂靠人。招标投标活动中，挂靠出现在市场准入负面清单的项目，特别是工程建设项目招标，投标人采用受让或者租借等方式获取其他投标人的资格、资质证书投标，即以他人名义投标，中标后，继续以被挂靠人名义完成招标项目，非法获取收益的一种经营行为。挂靠的特征在于投标人本不具备招标项目的资格或资质，是为获取招标项目经济收益，用他人的资格、资质证书投标以证明其具有招标项目的履约能力，中标后或履约过程中，缴纳被挂靠人一定费用。性质上，挂靠不是企业经营活动中的分支机构，不是市场交易中的经销或分销，而是招标采购中一种弄虚作假行为。法律对挂靠采取的是零容忍。但实践中，查实挂靠行为的并不多见，成了市场治理中的老大难问题。

1. 挂靠行为的治理与防范。《建设工程质量管理条例》第十八条、第二十五条和第三十四条明确规定，从事建设工程勘察、设计、施工、监理的单位应当依法取得相应资质证书，并在其资质等级许可的范围内承揽工程，禁止勘察、设计、施工或监理单位允许其他单位或者个人以本单位的名义承揽工程。

挂靠的市场诱因在于挂靠对挂靠人和被挂靠人均能产生利益，是一件互利的事情。否则，这种行为不会出现，或者出现也被市场规则所拒绝。那么，资格或资质的挂靠对双方利益的影响是什么呢？挂靠中，挂靠人的利益体现在凭借挂靠的资格或资质，进入市场准入负面清单划定的那些领域从事生产经营活动，获取相应经济利益；被挂靠人的利益主要体现在三个方面：①获取资格或资质证书挂靠费用，增加经营地域和收入；②增加业绩，扩大其社会影响；③满足资格或资质年检的需要等。挂靠对当事人双方的利益驱使，加之挂靠行为发现难，查处更难的状况，一定程度上，诱导了市场双方主体挂靠而获取市场经营收益。

［**宋江私放晁盖的故事**］宋江作为郓城县衙的押司，一个政府公务人员，在得知劫持蔡京“生辰纲”的是好友晁盖等人时，第一时间想到的，不是配合前来的州府观察何涛去抓捕晁盖，而是想“晁盖是我心腹兄弟，如今犯了弥天大罪，我不去救他，被抓去了必死无疑”。于是，宋江推称知县这会儿在后衙睡觉，让茶博士稳住何涛，快马飞奔去东溪村给晁盖报信。《水浒传》第十七回是这样描写的：

宋江道：“哥哥不知，兄弟是心腹弟兄，我舍着条性命来救你。如今黄泥冈事发了！白胜已自拿在济州大牢里了，供出你等七人。济州府差一个何缉捕，带着若干人，奉着太师府钧帖，并本州文书，来捉你等七人，道你为首。天幸撞在我手里，我只推说知县睡着，且教何观察在县对门茶坊里等我。以此飞马而来，报道哥哥。‘三十六计，走为上计’。若不快走时，更待甚么？我回去引他当厅下了公文，知县不移时，便差人连夜下来，你们不可耽搁，倘有些疏失，如之奈何！休怨小弟不来救你。”晁盖听罢，吃了一惊道：“贤弟大恩难报！”宋江道：“哥哥，你休要多说，只顾安排走路，不要缠障，我便回去也。”

随后，晁盖、吴用等人组织庄丁与官军大战，后退上梁山，演绎出梁山好汉的故事。但这当中也有让人生疑的一件事，就是宋江讲义气不假，但一定不是官府眼中一个遵纪守法的公民。否则，断不会以县令在睡觉为由，私下骑着快马去给晁盖等人通风报信！这说明什么，说明在宋江的心中，兄弟情远大于捕快抓人，哪怕是兄弟犯了“劫持生辰纲”这样的大罪。

《水浒传》中表达的，恰是官府行为背“道”而行时，梁山好汉要“替天行道”，回归自然运转规则。那么，由这部文学作品可以看出，在世人的心中，官府与社会发展的关系，是顺“天”则“忠”，逆“道”则“反”，是“该出手时就出手”的替天行道，让社会回归天道。这从某种意义上印证了老子的“法令滋彰，盗贼多有”的观点，解释了资格或资质挂靠的文化基因，因为政令在一定程度上约束了人的行为，而人的本性是“无拘无束”，特别是在那些影响人类生存的领域，更何况市场准入资格或资质管理是少数人特权的再现。有资格、资质证书的不一定有资源或能力；反之，有资源或能力的可能又没有资格或资质证书，这促成挂靠的产生。

从维护市场秩序出发，挂靠人没有获得市场准入负面清单中项目的资格或资质，不能依法从事负面清单中项目的生产经营活动，必须对这种弄虚作假行为予以严厉打击。对工程建设领域，工程产品的质量、安全关系社会公共利益，挂靠行为最让人担心的，是工程产品质量低劣和不安全。许多人认为，挂靠人没有取得相应的资格或资质证书，说明行政部门对其能力不予认可，是无证实施，假设其道德水准低下，履约中为既得利益一定会偷工减料，一定会以次充好，其履约结果一定是不合格产品，会影响被挂靠人的社会声誉。甚至，把工程产品质量低下的原因，归结为挂靠。这种观点客观上有失公允，因为市场表现是，一方面，是挂靠行为违反市场准入负面清单的要求，需要对其严厉打击；但另一方面，与串通投标在一些领域中泛滥类似，挂靠行为在工程建设领域，特别是工程施工领域屡禁不止，且越来越多，为什么是这样呢？如果挂靠最终会导致工程产品的质量低劣，无需行政机关对其施行严厉打击，也无需招标人在招标投标活动中对其重点防范，被挂靠人就一定会自觉抵制这种行为，因为其可能会给被挂靠人带来“牢狱之灾”或履约风险。这里，需要思考的问题是，为什么被挂靠人不去抵御而会允许其挂靠？这当中固然有挂靠行为查处难的问题，但市场表现说明，挂靠人实施的工程一定是不合格产品是一种错误假设，不为被挂靠人所认同。但挂靠是对政府市场准入制度的抗衡在市场经济中的表现。

（1）市场准入制度改革。为什么在工程建设领域，特别是工程施工领域存在大量的挂靠行为呢？因为施工是按设计的要求组织市场劳动力进行工程建设的一项活动。其中，设计是工程功用研究的图纸展现，而施工是工程功用的实体实现。挂靠，实际上是挂靠人的人脉资源、能力与政府颁发的资格、资质在市场交易上结合的产物。举个例子，近年在市场上出现的挂靠人，大多是改革开放初期的一些包工头，经过几十年市场跑关系、请客送礼，积累了大量的人脉。他们左手是行政机关或建设单位主要负责人，即项目资源，右手是一大把有资格、资质的施工企业负责人，想用哪一家资格、资质承揽项目就用哪一家。

正确处理政府与市场关系的一个有效方法，是按深化经济体制改革的原则推行市场准入负面清单，并按市场需求进行持续性的优化调整。对列入了负面清单的事项，严格实施准入审批。同时，完善市场主体行为的动态管理，发现市场主体许可他人挂靠的，一经发现即对其施行禁入，收回颁发的资格或资质证书。对市场准入负面清单以外的行业、领域、业务等，各类市场主体依法平等进入，不得违规另设市场准入行政审批。按深化经济体制改革的基本原则，清除负面清单中那些无需行政许可或审批的事项，减少工程建设领域中的市场准入管理，这是彻底解决挂靠问题的根本。

（2）挂靠行为的防范。挂靠，是没有资格或资质的市场主体进入市场准入负面清单明确的行政许可或审批领域从事生产经营活动，并获取经济收益的一种违法但市场默许的行为，其核心在于市场收益。《招标投标法》第五十四条明确规定，投标人以他人名义投标，弄虚作假骗取中标的，中标无效，给招标人造成损失的，依法承担赔偿责任；构成犯罪的，依法追究刑事责任；尚未构成犯罪的，依法对其施以行政处罚，罚则不可谓不严厉。与此形成鲜明对比的是，实践中，几乎没有一起投标人以他人名义投标被查处。为什么是这样，难道说是本条法律规定对投标人起到了威慑作用吗？当然不是，因为以他人名义投标，理论上单凭投标文件上的签字盖章确认不了，需结合履约认定。同时，《建设工程质量管理条例》第六十一条规定，违反本条例的规定，勘察、设计、施工、工程监理单位允许其他单位或者个人以本单位名义承揽工程的，责令改正，没收违法所得，对勘察、设计单位和工程监理单位处合同约定的勘察费、设计费和监理酬金1倍以上2倍以下的罚款；对施工单位处工程合同价款2%以上4%以下的罚款；可以责令停业整顿，降低资质等级；情节严重的，吊销资质证书。那么，从招标采购过程分析，又应当如何防范挂靠行为呢？

1）招标投标环节。招标人进行合同授予时，应确认中标人的履约能力，核实中标人在投标文件中提供的其具备国家规定的资格条件真伪，查实拟派项目经理部人员、劳务人员和分包等相关情况。注意，挂靠与分支机构履约、分包和转包的区别。合同授予时，中标人分支机构履约的，除劳务工种外，中标人派出的项目管理人员，应当是中标人单位的员工，依法与其签署了劳务合同；中标人拟分包的项目，依法只能是招标项目中的非主体、非关键工序的项目，且须在其投标文件中载明。同时，现行法律中明确禁止转包行为。《招标投标法》第四十八条规定，中标人不得向他人转让中标项目，也不得将中标项目肢解后分别向他人转让。《建设工程质量管理条例》第十八条、第二十五条、第三十四条规定：勘察、设计、施工和监理单位，不得转包或者违法分包其承揽的相应业务。

2）合同履约环节。合同履约是发现和查处挂靠行为的关键，因为被挂靠人一般不为挂靠人管理招标项目的财务收支，是由挂靠人自己进行管理。于是，招标人把合同款项支付给中标人后，一定时间以内，挂靠人一定会要求中标人在扣除双方约定的管理费后，将合同款打到其指定账户上，一般是挂靠人自己的公司账户。对挂靠行为的认定，住房和城乡建设部2014年颁布的《建筑工程施工转包违法分包等违法行为认定查处管理办法（试行）》（建市[2014]118号）第十一条规定，存在下列八种情形之一的，属于挂靠：①没有资质的单位或个人借用其他施工单位的资质承揽工程的；②有资质的施工单位相互借用资质承揽工程的，包括资质等级低的借用资质等级高的，资质等级高的借用资质等级低的，相同资质等级相互借用的；③专业分包的发包单位不是该工程的施工总承包或专业承包单位的，但建设单位依约作为发包单位的除外；④劳务分包的发包单位不是该工程的施工总承包、专业承包单位或专业分包单位的；⑤施工单位在施工现场派驻的项目负责人、技术负责人、质量管理负责人、安全管理负责人中一人以上与施工单位没有订立劳动合同，或没有建立劳动工资或社会养老保险关系的；⑥实际施工总承包单位或专业承包单位与建设单位之间没有工程款收付关系，或者工程款支付凭证上载明的单位与施工合同中载明的承包单位不一致，又不能进行合理解释并提供材料证明的；⑦合同约定由施工总承包单位或专业承包单位负责采购或租赁的主要建筑材料、构配件及工程设备或租赁的施工机械设备，由其他单位或个人采购、租赁，或者施工单位不能提供有关采购、租赁合同及发票等证明，又不能进行合理解释并提供材料证明的；⑧法律法规规定的其他挂靠行为。

2. 报价低于成本的治理与防范。招标投标活动中规定投标人不得以低于成本的报价竞标的原因，在于投标人低于其成本的报价竞标是一种恶意的不正当竞争行为，违反市场公平竞争和诚实守信的交易原则，影响招标项目的履约结果。这当中的核心，在于投标人在缔约和履约中是否确认其投标报价不低于成本，不确认其投标报价，要求招标人在其投标报价基础上进行加价的，构成投标人报价低于其成本的事实。所以，要求投标人不得以低于成本的报价竞标是一种投标报价的原则，即投标人的投标文件一经递交，不得再声明其报价低于其成本。否则，投标人即违反了《招标投标法》的强制性规定，需承担投标无效的民事责任。

［**报价低于成本的故事**］ 2003年9月，某省属一级公路工程建设，采用公开招标方式确定施工单位。该项目在投标截止时间前，共有12家投标人递交了投标文件。评标委员会

在评标过程中，发现投标人 R 的报价异常低，已低于其他投标人报价的直接费。评标委员会怀疑投标人 R 的报价低于成本，对其报价文件组织了认真的评审和比较。

评标委员会在分析投标人 R 的报价可能低于其成本时，发现投标人 R 对公路垫层的石子的报价低于其他报价，为 16.00 元 /m^3，而其他投标人的报价，有的 42.30 元 /m^3，有的 42.60 元 /m^3。经过复核，评标委员会确认，正是因为投标人 R 在本项目投标中对石子的报价为 16.00 元 /m^3 导致了其投标报价低于其他报价的直接费。对此，评标委员会向投标人 R 发出了质疑函，要求投标人 R 解释并提供相应的证明材料。在规定的时间内，投标人 R 对评标委员会的质疑进行了书面澄清，打消了评标委员会的疑虑，称其知道公路垫层石子的市场价格在 42.00~43.00 元 / m^3 间，但他们在投标中，对本项目实施中大量的垫层石子采取的不是到市场上去购买而是就地取材，解释说他们在投标中查阅了一些历史资料，发现公路坐标 B^+ 到 B^{++} 段边上，有一条废弃三十多年的河道。而且，在参与现场踏勘过程中，投标人 R 派人在边上试着挖了挖，发现地表植被 35cm 下就是石子层。经过现场按标准取样，他们回城后委托一家有资质的实验室检测，确认石子的各项指标满足设计要求。投标人 R 在澄清说明中，附有该实验室对送样石子的检测报告，同时还有 16.00 元 / m^3 的单价分析表，证明其报价不低于成本。

评标委员会经过评审，接受了投标人 R 的澄清说明，认为投标人 R 的报价不低于其成本。该项目采用的是经评审的最低投标价法择优，投标人 R 为评标委员会推荐的第一中标候选人。招标人按评标委员会的推荐，确定投标人 R 中标，与其签订了工程发包承包合同。2003 年 10 月 15 日，中标人 R 进场施工，按其施工方案，在规划坐标 B^+ 到 B^{++} 段，距公路 30~50m 的废弃河道取石子，进行公路施工建设，按合同约定的建设工期，于 2004 年 3 月 20 日竣工，组织了通车仪式。

该条公路通车后不到一个月的一天，公路 B^+ 到 B^{++} 段行政辖区的县政府国土部门找到招标人，称“要想富先修路”，对招标人在短时间内完成公路建设、造福于民的行为大加赞赏。随后，来人拿出《中华人民共和国水土保持法》和《中华人民共和国矿产资源法》，称该公路建设中，在规划路 B^+ 到 B^{++} 段挖取石子的行为应当遵循这两部法律，其中，《矿产资源法》第三十二条规定，开采矿产资源，必须遵守国家对水土保持的法律规定，对耕地、草原、林地因采矿受到破坏的，开采企业应当因地制宜地采取复垦利用、植树种草或者其他利用措施。县国土部门来人说：“没有经过国土部门批准，擅自在 B^+ 到 B^{++} 段山坡边上留下那么大一个坑，雨季时积水会影响周边山坡的稳定性，也破坏了那一段的植被，应依法把坑填上，复垦、植树和种草，回复植被原样。”

招标人此时才恍然大悟，中标人 R 原来是挖了这么大一个“坑”，结果自己还真就跳进去了，谁的责任呢？招标人首先想到了评标委员会，怪评标委员会评审时没有发现投标人 R 挖的“坑”，可半年多过去了，“甩锅”给评标委员会甩不出去，甩给中标人 R 吧，谁让他们闭着眼睛施工，挖那么大一个“坑”。招标人找到中标人 R，中标人 R 也不干，“我投标是这样投的，合同也是这样签的，凭什么让我施工单位承担责任！”该项目招标人和中标人R协商未果，县国土部门见公路B^+到B^{++}段边的施工大坑一个月没有得到治理，于是，对招标人下达了行政处罚令，要求其在一个月内恢复原状，并处罚款20万元。随后，招标人组织对大坑进行了回填，在其上种草、种树。此时，招标人尚差15%左右的合同款未支付给中标人R，于是，以此为由不再支付中标人R的合同款。中标人R因招标人拒不支付合同余款，把招标人告上了法庭，招标人以中标人R施工中破坏了植被，拒不履行修复义务为由抗辩。实际上，招标人和中标人在故事中都有过错，需要承担民事责任。双方在本案中须承担责任的大小，由法院审理后宣判。

需要进一步分析的是，故事中，中标人R并未反悔，履行了合同义务，确保了公路通车。那么，中标人R的投标报价是否低于其成本呢？答案是肯定的！投标人不得以低于成本的报价竞标中的"成本"，是指投标人依法履行招标项目的费用支出。故事中，中标人R拒不依法履行合同义务，即在其挖取石子后恢复植被原状，以免对水土植被造成伤害，实质是报价低于成本，漏报了该部分价格。招标人没认真履行审查义务，接受了中标人R的投标，使得一个破坏水土植被的投标得以中标，招标人当然需要承担责任。那么，评标委员会是否也应承担赔偿责任呢？评标委员会是按招标文件规定的标准和方法，对投标文件进行评审，一度曾怀疑中标人R的报价低于成本，如果有一个成员进一步追问中标人R，要求其承担取石子后造成的大坑回填及植被恢复责任，结论一定是中标人R的报价低于成本，但因评标委员会成员对水土保持相关法律不熟，没能认定中标人R的投标报价低于成本，应当说有评审深度不够的责任。但招标人作为合同当事人接受了中标人R的投标，形成合同关系，表明招标人接受了评标委员会完成的评审和比较结果，对中标结果承担民事责任。

招标采购过程中，对投标报价低于成本的防范，分为招标投标和履约两个环节防范。

（1）招标投标对报价低于成本的防范。招标投标阶段对投标报价低于其成本的防范，分别由评标委员会和招标人实施。

1）招标文件编制对报价低于成本的防范。招标人作为合同当事人，对招标采购项目承担履约结果责任。故此，招标人在编制招标文件中，需要有针对性地对投标报价低于投标人成本进行防范。包括：①招标范围。招标投标活动中，招标范围，即标的界定得不准、含混，易造成投标人对标的理解上的不一致，投标人针对该项目或子目有的报价，有的不报价。未报价的，就可能造成低于成本的情形。②技术要求。技术要求是招标项目的技术界定，影响投标报价。当技术要求存在错误或前后矛盾、含混不清，仅有原则性要求而无具体的指标、参数，或是技术要求明确，但市场上满足技术要求的商品从性能、质量、花色和使用效果上存在较大差异等情形时，投标人是在未准确理解招标项目技术要求条件下进行的投标。同时，履约时招标人一定会对其调整、修改或进一步明确有关技术要求而更改招标条件，造成投标人报价低于其成本。③履约条件。招标项目履约条件是招标人在合同履约中提供中标人的条件，如场地条件、地下、地上障碍物、文物、古树、相邻建筑物、交通条件、水、电、通信条件等。这些外部条件，直接关系投标人报价及合同履约，一旦报价要求不明确，投标人在投标时的理解与招标人要求不一致的，易造成报价低于投标人的实际履约成本。

故此，招标文件编制时对报价低于投标人成本防范的核心，在于准确界定招标项目。招标项目界定得越准确，报价低于投标人成本的可能性就越小。反之，则易于造成投标人低于成本报价。特别是，投标人恶意的以低于其成本的报价竞标，中标后“坐地起价”，或是履约过程中“以中标项目要挟招标人”加价，实际上都是在利用招标范围不准、技术要求不明或是履约条件存在漏洞等招标项目界定上存在瑕疵而实施的，故此，为防范报价低于投标人的个别成本，招标人编制招标文件时应做到招标范围准确、技术要求清楚、履约条件明确。对那些招标范围不准、技术要求不清或是外部条件不明的，一般不宜开展招标采购。对那些存在上述缺陷又必须进行招标的项目，招标文件应在投标报价、费率及价格构成明确的基础上，设置合同变更条件和价款变更的计算依据、原则和方法，以弥补招标范围不准、技术要求不清或是外部条件不明的缺陷。

2）评标对报价低于投标人成本的防范。评标委员会并不知晓招标项目的成本是多少，其对投标报价是否低于其成本的防范，只能是怀疑，进而要求投标人自己证明其投标报价不低于成本。一般地，在评标过程中，评标委员会发现投标人的报价明显低于其他投标报价或者在设有标底时明显低于标底，认为其投标报价可能低于其成本的，应当要求该投标人作出书面说明并提供相关证明材料。投标人不能合理说明或者不能提供相关证明材料的，由评标委员会认定该投标人以低于成本报价竞标，否决其投标。

这里，评标委员会的职责在于评审和比较，即对投标报价进行评审，与其他投标报价比较，或者与标底比较，发现投标人报价明显低于其他投标报价或者明显低于标底。这里的“可能”即怀疑，应当要求该投标人作出书面说明并提供相关证明材料，即赋予投标人申诉与举证义务，证明其遵守了法律规定，投标报价不低于其自己的成本。投标人不能合理说明或者不能提供相关证明材料的，即表明投标人不能证明自己履行了《招标投标法》对“投标人不得以低于成本的报价竞标”的禁止性规定。注意，投标报价是否“明显”低于其他投标报价或者“明显”低于标底由评标委员会判断，与评标委员会成员专业素质相关。但不能据此认为评标委员会应承担报价低于投标人成本的法律责任，因为报价低于投标人成本的直接责任人是投标人自己而不是评标委员会，接受投标人中标的责任主体是招标人。一般地，评标委员会认定投标人以低于其成本的报价竞标主要有以下情形：①评标委员会对投标报价算术错误修正后，要求投标人对修正后报价予以确认而投标人不确认；②投标人不按评标委员会的要求澄清、说明，说明不合理或是无法提供有关证明材料支持其说明；③投标人书面要求加价，以弥补其遗漏或报价过低等表明报价低于其个别成本的其他行为。这当中，并没有要求评标委员会确定招标项目的成本价是多少。之所以这样规定，一方面，投标人不得以低于成本的报价竞标是法律赋予投标人的强制性义务，投标人须遵守；另一方面，报价是否低于投标人的个别成本，即是否低于其加工、生产或制造并提供配套服务等所耗费物化劳动、活劳动价值只有投标人自己清楚，评标委员会无法确定其完成招标项目的成本。所以，评标过程中，评标委员会只能是比较投标报价，在怀疑报价低于投标人成本时，依法要求该投标人对其遵从法律规定的行为作出说明、提供相关证明材料，是防止投标过失行为而导致的报价低于成本。

3）合同授予。报价低于投标人成本的投标如果中标，直接影响招标项目履约而使国家利益、社会公共利益和招标人合法权益受到损害。招标人在确定中标人及签订合同过程中，应采取有效措施对中标价过低，有可能影响履约的情形进行防范：①《招标投标法》的四十六条规定，招标人和中标人应当自中标通知书发出之日起 30 日内，按照招标文件和中标人的投标文件订立书面合同。同时，招标人和中标人不得再行订立背离合同实质性内容的其他协议。故此，中标候选人或中标人在投标有效期内向招标人提出涨价要求，或者在签订合同时向招标人提出其他附加条件，实际上是撤销投标要约的行为，表明其投标报价低于成本而违反诚实守信原则，招标人可以依据《招标投标法实施条例》第七十四条规定，取消其中标资格，对所提交的投标保证金不予退还，并依法从其他中标候选人中确定中标人或重新招标。②对投标报价明显低于其他投标报价，或者明显低于标底而评标委员会未依法对其否决的投标，如果中标，招标人与中标人签订合同时，应在招标文件基础上，要求中标人递交履约担保，进一步明确合同变更条件、原则、程序和计价方法，约定合同违约情形与违约处理的办法等事项。③付款方式，以过程付款按一定比例扣留，履约完成后一次性结清为准。其中的扣留比例由招标项目履约特点决定，一般在扣留预付款、质量保证金基础上，以扣款不影响中标人履约为原则，例如，按 15%~25% 扣留。这样，一旦中标人在履约过程中不诚信履约，可对其违约按合同约定处理。

（2）履约对报价低于成本的防范。履约过程中，招标人和中标人都应按照合同约定履行自己义务。一方面，招标人应依合同约定，为合同履约提供合同约定的条件，以避免中标人不履约或实质上停止履约的行为是由招标人所致；另一方面，加强对中标人诚信履约的管理，包括：①严格变更、洽商和签证管理，按合同约定检查中标人是否存在违约情形和合同责任。必要时，对特殊违约情形进一步明确责任，签署补充协议。②加强材料、设备、成品或半成品质量的入场检验、检测，以及制造、安装过程，特别是隐蔽项目的检查和抽查，防止中标人履约过程中以次充好，影响招标项目的质量。③按合同约定要求中标人提交预付款担保。分次支付合同价款的，应对历次付款进行汇总、复核，以防止合同价款错、漏和重复。④严格履约进度控制与管理，分解履约计划并适时作好履约日志，包括开始、完成时间，以及过程中一些特殊事件、缘由和处理记录等，特别是中标人不履约或是事实停止履约，造成履约计划不能如期实现等客观事实及相关证明材料。⑤对中标人履约中“坐地起价”，拿招标项目要挟招标人，实质不履约或停止履约的，依法解除合同。招标人此时如果事先扣留了合同过程付款一定比例的款项，例如，15%~25%，则对督促中标人诚信履约具有一定约束力。同时，可以依法保护债权人的合法权益。

第 4 节　监督：违法评审与比较行为治理与防范

有道是：德不配位，必有灾殃。这对招标人、投标人的工作人员如此，对评标专家更是如此。评标由招标人依法组建的评标委员会负责，是对投标结果的评估，是依据招标文件中规定的评标标准和方法对投标事实，即投标文件的评审和比较。评标的宗旨是完成评标报告，推荐合格的中标候选人，进而服务于招标人择优确定中标结果的目的。评标委员会中的招标人代表和评标专家均是社会成员之一，具有社会属性，其参与评标的目的各有不同，大多是为履行社会义务，为经济建设贡献其聪明才智；但其中也有少数成员是应付差事，以获取评标劳务费为目的；极少数则是为操控评标，实现其私下的非法交易目的，需对其引以重视，加强对评标委员会成员的确定及其评标行为约束机制的研究，以使评标委员会机制更好地服务于招标采购，服务于经济建设。

［**评标专家受贿的故事**］2011 年 3 月，某省一条公路建设项目施工招标，开标后，评标在其省会城市的公共资源交易中心举行，省监察厅派员参与对该项目评标的监督。评标即将结束时，招标代理机构给评标委员会成员发放劳务费，每人一个信封。这时，评标委员会主任委员的一个动作，引起了正在监督的监察人员注意。只见他打开了那个信封，在里面摸索了一下，拿出来一张银行卡，看了一看又放回了信封里。整个过程，监察人员在另一个房间的监视屏幕上看得一清二楚，几百元的劳务费发放到银行卡，这不符合常理。

于是，监察人员提前到达评标专区的出口，待那位评标专家走出来时，将他拦了下来，让他拿出来那个信封。这位专家哆嗦地从包里拿出一个信封，确认是其参与评标的劳务费后，监察人员打开信封，发现里面确实是一张银行卡。随后，监察人员带着这位评标专家到交易中心边上一家银行的自助柜员机查询，发现卡里有 20 万元，便将这位专家带回监察厅进一步询问。

经过询问得知，这位评标专家是省城一所著名高校的教授，58 岁了。监察人员向其介绍了政策，让其如实说明卡中 20 万元的情况。在强大的政策攻势面前，他作了如实交代，称在评标前接到过一个陌生人的电话，要求其在评标过程中，说服其他评标委员会成员给某投标人推荐为第一中标候选人。许诺他，如果评标委员会将该公司推荐为第一中标候选人，招标代理机构将在现场发放劳务费时，给他发一张存有 20 万元、密码是 6 个 8 的银行卡。对比着 20 万元与几百元评标劳务费的差异，他坦白说经不住巨大的利益诱惑，动心了。说这是他第一次在评标中帮助投标人，好在这家投标人的投标实力强，在评标过程中稍加引导其他评标委员会成员，就使得这位投标人成为第一中标候选人。

第二天，监察机关传唤了招标代理机构在现场发放劳务费的工作人员。经过审查，招标代理机构该位工作人员承认是在评标前一天夜里，私下收受了某社会第三人贿赂的 5000 元现金，要求其准备两个信封，一个是代理机构准备的，装有劳务费 800 元现金的信封；一个是装有社会第三人给他的银行卡，告知其卡内存有 2000 元的信封。指示他，如果该投标人被评标委员会推荐为第一中标候选人，发给这位专家装有银行卡的那个信封；如果不是，就发给他装有代理机构劳务费的那个信封，在评标结束的当晚退还那张卡，称只知道卡里有 2000 元。监察机关按代理机构工作人员描述的那位社会第三人的姓名、工作单位查找，发现是假的，查无此人。监察人员传唤评标委员会推荐的第一中标候选人，其称从未向招标代理机构的工作人员行贿，更不知道什么卡的事，调阅其工作人员照片让招标代理机构的那位工作人员辨认，均不是行贿的那位社会第三人。

事后，省监察厅依据查出存在的行贿受贿事实，将案件移交市人民检察院向市人民法院提起诉讼。法院经过审理，认定这位评标专家犯非国家工作人员受贿罪，依法判处其 4 年有期徒刑，并处罚金 10000 元；认定招标代理机构的那位工作人员犯非国家工作人员受贿罪、行贿罪，追缴其受贿 5000 元上缴国库，免除其他处罚。法院宣判后，评标专家所在的高校对其开除了公职，行政部门对那家招标代理机构予以警告、资格降级的处罚，招标代理机构解除了与那位工作人员的劳务合同。

许多人听完这个故事后，心中都有一些疑惑，问笔者，那位评标专家是不是有点弱智啊，怎么在摄像机下收银行卡，也不怕别人发现？笔者笑了笑说，这些年，行政机关在招标投标活动中当场发现招标人、投标人或评标委员会成员的违法事件，有哪一件不是当事人“脑袋让驴踢了”，出现了一些明显的低级错误，才让人在“台面”上发现的。而那些水平稍高的违法事件，又有哪一件是经由“形式”或公开场合发现的呢！刑罚不是目的，其作用是通过惩戒犯罪，保护国家、集体和个人利益，维护社会秩序，以警示他人自觉地遵纪守法。

那么，这样一来，是不是招标投标中的一些违法行为，如串通投标、弄虚作假骗取中标和评标委员会成员受贿等一些私下行为就无从治理了呢？当然不是！问题的关键仍然在于，招标人组织招标投标活动是为择优实现招标采购结果，还是“走形式、走过场”，这是问题源头。有人辩解说，即便招标人的招标在走形式、走过场，招标人不是投标人，也不是评标委员会，凭什么归责招标人。这里不是归责，是分析问题的源头，因为招标人组织招标“走形式、走过场”的后果是让人把招标投标活动理解为一场游戏。既然是一场游戏，游戏的宗旨是以胜出为目的，又何须受法律约束呢，故不乏招标人、投标人和评标委员会成员中的一些人以身试法、铤而走险，这就是招标投标活动“走形式、走过场”的恶果。

1. 评标动机分析。现在，需要讨论一个基本问题，就是“评标委员会成员愿意评标吗？”很多人可能会认为这个问题问得有点怪怪的，难道不愿意吗？这是在当下，分析评标委员会成员的评标行为最需要思考的一个问题。评标委员会由招标人的代表和评标专家构成。那么，招标人代表愿意参加评标吗，评标专家愿意参加评标吗？分析如下：

（1）招标人代表。招标人代表是受招标人的委派，代表招标人参与评标，不存在愿不愿意问题，是工作委派。实际上，这是一种出力不讨好的角色。评标结果符合招标人主要负责人的想法还好，如果不符合，首先是受到主要负责人的责备。其次，无论评标结果如何，一旦招标项目事后检查出事，招标人代表往往成为“替罪羊”。所以，除非招标人代表倾向或排斥某些投标人，有参加评标的内在动力，一般不愿参加评标。这就造成招标人代表分成了以下两类：

第 1 类：工作应付型。这一类招标人代表在评标时，以应付评标，完成评标工作为特点。评标时，这一类招标人代表一般不发表意见，必要时，听取专家意见或是照抄专家的评标结论。

第 2 类：主动出击型。这一类招标人代表在评标时，一般带有主见，他可能是带着实现招标人内定中标人的评标任务，或是实现自己私下选定中标人的评标意图，在评标现场表现活跃，向评标专家作示意或是与评标专家私下交谈。

［**评标暗示的故事**］2004年3月，笔者加入某省建设工程评标专家库为施工技术类专家。当年5月的一天，该市一所高校院内管网施工改造项目在评标专家库中随机抽取到笔者为评标专家，在市建设工程交易中心评标。这是笔者入选评标专家库后参与评审的第三个项目。招标人代表是这所高校的基建处长，与进入评标现场的评标专家一一握手。参与评标的专家中有一个老专家，只见他握着老专家的手热心地问："老张，老胃病这段时间好点没有？"感觉他们很熟悉。

签到后，招标人代表坐在笔者对面，老专家坐在笔者的右边。招标人代表简单介绍项目情况后，开始技术评，即施工组织设计暗标的评审，现场很清静。一个多小时后，招标人代表站起来，手里拿着一份施工组织设计，说："各位专家，3号标做得不错，建议大家认真看一看！"其他专家听后，心领神会地点点头。笔者听他说完后，埋头继续评审着手里的那份施工组织设计。再一抬头，发现他不说话在盯着笔者看。笔者一愣，是自己什么地方做的不对吗？没有啊！笔者换了一份技术标继续评审。这时，只见他绕过桌子，走到笔者右边的那位老专家边上，俩人小声交谈了几句后，回到座位上继续评审。不一会儿，老专家用左手碰了碰笔者，小声说："毛总，3号标，别评错了！"笔者终于明白过来招标人代表为什么盯着我看的原因了，因为他那句"3号标"没得到笔者的响应，认为笔者是个"愣头青"，需老专家再提醒一遍，配合他的工作。

（2）评标专家。评标专家一般是随机抽取产生的，理论上互不相识，但实践表明，这种假设并不一定正确。就评标专家参与评标的目的不同，分为以下三类，是当下评标专家的现状，也是评标制度建设中最需要思索的。

第 1 类：积极评标型。这类人参与评标是为获取评标劳务报酬。这应当是评标专家中的大多数，以退休后赋闲在家，又在一些专业领域具有一定能力的人为主。这类专家评标，以走形式、走过场的居多，只要评标劳务费给够，不给自己带来风险，怎么着都行。道德水准稍差的，在利益诱惑面前也会被投标人收买，本节开始讲述的评标专家受贿的故事中的那位主任委员就属于这种情形。

第 2 类：消极评标型。这类人主要是在职人员，尤其是在单位或组织中占据主要岗位的人员，单位正常业务都忙不过来，哪有时间参加评标！可既然入选了评标专家库，又不好主动退出。否则，会让人以为是犯了什么错误被开除的，笔者当时就属于这种情况。收到评标通知，第1次、第2次一概拒绝，因为连续5次不参加才受到纪律处分呢；第3次、第4次又正好赶上单位有事脱不开身；第5次，不得已去参加一次评标，但怎么看这也不是一个遵纪守法的人应有的行为。为什么会是这样，因为没有哪一个在职专家的单位支持专家放下手边工作参与招标项目的评标，而认为其是在利用工作时间“挣外快”。

第3类：操控评标型。这类评标专家参与评标是为实现其私下交易，包括受某投标人或社会第三人委托，或是评标前专家间的私下商议，例如，专家间微信圈内商议让哪个投标人中标，以及非法获利的分配方案等。此时，参与评标的专家目的明确，就是掌控评标结果。评标中，表现极为热情，对既定中标人的投标大加赞赏，对其他投标极力挑错，以影响他人评标等。

2. 违法评审和比较防范与治理。对评标委员会成员在评标过程中的违法行为，只要监督到位，都可以当场发现，责令其改正。这里，对评标的监督，包括行政监督和招标人内部纪检监察组织的评标监督。那么，为什么实践中，一些评标专家的违法评标行为没有当场改正，而是等到有人投诉或举报才发现呢？主要是源于行政监督不到位，或是招标人在接收评标报告时没组织核对，致使其违法评标行为得不到纠正，错误的评标结果直到评标结果公示、出现异议或投诉才发现。有的，甚至到履约过程中，因招标人与中标人间产生争议才发现。为此，对评标委员会及其成员违法对投标文件进行评审和比较的防范集中在以下三个事项：

（1）违法修改评标标准和方法的防范。评标标准和方法的规则制定权在招标人，不在评标委员会。评标委员会的职责是按照招标文件中公布的评标标准和方法评标。注意，这里的“招标文件”，包括两部分内容，一是招标人按招标公告的要求发售的招标文件，二是招标人在招标文件载明的投标截止时间前一定时间内发出的招标文件的澄清和修改。不在上述范围内的文件，不构成招标文件。

1）招标人或代理机构违法修改的防范。评标开始前，招标人或招标代理机构拿出一份与招标文件中公布的评标标准和方法不一样的评标办法，要求评标委员会投票通过后，按通过的评标办法对投标文件进行评审和比较。注意，评标委员会通过的这份评标办法没有法律效力，也不能作为评标标准和方法，因为招标人或招标代理机构在此时拿出的评标办法不再属于招标文件范畴。

2）评标委员会违法修改的防范。评标委员会违法修改招标文件中的评标标准和方法，有的是因招标人代表的提议，有的是评标专家的提议。有两种诱因，一是评标专家认为招标文件中规定的评标标准和方法存在一定缺陷，影响择优；二是招标人代表或评标专家与投标人存在私下交易，为保证特定投标人中标，据开标结果提出的修改。一般地，提议人在评标委员会正式评标前，对评标标准和方法提出具体的修改方案，评标委员会集体投票，按“少数服从多数”的原则，决定是否按提议人的建议，修改招标文件中的评标标准和方法。

招标人、招标代理机构或评标委员会在评标开始前修改招标文件中公布的评标标准和方法，是一种明显的违法行为，只要有人监督评标，或是招标人接收评标报告时，对评标委员会使用的评审因素和标准与招标文件中载明的评审因素和标准进行核对，就一定能发现并及时处理。

（2）拒不遵从评标标准和方法的防范。评标委员会及其成员不遵从招标文件中规定的评标标准和方法，表现在：①增加或减少招标文件中公布的评审因素或排序因素。例如，对依法应当否决的或是招标文件中明确否决的投标不提出否决意见，或是以招标文件中没有规定的评审因素或标准对投标提出否决意见等。②改变招标文件中公布的评标标准和条件，改变排序方法。

评标委员会成员在评标中不遵从招标文件中公布的评标标准和方法是一种违法行为，体现在其完成的初步评审、详细评审记录表中。招标人在接收评标报告时，与招标文件比对就可以发现。

［**违法评分事例**］某工程施工招标文件载明的项目管理机构评分因素和最高分值为10分，分为项目经理3分、技术负责人2分和其他主要人员5分。某评标专家对投标人R的项目管理机构完成了评分记录表，如表12.2所示：

项目管理机构评分记录表 **表12.2**

评审因素	项目经理	技术负责人	其他主要人员	荣誉证书	合计
评分	3.5	2	4.5	2	12

招标人接收评标报告时，经过与招标文件中公布的评审因素和标准比较，发现该评标专家对投标人R的项目经理评分高出了上限3分，增加了招标文件中没有规定的评审因素“荣誉证书”和分值2分，违反法律赋予评标委员会的职责，当场要求该评标委员会成员进行更正。这位评标专家拒不改正，理由是投标人R近三年获得的荣誉证书比其他投标人多，而招标文件中的评标标准没能体现，拟派项目经理业绩特别优秀，招标文件中规定最高评3分的限制，与其他投标人的项目经理拉不开档次，不符合择优的原则。

随后，招标人向行政监督人员汇报了这位评标专家的评标行为。行政监督人员对这位评标专家进行当面训诫，要求其按招标文件中的评标标准和方法对投标人R的项目管理机构进行评分。

（3）投标人违法撤换修改投标文件的防范。评标委员会评标评审的是投标文件，即招标人依法接收的投标文件。开标后，投标人依据招标文件中公布的评标标准和方法，能够初步判断其投标是否能中标。发现其不能中标时，有的投标人寄希望于撤换或修改投标文件的实质性内容，以达到中标的目的。

1）投标人违法撤换或修改的防范。投标人在开标后，主动撤换或修改投标文件的实质性内容有两种表现形式，一种是投标人主动向招标人或评标委员会发出其对投标文件载明的实质性内容的修改，招标人或者评标委员会依法应当拒收，因为投标已经截止。评标过程中，评标委员会如果接受了投标人对投标文件载明的实质性内容修改，并按投标人修改后内容评标的，评标委员会的评标行为违法，影响评标结果的，评标结果无效；另一种是投标人经由招标人代表、评标专家或其他工作人员帮助其撤换部分投标文件。

［**投标文件撤换的事例**］某机电设备招标项目在市公共资源交易中心开标后进行评标。评标进行中，评标委员会发现投标人Z在投标函上载明的报价为681.16万元，与开标记录上的751.16万元不一致，二者相差70.00万元。以681.16万元计算该投标人的报价得分，为所有投标人报价的最高得分59.5分；以751.16万元计算其得分，为52分。到底应以哪个报价为准，评标委员会拿不定主意，询问招标代理机构。招标代理机构答复称，应以投标函上载明的报价为准。问为什么与开标记录上载明的投标报价不一致，答复称是唱标人员唱标时唱错了，把681.16万元唱成了751.16万元。

评标委员会按招标代理机构工作人员的指示完成评标，投标人Z被推荐为第一中标候选人。但招标人代表感觉事件蹊跷，这两个数字差别十分明显，怎么可能唱错呢！为此，招标人代表在评标结束后，及时向行政监督机构报告，称怀疑是有人帮助投标人Z撤换了投标函，其真正的投标报价应当是751.16万元。他告知行政监督机构，称他是开标时的监督人员，证实投标人Z在投标函上载明的价格是751.16万元。

对此，行政监督人员查看交易中心内的监控录像，发现是招标代理机构的某工作人员最先进入评标现场。监控录像上显示，其在整理投标文件时，从随身携带的公文包内拿出了几本文件，夹在了其中一摞投标文件中，又从这一摞投标文件中挑出了几本投标文件装在其公文包内，但并不能肯定是撤换了投标人Z的投标函。

为此，行政监督机构询问了招标代理机构的工作人员，拿出监控录像要求其解释原因。在监控录像面前，该名工作人员承认帮助投标人Z撤换投标函的事实，称与投标人Z的项目负责人是多年朋友，故受托帮助其撤换投标函。行政监督机构依法对该招标代理机构罚款10万元，对该工作人员罚款5000元，收回了其招标代理岗位证书，认定原评标委员会做出的评审结论无效，要求招标人组织评标委员会对评标结果重新汇总，推荐合格的中标候选人。

这则事例表明，加强对投标文件，特别是开标后投标文件的照管，是防范投标文件被他人撤换或修改投标文件的唯一途径，而证据留存，如事例中交易中心的录像资料，是查实是否有人撤换、修改投标文件的最佳办法。

2）评标委员会暗示或诱导的防范。评标过程中，应评标委员会成员建议，评标委员会向投标人发出带有暗示或诱导性质的澄清函，违法要求其修改投标文件中的实质性内容，例如，投标报价或履约期限等。投标人“心领神会”，一般都会响应评标委员会的要求。评标委员会违法按投标人修改后的投标文件进行评审，推荐中标候选人。

［**暗示诱导的事例**］某单位锅炉招标项目，评标委员会经过初步评审，认为投标人K投标的锅炉与招标文件中的技术规格书要求的工况、使用环境、参数、热效率等相符，但认为其价格25.00万元/台还有一定的让利空间。于是，评标委员会向投标人K发出澄清函，要求其进一步说明：①是否可在现有的报价基础上下浮2%；②是否可以在招标文件要求的

供货范围之外，免费多送一台扬程为 20m 的水泵。在规定的时间内，投标人 K 及时进行了回复，承诺在原投标报价的基础上下调 2%，免费多送一台扬程 20m 的水泵。评标委员会按照投标人 K 的二次报价进行评审，推荐投标人 K 为第一中标候选人。

事例中，评标委员会向投标人 K 发出的澄清内容，为《民法典》"合同编"第四百八十八条规定的要约实质性内容，是《招标投标法》第三十九条明确规定不允许澄清的内容。评标委员会的这种行为，等同于与投标人 K 的投标价格、投标方案进行了谈判。而其许可投标人 K 在原投标报价的基础上下调 2% 并免费多送一台扬程为 20m 的水泵的行为实质，是在投标截止时间后再次接受投标的行为，违反招标投标规则，违反《招标投标法》第四十三条关于在确定中标人之前，招标人不得就投标价格、投标方案等实质性内容与投标人进行谈判的禁止性规定。

投标文件是书面载明的投标事实，是评标委员会评审和比较，推荐合格的中报候选人的支撑。防范投标人违法撤换修改投标文件的实质，在于遵从招标投标中的一次性要约规则，方法在于对投标文件的照管，以及评标委员会要求投标人对其投标文件澄清说明事项的合法性监督。

第 5 节　择优：专家私下许诺中标行为治理与防范

评标委员会及其成员在评标中的违法行为会在评标过程或评标报告中留下记载，只要对评标过程认真地监督，易发现评标违法的事实，对违法人员依法惩处并纠正评标结果。这种情形不会影响评标结果。难处理的，是评标委员会成员私下收受投标人贿赂，按招标文件中的评标标准和方法对投标文件进行评审和比较，使向其行贿的投标人中标。在这种情形下，除非当事人主动告发，招标人虽然对评标结果不满，但抓不到评标委员会成员违法评标的事实，行政监督机构依法也不能认定招标项目的评标结论无效。实际上，评标委员会成员作为招标项目投标结果的裁判员，一些投标人会采用各种手段获取评标委员会成员信息，向其行贿。而从招标人视角看，如果对招标人代表的保密工作做到位，评标专家一般又是随机抽取产生的，投标人找寻评标委员会成员本就是一件困难的事情。况且，即便投标人能够找到评标委员会成员，如果该成员能够坚守作为评标委员会成员的职业道德，不非法帮助其中标，投标人的目标也无从实现。但实践中，不断出现招标人代表，甚至评标专家私下许诺投标人中标并收受贿赂的事件，这又应当如何解释呢？很好解释，这当然是因为招标人代表或评标专家信息的泄密。实践中，泄密情形分为两种，一种是被动泄密，即投标人或社会第三人非法获取评标专家的信息；还有一种，是招标人代表或评标专家主动向投标人泄密。

［**评标专家泄密的故事**］2019 年 10 月，某市在工程建设项目招标投标营商环境专项

治理中，查处了一位建筑施工类专家陈某，引起了行政部门的警觉。据陈某交代，他参与评标的招标项目采用的都是综合评分法。接到评标专家随机抽取系统语音通知后，他一般会按开标时间，在网上搜寻招标公告，从中判断出系统通知他参与评标的招标项目。然后，询问市内一些主要施工企业是否参与了该项目投标。得到对方肯定答复后，他告知对方自己是该项目的评标专家，对方一般会主动约他见面，希望他帮助中标。双方谈妥费用数额和付款方式后，陈某与熟悉的其他专家电话联系，找寻其他评标专家商议。据陈某交代，他这样一般能够找到2~3个一起参与评标的专家。评标过程中，陈某和其他串通好的评标专家会在主观评审因素上做文章，几个人按照主观评审因素的得分标准的上限或是扣0.1~0.2分的方法，给既定中标人打高分，确保推荐该投标人为第一中标候选人。陈某承认，有时因招标文件中规定的投标报价占的权重太大，例如，报价得分在85分以上而既定中标人报价得分差距太大时，也可能实现不了既定投标人的中标。

评标专家主动向投标人泄密的诱因，当然是其想非法获取利益，掌控招标项目的评标结果。与一些地方串通投标中出现“标头”类似，一些投资项目较多的地区，还出现了评标专家“经纪人”现象。专家获知参与评标的信息后，不用像故事中的陈某那样去找寻投标人，也不用找寻其他评标专家，只需要告知经纪人即可，因为经纪人手中有评标专家库中大量的投标人和评标专家信息。经纪人会在很短的时间内通知评标专家，在评标中保哪一个投标人中标。

评标专家为什么可以实现既定投标人中标，获取非法利益呢？对此，行政监督机构和招标人又应当如何对其防范呢？分析如下：

1. **评标委员会成员私下许诺投标人中标的实现条件**。评标委员会成员收受投标人贿赂的极端情形，是评标委员会成员主动与投标人联系，不管是其自己联系还是通过经纪人等社会第三人联系。在这种情形下，单凭评标专家库信息技术屏蔽抽取当事人和加强评标专家库运营与管理，无从解决。对此，一些人认为，应当加强对评标专家库中专家的法律、专业知识培训和纪律约束。但教育和培训永远只能约束那些遵纪守法的评标专家，对那些假借评标而实则非法获取收益的人并不会起到作用。在这种情形下，需进一步分析评标委员会成员与投标人联系的目的，以及确保其中标的实现条件。

1）评标委员会成员私下许诺投标人中标的目的。少数评标委员会成员主动与投标人联系的根本目的，是为获取非法收益。那么，投标人是否愿意支付呢？当然愿意！因投标人希望与其建立长期合作关系，在后续投标中需要其帮忙。

投标人为中标，在投标中最常见的心态有三种：①要与招标人中的主要人员建立私交，默许其中标。要与招标代理机构人员建立关系，在招标项目信息上实现“互通有无”。一般是通过中间人或熟人介绍，辅以必要的财物行贿。②要与其他投标人串通，按市场潜规则分配中标项目和利益。③要收买评标委员会成员，特别是专家成员。这当中，投标人的行贿额度，对招标人主要人员的行贿额度最高，对评标委员会中的专家成员行贿次之，陪标费用按陪标人参与编写投标文件的工作量，以及各地陪标潜规则决定。

《招标投标法》第五十六条规定，评标委员会成员收受投标人的财物或者其他好处的，给予警告，没收收受的财物，可以并处3000元以上50000元以下的罚款，取消担任评标委员会成员的资格，构成犯罪的，依法追究刑事责任。那么，为什么评标委员会成员，包括专家成员仍有人“敢冒天下之大不韪”而收受投标人的贿赂，甚至是主动索贿呢？原因就在于，评标专家索要的费用，仅占投标人为承揽招标项目拟花费额的很少一部分。当然，如果是专家的经纪人操盘与投标人串通，实现其中标，额度会稍高些，有的地方甚至按中标额的1%以上收取费用。

2）评标委员会成员私下许诺投标人中标并索贿的实现条件。为什么少数评标专家敢于私下与投标人联系，向其许诺中标并索贿呢？原因在于评标专家在评标中的自由裁量权。那么，又是谁赋予了评标专家的自由裁量权呢？当然是招标人，是招标人在招标文件的评标标准和方法中所赋予的，因为评标委员会依法是按招标文件中的评标标准和方法对投标文件进行评审和比较。反之，正如上一节讨论的，易于发现评标委员会成员评标的违法行为，纠正评标结果，并依法对评标专家进行处罚。但实质上，这种违法情形也只有那些“愚蠢”的评标专家在其私下许诺投标人中标时才会出现。对那些聪明的人，则是在遵从评标规则的前提下，利用评标专家的自由裁量权实现的，这才是我们这里需要讨论的情形。

［**评标私下许诺中标恶果**］某国有企业投资大型工业建设项目，投资18000万元，计划工期28个月。该项目工程施工招标在市建设局发包承包交易中心进行。招标文件规定的评分标准见表12.3，规定评标委员会按投标人得分由高到低的顺序排序，依次推荐排序在前三位的投标人为中标候选人。

某工程施工招标评分标准 **表12.3**

评审因素	分值		评审标准
投标报价	60		评标基准价＝通过初步审查的最低投标报价，投标报价得分＝60×评标基准价／投标报价
施工组织设计	施工方案完整性	5	方案完整可行的，1~5分；不可行的，否决投标
	主要施工方法	15	按投标文件中施工方法及措施评审，0~15分
	质量保证措施	2	按投标文件中质量措施及保证评审，0~2分
	安全消防措施	2	按投标文件中安全消防措施及保证评审，0~2分
	资源配备计划	2	按投标文件中资源配备计划评审，0~2分
	进度计划与措施	2	按投标文件进度计划及措施保证评审，0~2分
项目经理部	项目经理	4	按投标文件中项目经理近三年业绩评审，0~3分
	技术负责人	2	按投标文件技术负责人近三年业绩评审，0~3分
	其他主要人员	6	按投标文件中项目经理部人员配备评审，0~3分

在招标文件规定的投标截止时间前，有7个投标人递交了投标文件，开标记录载明的事项见表12.4。

开标记录表　　表12.4

序号	投标人名称	投标报价（万元）	投标保证金	工期（月）	签名
1	A	16886.00	递交，60万元	26	×××
2	B	16616.00	递交，60万元	24	×××
3	C	16615.00	递交，60万元	25	×××
4	D	15868.00	递交，60万元	24	×××
5	E	16425.00	递交，60万元	25	×××
6	F	16746.00	递交，60万元	26	×××
7	G	16526.00	递交，60万元	27	×××

招标人依法组建了评标委员会，评标委员会由招标人代表1人，市建设局评标专家库随机抽取经济专家1人、技术专家3人组成。其中，招标人代表是一位对招标投标相关制度不十分熟悉的工会干事。投标人的投标均通过了评标委员会的初步评审。详细评审中，4位评标专家一致认为投标人A施工实力最强。经详细评审，投标人的得分见表12.5。

投标人得分表　　表12.5

投标人	A	B	C	D	E	F	G
报价	56.38	57.30	57.30	60.00	57.97	56.85	57.61
施工组织设计	28.00	23.00	22.00	21.00	21.00	21.00	22.00
项目管理机构	11.00	10.00	10.00	8.00	9.00	11.00	10.00
合计	95.38	88.30	89.30	89.00	87.97	88.85	89.61

评标委员会按汇总的评分结果，依次推荐投标人A、投标人G和投标人C为第一、第二和第三中标候选人。第二天，招标人在有关媒体上公示评标结果。公示期内，没有投标人及其利害关系人投诉，招标人确定投标人A为中标人，向其发出中标通知书，载明的中标价为16886.00万元，与之签订了书面合同。

中标人A签订合同后，按合同约定进场组织工程施工，工程进展一个多月后即发现其施工能力差，建设工期滞后。该项目施工厂房预制钢筋混凝土排架系统时，发生汽车吊在最远吊点起重量不足，起吊翻车事件，造成两名配合起吊的工人死亡、司机重伤。事故发生后，建设管理部门对现场进行安全执法检查，发现现场管理人员中，只有项目经理是由中标人A委派，其余人员均是现场实际组织施工的公司甲的人员。为此，执法人员查阅了中标人A的投标文件载明的项目管理机构，逐一核对现场人员，发现与投标文件上载明的人员并无差异。检查人员认为事件很蹊跷，在处理伤亡事故的同时，要求中标人A的项目经理和其他主要人员如实说明其投标情况。

经进一步查实，执法人员弄清了事件起因，是公司甲的企业资质不满足招标项目要求，找到中标人A挂靠，挂靠费是项目中标金额的1.5%。同时，公司甲派驻现场的代表与评标专家库中的李某熟悉，请求其在评标中帮忙，许诺中标后给其20万元的好处费。李某同意后再与其熟悉的专家联系，找到了参与本项目评标的张某和王某，许诺每人2万元的好处费，要求他们配合推荐投标人A为第一中标候选。张某和王某在评标中，发现招标人代表对评标是外行。同时，招标文件中规定的评标标准和方法中，对技术标评审的40分是自由裁量，由评标人员把握。于是，两人说服另外一名技术专家在评标中配合，在对投标人A的施工组织设计评审时，没有对其拟派人员、吊装设备和吊装方案认真审查，直夸其施工方案优秀，影响了其他评标委员会成员的判断，给投标人A评出最高分，成功推荐其为第一中标候选人。公司甲向李某支付20万元好处费，李某也向张某、王某每人支付了2万元费用。

执法人员确认这是一起公司甲挂靠中标人A，并向三位评标专家行贿的违法事件，按《招标投标法》第五十四条和《建设工程质量管理条例》，认定中标人A为骗取中标，中标无效，并对中标人A和公司甲依法进行行政处罚。同时，将执法检查中发现的相关责任人行贿受贿问题移交公安机关调查取证。公安机关调查取证后，将人证、物证转给了市检察院提起诉讼。法院经审理，认定公司甲犯行贿罪，认定李某、张某和王某犯受贿罪，依法追究其刑事责任。判决公司甲直接责任人员有期徒刑两年，并处罚金30万元；判处李某有期徒刑三年，缓刑一年；张某和王某犯非国家工作人员受贿罪，判处有期徒刑二年，缓刑一年；追缴违法所得上缴国库。

这则故事对防范评标专家私下许诺投标人中标的启迪在于，招标人组织招标不能走形式、走过场，而应当是在招标文件中明确评审因素，明确对投标综合排序、择优的规则。如其不然，就会出现本案所述情形，即看似招标投标过程很规范，实则让私下与投标人共谋的评标专家做了手脚，造成招标人经济损失。

2. 评标委员会成员私下许诺投标人中标的防范。对评标委员会成员私下许诺投标人中标防范的根本，在于招标采购是经济学意义上的采购而不是在走形式、走过场地做游戏，在于招标采购的择优，因为"优胜劣汰"是自然的普遍法则，招标投标活动作为一种市场交易规则需要遵循。偏离这一宗旨必然是在违反自然法则，招标投标活动不是在做游戏又是什么呢！可以说，少数评标委员会成员私下许诺投标人中标并收受贿赂的原因正在于此，因为在游戏面前，习俗、惯例和潜规则的约束力在当事人的心目中高于法律。那么，这样一来，是否对评标委员会成员私下许诺投标人中标并收受贿赂就防范无门了呢？当然不是！防范的核心，一是评标管理，二是招标采购的理性回归，即择优。

（1）评标管理。评标是对投标的评估，与咨询评估无二。那么，为什么在一般的咨询评估中，评估专家私下许诺咨询服务提供人成交并索贿的几乎没有，而在招标投标中这一问题却在一定程度上严重呢？问题的根本，在于招标人组织的投标是否是经济学意义上的“竞争”。

1）评标委员会。评标委员会对等于咨询项目的评估委员会。两者的不同之处在于，评估委员会成员由项目发起单位自主确定，而招标投标活动中，评标委员会虽然由招标人组建，但大多招标项目中的专家成员是由评标专家库中随机抽取产生的，非招标人自主确定。这就有两个问题需要讨论，一是评标专家库的性质是什么，二是应怎样管理评标专家库。

首先，评标专家库无论是政府组建的，还是社会组织或机构组建的，是一种专家资源库，与“水库”无二。需要时，在水库中舀起一瓢水以满足需要。这当中需要讨论的是政府组建的评标专家库中的专家，在贴上“国家”或“省市”评标专家的标签后，是否代表着政府行为？当然不是！评标专家参与评标，是作为一个完全民事行为能力人，对其所提出的评审意见承担个人责任。在这种情形下，政府组建评标专家库的意义何在呢？当然是在于“便民”，服务于招标人确定评标专家，就如同在水库舀水一样。那么，“随机抽取”是否有违这一便民服务的初衷呢？既然招标人确定评标专家等同于在水库舀水，那些污水、脏水肯定不能饮用，“随机抽取”在一定程度上约束了招标人“舀水”，在防范招标人自由选择评标专家，实现其内定中标人的同时，也制约了招标人“舀水”，即污水、脏水一起舀，在一定程度上成就了那些违法违纪的评标专家。实际上，“随机抽取”专家加大了评标专家库的建设难度，即库内所有人员均满足招标项目评审，包括专家专业素质和道德水准，这在一定程度上不可能实现。其中，专业素质可以对申请人履历、学历、职称等进行初步判断。那么，道德水准呢，怎么判断，怎么确定申请人一定遵纪守法，不从事违法违规行为？这是任何一个评标专家库建设单位都无法认定的事，因为专家是社会人，其社会行为极其复杂，建库单位不可能在入库时给出一个判别准则。故此，需重新审视评标专家的“随机抽取”，应还权于招标人。既然是招标人进行招标，既然是招标人承担主体责任，就应当把确定评标专家的权利交给招标人，由招标人按评标需要确定、考核专家行为而不是“随机抽取”，消除专家脸上贴着的“国家”或“省市”标签，回归其本来面目。同时，减轻建库单位，包括政府责任，回归“便民”的初衷。

其次，需加强评标专家库的管理。对评标专家库的管理，利用现代技术，为招标人确定评标专家，“便民”是一方面，更关键的，在于“管”，在于如何对评标专家库中的专家进行管理。评标专家库申请端需向社会开放，鼓励那些符合评标专家条件的人申请入选专家库。同时，对专家的评标行为组织绩效考核，剔除那些在考核期内绩效不合格的专家，对评标专家实施动态管理。

2）评标监督。依法对评标进行监督，是行政监督机构维护招标投标市场秩序的体现。注意，行政监督与司法中的“民不举官不究”不同，需主动对市场主体交易行为进行监督，查处招标投标活动中的违法行为，以彰显法律威严。但在这一点上，行政监督因人力、物力上的受限，还有很大差距，也在遵从“民不举官不究”式的监督，而不能当场“责令改正”，这在一定程度上放任了少数评标专家滥用自由裁量权和违法违规行为。在这种情形下，招标人的纪检监察人员主动对评标活动进行监督，或是引入社会监督等，是对行政监督的有效补充。

3）评标结果确认。对评标结果的确认，是招标人对招标采购结果承担主体责任的重要过程，也是发现评标活动中是否存在违法行为，评标委员会是否按招标文件中规定的评标标准和方法对投标文件进行评审和比较，包括：①初步审查中，对投标文件形式、投标资格、响应性的评审是否按招标文件中规定的评审因素和标准进行审查，初步审查合格或不合格的理由是否充分、材料是否完备、结论是否正确。特别是，依法应当否决的投标，是否提出了否决意见；依法不应当否决的投标，是否又对其进行了否决等。②详细审查中，评标委员会是否接受了投标人对投标文件实质性内容的修改或调整；对可能低于成本的报价，评标委员会是否要求投标人提供了书面说明、提供了相关证明材料，其结论是否正确；评审因素排序值的确定是否正确，论据是否充分、汇总是否正确等。③投标综合排序是否正确，是否按招标文件中规定的排序方法进行排序等。④推荐的中标候选人是否择优。⑤评标报告内容是否完整、签字是否齐全和说明、附件是否详实等，发现评标报告存在问题的，向评标委员会核实，要求其改正。不能改正且影响评标结果的，评标无效，应在报告行政监督机构确认后，重新组织评标。

（2）招标采购理性回归。招标采购是一项微观经济活动，需要遵从微观经济规律，即“优胜劣汰”。招标采购的理性回归，要求招标人将招标投标视为一种采购战略的智慧，在投标竞争基础上择优。

1）招标采购择优。招标采购择优体现于招标人公布的招标文件，即评标标准和方法。不同的招标项目，其择优方法并不一样，但必须有择优因素、标准和择优方法，择优因素要有经济学含义，方法按经济学中的“优、劣”次序进行选择。注意，游戏中也有“优、劣”或“胜、负”之分。在经济学家的眼中，“万物皆商品”，都存在市场交易价格。招标采购是市场经济中的一种交易方式，在投标满足招标文件实质性要求的前提下，经评审的最低投标价法以经评审的投标价格作为择优因素，对于一个理性经济人来说，价格低的优于价格高的，因为都能满足采购需求，少花钱是一种经济学追求。但是，综合评分法认为得分高的一定优于得分低的，特别是对那些包含大量的主观评审因素的招标项目，又是出于什么原因呢？是出于对评标委员会评审的信任，但这是一种有条件的选择而不完全是基于经济结果的选择，因为评标委员会成员的专业素质和道德水平会直接影响评标结果，这就解释了为什么国内招标投标问题多的原因，因为国内招标项目大多采用综合评分法，是基于评标人的选择而不是基于经济结果的选择。

那么，招标采购中，如何确定其公布的评标标准和方法是经济学择优而不是游戏中的胜负呢？问题的关键，在于选择的择优因素是否有经济学意义，择优是否按经济结果择优。招标采购是一种多因素选择，择优的实质在于对多因素进行排序，确定投标优劣次序，也就是《招标投标法》第四十一条规定的中标原则中的综合评估法。

2）评标组织。评标委员会的任务在于对投标进行优劣评估，难点不在客观评审指标，那是对投标事实的认定，评标专家的专业素质可以满足要求。组织评标的难点，在于对主观评审因素的评审，如何减少一些私下的人为干扰。为此，招标人需要做到的，一是减少主观评审因素或是减少其对评标结果的影响。例如，采用客观因素排序、多因素排序法，规定主观评审因素权重占比少于15%，或是缩小不同人员对同一主观评审因素的评审结果差值等。二是对那些必须包含主观评审因素的招标项目，在评标中分步组织主观评审因素的评审，即先组织定性，再组织定量评审。组织定量评审前，不对评标委员会公布定量评审的标准，而是在其完成定性评审后公布或是由电脑合成，进而减少评标委员会倾向于某一投标人去评审。

第6节　案例：一个串通投标窝案的反思

构建规范有序的招标投标市场是一项任重道远、复杂的系统工程，既涉及到招标投标市场制度建设，还涉及市场主体、招标代理机构、评标委员会、平台运营服务机构、监督机构等参与人员的整体素质提高和道德修养。规范有序的招标投标市场特征，是一种政府宏观调控、行业规范引导和市场主体依法经营，遵从招标投标市场行为规范的运行机制。为此，需进一步结合中国的国情，深入研究招标采购规律和招标投标市场交易特点，完善招标投标市场规则，全面深化招标投标体制和机制的改革，以使招标投标机制在经济建设中发挥其应有的作用。这当中，一是招标投标交易平台的搭建，包括平台上相关交易规则，要坚持遵循开放透明、资源共享、高效便民、守法诚信的服务原则，非“吃拿卡要”或设置交易技术障碍；二是行政监督要“法有授权必须为、法无授权不可为”，依法履职，查处招标投标活动中的违法行为，维护市场交易秩序；三是市场主体及参与人遵章守纪和自律，诚信交易。某市串通投标窝案暴露出来的，不单是招标投标活动中的串通投标或是某一角色违法违规问题，更是招标投标市场建设问题，需要从规范有序的招标投标市场建设角度，进行深入分析。

［**案情回放**］据报载，某市纪委、监察局于2010年共查处了该市21起工程建设领域发生的串通投标案，涉案金额达2亿多元，参与串通投标的企业达100多家，涉案违纪金额达1600余万元之多，已追缴违纪款200余万元，为政府挽回经济损失3000余万元。该案涉及党政领导干部22人（科级以上干部12人），已对相关责任人和6名串通投标人员进行查处。

该市纪委、监察局发现涉案项目中业已形成了行政官员、招标投标行政监督人员、招标人、中介机构和投标人间稳定的利益共同体，组织串通投标，中标者转包即赚7%，涉案官员从中得到3%的好处费。招标投标中的“优者不胜，劣者不汰”怪象不胜枚举，串通投标现象随处可见。其中，一些手握实权的行政官员的非法干预，是导致招标投标行为扭曲的主要原因之一。招标人、投标人诚信缺失，为私下交易、中标不择手段，一些评标专家丧失原则，沦为暗箱操作的工具。

据该市纪委、监察局查实，投标人串通投标的前提，是已与招标人、招标代理机构和招标投标政府管理机构沟通好，让圈外投标人报不上名。行政官员在招标投标活动中的违法表现有三种类型：一是行政监督人员与投标人内外勾结操纵招标投标行为。例如该市某区建设局招标办负责人李某与投标人陈某勾结，操纵招标项目并收受他人礼金。二是行政主管人员操控招标投标活动。例如，该市某区建设局长冯某受其胞兄所托，安排下属操作安源廉租房项目招标投标，使其胞兄成功中标。三是一些行政官员在工程实施过程中以权谋私与受贿。

检查中，市纪委、监察局发现一些招标代理机构业已成为串通投标组织的“皮条客”。这些招标代理机构与投标人串通，操纵招标项目，两头收取费用。招标人想招到“内定”的投标人，私下授意投标人组织围标串标，招标代理机构则希望参与串通投标的人越多越好，招标文件可以多卖几十份。这当中，有的招标代理机构为投标人量身定做招标文件、违规向投标人透露信息，有的违规操纵招标投标活动，暗示或授意评标专家让内定投标人中标。同时，市建设局的个别官员在这些招标代理机构持有一定股份，为招标代理机构承揽业务、组织串通投标提供便利条件。

对2010年一些项目的检查发现，- 些投标人与招标人、招标代理机构、行政管理或监督机构等沟通后，采用串通投标获取中标资格。有一个项目，牵头人G公司开始借用了几家投标人的资质组织串通投标，后发现还有其他投标人也在串通，就按每家2万元左右的价格买过来陪同其投标。这个项目看上去有十多个投标人，但实际上是G公司一家在投标。中标后，少数牵头人会自己完成项目履约，但80%以上的项目都会转包出去。中标人违法转包，提取中标项目金额10%的手续费，扣除3%的费用支出，还有标的总金额7%的利润空间，转手即得7%的利润。这些违法交易行为给该市工程建设带来巨大的质量隐患，多层转包后，下游施工企业还要获取一定的利润，以牺牲工程质量为代价。

案件上报国务院后，引起国务院高层领导同志的重视，并要求有关行政主管部门在招标投标体制、机制上采取有效措施，防范串通投标，杜绝类似事件的发生。随后，2011年11月30日，国务院第183次常务会议审议通过《招标投标法实施条例》；2013年2月4日，国家发展改革委、工信部、监察部等八部委局颁布《电子招标投标办法》，以采用电子招标投标技术解决招标投标领域的突出问题；2015年8月10日，国务院办公厅公布《整合建立统一的公共资源交易平台工作方案》，宗旨是发挥市场在资源配置中的决定性作用和更好地发挥政府作用，以整合共享资源、统一制度规则、创新体制机制为重点，以信息化建设为支撑，构筑统一的公共资源交易平台体系，推进公共资源交易法制化、规范化、透明化，提高公共资源配置效率和效益。

［**问题**］依据上述案情回放，提出以下三个问题：

1. 这起串通投标窝案暴露出了招标投标机制中，行政官员、招标投标行政监督人员、招标人、招标代理机构和投标人的哪些问题？评标专家依法评标是否可以解决？

2. 这起串通投标窝案对构建规范有序的招标投标市场有哪些警示，又有哪些启迪？

3. 应如何看待招标投标市场建设中的形式与内容、德治与法治的关系，如何构建规范有序的招标投标市场？

［**案例分析**］依据案情回放，对上述问题分析如下：

1. 市场有序运行的一个基本表现，是市场主体、参与人和监督人按市场运行规则各司其职，任何单位和个人不得非法干预招标投标活动。这起串通投标窝案暴露出来的，是招标投标市场运行中各类角色不各司其职或是缺位与越位，把招标投标交易平台当成舞台，违反法律法规的强制性规定，逆市场秩序行事。主要表现在：①行政即执政，指管理国家运行中的公共事务，只有行政机关或者政府才有权实施。行政官员，是行政机关依照其确定的职能设置领导职务，领导其下属施行规定的工作职责，维护市场秩序。这起串通投标窝案中的行政官员，如某区建设局局长冯某，违反公务员准则和职业道德，逆招标投标市场秩序，安排其下属操作招标投标活动，以使其胞兄成功中标。②行政监督机构，是按政府部门行政职能的规定，依法对招标投标活动实施监督，依法查处招标投标活动中的违法行为的行政机构。这起串通投标窝案中的行政监督机构，如市某区建设局招标办负责人李某，对招标投标活动中的违法行为不但不查处，还与投标人陈某勾结，逆着招标投标市场秩序操纵招标投标并收受他人贿赂。③招标人，是进行招标的法人或者其他组织。这起串通投标窝案中的招标人，不仅不有效应用招标投标中的择优机制，实现提高经济效益、保证项目质量的采购宗旨，反而是逆着市场秩序与投标人串通，让私下串通的投标人中标。④招标代理机构，是接受招标人委托，在代理权限内，以被代理人名义实施招标代理行为的社会中介机构。这起串通投标窝案中的招标代理机构不仅不依法履行其代理招标职责，而是违反《招标投标法》的规定，操纵招标项目，违法泄露应当保密的与招标投标活动有关的情况和资料，与投标人串通，损害国家利益、社会公共利益和他人合法权益。⑤投标人，是响应招标，参与投标竞争的法人或者其他组织。这起串通投标窝案中投标人的投标，本应是 进行投标竞争，但十多个投标人看上去是在竞争，实质上是串通投标，是逆着市场秩序的一个人投标。在这种情形下，加之招标代理机构与投标人串通，招标采购结果是有利于串通投标中的中标人，国家利益和社会公共利益受损害。

仅依赖评标专家依法评标，不可能有效解决行政官员、招标投标行政监督机构、招标人、招标代理机构和投标人间“一条龙”式的串通投标问题，因为其职责是按招标文件中规定的评标标准和方法，对投标文件进行评审和比较。投标过程中，投标文件中只要不出现不同投标人的投标文件载明的项目管理成员出现同一人、投标文件异常一致，或者投标报价呈现规律性差异等串通投标中的“弱智”类错误，评标环节不可能发现串通投标。更何况评标专家评标中的不认真、走形式、走过场，甚至少数评标专家收受投标人贿赂，帮助投标人中标。在这种情形下，凭借评标专家的依法评标，不可能从根本上解决行政官员、招标投标行政监督、招标人、中介机构和投标人之间的串通投标问题。

2. 这起串通投标窝案暴露出来的，不单是招标投标活动中某一方的违法违规，而是行政官员、行政监督机构、招标人、招标代理机构和投标人的“一条龙”式的串通投标、投标人间的串通投标和行贿受贿问题，是市场无序的系统表现，需要从市场营商环境建设上解决。

招标投标市场营商环境建设的核心是政府依法行政、当事人依法交易。这起串通投标窝案对规范有序的招标投标市场建设的启迪在于：

一是招标投标市场营商环境建设的基础在法治。招标投标活动中，招标人、投标人、评标委员会及其成员是交易中的“运动员”，政府是交易秩序的维护者，职责是依法监督，查处违法行为。但招标投标市场构建过程中的“立法腐败”，以及一些地方行政部门不作为或胡作非为事件时有发生。一些地方招标投标行政监督部门打着“公平、公正”或“创新”旗号，违反上位法，发布一些背离市场交易准则和法律的交易规则。他们中，有的违法侵犯招标人权益，强制规定招标人不得派代表参加评标；有的与潜在投标人打得火热，违反上位法，发布一些旨在让其利益群体获益的市场交易规则；有的不顾招标项目具体特点和实际需求，强制要求招标人执行其发布的评标办法；有的明文照顾本地企业，对非本地企业予以歧视或实施不平等待遇等。招标投标市场营商环境的建设基础，是对市场上各地区、各部门颁发的“明”或“暗”规则，以法律为准绳进行“立、改、废、释”，以完善招标投标市场法规。对招标投标市场中违反上位法的规则进行清理，统一到《招标投标法》及其实施条例这一法制轨道上来，是构建规范有序的招标投标市场营商环境的基础。

二是招标投标市场营商环境建设的基础在于处理好政府和市场的关系，以更好地发挥政府依法行政，维护市场秩序的职能。这里，依法行政有两层含义，即依法颁布招标投标市场规则，构建规范有序的招标投标市场和依法对招标投标活动进行监督，查处招标投标活动中的违法行为。《招标投标法》第七条明确规定，有关行政监督部门依法对招标投标活动实施监督，依法查处招标投标活动中的违法行为。对应的，《招标投标法》第六十三条明确规定，对招标投标活动依法负有行政监督职责的国家机关工作人员徇私舞弊、滥用职权或者玩忽职守，构成犯罪的，依法追究刑事责任；不构成犯罪的，依法给予行政处分。为此，《招标投标法实施条例》第七十九条进一步规定，项目审批、核准部门不依法审批、核准项目招标范围、招标方式、招标组织形式的，对单位直接负责的主管人员和其他直接责任人员依法给予处分；对有关行政监督部门不依法履行职责，对违反招标投标法和本条例规定的行为不依法查处，或者不按照规定处理投诉、不依法公告对招标投标当事人违法行为的行政处理决定的，对直接负责的主管人员和其他直接责任人员依法给予处分；对项目审批、核准部门和有关行政监督部门的工作人员徇私舞弊、滥用职权、玩忽职守，构成犯罪的，依法追究刑事责任。针对国家工作人员非法干涉招标投标活动的，《招标投标法实施条例》第八十条明确规定，国家工作人员利用职务便利，以直接或者间接、明示或者暗示等任何方式非法干涉招标投标活动，有下列情形之一的，依法给予记过或者记大过处分；情节严重的，依法给予降级或者撤职处分；情节特别严重的，依法给予开除处分；构成犯罪的，依法追究刑事责任，包括：①要求对依法必须进行招标的项目不招标，或者要求对依法应当公开招标的项目不公开招标；②要求评标委员会成员或者招标人以其指定的投标人作为中标候选人或者中标人，或者以其他方式非法干涉评标活动，影响中标结果；③以其他方式非法干涉招标投标活动等，以对国家工作人员非法干预招标投标活动行为进行治理。

第三，规范有序的招标投标市场营商环境离不开参与人遵章守纪地响应与参与。招标投标市场上出现串通投标等带有黑恶性质的事件，与市场经济发展中守法意识淡薄、“意诚、正心”缺失和“拜金主义”盛行有关，因为垄断是抗衡市场竞争的最有效手段。同时，它也是少数人中饱私囊、非法获利的最有效方法，其实质是与国家的市场秩序对抗。为此，需要国家行政机构、司法机构和行业主管、行政监督部门共同参与，协同联动，依据其规定职责自觉维护市场秩序，彻底铲除招标投标市场上出现的串通投标、围标、弄虚作假骗取中标和资质挂靠等的黑恶势力及其保护伞。只有这样，才能构建规范有序的招标投标市场环境，因为政府的职能之一是维护社会秩序，而黑恶势力挑战的正是社会秩序。

3. 招标投标是一种市场择优的方法或机制，本没有经济学意义，只有当其与采购合在一起，才是一种实现战略的智慧。该市纪委、监察局对这起串通投标窝案的查处，一定程度上促成了电子招标投标交易平台出现，促成了国务院下决心采用电子交易整合公共资源交易平台。应当说，电子招标投标交易平台的推出，在一定程度上为查处串通投标提供了便利，可以自动识别不同投标人的投标文件由同一单位或者个人编制、载明的项目管理成员出现同一人、投标保证金从同一单位或者个人账户转出等“愚蠢”类投标行为。但是，我们应当清醒地认识到，对招标投标活动中的违法违规问题，电子招标投标交易平台仅是一种类似于实体市场的交易载体，优点在于便捷与高效，但仍是一种治标不治本的方法，不可能从根本上解决串通投标问题，且经由电子招标投标交易平台实施招标投标活动，更易出现招标投标走形式、走过场而偏离采购的宗旨。同时，也更易于诱发电脑黑客等入侵系统，窃取交易中的机密，如投标报价、评标专家信息或是直接串改评标委员会的评审结果，其窃取或串改行为较之实体市场更隐蔽，查处更难！

在这种形势下，又应当如何构建规范有序的招标投标市场呢？首先，正确认识“形式”与“内容”的关系。招标投标中的交易平台或市场是载体，是一种形式或“标”，实现采购结果是“内容”或“本”。招标采购的经济宗旨是招标人在市场上组织投标竞争，从中择优选择。深化招标投标市场的行政体制改革，回归招标人进行招标的法定权利，是从制度根本上解决招标投标市场上违法违规问题的根本，因为只有“择优”才符合自然“优胜劣汰”的法则，符合人类社会进步的规律。其次，规范有序的招标投标市场建设，与参与人遵章守纪地参与、提供交易服务或者是依法对招标投标活动实施行政监督密不可分。对此，《中共中央关于全面推进依法治国若干重大问题的决定》中明确指出，必须坚持一手抓法治、一手抓德治，要培育社会公德、职业道德、家庭美德和个人品德，以法治体现道德理念、强化法律对道德建设的促进作用。同时，强化道德对法治文化的支撑作用，实现法律和道德相辅相成、法治和德治相得益彰，因为只有这样，才能构建规范有序的招标投标市场或平台，服务于社会主义市场经济建设。

附　录

案例故事索引

案例故事名称	章节	释理
1. 绣球抛唐僧的故事	第 1 章第 1 节	抛球选婿与招标程序对比
2. 赤壁之战	第 1 章第 2 节	招标采购战略部署的意义
3. 老婆老妈先救谁	第 1 章第 3 节	先救谁的标准在提问人心中
4. 蜜蜂社会的启迪	第 1 章第 4 节	秩序影响招标采购结果
5. 空调采购案	第 1 章第 5 节	关键技术参数评审与比较
6. 锅炉采购协议终止事件	第 2 章第 1 节	市场物价波动风险划分原则
7. 科研业务楼缔约的故事	第 2 章第 2 节	合同签订不得调整实质性内容
8. 电厂冷却塔坍塌事件	第 2 章第 3 节	EPC 招标采购难点与择优
9. 特许经营终止事件	第 2 章第 3 节	PPP 招标采购难点与择优
10. 绩效考核的故事	第 2 章第 4 节	绩效考核的数学方法
11. 地铁电缆采购案	第 2 章第 5 节	电缆制造质量由制造人承担
12. 女人逛商场的故事	第 3 章第 1 节	采购需求是招标启动条件
13. 数罗汉的故事	第 3 章第 2 节	准确确定采购需求是竞争基础
14. 结婚彩礼的故事	第 3 章第 3 节	招标采购的实质性要求和条件
15. 前台招聘的故事	第 3 章第 4 节	投标竞争的因素、标准和条件
16. 小区供水工程案	第 3 章第 5 节	工程量不准致投标不平衡报价
17. 王伦的德与才	第 4 章第 1 节	履约能力审查的重要性
18. 做大褂的故事	第 4 章第 2 节	资格审查的因素、标准和条件
19. 投标文件格式的故事	第 4 章第 3 节	申请文件格式的作用与反思
20. 末位淘汰的故事	第 4 章第 4 节	字典排序与数学择优
21. 工厂技术改造失败案	第 4 章第 5 节	科研项目竞争核心在研发能力
22. 招标范围争议事件	第 5 章第 2 节	准确界定招标范围的重要性
23. 投标保证金退还的判例	第 5 章第 2 节	保证金不退还仅限于法定情形
24. 合同条件不明的故事	第 5 章第 4 节	合同条件对招标采购的重要性
25. 择优标准含混的案例	第 5 章第 5 节	择优标准含混致招标失败
26. 招标条件的故事	第 6 章第 1 节	习惯性思维导致的危害
27. 汽车导航入海的故事	第 6 章第 2 节	个性化差异是择优的基础
28. 奥运奖牌榜的排名	第 6 章第 3 节	综合评估法的多因素排序
29. 设计招标结果奇异案	第 6 章第 5 节	评标争议后评分结果的反思
30. 招标代理费的判例	第 7 章第 1 节	招标代理服务费谁支付
31. 招标公告调整的故事	第 7 章第 2 节	调整关键事项需要重新公告
32. 踏勘现场的故事	第 7 章第 3 节	组织踏勘现场的严肃性
33. 投标函改动的故事	第 7 章第 4 节	投标函主要事项的严肃性
34. 职称造假的故事	第 7 章第 4 节	弄虚作假投标被否决

续表

案例故事名称	章节	释理
35. 招标投标组织不当失败案	第 7 章第 5 节	招标投标组织程序的严肃性
36. 宝黛悲剧	第 8 章第 1 节	开标的重要性
37. 投标文件受理的故事	第 8 章第 2 节	依法应当拒收的投标须拒收
38. 投标截止时间延长的故事	第 8 章第 3 节	投标截止延长属招标文件修改
39. 唱标价的故事	第 8 章第 3 节	如实唱标的重要性
40. 标价记录的故事	第 8 章第 4 节	如实记录的重要性
41. 开标过程不合法案	第 8 章第 5 节	开标记录与评标的关系
42. 世界杯的黑哨事件	第 9 章第 1 节	裁判与评标成员的重要性
43. 评标劳务费的故事	第 9 章第 2 节	评标的对象是投标文件
44. 投标函撤换的故事	第 9 章第 3 节	投标截止后不得撤换投标文件
45. 评标报告签字的故事	第 9 章第 4 节	真理不一定是在多数人手里
46. 评标过程违法案	第 9 章第 5 节	评标过程违法致重新评标
47. 评标结果确认的故事	第 10 章第 1 节	评标结果确认的重要性
48. 评标结果公示的故事	第 10 章第 2 节	并列第一应如实公示
49. 项目经理车祸的故事	第 10 章第 3 节	招标项目“一女二嫁”的后果
50. 采购清单的故事	第 10 章第 4 节	投标修改清单量致结算争议
51. 故意算术错误案	第 10 章第 5 节	标价故意算术错误引发诉讼
52. 合同范围的故事	第 11 章第 1 节	合同范围不得违法变更
53. 竣工延误的故事	第 11 章第 2 节	竣工延误的责任与索赔
54. 彩虹桥垮塌事件	第 11 章第 3 节	履约质量管理的重要性
55. 建设项目违法招标查处案	第 11 章第 5 节	建设项目违法招标的法律后果
56. 串通投标的笑话	第 12 章第 1 节	串通投标笑话中隐含的人性
57. 技术标奇异的故事	第 12 章第 1 节	陪标投标文件水平低下的原因
58. 串通反水的故事	第 12 章第 1 节	陪标步调不一致不一定中标
59. 合同造假的故事	第 12 章第 2 节	真假放在一起可查实
60. 宋江私放晁盖的故事	第 12 章第 3 节	宋江私放晁盖是友情大于法律
61. 报价低于成本的故事	第 12 章第 3 节	报价低于成本履约中违约
62. 评标专家受贿的故事	第 12 章第 4 节	评标现场受贿被发现
63. 评标暗示的故事	第 12 章第 4 节	评标私下也有潜规则
64. 评标专家泄密的故事	第 12 章第 5 节	评标专家私下主动联系投标人
65. 评标私下许诺中标恶果	第 12 章第 5 节	安全事故倒查知私下专家受贿
66. 某市串通投标窝案	第 12 章第 6 节	规范有序的市场建设任重道远

参考文献

［1］《标准资格预审文件使用指南》编写组．中华人民共和国 2007 年版标准施工招标资格预审文件使用指南［M］．北京：中国计划出版社，2008.

［2］《标准招标文件使用指南》编写组．中华人民共和国 2007 年版标准施工招标文件使用指南［M］．北京：中国计划出版社，2008.

［3］傅佩荣．傅佩荣译解易经［M］．北京：东方出版社，2012.

［4］傅佩荣．傅佩荣译解老子［M］．北京：东方出版社，2012.

［5］傅佩荣．傅佩荣译解大学中庸［M］．北京：东方出版社，2012.

［6］国家发展和改革委员会法规司，国务院法制办公室财金司，监察部执法监察司．中华人民共和国招标投标法实施条例释义［M］．北京：中国计划出版社，2012.

［7］国家工商行政管理总局市场规范管理司．最新合同法律法规规章及立法司法行政解释全集［M］．北京：工商出版社，2001.

［8］陆锦川．仿佛哲老——太极格解道德经［M］．北京：团结出版社，2004.

［9］陆锦川．本如当来——仿佛如是说金刚经［M］．北京：团结出版社，2004.

［10］毛林繁．怎样编写高层建筑施工安全防护方案［J］．建筑安全，1997，11：26-29.

［11］毛林繁．*Smarandache Multi-Space Theory*（第 1 版）［M］.Phoenix：Hexis，2006；第 2 版为数学研究生教程，Columbus：The Education Publisher Inc.，2011.

［12］毛林繁．工程建设项目招标采购理论与实践［M］．Rehoboth：American Research Press，2007.

［13］毛林繁．深化体制改革，系统构建招标投标市场运行机制［EB/OL］.北京：求是理论网，2011-02-28，http：// www. qstheory.cn/lg/zl/ 201102/ t20110228_69927.htm.

［14］毛林繁．从经济学出发．构建招标采购理论体系［N］．政府采购信息报，2012-02-17.

［15］毛林繁．深化行政审批改革 加强招标投标行业组织自律与服务［J］．招标采购管理，2013，4.

［16］毛林繁．招标投标法实施条例特别词组语义辨析［J］．招标采购管理，2013，2.

［17］毛林繁．规范主体行为促进行业健康发展——谈招投标市场存在的问题及解决办法［N］．中国建设报，2013-03-01.

[18] 毛林繁.投标人不得以低于成本报价竞标的法理与实践[J].招标与投标，2014，1.
[19] 毛林繁.论招标采购六大关系[J].招标与投标，2014，5.
[20] 毛林繁.采购代理机构参与履约验收是其职能体现[N].政府采购信息报，2014-08-11.
[21] 毛林繁.依法治国，规范公共资源交易与管理[J].招标采购管理，2014，12：16-21.
[22] 毛林繁.让我们插上翅膀飞翔——数学组合与Smarandache重空间（Let's Flying by Wing—Mathematical Combinatorics & Smarandache Multi-Spaces）[M].美国：Chinese Branch Xiquan House，2017.
[23] 毛林繁.资源配置方式改革与创新——《关于创新政府配置资源方式的指导意见》条文释义与解读[M].北京：经济科学出版社，2018.
[24] 毛林繁.《标准招标文件》解决了哪些问题[J].招标与投标，2018，1：7-10.
[25] 毛林繁.谈《标准招标文件》之投标人资格条件[J].招标与投标，2018，2：7-11.
[26] 毛林繁.《标准招标文件》之报价要求[J].招标与投标，2018，3：8-10.
[27] 毛林繁.谈《标准招标文件》之电子招标投标[J].招标与投标，2018，4：7-8.
[28] 毛林繁.谈《标准招标文件》之合同条件[J].招标与投标，2018，5：6-9.
[29] 毛林繁.谈《标准招标文件》之综合评估法[J].招标与投标，2018，6：6-9.
[30] 毛林繁.谈《招标投标法》与《政府采购法》两法合一[J].招标与投标，2018，8：7-11.
[31] 毛林繁.新时代、新发展：谈招标代理机构转型升级与可持续发展[J].招标与投标，2018，12：7-13.
[32] 毛林繁.对第十二届全国人大常委会审议通过的《招标投标法》（修订）应贯彻执行而非再组织对其修改[J].招标与投标，2019，1：7-10.
[33] 毛林繁.中央深改委通过《深化政府采购制度改革方案》引导采购制度的改革方向[J].招标与投标，2019，2：8-11.
[34] 毛林繁.谈深化国有工业企业采购制度改革[J].招标与投标，2019，4：9-11.
[35] 毛林繁.谈落实采购人主体责任[J].招标与投标，2019，5：8-11.

［36］ 毛林繁．谈优化招标投标市场营商环境——扫黑除恶［J］．招标与投标，2019，6：7-10.
［37］ 毛林繁．谈公平公正原则与采购择优［J］．招标与投标，2019，7：8-11.
［38］ 毛林繁．强化招标人责任与招标方式行政审批［J］．中国招标，2019，30：21-25.
［39］ 毛林繁．投标保证金的法理与实践偏离辨析［J］．中国招标，2019，33：42-48.
［40］ 毛林繁．如何做好招标采购结果的绩效考核［J］．中国招标，2019，34：35-39.
［41］ 毛林繁．城市雕塑等创意性项目采购法律分析［J］．中国招标，2019，45.
［42］ 毛林繁，李帅锋．招标投标法条文辨析及案例分析［M］.北京：中国建筑工业出版社，2013.
［43］ 毛林繁，张俊．招标采购埋论基础［M］．北京：中国建筑工业出版社，2013.
［44］ Narsingh Deo，Graph Theory with Applications to Engineering and Computer Science［M］，Prentice-Hall，Inc.，New York：Englewood Cliffs，1974.
［45］ Paul E. Moody，决策——获得较佳决策的方法［M］．朱美琪，舒慧平，张馥兰译．北京：人民交通出版社，1988.
［46］ 彭圣浩主编．建筑工程施工组织设计实例应用手册［M］.北京：中国建筑工业出版社，1999 年修订版，2008 年第三版．
［47］ 评标专家专业分类标准指南编写组．评标专家专业分类标准（试行）使用指南［M］.北京：中国计划出版社，2011.
［48］ 邱闯．国际工程合同原理与实务［M］．北京：中国建筑工业出版社， 2002.
［49］ 邱闯．最高院案例评析 | 工期延误难以准确区分双方过错和责任大小吗．法务工期评论［J/OL］.2018-07-24.
［50］ 全国招标师职业水平考试辅导教材指导委员会．招标采购案例分析（第 2 版）［M］.北京：中国计划出版社 .2012.
［51］ H. Steinhaus. 数学万花镜［M］．裘光明译．上海：上海教育出版社，1981.
［52］ J. E. Stiglitz，Amartya，J-P. Fitoussi. 对我们生活的误测——为什么 GDP 增长不等于社会进步［M］．阮江平，王海昉译．北京：新华出版社，2014.
［53］《中华人民共和国招标投标法》起草小组，国家发展计划委员会政策法规司．中华

人民共和国招标投标法全书［M］. 北京：中国检察出版社，1999.
［54］王珏主编 . 市场经济概论（第四版）［M］. 北京：中共中央党校出版社，2008.
［55］乌云娜等 . 项目采购与合同管理（第二版）［M］. 北京：电子工业出版社，2010.
［56］张健 . 政府采购促进中小企业发展的方式与方法［J］. 中国招标，2019，27.
［57］张军，王世磊 . 高级微观经济学［M］. 北京：高等教育出版社，2009.
［58］张元鹏 . 微观经济学［M］. 北京：北京大学出版社，2007.

作者简介

毛林繁，工学博士，数学博士后，教授级高级工程师。国际数学组合研究院（AMCA，美国）院长、首席研究员，国际中智科学会（NSIA，美国）荣誉院士，教育部中国科技论文在线荣誉学者；远翎数据复杂系统研究院院长，中关村公共资源优化配置促进会副会长，中国物流与采购联合会公共采购分会核心专家；国际学术期刊 *International J. Mathematical Combinatorics*（美国）和 *Chinese Journal of Mathematical Sciences*（英国）主编、*Bulletin of the Calcutta Mathematical Society*（印度）编辑部学术顾问；北京建筑大学兼职教授、研究生导师。对应用数学、理论物理、复杂系统、资源配置、招标投标与采购和工程管理等有较深入的研究，在国内外学术期刊上发表论文 120 余篇，出版 3 部数学专著、4 部采购经济理论专著、多部学术论文集；主编《资源配置方式改革与创新》、全国招标师职业水平考试辅导教材《招标采购案例分析》等，参与了《中华人民共和国招标投标法实施条例》的编写与《中华人民共和国政府采购法实施条例》的论证工作，是《中华人民共和国标准施工招标文件（2007 年版）》、《评标专家专业分类标准（试行）（2010 年版）》、《公共资源交易评标专家专业分类标准（2018 年版）》等标准的主要编写人。曾在施工企业、建设单位、招标代理机构和行业协会工作多年，先后担任中国法学会基建办公室技术顾问、中国招标投标协会副秘书长、中国城市治理现代化研究院副院长等职。2017 年获得美国 Albert Nelson Marquis Who's Who 颁发的“数学与工程”终生成就奖。

图书在版编目（CIP）数据

招标采购析案辩理 / 毛林繁编著 . —北京：中国建筑工业出版社，2022.11
ISBN 978-7-112-27986-9

Ⅰ.①招… Ⅱ.①毛… Ⅲ.①采购－招标－案例－中国 Ⅳ.①F284

中国版本图书馆 CIP 数据核字（2022）第 176717 号

责任编辑：杜　洁　孙书妍
责任校对：李美娜

招标采购析案辩理
毛林繁　编著
*
中国建筑工业出版社出版、发行（北京海淀三里河路 9 号）
各地新华书店、建筑书店经销
北京海视强森文化传媒有限公司制版
北京建筑工业印刷厂印刷
*
开本：787 毫米 × 1092 毫米　1/16　印张：19　字数：425 千字
2022 年 11 月第一版　2022 年 11 月第一次印刷
定价：**58.00** 元
ISBN 978-7-112-27986-9
（39912）